कहना न होगा

(एक दशक की बातचीत)

कहना न होगा

एक दशक की बातचीत

नामवर सिंह के साथ

संकलन-सम्पादन

समीक्षा ठाकुर

वाणी प्रकाशन

प्रकाशन के उत्कृष्टतम 63 वर्ष

सजिल्द पहला संस्करण : 1994
सजिल्द दूसरा संस्करण : 2012
सजिल्द तीसरा संस्करण : 2026

vaniprakashan.com

वाणी प्रकाशन
4695, 21-ए, दरियागंज, नयी दिल्ली-110 002
फ़ोन : + 91 11 23273167, 23275710
शाखाएँ
अशोक राजपथ, पटना-800 004, बिहार
कॉफ़ी हाउस कैम्पस, महात्मा गांधी मार्ग, प्रयागराज-211 001, उत्तर प्रदेश
महात्मा गांधी अन्तरराष्ट्रीय हिन्दी विश्वविद्यालय, वर्धा-442 001, महाराष्ट्र
sales@vaniprakashan.in
vaniprakashan@gmail.com

Kahana Na Hoga
Collected & Edited by Samiksha Thakur

ISBN : 978-81-7055-312-0
Criticism

मूल्य : ₹795

जी.एस. ऑफ़सेट, दिल्ली-110 095 में मुद्रित

वाणी प्रकाशन का लोगो मक़बूल फ़िदा हुसैन की कूची से

कहना न होगा

यह पुस्तक लगभग एक दशक की बातचीत का एक चयन है। बातचीत के केन्द्र में है एक आलोचक और सवाल-जवाब करने वालों में हैं चौबीस लेखक, दो-तीन पीढ़ियों के। चर्चा का विषय है मुख्यतः समकालीन हिंदी साहित्य। एक तरह से यह आज के साहित्य का एक ऐतिहासिक दस्तावेज है।

मेरा दख़ल सिर्फ़ इतना है कि पत्र-पत्रिकाओं में बिखरी हुई सामग्री को मैंने एक जगह जमा करके काल-क्रम से रख भर दिया है। अगर किसी और ने यह काम कर दिया होता तो मैं ऐसा दुस्साहस न करती। अब कोई कुछ भी कहे, मुझे यह काम जरूरी लगा और करणीय कर्तव्य के रूप में इसे मैंने किया।

पुस्तक का नाम तो बस यूँ ही मज़ाक-मज़ाक में मेरे मुँह से एक दिन निकल पड़ा था और फिर उसी अंदाज़ में वह स्वीकार भी कर लिया गया। इसमें मेरा अपना कुछ नहीं है। वैसे भी, नाम में क्या रखा है ?

जिन लेखकों के सहयोग से बातचीत की यह श्रृंखला सम्पन्न हुई और जिन पत्र-पत्रिकाओं ने इन्हें पहली बार प्रकाशित किया उन सभी के प्रति मेरा हार्दिक आभार। आशा है, बातचीत को पुस्तकाकार रूप में प्रकाशित देखकर उन सभी लोगों को भी प्रसन्नता होगी।

16-10-93 —समीक्षा

आभार

निम्नांकित लेखकों और पत्रकारों के प्रति हार्दिक आभार, जिनकी पहल पर बातचीत के ये उपक्रम संभव हो सके—

अवधनारायण मुद्‍गल, अशोक वाजपेयी, असद ज़ैदी, उदय प्रकाश, उदयन वाजपेयी, काशीनाथ सिंह, कुमार संभव, केदारनाथ सिंह, कृपाशंकर चौबे, जितेन्द्र कुमार, नेमिचन्द्र जैन, भगवान सिंह, मंगलेश डबराल, मदन सोनी, महेश दर्पण, रवीन्द्र त्रिपाठी, राजेन्द्र धोड़पकर, विजयमोहन सिंह, विश्वनाथ त्रिपाठी, विष्णु खरे, शानी, सुदीप बनर्जी, सुधीर रंजन सिंह, सुधीश पचौरी और सुरेश शर्मा।

निम्नलिखित पत्र-पत्रिकाओं के प्रति कृतज्ञता प्रकाश, जिनमें इस पुस्तक में संकलित बातचीत के अंश पहले-पहल प्रकाशित हुए—

आजकल, जनसत्ता, परिवेश, पूर्वग्रह, समकालीन भारतीय साहित्य, सारिका और सारंगा स्वर।

सफ़ाई

बातें बातें बातें। बातें ही तो करता रहा हूँ अब तक। 'कभी इनसे बात करना, कभी उनसे बात करना।' और नहीं तो आप ही आप। यह भी एक बहाना है, न लिखने का और लिखने का भी। इसी व्यापार का एक अच्छा सा नाम है 'संवाद'। 'साक्षात्कार' शब्द से मुझे चिढ़ है।

ग़नीमत है, कुछ बातें दर्ज़ कर ली गईं और पत्र-पत्रिकाओं में छप भी गईं। वैसे, वे बातें शायद ज़्यादा अच्छी थीं जो दर्ज़ न हो सकीं। लेकिन अब उनके लिए पछताने से भी क्या ?

बहरहाल, यह चयन सिर्फ़ उन्हीं बातों का है जो छप चुकी हैं। मोटे तौर से पिछले एक दशक की बातचीत का संपादित रूप। संकलन का सारा श्रेय मेरी बेटी समीक्षा को है--यहाँ तक कि 'कहना न होगा' नाम भी उसी के मीठे मज़ाक का नतीजा है। मेरी चलती तो यह पुस्तक अब क्या कभी भी प्रेस का मुँह न देखती।

किया सिर्फ़ मैंने इतना ही कि प्रेस में जाने से पहले पांडुलिपि पर एक नजर डाल गया। जहाँ-तहाँ वाक्यों की चूलें कस दीं और कुछ शीर्षकों को अपनी समझ से बदलकर सटीक कर दिया। बस।

अब सुधी पाठक बताएँ कि बात बनी या नहीं।

32, शिवालिक अपार्टमेंट्स
अलकनंदा, कालकाजी
नई दिल्ली-110019
15-10-93

—नामवर सिंह

अनुक्रम

1

आलोचना के जोखिम

पहली बातचीत : केदारनाथ सिंह के साथ

केदारनाथ सिंह : 'कविता के नये प्रतिमान' में जिसका प्रकाशन आज से कोई 13 साल पहले हुआ था—आपने समकालीन कविता की आलोचना के संदर्भ में कुछ नये मान-मूल्यों का प्रस्ताव किया था। क्या आप अनुभव करते हैं कि इतने वर्षों बाद उनमें जोड़ने या घटाने की आवश्यकता है ?

नामवर सिंह : 'कविता के नये प्रतिमान' एक निश्चित ऐतिहासिक आवश्यकता की उपज है। उसका एक निश्चित ऐतिहासिक संदर्भ है। वह संदर्भ है सन् 67-68 का। कुछ आगे-पीछे कई कविता-संग्रह एक साथ आये थे। रघुवीर सहाय का 'आत्महत्या के विरुद्ध', श्रीकांत वर्मा का 'माया दर्पण', चाहें तो विजय देव नारायण साही के 'मछलीघर' को भी गिन लीजिए। धूमिल का कोई कविता-संग्रह तो नहीं आया था, लेकिन ऐसी कविताएँ तो प्रकाशित हो ही गयी थीं, जिनसे एक नये तेवर वाली प्रतिभा का अहसास होने लगा था। आज शायद हम इन सबको इतनी बड़ी घटना न मानें। लेकिन तुरत बीते पाँच-छः वर्षों की पृष्ठभूमि में देखें तो हिंदी कविता की दुनिया में यह एक स्फूर्तिप्रद घटना थी। आत्मपरक 'नयी कविता' दम तोड़ चुकी थी। 'अकविता' की चीख-पुकार उस सन्नाटे को तोड़ने के बजाय और गहरा कर रही थी। कई समझदार कवि चुप थे यानी समाँ कुछ ऐसा था कि दादुर बोल रहे थे और गहे कोकिला मौन। मुक्तिबोध की कविताओं का पहला संग्रह 'चाँद का मुँह टेढ़ा है' इसी बीच आया। मुक्तिबोध की मृत्यु पर व्यक्त की गयी सहानुभूतियों की बाढ़ में वे कविताएँ डूब गयीं—ऐसी डूबीं कि काफी समय तक उन पर चर्चा ही नहीं हुई। ऐसे ही समय 'तार सप्तक' की द्वितीय आवृत्ति हुई—इतिहास के एक कालचक्र के पूरा होने की घोषणा करती हुई।

उस समय की काव्य-चर्चा को याद करें तो अब भी आचार्यगण नयी कविता को रस के पैमाने से नाप रहे थे और अकविता वाले कविता को लेकर हुल्लड़ मचाये हुए थे। नयी कविता किसिम-किसिम की कविता की अराजकता को लेकर

हलाकान हो रही थी। प्रगतिशील खेमे में न तो रचना की दिशा में कोई उत्तेजक गतिविधि थी और न आलोचना की दिशा में ही।

'कविता के नये प्रतिमान' का लेखन इसी माहौल में हुआ। निश्चय ही उस पर कुछ तात्कालिक और स्थानिक दबाव थे। आज उन्हें साफ देखा जा सकता है। बावजूद इस तात्कालिकता के, वृहत्तर परिप्रेक्ष्य स्पष्ट है। एक तो हिंदी के औसत पाठक के उस काव्यगत पूर्वग्रह या संस्कार को तोड़ना था जिसके चलते नयी कविता के अनेक नये सर्जनात्मक प्रयास पूरी तरह ग्राह्य नहीं हो रहे थे; दूसरे इससे भी आगे बढ़कर उन लम्बी कविताओं की ग्राह्यता के लिए पृष्ठभूमि तैयार करनी थी जिनमें कवि का जटिल आत्मसंघर्ष और वस्तुगत संघर्ष था। इस मूल लक्ष्य की पूर्ति में प्रसंगवश काव्य-विश्लेषण और मूल्यांकन सम्बन्धी अनेक धारणाओं का विश्लेषण किया गया है जिन्हें इस समय संक्षेप में प्रस्तुत करना न तो सम्भव है और न आवश्यक ही।

जहाँ तक उस पुस्तक में कुछ जोड़ने या घटाने का सवाल है, उसके बारे में आज इतना ही कह सकता हूँ कि वह अब एक ऐतिहासिक दस्तावेज हो चुका है। इसलिए उसमें से कुछ घटाने की बात तो मेरे हाथ में रही नहीं। जोड़ने का सवाल जरूर बचा रहता है; और यह बात मेरे मन में उस समय भी थी जब पुस्तक प्रेस में गयी। अंतिम अध्याय 'परिवेश और मूल्य' को आप देखें तो उसका अंत आकस्मिक लगेगा। जहाँ तक मुझे याद है, काव्य-मूल्य की चर्चा शुरू होने के साथ ही पुस्तक समाप्त हो जाती है। इस प्रसंग में विचारधारा का उल्लेख-मात्र है। विचारधारा और काव्यानुभव का रिश्ता बहुत पेचीदा है और यह सवाल भी बहुत बड़ा है। निश्चय ही यह अहम भी है। लेकिन उस समस्या को उठाने का मतलब था एक और पुस्तक लिखना। इरादा तो यही था कि 'कविता के नये प्रतिमान' के तुरंत बाद ही उस सिलसिले को आगे बढ़ाऊँगा, लेकिन परिस्थितिवश बात टलती चली गयी।

इधर तीन-चार वर्षों से हिंदी कविता की दुनिया में फिर कुछ सर्जनात्मक गतिविधि बढ़ी है तो कविता पर नये सिरे से सोचने की जरूरत महसूस हो रही है। कुछ युवा कवियों की कच्ची गंध वाली कविताओं के आलोक में नागार्जुन, त्रिलोचन आदि ठेठ भारतीय कवियों की रचनाओं का सिंहावलोकन करता हूँ तो लगता है कि ये कविताएँ काव्य-चिंतन के एक अन्य ढाँचे की अपेक्षा रखती हैं। मुक्तिबोध-केन्द्रित 'कविता के नये प्रतिमान' से यह ढाँचा निश्चय ही भिन्न होगा। सम्भव है, इस क्रम में कविता और राजनीति के रिश्ते पर नये सिरे से विचार करना पड़े और इस प्रकार पूर्ववर्ती ढाँचे की सीमा से छूटी हुई अन्य प्रकार की कविताओं पर भी विचार करना आवश्यक प्रतीत हो।

केदारनाथ सिंह : अभी आपने ठेठ भारतीय कवियों की चर्चा की। मुझे याद

आता है कि आपने भारतीय उपन्यास को पश्चिमी उपन्यास से अलग करते हुए उसे किसान जीवन की महागाथा कहा है। इसी तर्क को आगे बढ़ाते हुए यदि हिंदी कविता की मुख्यधारा पर विचार करें तो क्या नतीजे निकलेंगे ?

नामवर सिंह : आपने बहुत महत्त्वपूर्ण बात की ओर ध्यान आकृष्ट किया है। उपन्यास की चर्चा करते हुए मेरे ध्यान में कविता न थी, लेकिन कविता के बिना जातीय परम्परा का वह ढाँचा पूरा नहीं होता। राष्ट्रीय मुक्ति-संघर्ष के जिस व्यापक जन-उभार ने प्रेमचंद के माध्यम से उपन्यास का जातीय स्वरूप निर्मित किया, उसी ने निराला जैसे कवि के माध्यम से हिंदी की जातीय रोमांटिक कविता का स्वरूप भी प्रस्तुत किया। इस क्रम में आगे चलकर जिन कवियों ने पश्चिम के आधुनिकतावादी प्रभाव से अपने आप को बचाते हुए हिंदी कविता की जातीय परम्परा को सुरक्षित रखा और उसे जन-जीवन से जोड़ते हुए विकसित किया, उनमें निश्चय ही मुक्तिबोध के अलावा नागार्जुन और त्रिलोचन जैसे कवियों का विशेष रूप से उल्लेख किया जायेगा और मेरे विचार से हिंदी कविता की मुख्यधारा यही है।

केदारनाथ सिंह : कई बार कहा जाता है कि मार्क्सवादी आलोचना ने आलोचना के जिन औजारों को विकसित किया है, वे कविता के मूल्यांकन के लिए अपर्याप्त हैं। इस सम्बन्ध में आप क्या सोचते हैं ?

नामवर सिंह : यूरोप में मार्क्सवादी आलोचकों ने अपना ध्यान उपन्यासों की समीक्षा पर ही केन्द्रित किया, पर विचित्र बात है कि हिंदी में इसके ठीक विपरीत मार्क्सवादी आलोचना ने कविता पर ही ज्यादा ध्यान दिया। यदि डॉ. रामविलास शर्मा की आलोचनाओं को देखें तो निराला, नागार्जुन, केदारनाथ अग्रवाल, मुक्तिबोध और यहाँ तक कि अज्ञेय की कविताओं पर ही उन्होंने विस्तार से लिखा है। इसलिए यह कहना अतिकथन न होगा कि हिंदी की मार्क्सवादी आलोचना मुख्यतः काव्य-समीक्षा है। इसकी पर्याप्तता और अपर्याप्तता की जाँच तो तभी हो सकती है, जब उन कवियों पर गैर-मार्क्सवादियों द्वारा लिखी गयी बेहतर समीक्षाएँ सामने हों।

केदारनाथ सिंह : यहाँ एक सहज जिज्ञासा यह हो सकती है कि आपने जिस मार्क्सवादी समीक्षा का जिक्र अभी किया है क्या उसके सारे औजार मार्क्सवादी हैं ? मुझे 'कविता के नये प्रतिमान' का ध्यान इस संदर्भ में खासतौर से आ रहा है ?

नामवर सिंह : इस सवाल के पीछे शायद यह धारणा है कि मार्क्सवादी आलोचना एकदम अपने बनाये हुए नये औजारों का पिटारा है, जिसे हजारों साल के साहित्य चिंतन की परम्परा से कुछ भी नहीं लेना है। क्रांति के बाद सोवियत रूस में प्रोलितकुल्त नामक गिरोह के लेखकों का कुछ ऐसा ही विश्वास था। यह समझ कितनी भ्रामक

है, इसे कहने की जरूरत अब नहीं रही। मार्क्सवादी आलोचना परम्परा से प्राप्त होने वाले अनेक आलोचनात्मक औजारों या अवधारणाओं को लेकर ही विकसित हुई है। काव्य-चिंतन के क्रम में पहले के भाववादी और रूपवादी विचारकों ने जिन कलागत अवधारणाओं का निर्माण किया है, वे इसके सब त्याज्य और व्यर्थ नहीं हैं। मेरी बात छोड़ भी दें तो स्वयं डॉक्टर रामविलास शर्मा ने निराला की काव्य-कला का विश्लेषण करते हुए वक्तृत्व कला, स्वगत, संवाद, स्थापत्य, प्रतीक-बिम्ब आदि जिन अवधारणाओं का उपयोग किया है वे सब की सब मार्क्सवाद की निर्मिति नहीं हैं। महत्त्वपूर्ण है ऐसी रूपवादी अवधारणाओं के इस्तेमाल का ढंग यानी वह समग्र पद्धति जिसके अन्दर इनका इस्तेमाल किया जाता है। इस प्रसंग में निश्चय ही रूप और अन्तर्वस्तु, जिसमें विश्वदृष्टि और भावबोध भी शामिल हैं, के सम्बन्ध की समझ निर्णायक भूमिका अदा करती है और यहीं मार्क्सवादी आलोचना का वैशिष्ट्य दिखायी पड़ता है।

केदारनाथ सिंह : क्या आप ऐसा मानते हैं कि भारत में मार्क्सवादी चिन्तन के समग्र विकास के अभाव में केवल मार्क्सवादी आलोचना या मार्क्सवादी सौन्दर्यशास्त्र का विकास किया जा सकता है ?

नामवर सिंह : प्रश्न में यह धारणा निहित है कि भारत में मार्क्सवादी चिन्तन का समग्र विकास नहीं हुआ है। मैं 'नहीं' के स्थान पर 'अपेक्षाकृत कम' शब्द का प्रयोग करना चाहूँगा यानी, सोवियत संघ, चीन, समूचे यूरोप, अमेरिका और अंशतः लैटिन अमेरिका की तुलना में। इसके अनेक कारण हैं, जिनके ब्यौरे में जाने के लिए इस समय अवकाश नहीं है। किन्तु भारत में एक क्षेत्र में मार्क्सवादी विचारकों ने निश्चित रूप से नये सर्जनात्मक प्रयास किये हैं, वह है इतिहास–भारतीय इतिहास का क्षेत्र। मेरे विचार से मार्क्सवादी आलोचना का विकास इस ऐतिहासिक अनुसन्धान से बहुत दूर तक जुड़ा हुआ है। इसलिए भारत के मार्क्सवादी इतिहासकारों के समान ही मार्क्सवादी आलोचकों ने भी साहित्य के इतिहास लेखन में तथा अपनी परम्परा के मूल्यांकन के क्षेत्र में उल्लेखनीय कार्य किया है।

जहाँ तक साहित्यिक आलोचना के सैद्धान्तिक पक्ष के विकास का प्रश्न है, वह स्पष्टतः सौन्दर्यशास्त्र और साहित्यशास्त्र से सम्बद्ध है जिसके विकास के लिए दार्शनिक आधार की अपेक्षा है। भारत में जब तक दर्शन के स्तर पर मार्क्सवाद का विकास नहीं होता, मार्क्सवादी सौन्दर्यशास्त्र और मार्क्सवादी साहित्यशास्त्र के विकास में हम भारतीय लेखक विशेष योगदान न दे सकेंगे। यह तो निर्विवाद है कि भारत में दर्शन और साहित्यशास्त्र दोनों की समृद्ध परम्परा है। लेकिन मार्क्सवादी विचारक अपनी उस निधि का समुचित उपयोग नहीं कर सके हैं। सच कहें तो मार्क्सवाद अभी तक हमारी उस विशाल चिंतन परम्परा का सहज अंग बन ही नहीं सका। जरूरी नहीं कि भारत के मार्क्सवादी साहित्य-चिंतक अपने दार्शनिक

अध्येताओं के आसरे हाथ पर हाथ धरे बैठे रहें, सीधे साहित्य-शास्त्र के अन्दर भी मार्क्सवादी दृष्टि का विकास किया जा सकता है। आखिर जार्ज लुकाच ने यही तो किया।

केदारनाथ सिंह : एक आलोचक की हैसियत से आपका संघर्ष दो स्तरों पर चलता रहा है–प्रतिक्रियावाद के विरुद्ध और स्वयं वामपंथी आलोचनाओं की अतिवादिताओं के विरुद्ध। कुछ लोगों को आपके इस दोहरे संघर्ष में एक अन्तर्विरोध दिखायी पड़ता है। क्या आप इस संदर्भ में कुछ कहना चाहेंगे ?

नामवर सिंह : मेरे इस दुहरे संघर्ष में अन्तर्विरोध उन्हें ही दिखायी पड़ता है जो साहित्य में या तो शुद्ध कलावादी हैं या फिर अति वामपंथी। इस प्रसंग में मुक्तिबोध का जिक्र करूँ तो उनका भी संघर्ष इसी तरह दुहरा था। एक ओर नयी कविता के अन्दर बढ़ने वाली जड़ीभूत सौन्दर्यानुभूति का विरोध और दूसरी ओर मार्क्सवादी आलोचना में प्रक्षिप्त स्थूल समाजशास्त्रीयता का विरोध। मुझे ऐसा लगा है कि एक रो लड़ने के लिए दूसरे से लड़ना जरूरी है। दरअसल यह एक ही संघर्ष के दो पहलू हैं। यह जरूर है कि हमेशा यह दुहरा संघर्ष साथ-साथ नहीं चल सकता। मसलन 'इतिहास और आलोचना' के लेखों में रूपवाद या कलावाद का विरोध ज्यादा है, क्योंकि उस दौर की ऐतिहासिक आवश्यकता यही थी। आगे चलकर यदि उसकी उपेक्षा की गयी और अति वामपंथी प्रवृत्ति की आलोचना की ओर विशेष ध्यान दिया गया तो स्पष्ट है कि मेरी नजर में साहित्यिक वातावरण बदल चुका था।

'आलोचना' का जो अंक मैंने प्रगतिशील लेखन पर विस्तृत परिचर्चा के साथ निकाला था उसमें मैंने इसी दृष्टि से अंधलोकवाद की कड़ी आलोचना की क्योंकि मुझे इधर की मार्क्सवादी आलोचना में यह प्रवृत्ति बढ़ती हुई दिखायी पड़ी। अब इधर महसूस कर रहा हूँ कि पिटा हुआ कलावाद हिन्दी में फिर सिर उठा रहा है और नये तेवर के साथ सामने आ रहा है। निश्चय ही देर-सबेर इससे निपटना होगा।

(पूर्वग्रह, मई-अगस्त 1981)

2

विवेक की पक्षधरता

दूसरी बातचीत : अशोक वाजपेयी, सुदीप बनर्जी और उदय प्रकाश के साथ

नामवर जी एक दिन पहले ही वियतनाम से लौटे थे। सफर की थकान और नींद की गर्द उनके चेहरे पर नहीं थी। केदारनाथ सिंह कहते हैं, नामवर जी का चेहरा किसान चेहरा है। लगा उस किसान चेहरे में इस वक्त अपने सिवान की फसल देखकर लौटने का रंग है।

डी-8, चौहत्तर बंगले के सबसे किनारे वाले कमरे में बातें शुरू हुईं। उस कमरे में किताबें ही किताबें हैं। इधर-उधर बिखरी हुई भी और करीने से रैक पर रखी हुई भी। जूट की कालीन का आभास देता फर्श पर मैट, चौकोर गद्दे और वैसे ही कुशन।··· बाहर, फाटक के पास एक अकेला खजूर का पेड़ है जो बीच-बीच में हवा की दिशा में अपने डैने फड़फड़ा देता है। बहुत अकेला, सबसे अलग और बेचैन। अभी भी, जब हम उस घर का नम्बर भूल जाते हैं तो उस खजूर को खोजते हैं। इतना अकेला पेड़ उदास करता होगा आसपास को।

नामवर जी के सामने तश्तरी में पान के बीड़े रखे हैं। तश्तरी में शायद जंगली हाथी हैं। बनारस जैसे बीड़े नहीं हैं ये। भोपाल में बाबा छाप जाफरानी का नब्बे नम्बर नहीं मिलता। कत्थे का भी वैसा रिवाज नहीं। लंका की टेकरी में दूध का पकाया और राख से सोखा हुआ केवड़े की खुशबू वाला चिकना कत्था पान में लगाया जाता है।··· बदले हुए जायके से उन्हें दिक्कत जरूर हो रही होगी।

"तो, शुरू करो अशोक···" नामवर जी कहते हैं। बहुत कम हँसा करते हैं वे इस तरह। आचार्य द्विवेदी इस डीलडौल की मेधा की तारीफ करते थे।

बाहर, गलियारे में बेंत की कुर्सियों पर इस वक्त गौरइयों का खेल है। उन्हें हमारी बहुत फिक्र नहीं है। हमने बाद में सुना, कैसेट में उनकी आवाजें भी आ गयी थीं, जिन्हें ताली बजाकर उड़ा देना मुश्किल था।

"तो···" हम शुरू करते हैं यहीं से। एक प्रश्नावली बना रखी है। सिल-सिलेवार··· व्यवस्थित क्रम में सवाल पूछने हैं। प्रगतिवाद, प्रयोगवाद, नयी कविता-कहानी··· मार्क्सवादी सौन्दर्यशास्त्र का विकास··· और आलोचना, आज की··· पहले

की भी··· समकालीन लेखन··· ।

पिछले दस-बारह वर्षों से नामवर जी इतना मुक्त होकर नहीं बोल सके थे। उनकी आस्था अडिग है··· पहले की ही तरह, तर्क अकाट्य हैं··· पहले की ही तरह। विचार और व्याकरण का जैसा संतुलन उनके वाक्यों में है उससे ताज्जुब होता है, लगता है हर वाक्य वे पहले से गढ़कर बोलते हैं, ठोंक-बजाकर परखे गये सटीक और निश्चित अर्थों वाले शब्द और उद्धरण। नामवर जी का गुस्सा भी बहुत मर्यादित और ठण्डे व्यंग्य से सधा होता है। संदर्भ था आज की मार्क्सवादी आलोचना की हालत। रमेशचंद्र शाह ने आचार्य रामचंद्र शुक्ल को हिंदी आलोचना-चिंतन का मर्यादा पुरुषोत्तम और आचार्य द्विवेदी को लीला पुरुषोत्तम लिखा है। मर्यादा और लीला के राग और विवेक के साथ साढ़े तीन घंटे तक का सहकार विचारोत्तेजक था। आत्मीय भी।

शायद पहला प्रश्न प्रश्नावली में से पूछा गया था। उसके बाद वह व्यर्थ हो चुकी थी। उस तरह से उसकी जरूरत ही नहीं रही थी या, शायद हम उसे भूल चुके थे। बातचीत शुरू होने के जरा देर बाद ही युवा कवि सुदीप बनर्जी आ गये थे।

भोपाल में ही ऐसी बातचीत सम्भव हो पाती है··· यह शहर पुराना-पुराना सा लगता है। लौटते हुए नामवर जी ने कहा था। आप लोग यहीं बस जाइए।

नामवर जी इतने मुक्त और आश्वस्त क्यों लग रहे थे, इसका पता बाद में चला, उन्होंने जवाहरलाल नेहरू विश्वविद्यालय की अपनी जिम्मेदारियों से एक साल तक के लिए छुटकारा पा लिया है। वे एक साल के अवकाश में हैं। आचार्य द्विवेदी पर उनकी किताब सम्भवतः इसी वर्ष आ जायेगी। इसके बाद सौन्दर्यशास्त्र पर उनका काम।

मेधा फिर सक्रिय है। समकालीन आलोचना के हलके में यह निहायत छोटी-सी खबर बड़ी-से-बड़ी हलचल के लिए काफी है।

खजूर के पेड़ ने पूरब से आती हवा की तरफ अपने डैने खोले हैं।

'कहानी : नयी कहानी' में नामवर जी ने एक शेर उद्धृत किया है :

जो सुलझ जाती है गुत्थी
फिर से उलझाता हूँ मैं।

हमारी बातचीत शुरू हो गयी है···। (उदयप्रकाश)

प्रश्न : आपकी पहली किताब 'इतिहास और आलोचना' के बाद 'कहानी : नयी कहानी' तक में आपकी वैचारिक स्थिति में विचलन हुआ है जो साफ दिखायी

देता है।–क्या यह ठीक है ?

नामवर सिंह : नहीं, एक तो 'इतिहास और आलोचना' मेरी पहली आलोचनात्मक पुस्तक नहीं है। वह तीसरी पुस्तक है। कुछ निबंध उसमें निश्चय ही पहले के हैं, यानी सन् 52-53 के। इस पुस्तक के तीसरे संस्करण की भूमिका में मैं लिख चुका हूँ कि आज के कुछ मार्क्सवादी आलोचकों द्वारा सराहे जाने के बावजूद उस पुस्तक के कुछ निबंधों में वैचारिक दृष्टि से अति सरलीकरण है और यांत्रिकता भी। इसलिए जिसे आप विचलन कह रहे हैं उसे मैं विकास कहना पसंद करूँगा।

उदय प्रकाश : लेकिन 'कहानी : नयी कहानी' में भी आपने अपनी व्यावहारिक आलोचना के क्षेत्र में जिन कहानीकारों की कहानी पर अधिक जोर दिया है वह निर्मल वर्मा और रघुवीर सहाय आदि हैं जबकि इसी दौर में अपेक्षाकृत अधिक प्रगतिशील दृष्टि-सम्पन्न कहानीकार अमरकांत, शेखर जोशी, मार्कण्डेय कहानियाँ लिख रहे थे।

नामवर सिंह : लेकिन 'कहानी : नयी कहानी' के कुछ निबंध 'इतिहास और आलोचना' काल के ही हैं। उस दौर में मैंने निर्मल के साथ अमरकांत की कहानियों की भी प्रशंसा की थी। मेरा ख्याल है कि उस दौर में निर्मल वर्मा प्रगतिशील आन्दोलन से न तो अलग थे और न विरुद्ध ही।

उदय प्रकाश : शायद निर्मल वर्मा की कहानियों के बारे में आपकी तात्कालिक मूल्यांकन सम्बन्धी धारणाओं में कोई अन्तर आया है जिसे आपने 'परिवेश' के अपने साक्षात्कार में व्यक्त किया है।

नामवर सिंह : हाँ, निर्मल वर्मा के परवर्ती विकास के बारे में निश्चय ही मेरी धारणाओं में परिवर्तन हुआ है लेकिन वह अलग चर्चा का विषय हो सकता है। उस पर कभी मैं विस्तार से लिखना चाहूँगा। यहाँ मुख्य प्रश्न है 'इतिहास और आलोचना' के बाद मेरी दृष्टि में आये हुए तथाकथित परिवर्तन का। मोटे तौर से यह सन् 56 के बाद का समय है जब कुछ लोगों के अनुसार मुझमें मार्क्सवाद से हटने और रूपवाद की ओर झुकने के लक्षण दिखायी पड़ते हैं। तथ्य यह है कि इस दौर में मैं मार्क्सवाद और कम्युनिस्ट पार्टी के ज्यादा निकट आया।

उदय प्रकाश : आपसे बातचीत के दौरान हर बार सन् 56 का जिक्र आता है। मार्क्सवादी सौन्दर्यशास्त्र, आलोचना या स्वयं आपके विचारों में होने वाले परिवर्तनों के लिहाज से इस सन् का क्या महत्त्व है ? इस बातचीत में तो लगने लगा है जैसे 1956 काल की कोई विभाजक रेखा है…।

नामवर सिंह : 1956 एक महत्त्वपूर्ण वर्ष है। इस वर्ष सोवियत संघ की कम्युनिस्ट पार्टी की 20वीं कांग्रेस हुई थी जिसमें स्तालिनवाद को ध्वस्त करने की दिशा में कदम उठाया गया। 1956 के बाद स्तालिनवाद की सीमाओं से निकल कर मार्क्सवाद के बारे में जो नयी समझ उभरी उसने व्यापक रूप से राजनैतिक

क्षेत्र के अलावा सांस्कृतिक, साहित्यिक क्षेत्र में भी प्रभाव डाला। साहित्य और कला की समीक्षा में पहले वाला यांत्रिक दृष्टिकोण नहीं रहा। इस परिवर्तन का प्रभाव औरों के साथ मुझ पर भी पड़ा।

उदय प्रकाश : लेकिन 1956 में ही एक और घटना घटी थी। हंगरी में सोवियत संघ की सेना का हस्तक्षेप। अन्तर्राष्ट्रीय स्तर पर उस वक्त भी कुछ बुद्धिजीवियों का मार्क्सवाद या समाजवाद से वैसा ही मोहभंग हुआ था जैसा अभी चेकोस्लोवाकिया की घटना से हुआ। कहीं आप भी तो उसी मोहभंग के अंग नहीं थे ? फिर प्रगतिशील कवियों में से भी कई ने, नेमिजी ने, जो 'तार-सप्तक' में थे, अपनी आस्था मार्क्सवाद के प्रति डिनाउंस की। इस पूरे माहौल में सम्भव है आप में विचलन हुआ हो और 'कविता के नये प्रतिमान' में या आपके विचारों में उसका प्रभाव रहा हो।

नामवर सिंह : मैं मोहभंग नहीं कहूँगा। मैं सिर्फ यह कहना चाहता हूँ कि 1956 तक जिस तरह की मार्क्सवादी आलोचना लिखी गयी, चाहे वह सोवियत संघ में हो, पश्चिमी यूरोप के देशों में हो, चाहे अन्यत्र, वह बहुत ही यांत्रिक, स्केमेटिक और एक कट्टरपंथी राजनीतिक दृष्टि से परिचालित थी और आज यह माना जाने लगा है कि इस दौर की साहित्यिक आलोचनाएँ मार्क्सवाद की बहुत उथली और कच्ची समझ का परिणाम थीं। 1956 के बाद साहित्य और समाज, साहित्य और राजनीति के सम्बन्धों की जटिलता का अहसास हुआ और उसकी गहराई में जाने की कोशिश शुरू हुई। मेरी आलोचना-दृष्टि को इसी परिवर्तित संदर्भ में देखा जाना चाहिए। यह परिवर्तन मेरे अग्रणी मार्क्सवादी आलोचक डॉ. रामविलास शर्मा में भी देखा जा सकता है। इस दौर की उनकी पहली महत्त्वपूर्ण पुस्तक है 'आस्था और सौन्दर्य'। इस पुस्तक की एक महत्त्वपूर्ण स्थापना है कि साहित्य और ललित कलाओं को विचार प्रणाली के अन्दर गिनना सही नहीं है। 1956 के बाद की स्थितियों में ही यह सम्भव था कि मार्क्सवादी रामविलास शर्मा स्वयं मार्क्स को चुनौती दें और कहें कि मार्क्स की यह स्थापना सही नहीं है कि साहित्य और कलाएँ विचार प्रणाली या आइडियालॉजी के अन्तर्गत हैं। दूसरा उदाहरण लीजिए--जार्ज लुकाच की पुस्तक 'दि मीनिंग ऑव कण्टेम्पोरेरी रियलिज्म'। यह पुस्तक भी सन् 56 के ठीक बाद की है। इसमें स्तालिन कालीन समाजवादी यथार्थवाद के लिए सराहे जाने वाले उपन्यासों की कड़ी आलोचना है। इसके साथ ही लुकाच क्रुप्सकाया के एक पत्र का हवाला देते हुए यह भी सूचित करते हैं कि लेनिन का 'पार्टी संगठन और पार्टी साहित्य' शीर्षक प्रसिद्ध लेख सर्जनात्मक साहित्य को दिशा निर्देश देने के लिए नहीं लिखा गया था। मेरी आलोचना को मार्क्सवाद से विचलित कहने वाले निश्चय ही इस इतिहास से या तो अनभिज्ञ हैं या फिर वे जान-बूझकर इसे नजरअन्दाज करते हैं। वैसे यदि मेरी पुस्तक 'इतिहास और

आलोचना' को ध्यान से देखें तो उसमें भी अनेक जगहों पर यांत्रिकता से बचने की एक कोशिश–एक छटपटाहट दिखायी पड़ेगी। यही प्रवृत्ति आपको सन् 56 से पहले की छपी मेरी दो अन्य पुस्तकों–'छायावाद' और 'आधुनिक साहित्य की प्रवृत्तियाँ' में भी मिलेगी।

सुदीप बनर्जी : लूनाचार्स्की तो 56 के पहले ही सब कुछ लिख चुके थे। क्या आप उनके लेखन को भी कठमुल्ला कहेंगे ? जबकि सौन्दर्यशास्त्र की दृष्टि से भी मैं नहीं सोचता कि लूनाचार्स्की ने जितनी बातें कही हैं, उसके बाद की मार्क्सवादी आलोचना में उसमें कोई बहुत ज्यादा विकास हुआ हो।

नामवर सिंह : लूनाचार्स्की स्तालिन के नहीं लेनिन के संस्कृति मंत्री थे। उनकी साहित्यिक आलोचनाएँ भी स्तालिनवादी प्रभुत्व के पहले की हैं। लेकिन उनके अधिकांश लेख हमें उस समय सुलभ कहाँ थे ? वे तो सन् 56 के बाद ही सुलभ हुए।

सुदीप बनर्जी : लेकिन 1956 तक तो बहुत सी पुस्तकें, मार्क्सवादी आलोचना की, आ चुकी थीं। कॉडवेल, प्लेखानोव, फैंकल्स्टीन··· कई नाम हैं ? बहुत काम हो···

नामवर सिंह : जिस प्लेखानोव को आप यांत्रिकता और कठमुल्लापन से मुक्त समझते हैं उन्होंने तो तोल्सतोय को जमींदारों की दुनिया के इतिहासकार के रूप में देखा था। प्लेखानोव की यह समझ कितनी संकीर्ण थी ! इसे लेनिन के तोल्सतोय सम्बन्धी लेखों के साथ रखकर देखने से स्पष्ट हो जायेगा। लेनिन की दृष्टि में तोल्सतोय रूस की बूर्ज्वा कृषक क्रान्ति के दर्पण थे और किसानों के प्रवक्ता। इसी तरह कॉडवेल भी अपनी उदार साहित्यिक दृष्टि के बावजूद साहित्य की सामाजिक व्याख्या करने में कम यांत्रिक न थे। इसका प्रमाण है 'इल्यूजन एण्ड रियेलिटी' में दिया हुआ अंग्रेजी कविता का इतिहास। दरअसल यह सीमा स्तालिनकालीन मार्क्सवाद की सीमा थी। इससे कॉडवेल और राल्फ फाक्स ही नहीं जार्ज लुकाच भी न बच सके।

उदय प्रकाश : और गोर्की ? एक बार आपने किसी सेमिनार में कहा था कि गोर्की ने जिस समाजवादी यथार्थवाद की बात की थी उसके प्रभाव में कृष्णचन्दर आदि कई कहानीकारों ने फार्मूले और नारेबाजी की कहानियाँ लिखीं।

नामवर सिंह : समाजवादी यथार्थवाद नहीं, क्रान्तिकारी स्वच्छन्दतावाद अर्थात् रिवोल्यूशनरी रोमेंटिसिज्म। यह भारत में प्रगतिशील आन्दोलन के इतिहास का एक अंग है। शुरू के दिनों में निश्चय ही गोर्की का ही बोलबाला था। लगभग सन् 51-52 तक, 52 के बाद कहानीकार गोर्की से ज्यादा चेखव की ओर आकृष्ट होने लगे थे। इस तथ्य के बावजूद कि लेनिन ने तोल्सतोय पर महत्त्वपूर्ण लेख लिखा था फिर भी लोगों का ध्यान तोल्सतोय की ओर नहीं गया। गोर्की के क्रांतिकारी

स्वच्छन्दतावाद का प्रभाव भारतीय कथा साहित्य पर एक हद तक दुर्भाग्यपूर्ण ही कहा जायेगा। लुकाच ने अपनी समकालीन यथार्थवाद वाली पुस्तक में इस क्रांतिकारी स्वच्छन्दतावाद की कमजोरियों का अच्छा विश्लेषण क्या है, जिसे यहाँ दुहराना जरूरी नहीं है।

अशोक वाजपेयी : इससे मुझे यह लगा कि हिंदी में जो तथाकथित मार्क्सवादी आलोचना है, आप तो खुद ही उससे घनिष्ठ रूप से सम्बद्ध रहे हैं, उसमें वह कठमुल्लापन, यांत्रिकता, चीजों को सरलीकृत करके देखने की प्रवृत्ति थी। आप कह रहे हैं कि उसमें परिपक्वता आयी, आप में भी परिवर्तन आया, और भी बहुत से मार्क्सवादियों में आया, डॉ. रामविलास शर्मा में भी। अब सन् 70 के आसपास दुबारा जो ये नये मार्क्सवादी, मेरे हिसाब से तो ज्यादातर अपढ़ मार्क्सवादी आये, उनमें भी काफी मामलों में उसी तरह का कठमुल्लापन, उसी तरह की यांत्रिकता, उसी तरह की नारेबाजी है। तो मार्क्सवादी आलोचना का कुल 30 वर्ष में जो यह हश्र हुआ, इस मामले में आप क्या कहना चाहेंगे ?

नामवर सिंह : इस संकीर्णता और कट्टरता का एक निश्चित राजनीतिक आधार है। अभी हाल के उग्रवादी राजनीतिक विस्फोट से इस साहित्यिक रुझान का सम्बन्ध देखा जा सकता है। इसे अन्तर्राष्ट्रीय कम्युनिस्ट आन्दोलन की उस प्रवृत्ति से भी बढ़ावा मिला है जिसकी अभिव्यक्ति चीन में माओ की सांस्कृतिक क्रांति के रूप में हुई। इस प्रसंग में एक दिलचस्प बात का जिक्र करना चाहूँगा। माओ के येनान गोष्ठी के साहित्य और कला सम्बन्धी जो भाषण सन् 51-52 में हिंदी के प्रगतिशील आन्दोलन में पूर्ववर्ती कठमुल्लापन के विरुद्ध एक उदारवादी साहित्यिक दृष्टि के आधार पर संयुक्त मोर्चा बनाने में सहायक बने थे वही 1970 के आसपास नये उग्रवादियों के लिए कट्टरपंथ का घोषणापत्र बन गये।

सुदीप बनर्जी : क्या मार्क्सवादी साहित्य के महत्त्वपूर्ण मोड़ों का राजनैतिक घटनाओं से इतना सीधा सम्बन्ध है ?

नामवर सिंह : भई ऐसा है कि जब कारण राजनीतिक हैं तो उनका उल्लेख भी जरूरी है। तेलंगाना क्रांति के दौर में नागार्जुन, केदारनाथ अग्रवाल और शंकर शैलेंद्र ने बहुत क्रांतिकारी कविताएँ लिखीं। एक तरह से वह उपयोगी साहित्य है, तात्कालिक है। किन्तु उसकी सीमाएँ हैं। केदारनाथ अग्रवाल और नागार्जुन ने फिर वैसी कविताएँ नहीं लिखीं। नक्सलवादी आन्दोलन के आसपास कुछ नये लोगों की फिर वैसी ही कविताएँ सामने आयीं और उन कविताओं के साथ वैसी ही आलोचनाएँ भी लिखी गयीं। जो इस विचारधारा के नहीं थे उन पर भी इसका कुछ रंग चढ़ा। उग्रता में एक नशा तो होता ही है।

सुदीप बनर्जी : क्या यह निष्कर्ष निकाला जा सकता है कि पार्टी लाइन से बँधे लेखकों का तो यह हश्र हुआ जिसका ज़िक्र हम कर रहे हैं पर मुक्तिबोध

जैसे लेखक इस जकड़बंदी से मुक्त हो सके !

नामवर सिंह : नहीं, यह निष्कर्ष नहीं निकालना चाहिए। स्थिति यह है कि जिस दौर की हम चर्चा कर रहे हैं, उसमें व्यापक रूप से लेखकों को नियंत्रित, निर्धारित करने वाली राजनीतिक पार्टी कम्युनिस्ट पार्टी इस स्थिति में थी ही नहीं कि वह साहित्य या कला के क्षेत्र में कोई लाइन दे सके। इसीलिए हम लोग इसकी जाँच नहीं कर सकते कि उसका हस्तक्षेप घातक होता है या सहायक। वास्तविकता यह है कि अपनी समझ, अपनी दृष्टि के अनुसार लेखक और साहित्यकार रचना करते रहे हैं। आपने अच्छा किया कि इस पूरी चर्चा में एक ऐसे लेखक का नाम लिया जो छूटा ही जा रहा था। यानी मुक्तिबोध का। अध्ययन किया जाना चाहिए कि जिस मुक्तिबोध का बहुत गुणगान नये-नये लोग अलग-अलग ढंग से कर रहे हैं, उनकी 1951 के पहले की कविताएँ कैसी थीं ? आज कुछ लोगों को मुक्तिबोध सशस्त्र क्रांति के ध्वजवाहक दिखायी पड़ रहे हैं तो कुछ को अस्तित्ववाद रहस्यवाद आदि से प्रभावित। 'तार सप्तक' में मुक्तिबोध की एक कविता है पूँजीवादी समाज के प्रति। उसमें आवेशपूर्ण भाषा में तेरा नाश, तेरा ध्वंस आदि बातें कही गयी हैं। यह उस दौर की टिपिकल प्रगतिवादी उक्ति है। लेकिन मुक्तिबोध की बाद की कविताओं में ऐसा कुछ न मिलेगा। इसके बावजूद बाद की कविताएँ पूँजीवाद पर ज्यादा गहरी चोट करती हैं। यानी उनकी जीवनदृष्टि ज्यादा तेज है, प्रखर है, गहरी काट करती है। इसलिए आप देखेंगे कि मुक्तिबोध की जीवनदृष्टि जितनी परिपक्व होती गयी, उनकी कविताओं में काव्यात्मकता, कलात्मकता ज्यादा बढ़ती गयी और ऐसा प्रत्यक्ष कथन कम होता गया। मार्क्सवादी जीवनदृष्टि से प्रभावित होकर लिखा जाने वाला जो तथाकथित जनवादी साहित्य है, उसके लिए मुक्तिबोध का यह परिवर्तन एक उत्कृष्ट उदाहरण हो सकता है। मेरे खयाल में नये मार्क्सवादी मुक्तिबोध की प्रशस्ति गाते हुए भी साहित्यिक समझ में उनसे बहुत दूर हैं। इन्हें जैसे अपनी रचनाओं में, आलोचनाओं में बार-बार आस्था की स्पष्ट घोषणा करनी पड़ रही है। एक तरह से यह कसम खाने जैसी बात है। प्रबुद्ध, प्रौढ़ लेखक के लिए इसकी जरूरत नहीं रह जाती कि वह जगह-जगह कहता चले कि देखो-देखो, मैं मार्क्सवादी हूँ। यह भी जरूरत नहीं रह जाती कि वह जगह-जगह मार्क्स और लेनिन के उद्धरण देता रहे। 1956 के पहले के लेखों को आप देखें तो कोई भी लेख मार्क्स, ऐंगिल्स, लेनिन, स्तालिन के उद्धरण के बिना पूरा नहीं होता था। बाद में ये उद्धरण प्रायः कम हुए। नामों का हवाला कम होता गया। यानी प्रमाणवाद कम हुआ। यह आत्मविश्वास एक प्रकार की परिपक्वता और बेहतर समझ का सूचक है। मुक्तिबोध में आपको जगह-जगह मार्क्स, लेनिन, माओ के उद्धरण नहीं मिलेंगे। इस दृष्टि से डॉ. रामविलास शर्मा के पहले के लेखों में और बाद के लेखों में भी अंतर दिखायी पड़ेगा। अपने बारे में इतना ही कह सकता हूँ कि मैं पहले

भी नाम जाप कम करता था, आप्त वचन कम उद्धृत करता था और बाद में भी कम ही किया है।

अशोक वाजपेयी : लेकिन आज की बिल्कुल नयी पीढ़ी, जो 70 के आसपास आयी है, उस पूरी पीढ़ी के बारे में अगर हम कहें कि वह मार्क्सवाद की उसी तरह की संकीर्णतावादी समझ या उसी तरह का कठमुल्लापन अख्तियार करती है, तो शायद यह बिल्कुल सही नहीं होगा। कुछ प्रवृत्तियाँ, कुछ लोग तो ऐसे होंगे ही जिन्होंने इतिहास से सबक लिया है। आपको ऐसे लोग नजर आते हैं या पूरी पीढ़ी ही इतिहास से सबक न लेकर उस प्रक्रिया से गुजरने को अभिशप्त है ही ?

नामवर सिंह : निश्चय ही ऐसे लोग हैं और वे कम नहीं हैं। लेकिन अपनी ओर से उनका नाम लेकर मैं उन्हें किसी धर्मसंकट में नहीं डालना चाहता।

अशोक वाजेपयी : अच्छा, मैं एक और स्थापना करूँ कि रचना के स्तर पर रचना और मार्क्सवादी आलोचना या चिंतन के बीच जो अंतर्विरोध पहले दौर में था, शायद इस दौर में और तीखा हो गया है। इस मायने में कि रचना के स्तर पर कविता और शायद कहानी में भी बहुत से लेखक ऐसे मिल जायेंगे, जो इतिहास से सबक लेकर प्रमाणवाद और कठमुल्लेपन से मुक्त रहकर और 'बिना मार्क्स से निपटे हुए 20वीं सदी में रहने का अर्थ सम्भव नहीं है' इसे मानते हुए रचना करते हैं और महत्त्वपूर्ण रचना करते हैं। लेकिन जो आलोचना है, उसमें कठमुल्लापन, नारेबाजी और चीख-पुकार अधिक है। रचना के स्तर पर ऐसा तो नहीं कह सकते कि बिल्कुल नहीं है लेकिन दोनों के बीच आज अंतर्विरोध अधिक स्पष्ट है। मैं तो आगे बढ़कर यह तक कहना चाहूँगा कि इस समय जो अपने-आप को नये-नये मार्क्सवादी कहने वाले लोग हैं वे अपनी समकालीन रचना की समझ को आगे बढ़ाने या उसका विश्लेषण करने में पहले वाले कठमुल्ले आलोचकों के भी मुकाबले कहीं ज्यादा असमर्थ हैं। अगर हम प्रगतिशील साहित्य की धारा और आलोचनात्मक साहित्य की धाराओं को विश्लेषण के लिए अलग-अलग लें तो यह लगेगा कि इतिहास से सबक रचना ने तो सीखा, आलोचना ने नहीं।

नामवर सिंह : इस स्थापना से मैं सहमत नहीं हो सकता। इतिहास से सबक लेने वाले रचनाकार हैं, तो आलोचक भी हैं। आज मार्क्सवादी आलोचना निश्चय ही समृद्धतर है। साहित्य के कलात्मक विश्लेषण में भी और खासतौर से लेखक की विचारधारा के विश्लेषण में भी। आज किसी कृति में विचारों के प्रत्यक्ष कथन के अभाव में भी अन्तर्निहित विचार को पकड़ने की क्षमता मार्क्सवादी आलोचना में अधिक है। इसका मतलब है कि आज मार्क्सवादी आलोचना के पास अधिक सूक्ष्म और सक्षम औजार हैं। इस बीच ये औजार विकसित हुए हैं।

अशोक वाजपेयी : जो औजार विकसित करने की बात है, आलोचना दो

तरह से औजार विकसित कर सकती है–एक तो यह कि हिंदी में प्रगतिशील आलोचना अपना विकास करते हुए समझ को अधिक परिपक्व बनाते हुए, अपनी विश्लेषण-क्षमता को अधिक सूक्ष्म और अधिक कारगर बनाये। इसके लिए अभी भी उसको साहित्य की अपनी समझ बढ़ाने के लिए कारगर और बारीक औजारों की जरूरत है। दूसरा यह–कि जिसे रूपवादी कलावादी आलोचना कहा जाता है, जिसने अपने औजार महीन और बारीक बनाने में ही ज्यादा ध्यान दिया है और इस तरह के औजार विकसित किये हैं, या तो मार्क्सवादी आलोचना इस रूपवादी चुनौती से ठीक से निपटने के लिए अपने भी औजार विकसित करे जिससे प्रगतिशील चिंतन कला की सूक्ष्मता, तनाव की सूक्ष्मता का सही विश्लेषण कर सके। इस चुनौती को स्वीकार करने का एक आंतरिक कारण है। आंतरिक रूप से आपने वह औजार विकसित किया। दूसरी बात यह कि प्रगतिशील लोग मानते रहे हैं कि यह जरूरी नहीं है कि खुद अपने ही औजारों से हर बार लड़ा जाय। यह माना गया है कि दूसरे के औजारों से भी काम लिया जा सकता है। अब आप क्या मानेंगे ? प्रगतिशील आलोचना ने जो विकास किया, जहाँ तक वह पहुँची, उसके औजार किस प्रक्रिया में विकसित हुए ? यानी चुनौती के रूप में या एक आंतरिक आवश्यकता के रूप में, या दूसरे के औजारों को हथियाकर लड़ाई लड़ने के लिए ?

नामवर सिंह : अंशतः दोनों बातें सही हैं। मार्क्सवादी आलोचना में विश्लेषण के औजारों का विकास आंतरिक आवश्यकता के रूप में भी हुआ है। उदाहरण के लिए–डॉ. रामविलास शर्मा की 'निराला की साहित्य साधना' नाम की पुस्तक के दूसरे भाग में जो कला सम्बन्धी विवेचन है, उसे देखें। निराला पर रामविलास जी पहले भी पुस्तक लिख चुके थे लेकिन पहले उन्होंने 'राम की शक्ति पूजा' को उसका कथानक समझाकर छोड़ दिया था। 'निराला की साहित्य साधना', भाग-2 में उन्हें जरूरत पड़ी कि 'राम की शक्ति पूजा' का स्थापत्य बताना चाहिए। उन्होंने उस कविता का संरचनात्मक विश्लेषण विस्तार से किया है। अब कोई चाहे तो यह कह सकता है कि रामविलास जी दुश्मन के खेमे के सारे औजार छीन करके उसे लागू करने की कोशिश कर रहे हैं। लेकिन यह विश्लेषण निराला की कविता की आंतरिक आवश्यकता से उत्पन्न भी हो सकता है, जिसका अहसास शायद पहले इतनी शिद्दत से न हुआ हो।

दूसरी बात हम लोग यह कहते रहे हैं कि मार्क्सवादी आलोचना में अंतर्वस्तु और रूप की एकता और उसका द्वंद्वात्मक सम्बन्ध बहुत महत्त्वपूर्ण सिद्धान्त है। लेकिन अधिकांश आलोचना अंतर्वस्तु प्रधान होती थी और उसमें रूप पक्ष की उपेक्षा होती थी। फलतः रचना की रूप सम्बन्धी समीक्षा के लिए मार्क्सवादी आलोचना की कोई बहुत समृद्ध परम्परा सुलभ नहीं हुई। तथाकथित नयी समीक्षा में जिसको

लेकर मुझ पर आरोप लगाया जाता है, रूप के विश्लेषण सम्बन्धी अनेक औजार थे जिनको मैंने लिया और मैं अब भी समझता हूँ कि वह सही किया। यदि मार्क्स बूर्ज्वा और भाववादी हेगेल से डायलेटिक्स ले सकते हैं और इसमें कोई संकोच नहीं करते तो नये समीक्षकों की रूपगत अवधारणाओं को लेने में हमें क्यों संकोच हो ? महत्त्वपूर्ण यह है कि हम उनका उपयोग किस रूप में–किन मूल्यों की प्रणाली के ढाँचे में करते हैं ? जैसे कोई प्रगतिशील रचनाकार अपने पूर्ववर्ती बूर्ज्वा रचनाकारों की टेक्नीक अपने कथ्य के लिए ग्रहण करके पाप नहीं करता, उसी प्रकार का अधिग्रहण आलोचक के लिए भी त्याज्य नहीं है। इस प्रकार रचना की आन्तरिक आवश्यकता और दुश्मन के प्रत्यय-परक औजार छीनने में कोई विरोध नहीं है। मार्क्सवादी आलोचना में इन दोनों दृष्टियों से विकास हुआ।

अशोक वाजपेयी : कई बार लगता है कि रचना पर फैसला देने की अधीरता है–एक तरह का अहंकार। रचना के सामने आलोचक की विनम्रता क्या इधर कम नहीं हुई है ?

नामवर सिंह : खतरा यह है कि रचना के प्रति विनम्रता की माँग पूजा और श्रद्धा भाव में भी बदल सकती है। इस बीच वैसे भी पाठकों और आलोचकों पर रचना का आतंक बढ़ता दिखायी पड़ रहा है। इसलिए बात केवल ग्रहणशीलता की करनी चाहिए–काव्यानुभव की ग्रहणशीलता की। लेकिन बात यहीं खत्म नहीं होती। आलोचना का काम–विश्लेषण और मूल्यांकन का काम फिर भी बच रहता है। इसके बिना प्रक्रिया पूरी नहीं होती। यह सही है कि शुरू से ही आक्रामक रुख लेकर किसी रचना के पास जाना गलत है। यह विनम्रता का दूसरा छोर है। निश्चय ही एक कृति विशेष पर ध्यान केन्द्रित करना–उसकी अद्वितीयता को पहचानना जरूरी है।

अशोक वाजपेयी : यही नहीं, मेरा तो अपना यह अनुभव है कि 'पूर्वग्रह' का तो सारा आधार ही हमने यह बनाया था कि हम कृतियों पर ही विचार करेंगे।

नामवर सिंह : इसकी कुछ जिम्मेदारी मार्क्सवादी आलोचना की अब तक की परम्परा पर भी है। मार्क्सवादी आलोचना मुख्यतः ऐतिहासिक आलोचना है। किसी युग या प्रवृत्ति के उद्‌भव, विकास और ह्रास के कारण-विश्लेषण में उसे अधिक सफलता मिली है–एक-एक कृति को लेकर सूक्ष्म विश्लेषण की ओर मार्क्सवादी आलोचकों ने कम ही ध्यान दिया है जैसा कि अंग्रेजी के नये समीक्षक करते रहे हैं।

अशोक वाजपेयी : ऐसा क्यों हुआ है कि हिन्दी में मार्क्सवादी आलोचना प्रायः कृतियों या लेखकों के विशिष्ट विश्लेषण से दूर रही है–उसने अपने को धारणाओं, प्रवृत्तियों तक ही सीमित रखना श्रेयस्कर समझा है।

नामवर सिंह : जरा और गहराई में जाने की जरूरत है। कृति विशेष की

विस्तृत और ब्यौरेवार अंतरंग समीक्षा आवश्यक तो है लेकिन किसी कृति की अपने आप में स्वतंत्र समीक्षा न सम्भव है, न उचित ही। अन्य कृतियों का वृहत्तर सन्दर्भ, पूरे दौर-माहौल का समूचा सन्दर्भ किसी कृति के मूल्यांकन ही नहीं, बल्कि अर्थोद्‌घाटन के लिए भी जरूरी है। यहाँ परम्परा का भी उल्लेख किया जा सकता है। मार्क्सवाद जहाँ उसे व्यापक सन्दर्भ और परिप्रेक्ष्य से जोड़कर ऐतिहासिक सन्दर्भ प्रदान करता है वहाँ सफल होता है। यानी युग का विश्लेषण करते हुए उसकी प्रतिनिधि रचना को चुनकर उसका विस्तृत विश्लेषण करना ज्यादा सही है। वैसे, शुरुआत किसी एक कृति के विश्लेषण से भी कर सकते हैं लेकिन कृति उसका आदि और अंत नहीं है। बल्कि उसका अंत है व्यापक ऐतिहासिक सन्दर्भ। तभी हम उसका मूल्यांकन कर सकेंगे। वर्ना हम व्याख्या और आस्वाद तक ही सीमित रहेंगे।

कला-चिन्तन की विरासत

अशोक वाजपेयी : रचनाकार अपने लिए एक परम्परा खोजते हैं—यह भी कहा गया है कि बिना परम्परा सार्थक रचना सम्भव नहीं। क्या आलोचना में, हमारे यहाँ, परम्परा की ऐसी ही जरूरत महसूस की गयी ? क्या आलोचना में परम्परा वैसे ही सक्रिय रही ?

नामवर सिंह : निश्चित रूप से। जैसे रचना के क्षेत्र में हर सार्थक रचनाकार कहीं-न-कहीं अपने लिए एक परम्परा ढूँढ़ता है, चिंतन के क्षेत्र में भी अपने लिए एक परम्परा ढूँढ़ने की जरूरत आलोचक को महसूस होती है। हिंदी में यह उल्लेखनीय बात है कि इस परम्परा को खोजने ढूँढ़ने और उससे अपने आपको जोड़ने का काम गैर-मार्क्सवादी आलोचकों की अपेक्षा मार्क्सवादी आलोचकों ने ज्यादा किया है। इसका श्रेय सबसे ज्यादा डॉ. रामविलास शर्मा को दिया जाना चाहिए। रामचन्द्र शुक्ल पण्डिताऊ आलोचक समझे जाते थे। रामविलास शर्मा ने उन्हें ऐसे जागरूक लोकवादी के रूप में उपस्थित किया कि लगा कि प्रगतिशील लेखक शुक्ल जी से अपने आपको जोड़कर लाभान्वित हो सकते हैं। आज यदि मलयज जैसे आलोचक शुक्ल जी की ओर आकृष्ट हो रहे हैं तो कहीं-न-कहीं इसका श्रेय डॉ. रामविलास शर्मा को है। अपनी कहूँ तो काशी का होने और काशी हिन्दू विश्वविद्यालय में पढ़ने के कारण शुक्ल जी मुझे एक तरह से साहित्यिक संस्कार के रूप में प्राप्त हुए थे और मुझे शुरू से उनसे सीखने-जूझने की जरूरत महसूस हुई; फिर भी यह स्वीकार करूँगा कि डॉ. रामविलास शर्मा की शुक्ल जी वाली पुस्तक ने आचार्य के ऐसे अनेक लोकवादी पक्षों को प्रत्यक्ष किया जिनकी ओर मेरा ध्यान न गया था। वैसे डॉ. शर्मा की इस व्याख्या में अनेकत्र अतिसरलीकरण भी है। डॉ. रामविलास शर्मा तो शायद यह नहीं मानते लेकिन मेरा विचार है कि आचार्य हजारीप्रसाद द्विवेदी शुक्ल जी की ही परम्परा के विकास की अगली कड़ी हैं। मेरा यह परम

सौभाग्य है कि आचार्य द्विवेदी मुझे गुरु के रूप में प्राप्त हुए। किन्तु यदि किन्हीं कारणों से ऐसा न भी हुआ होता, तो भी एक मार्क्सवादी आलोचक के नाते अपनी परम्परा की खोज में मैं शुक्ल जी से चलकर द्विवेदी जी तक पहुँचता ही। आचार्य द्विवेदी के बाद हिन्दी आलोचना की प्रगतिशील परम्परा में मुझे एक ही उल्लेखनीय नाम दिखायी पड़ता है और वह है डॉ. रामविलास शर्मा का। मैंने उनसे भी बहुत कुछ सीखा है। यहाँ तक कि अपनी भूलों के द्वारा भी वे सही रास्ते पर आगे बढ़ने का संकेत देते हैं।

इन तीनों आलोचकों की परम्परा से जुड़ने के क्रम में ही मैं प्राचीन काव्य-शास्त्र की ओर बार-बार जाता रहा। और दिन पर दिन मैंने यह अनुभव किया कि अपने देश की यह महान् चिन्तन परम्परा मार्क्सवादी आलोचना के लिए अक्षय सन्दर्भस्रोत है। आप मेरी पुस्तकों से इस भाव का कुछ आभास पा सकते हैं लेकिन अभी वह आभास-मात्र ही है, उस विरासत का पूरा उपयोग अभी होने को है।

अशोक वाजपेयी : बाहर के ऐसे कौन-से आलोचक हैं, जिनका प्रभाव आप पर पड़ा ? एक का नाम तो मुझे मालूम है।

नामवर सिंह : तो जो मालूम है, सबसे पहले वही नाम—डॉ. एफ. आर. लीविस। वे मार्क्सवाद विरोधी हैं, यह जानते हुए भी मैं उनके आलोचक व्यक्तित्व से प्रभावित हूँ। यह प्रभाव किस प्रकार का है, इसकी व्याख्या करने में कुछ समय लगेगा। इसलिए मैं इस प्रसंग को यहीं छोड़ता हूँ। छोड़ता यों भी हूँ कि आपको तो मालूम है। इस कारण मैं नये मार्क्सवादी आलोचकों के बीच काफी गलतफहमी का शिकार हुआ है। गलतफहमी ही नहीं, आक्रमण का भी। बहरहाल, यह काफी पेचीदा मामला है—यानी एक मार्क्सवाद-विरोधी से अपने आपको मार्क्सवादी समझने वाले का प्रभावित होना। शायद मुझे साहित्य के प्रति लीविस की एकनिष्ठ गम्भीरता ने आकृष्ट किया जिसमें गहरा नैतिक बोध है, ठोस कृतियों पर सतत एकाग्रदृष्टि है, किसी प्रलोभन से भ्रष्ट न होने वाली अविचल निष्ठा है और है चौतरफा विरोधी वातावरण के बीच निरन्तर संघर्ष करने वाला एक व्यक्तित्व।

इसके बाद तो यूरोप और इंग्लैण्ड के मार्क्सवादी आलोचकों की लम्बी सूची है जिसे गिनाने में कुछ आत्म-दर्शन की भी बू आ सकती है और जो आप सहित बहुतों के लिए काफी परिचित भी है। लेकिन इसे मैं प्रभाव नहीं बल्कि परम्परा कहूँगा जो एक मार्क्सवादी आलोचक के नाते मुझे सहज ही अपने-आपसे जोड़ती है। यदि हिंदी में शुक्ल-द्विवेदी-शर्मा की आलोचनाएँ मेरे लिए एक परम्परा की अहमियत रखती हैं तो दूसरी परम्परा पश्चिम की लगभग एक सदी से विकसित होने वाली मार्क्सवादी आलोचना है जो मेरा अमूल्य रिक्थ है। इसमें स्वयं मार्क्स-ऐंगिल्स लेनिन के अलावा सबसे उल्लेखनीय नाम अन्तोनियो ग्राम्शी, जार्ज लुकाच और वाल्टर बेन्यामिन के हैं।

अशोक वाजपेयी : अभी इस बात का जिक्र हुआ था कि हमारी आलोचना का विकास समूचे भारतीय सौन्दर्यशास्त्र की परम्परा के बिना सम्भव नहीं है। हमारा जो प्राचीन सौन्दर्यशास्त्र था उसमें साहित्य-चिंतन, कला-चिंतन बहुत गहरे रूप से साथ-साथ चला। ऐसे बहुत से काव्यशास्त्री हैं जिन्होंने काव्य के अलावा अन्य कलाओं पर भी गम्भीर विचार किया। अब स्थिति यह है कि हिंदी में साहित्य चिंतन तो परिपक्व और विकसित है लेकिन उसके समानांतर जो कला-चिंतन है वह उतना परिपक्व और विकसित नहीं है। मसलन हमारे यहाँ संगीत या नृत्य की आलोचना बहुत ही अधिक अविकसित हालत में है। किसी हद तक ललित कलाओं और रंगमंच की आलोचना इससे थोड़ी बेहतर तो है लेकिन अगर आप साहित्य-चिंतन के साथ इसकी तुलना करें तो संवेदनात्मक स्तर पर भी और विश्लेषणात्मक स्तर पर भी उसकी स्थिति अच्छी नहीं है। साहित्य की आलोचना में भी अन्य कलाओं के परिप्रेक्ष्य में एक समग्रता का अभाव कई बार दिखायी पड़ता है। क्या उसका कारण यह नहीं है कि एक परिपुष्ट आलोचनात्मक चिंतन जिसमें साहित्य चिंतन और कलात्मक चिंतन, दोनों समानांतर हो गये हों, दोनों के बीच अगर कोई रिश्ता और अंतर्क्रिया हो, ऐसा नहीं हो पाया।

नामवर सिंह : कारणों में जाने से पहले एक बात मैं कह दूँ कि आधुनिक काल में हिंदी की जो ठेठ आलोचना रही है, जिसके मूर्द्धन्य आलोचक आचार्य रामचन्द्र शुक्ल थे, वह मुख्यतः साहित्य-समीक्षा ही रही है। हजारीप्रसाद द्विवेदी हिंदी के पहले आलोचक थे जिनमें साहित्य चिंतन अन्य कलाओं के संदर्भ में विकसित होता हुआ दिखायी पड़ता है। इस दृष्टि से उन्हें संस्कृत के प्राचीन आचार्यों की महान् परम्परा की कड़ी के रूप में देखा जा सकता है। संस्कृत में जब काव्य की चर्चा होती थी तो उसमें संगीत और चित्र आदि की भी चर्चा आती थी। जैसे 'अभिनव भारती' में। हजारीप्रसाद द्विवेदी भी जब कविता की चर्चा करते हैं तो साहित्य के अन्य रूपों और अन्य कलाओं के सन्दर्भ में उसे व्याख्यायित और परिभाषित करने की कोशिश करते हैं। इसलिए आचार्य द्विवेदी अन्य ललित कलाओं के सन्दर्भ में साहित्य को देखने वाले पहले हिंदी आलोचक हैं। सम्भव है कि अंशतः यह उन्हें संस्कृत की विरासत से प्राप्त हुआ हो और अंशतः रवीन्द्रनाथ ठाकुर के शांति निकेतन के वातावरण से। उनके बाद हिंदी में यह चीज अगर कहीं दिखायी पड़ती है तो कुछ-कुछ अज्ञेय के साहित्य चिंतन में, बावजूद व्यक्तिवादी और भाववादी सीमाओं के।

मुक्तिबोध में भी एक समग्र सौन्दर्यशास्त्र के लिए प्रयास दिखायी पड़ेगा। लेकिन कुल मिलाकर एक ऐसी आलोचना पद्धति, जिसे साहित्य का सौन्दर्यशास्त्र कहें, विकसित नहीं हुई। मुक्तिबोध भी नये साहित्य का सौन्दर्यशास्त्र लिखते हुए सौन्दर्यशास्त्र शब्द का इस्तेमाल तो करते हैं लेकिन सौन्दर्यशास्त्र वहाँ अनुपस्थित

ही रहता है। उनके अन्य आलोचनात्मक लेखों में भी सौन्दर्यशास्त्र शायद एक अमूर्त परिदृश्य के रूप में ही रहता है; स्वयं उनके साहित्य-चिंतन से यह साफ नहीं होता कि कलाओं से उनका परिचय कितना व्यावहारिक है। यानी अभी तक ऐसे सौन्दर्यशास्त्र का विकास नहीं हो सका है। सम्भव है इसकी जड़ें हमारे सांस्कृतिक जीवन में हों जहाँ इस तरह का फ्रैगमेंटेशन-विखण्डन आया है। हमारे यहाँ का जो इंटेलेक्चुअल या बुद्धिजीवी है उसमें भी साहित्यधर्मी लोग एक तरफ और कलाकर्मी लोग दूसरी तरफ हैं और उनके बीच वह वांछनीय आदान-प्रदान नहीं है। इसका प्रभाव हमारी आलोचना पर भी पड़ा है। विचित्र बात है कि जो लोग सौन्दर्यशास्त्र पर सैद्धान्तिक चिंतन करते हैं उनको ललित कलाओं का ज्ञान नहीं है और जिनको ललित कलाओं का व्यावहारिक ज्ञान है, अनुभव है, उनमें सैद्धांतिक दृष्टि से विचार करने की क्षमता ही नहीं है, भाषा नहीं है।

और यहाँ मैं यह कहूँगा कि 'पूर्वग्रह' की यह देन माननी चाहिए कि साहित्य के साथ-साथ ललित कलाओं के बारे में भी लेख प्रकाशित करके 'पूर्वग्रह' ने इस दिशा में सचमुच ही सराहनीय काम किया है। 'पूर्वग्रह' एक ऐसी पत्रिका के रूप में उभरा है जहाँ साहित्य, संगीत, चित्र, नृत्य के बारे में समीक्षाएँ साथ-साथ प्रकाशित होती हैं। यह भी कोशिश की गयी है कि ऐसे साहित्य-चिंतक जो अन्य कलाओं के बारे में भी सोचते विचारते हैं, वे कलाएँ जो हमारे सांस्कृतिक जीवन का अभिन्न अंग हैं, उनकी समीक्षाएँ भी सामने आएँ। इस कारण हिंदी में कुछ ऐसा वातावरण बना है जिससे नये लेखक अन्य ललित कलाओं की गतिविधियों में भी दिलचस्पी लेने लगे हैं। इस लिहाज से मैं स्वयं अपनी सीमा स्वीकार करता हूँ कि अन्य कलाओं के बारे में मेरा व्यावहारिक परिचय नहीं के बराबर है।

आलोचना का अतिचार और नया कलावाद

अशोक वाजपेयी : आपने पहले भी जिक्र किया है कि कुछ आलोचकों में और शायद इसीलिए तो नहीं कि कुछ और रचनाकारों में भी एक नया कलावादी रुझान है। यह भी कहा गया है कि 'पूर्वग्रह' जो है वह भी नये कलावादियों का राष्ट्रीय मंच बना हुआ है। तो इस बारे में आप क्या सोचते हैं ? क्या जैसी एक नयी प्रगतिशीलता है दृश्यपट पर, क्या उसके बरक्स कोई एक नया कलावाद भी है ?

नामवर सिंह : कुछ समय पहले तक मेरा खयाल था कि हिंदी में कलावादी रुझान निष्प्राण हो गया। सन् 65 से 75 के बीच के साहित्यिक दृश्यपट को याद कीजिए तो यही धारणा बनती है। यह वही समय है जब काव्य-चर्चा के केन्द्र से अज्ञेय हट गये और आ गये मुक्तिबोध। यह वही समय है जब 'सीढ़ियों पर धूप में' के कवि रघुवीर सहाय ने 'आत्महत्या के विरुद्ध' लिखा और धूमिल के

रूप में एक नयी विद्रोही काव्य-प्रतिभा हिंदी जगत् पर छा गयी। इस बीच जीवन पर राजनीति का दबाव कुछ इतना बढ़ा और जन-असंतोष इतना भड़का कि कविता ही नहीं बल्कि पूरे साहित्य में कलावादी कायदे-कानून चरमरा कर टूट गये। लेकिन इधर चार-पाँच वर्षों से देख रहा हूँ कि कलावादी रुझान फिर सिर उठा रहा है—निस्सन्देह नयी शक्ति के साथ और समग्र-क्रांति की मुद्रा के साथ। इस नये कलावाद के शास्त्रकार निर्मल जी हैं। उनकी नयी पुस्तक 'कला का जोखिम' इस नये कलावाद का अनूठा दस्तावेज है। इस पुस्तक में अज्ञेय सम्बन्धी लेख पूर्ववर्ती कलावाद से नये कलावाद के अन्तर को स्पष्ट करता है; तो जयप्रकाश नारायण पर लिखा हुआ लेख—इस नये कलावाद की राजनीति को। प्रेमचंद जन्मशती समारोहों ने इस नये कलावाद को बेनकाब कर दिया और वह खुलकर अपने असली रूप में सामने आ गया। अपने पूर्वजों के समान ही नये कलावादी भी प्रेमचंद को नकार रहे हैं। इस मामले में मैं प्रेमचंद को कसौटी मानता हूँ। अब आप इस प्रसंग में 'पूर्वग्रह' की भूमिका स्वयं ही देख सकते हैं। 'पूर्वग्रह' ने प्रेमचंद जन्मशती की नोटिस ही नहीं ली। इस ऐतिहासिक अवसर पर प्रेमचंद की उपेक्षा करके 'पूर्वग्रह' ने नये कलावादियों की पंक्ति में अपने को खड़ा कर लिया। 'पूर्वग्रह' की यह चुप्पी इसलिए और भी खलने वाली है कि 'पूर्वग्रह' मुक्तिबोध के साहित्य और चिन्तन का हिमायती बनता है। ऐसा करके 'पूर्वग्रह' उस आरोग्य को पुष्ट कर रहा है कि वह तो मुक्तिबोध को केवल इस्तेमाल कर रहा है—मुख्य लक्ष्य है कलावादी रुझान को बढ़ावा देना। वैसे, यह एक संयोग भी हो सकता है, लेकिन तथ्य तो यही है कि 'पूर्वग्रह' का प्रकाशन जब से शुरू हुआ है, नया कलावादी रुझान भी लगभग तभी से प्रकट हुआ है।

इसी बीच पुराने कलावादी भी जैसे धूल झाड़कर फिर खड़े हो गये। अज्ञेय ने इतने वर्षों के बाद चौथा सप्तक निकाला। यही नहीं 'प्रतीक', 'नया प्रतीक' के रूप में फिर निकला। यह और बात है कि चला नहीं। इन कार्रवाइयों का कोई असर नहीं हुआ तो अब वत्सल निधि की ओर से लेखक शिविर हो रहे हैं जहाँ, सुनते हैं, आधुनिकता पर फिर चर्चा उठाई गयी है—वही आधुनिकता जो अपने यहाँ छठे दशक में शीत युद्ध की विचारधारा के एक हथियार के रूप में आयातित की गयी थी और जिसे काफी पहले दफन कर दिया गया। चर्चा के लिए ऐसी समस्याओं को चुनना जिसका सम्बन्ध न अपने सामाजिक जीवन से हो न साहित्य-सृजन से, एक प्रकार का छलावा नहीं तो क्या है ? इस विषय में मुझे तनिक भी सन्देह नहीं है कि इन निरर्थक प्रयत्नों से आज की रचना का कुछ बिगड़ने वाला नहीं है, लेकिन इसे एकदम अनदेखा तो नहीं किया जा सकता। व्यक्तिगत सम्बन्धों के आधार पर नये-पुराने लेखकों को इकट्ठा करके एक कलावादी मंच तैयार करने की कोशिश तो हो ही रही है।

'पूर्वग्रह' निश्चय ही ऐसे किसी प्रयास में शामिल नहीं है–यह तो मैं देख ही रहा हूँ। लेकिन 'पूर्वग्रह' इस खतरे को किस रूप में और किस हद तक देख रहा है, इस ओर से मैं उतना आश्वस्त नहीं हूँ।

एक बात जरूर है कि इस नये कलावादी रुझान की कुछ जिम्मेदारी तथाकथित नये जनवादी लेखकों पर भी है जो सीधे-सीधे राजनीतिक साहित्य की माँग कर रहे हैं और साहित्यिक आलोचना के नाम पर राजनीतिक फतवे दे रहे हैं। पहले भी मार्क्सवादी आलोचना के अतिचार की प्रतिक्रिया में ही कलावाद उभरा था; और आज भी नये-नये आने वाले मार्क्सवादी अपने अतिचार के द्वारा एक नये प्रकार के कलावाद के लिए जमीन तैयार करने में योग दे रहे हैं।

लेकिन इस कलावादी उभार का मूल कारण यह नहीं है। मूल कारण तो हमारी आज की सामाजिक-राजनीतिक स्थिति में ही है, जहाँ से इस प्रवृत्ति को खुराक मिल रही है। इसके लिए हमें आपात स्थिति से लेकर अब तक के पूरे राजनीतिक उतार-चढ़ाव का विश्लेषण करना होगा।

अशोक वाजपेयी : नामवर जी, भाषा की संवेदना के बारे में कुछ कहना चाहेंगे ? इस अर्थ में कि दो तरह की बातें कही जाती रही हैं–हाल के लेखन में भाषा के प्रति एक तरह की लापरवाही का अंदाज है, ज्यादातर लेखकों में और दूसरी तरफ इसकी वजह से, जैसा कि निर्मल जी ने कहा है कि हिंदी गद्य का पतन हुआ–तो क्या यह आक्रमण सही है, दूसरे यह, कि हम इसका क्या कारण सोच सकते हैं ?

नामवर सिंह : आपको शायद याद हो आलोचना की भाषा पर मैंने भी एक परिसंवाद आयोजित किया था–'आलोचना' में कई साल पहले; शायद सन् 67 में। आपने भी उसमें भाग लिया था। मैंने अपने सम्पादकीय में आलोचना की भाषा में गिरावट पर चिन्ता व्यक्त करते हुए उसकी प्रकृति और कारणों का विश्लेषण किया था।

जो भाषा की अवहेलना कर रहे हैं, उनसे पहले ऐसे लेखकों पर क्यों न विचार करें जिन्हें भाषा की चिन्ता सबसे ज्यादा है, बल्कि भाषा की चिन्ता ही जिनकी सबसे बड़ी चिन्ता है। कितनी बड़ी विडम्बना है कि जो भाषा के लिए सबसे ज्यादा चिन्तित हैं, वही सबसे खराब गद्य लिखते हैं। स्वयं यह भाषा-चिन्तन जिस तरह के गद्य में व्यक्त होता है वह अपठनीय होता है। यह एक तरह का रहस्यवाद है–भाषा का रहस्यवाद।

यह भाषा चिन्ता वस्तुतः आधुनिकता-बोध और आधुनिकतावाद का एक महत्त्वपूर्ण अंग हैं। हिंदी में जब से आधुनिकतावाद की हवा बही है, यह भाषा चिन्ता भी बढ़ी है। और जिस प्रकार इस आधुनिकतावाद का सम्बन्ध हिंदी की परम्परा से नहीं है, उसी तरह उन आधुनिकतावादियों का गद्य भी हिंदी की अपनी

परम्परा से कटा हुआ है। एक तरह से यह छद्म आधुनिकता है, जिस पर अंग्रेजियत की गहरी छाप है। अंग्रेजियत की यह छाप उस गद्य पर भी है। हिंदी गद्य की जो जातीय प्रकृति है और जिसका निर्माण भारतेंदु ने किया है, उसके विपरीत आजादी के बाद जो प्रवृत्ति गद्य में प्रबल दिखायी पड़ती है वह है, अंग्रेजियत की छाप वाला गद्य। अंग्रेजी ढंग के मुहावरे, अंग्रेजी ढंग के वाक्य-विन्यास। जो ठेठ हिंदी का ठाठ है, बोलचाल की भाषा के स्तर पर सीधा-सादा, सहज, साफ और दो-टूक बात करने वाला जो गद्य रहा है उसकी अपेक्षा अंग्रेजियत का गद्य प्रचुर रूप में आया है। बल्कि कविताओं में भी ऐसा दिखायी पड़ेगा, सिर्फ रूपवादी, कलावादी, कवियों में ही नहीं, वरन् बहुत से क्रांतिकारी और विद्रोही तेवर की बातें करने वाले, कवियों में भी अंग्रेजी की वही छाया दिखायी देती है। ज्यादातर कविताएँ अनुवाद मालूम होती हैं। कविताओं में कभी-कभी यह कृत्रिमता छिप भी जाती है लेकिन गद्य में साफ उभर कर सामने आ जाती है। आजादी के बाद हिंदी की अपनी जातीय परम्परा से कटी हुई बनावटी भाषा का बड़ा विस्तार हुआ है और साहित्य में ऐसी भाषा के निर्माण में परिमलियों का बहुत बड़ा योगदान है। अज्ञेय जी का भी अधिकांश गद्य मुझे इसी तरह सायास, कृत्रिम, लद्धड़ और बेजान मालूम होता है। अपनी तमाम सूक्ष्मताओं और बारीकियों के बावजूद वह गद्य हिंदी की जातीय प्रकृति के अनुकूल नहीं है। और कई लोगों का गद्य इसी तरह से हिंदी की जातीय प्रकृति से हटा हुआ गद्य है जिसकी छाया कविताओं में भी मिलेगी और विचार-प्रधान लेखों में भी। लेकिन निर्मल जी ने गद्य के पतन के सन्दर्भ में जो बातें कही हैं उन्हें आप क्या और स्पष्ट करके कहेंगे ? मैंने वह लेख काफी पहले पढ़ा था। इसलिए कई स्थापनाएँ इस समय याद नहीं आ रही हैं।

जातीय और विजातीय गद्य

अशोक वाजपेयी : मेरा ख्याल तो यह था कि निर्मल जी ने जब गद्य के पतन की बात कही थी तो उन्होंने हिंदी के जातीय गद्य को ध्यान में रखते हुए ही यह बात कही थी। जैसे एक उदाहरण यहीं दिया जाता है कि गद्य के निर्माण में पत्रकारिता का भी कुछ-न-कुछ हाथ होता है। पुराने जमाने में भी था। जो बहुत अच्छे गद्यकार थे वे बहुत अच्छे पत्रकार भी थे। हिंदी के बहुत सारे संवेदनशील और बौद्धिक रूप से सक्षम लेखक और कवि जब पत्रकारिता के प्रमुख स्थानों पर गये तो अपेक्षा यह की जानी चाहिए थी कि इस स्थिति में पत्रकारिता का गद्य भी अधिक संवेदनशील, अधिक मार्मिक और अधिक मानवीय बनेगा क्योंकि पत्रकारिता का गद्य तो आम, साधारण जनता का गद्य है लेकिन ऐसा नहीं हुआ। लेखकों द्वारा जो पत्रकारिता की गयी उसके बारे में एक आरोप लगाया जा रहा

है कि उसमें इन अच्छे तत्त्वों के बजाय एक प्रकार का बुझा-बुझापन और बेजानपन है। यानी जो तत्त्व साधारण पत्रकारिता के विरुद्ध होने चाहिए थे, वही तत्त्व उसमें हावी हैं। या फिर इस तरह का रूमानीपन, कि बजट पर भी सम्पादकीय लिखें तो भाषा की चिंता है। या फिर एक ऐसा भावुकतापूर्ण गद्य, जिसमें किसी तरह के प्रिसीजन··· संवेदनशीलता के साथ-साथ प्रिसीजन··· जो स्थिति होनी चाहिए वह इसमें नहीं है।

नामवर सिंह : पहले पत्रकारिता को ही लें। सही है कि हिंदी गद्य का निर्माण स्वाधीनता संग्राम के जुझारूपन और लड़ाकूपन के बीच हुआ। संघर्ष के हथियार के रूप में। प्रताप नारायण मिश्र, बालकृष्ण भट्ट, बालमुकुन्द गुप्त की पीढ़ी के बाद 'प्रताप' के सम्पादक गणेश शंकर विद्यार्थी और उनकी पीढ़ी के अन्य अनेक पत्रकार उसी परम्परा का विकास करते हैं। निराला और प्रेमचंद के गद्य को धार इसी पत्रकारिता के वातावरण में मिली। इधर के लेखकों में हरिशंकर परसाई के गद्य में मुझे उसी परम्परा का विकास मिलता है। और आलोचकों में रामविलास शर्मा के गद्य में ठेठ हिंदी का वह ठाठ अपने सर्वोत्तम रूप में मिलता है। यह ठाठ केवल शब्दों के चयन तक सीमित नहीं है। उस ठाठ का आधार है वाक्य विन्यास। बोलचाल का वाक्य विन्यास, जिसे पढ़ते हुए जबान न कहीं अटकती है, न लड़खड़ाती है। नये कहानीकारों में अमरकान्त, ज्ञानरंजन, काशीनाथ सिंह आदि के गद्य में बहुत कुछ यही छटा मिलेगी। लेकिन एक दूसरे ढंग की भी पत्रकारिता है–जिसका विकास आजादी के बाद ज्यादा हुआ। सनसनीखेज भंडाफोड़ वाली पत्रकारिता। हिंदी की कुछ लघु साहित्यिक पत्रिकाओं को कायदे से उसी वर्ग में रखना चाहिए–खासतौर से भाषा की दृष्टि से। तेजतर्रार ये भी हैं, बल्कि ज्यादा; फिर भी सिर्फ लफ्फाजी-ही-लफ्फाजी। यह लड़ाकूपन नहीं, लड़ाकूपन का भ्रम है। यह गाली-गलौज है। यह भाषा नहीं, भाषा के साथ बलात्कार है।

इससे भिन्न एक और पत्रकारिता है अत्यन्त शिष्ट और भद्र, जिसका सम्बन्ध मुख्य रूप से बड़ी पूँजी के प्रतिष्ठानों से है। इनमें प्रायः बचाव का चालाकी भरा गद्य मिलेगा। इस गद्य की राजनीति स्पष्ट है। कहने की आवश्यकता नहीं कि साहित्य में भी इस शिष्ट और भद्र पत्रकारिता का प्रतिरूप दिखायी पड़ता है, जिसका उद्देश्य ही है साफ-सुथरी बात को उलझाना और बातों की जलेबी बनाना।

इन उदाहरणों से स्पष्ट है कि गद्य के उत्थान और पतन का गहरा सम्बन्ध राजनीति से है और राजनीति ही वह कुंजी है जिससे गद्य की असलियत को पहचाना जा सकता है।

अंत में, पत्रकारिता के प्रसंग से अलग हटकर उस गद्य पर भी विचार कर लेना चाहिए जिसमें सर्जनात्मक सम्भावनाओं की तलाश हो रही है। इसका सम्बन्ध वस्तुओं, स्थितियों और अनुभवों के सूक्ष्म विवरण से है।

इधर रचनात्मक गद्य में जो कहानियाँ या यात्रा वर्णन लिखे गये हैं उनमें बारीक से बारीक बात को भी कह सकने की क्षमता आयी है। मुझे लगता है कि इधर की कविताओं में जो ऐसी खूबी दिखायी पड़ती है वह बहुत कुछ रचनात्मक गद्य से आयी है। उदाहरण के लिए मैं कहना चाहूँगा कि अपनी कुछ कमजोरियों और सीमाओं के बावजूद निर्मल वर्मा के गद्य में, यह सूक्ष्म संवेदनशीलता अधिक दिखायी पड़ती है। इसी क्रम में गद्य का एक विशेष प्रकार और है जो लेखक के व्यक्तित्व के साथ जुड़ा हुआ है। जैसे–शमशेर का गद्य। उनका गद्य, उनकी कविताओं के समान ही एक विशेष प्रकार की लय को ध्वनित करता है। वह चिंतन के चाप और गति का ग्राफ है और वाक्य विन्यास में उस चाप और गति को पढ़ा जा सकता है। इस प्रकार के उदाहरण और भी दिये जा सकते हैं। इनसे पता चलता है कि हिंदी गद्य में सिर्फ पतन ही पतन नहीं है, बल्कि उसकी सर्जनात्मक सम्भावनाओं का विकास भी हुआ है।

उपन्यास : मध्यवर्ग का नहीं किसान जीवन का सागा

अशोक वाजपेयी : आपने प्रेमचंद पर जो लेख लिखा है उसमें यह धारणा है कि हिंदी में उपन्यास मध्यवर्ग का महाकाव्य नहीं है। वह भारतीय किसान वर्ग के जीवन की एक सागा के रूप में विकसित हुआ। इसलिए पश्चिम की परम्परा से हमारी परम्परा भिन्न है। एक बड़ी दिचलस्प बात है कि आलोचना के क्षेत्र में नयी आलोचना का जन्म हुआ, कहानी भी नयी कहानी हुई, कविता भी नयी हुई। एक दिलचस्प स्थिति यह है कि हमारे जो सफल उपन्यासकार हैं, सिर्फ पाठकों की संख्या की दृष्टि से ही नहीं, बल्कि सार्थक साहित्यिक मानदण्डों के हिसाब से भी, ज्यादातर उस परम्परा के हैं जिसे आप चाहें तो प्रेमचंद की परम्परा कहें। यानी जो गैर-मध्यवर्ग वाली परम्परा है। मध्यवर्ग की सबसे सार्थक अभिव्यक्ति या तो कविता में हो पाती है या कहानी में, उपन्यास में नहीं। हमारे बड़े से बड़े कहानीकार भी इस क्षेत्र में असफल रहे हैं। इसके बारे में आप क्या सोचते हो ?

नामवर सिंह : जब मैंने कहा था कि भारत में उपन्यास का विकास मध्यवर्ग के महाकाव्य के रूप में नहीं बल्कि भारतीय किसान समाज की महागाथा के रूप में हुआ तो उसके पीछे पश्चिमी देशों की बूर्ज्वा जनवादी क्रांति से भिन्न भारत के राष्ट्रीय मुक्ति आन्दोलन की अपनी विशिष्ट ऐतिहासिक परिस्थिति की ओर संकेत था। पश्चिम के उपन्यासों के केन्द्र में जो मध्यवर्गीय नायक था वह उस पूँजीवादी विकास की उपज था, जिसने सामन्ती समाज-व्यवस्था को तोड़कर बूर्ज्वा जनवादी क्रांति सम्पन्न की। इसके विपरीत औपनिवेशिक भारत की आजादी की लड़ाई सामन्तवाद के साथ ही साम्राज्यवादी शोषण के भी विरुद्ध थी जिसमें मध्यवर्ग

से ज्यादा निर्णायक भूमिका भारत के किसानों की व्यापक साझेदारी ने अदा की। इस बात को हम गांधी जी के नेतृत्व में उभरने वाले देशव्यापी जन-आन्दोलन से अच्छी तरह समझ सकते हैं। इस विशेष ऐतिहासिक स्थिति के कारण ही भारतीय उपन्यासों में मध्यवर्गीय नायक वह स्थान न प्राप्त कर सका जो कि उसे पश्चिमी उपन्यासों में सहज ही सुलभ हुआ। हमारे यहाँ वह स्थान किसानों ने लिया। इस वजह से विधा के रूप में उपन्यास को पश्चिम से लेते हुए भी भारतीय लेखकों ने अपने उपन्यासों का रूपाकार-विषयवस्तु के अनुरूप ढाला। इस प्रसंग में उपन्यास विधा और उपन्यास की संरचना का अंतर समझना बहुत जरूरी है। मुझे खेद है कि इस बात को ढंग से न समझने के कारण हमारे कुछ मित्रों ने प्रेमचंद की नाहक ही आलोचना की।

इस विशेष ऐतिहासिक स्थिति के कारण हिंदी में ही नहीं, बल्कि भारत की अन्य भाषाओं में भी जो महत्त्वपूर्ण उपन्यास लिखे गये उनका सम्बन्ध मुख्य रूप से किसानों के संघर्ष से जुड़ा। उदाहरण के लिए उड़िया में फकीर मोहन के बाद गोपीनाथ मोहन्ती, बंगला में विभूतिभूषण, ताराशंकर, मानिक आदि तीनों बनर्जी, कन्नड़ में शिवराम कारंत, मलयालम में तकषी शिवशंकर पिल्ले, एस. के. पोट्टेकाट आदि। इस प्रकार हिंदी में प्रेमचंद उपन्यास की जिस धारा के प्रतिनिधि लेखक हैं, वह समूचे भारतीय उपन्यास की मुख्य धारा है।

इस स्थापना से मध्यवर्गीय जीवन को लेकर लिखे हुए उपन्यासों की अवमानना नहीं होती; यदि कुछ होता है तो सिर्फ यह कि उपन्यासों की वह धारा गौण हो जाती है। कहने की आवश्यकता नहीं कि गौण धारा में उच्चकोटि के सार्थक उपन्यासों की रचना सम्भव है–बल्कि हुई है।

अब नये उपन्यास के सृजन में इस ऐतिहासिक स्थिति के कारण कोई बाधा पड़ी हो तो हम क्या कर सकते हैं ? वैसे, मध्यवर्गीय जीवन की गौण धारा के लेखकों ने तथाकथित नये उपन्यास की रचना की दिशा में कोशिश तो की है, फिर भी हिंदी में पश्चिम के वजन पर नया उपन्यास न चल पाया तो दोष किसका है ? इसके लिए भी क्या प्रेमचंद ही जिम्मेदार हैं ?

जहाँ तक कविता और कहानी को मध्यवर्ग की विधा के रूप में सीमित कर देने की बात है, वह मुझे आपाततः संगत नहीं लग रही है। फिर भी इस पर सोचना पड़ेगा। यह जरूर है कि इस बीच कथाकारों की जो युवा पीढ़ी आयी है, उसमें कुछ अपवादों को छोड़कर उपन्यास लेखन की ओर विशेष उत्साह नहीं दिखायी पड़ रहा है। उन्होंने ज्यादातर कहानियों में ही रुचि दिखायी है। इससे आपकी मान्यता की अंशतः पुष्टि होती है।

अशोक वाजपेयी : एक तो मेरा खयाल है कि शायद एक हद तक इस दृष्टि–मध्यवर्गीय दृष्टि में पूरे साहस का अभाव है, यानी अपने पूरे अनुभव और

जीवन-सम्बन्धी चिंताओं को बड़े फॉर्म में विन्यस्त करने की हिम्मत का अभाव। दूसरा यह हो सकता है कि कहानियों में या छोटे फॉर्म के माध्यम से ही एक तरह की साहित्यिक प्रतिष्ठा और व्यावसायिक सफलता भी मिलना सम्भव हो गया है। कहानियों का पारिश्रमिक भी बहुत बढ़ गया हैं। इस तरह के कई कारण हो सकते हैं इसके पीछे। लेकिन···

नामवर सिंह : मुझे एक और कारण दिखायी पड़ता है। राल्फ फॉक्स ने अपनी प्रसिद्ध पुस्तक 'उपन्यास और लोक जीवन' में एक जगह लिखा है कि बिना किसी जीवन-दर्शन के उपन्यास नहीं लिखा जा सकता। शायद इन युवा लेखकों में उस जीवन-दर्शन का अभाव है। यानी एक ऐतिहासिक विज़न की कमी है। कहानी में शायद इसके बिना भी कारोबार चल सकता है लेकिन उपन्यास में नहीं। छोटी कविताओं की बहुलता के पीछे भी शायद यही कारण है। छोटी कविताओं और छोटी कहानियों के लिए किसी बड़े जीवन-दर्शन की बहुत अपेक्षा नहीं रहती। एक छोटा-सा चित्र, एक छोटा-सा व्यंग्य कुछ शब्दों में बाँधकर रख देने से काम चल जाता है।

शायद यह संकुचित मध्यवर्गीय दृष्टि का ही परिणाम है और किसी साहित्य में यदि यह प्रवृत्ति पढ़ने लगे तो चिंता हो सकती है। वैसे, इस बीच लम्बी कविताओं में भी दिलचस्पी बढ़ी है। कुछ कवि जैसे कुमारेन्द्र पारसनाथ सिंह तो छोटी कविता लिखते ही नहीं, लेकिन निराला की लम्बी कविताओं के पीछे जो एक विज़न है या फिर मुक्तिबोध में, वह यहाँ नहीं मिलता। यहाँ खण्ड खण्ड पाखण्ड का ही दृश्य है।

विज़न की अनुपस्थिति : आज की कविता

अशोक वाजपेयी : मुक्तिबोध का उदाहरण तो इस मायने में दिलचस्प है। जिस मुक्तिबोध को आप अपना आदर्श बनाये बैठे हैं, लगता है वास्तव में उस मुक्तिबोध का कोई अनुयायी ही नहीं है। सिर्फ लम्बे फॉर्म के साथ ही ऐसा हो, ऐसा जरूरी नहीं बल्कि उस जीवन-दर्शन के साथ भी ऐसा हो सकता है जो अपने आप की सच्चाई के प्रति एक द्वंद्वात्मक सम्बन्ध स्थापित करे और स्वयं को व्यक्त करने के लिए किसी-न-किसी मेजर फॉर्म का सहारा ले। आज हिंदी में ज्यादातर कवियों के पास आस्था है, आस्था की घोषणा है लेकिन वह जीवन-दृष्टि, वह विज़न···

नामवर सिंह : छोटी कविताओं की क्षमता पर और विचार किया जा सकता है। छायावादी कवियों ने बहुत से छोटे-छोटे गीत लिखे लेकिन उनको मिला करके देखें तो एक निश्चित जीवन-दृष्टि और उस युग की वास्तविकता का पता चलता है, उसका एक समग्र प्रभाव पड़ता है। आज के प्रयत्नों में ऐसा कम ही मिलता

है। यह बिखराव दरअसल नयी कविता के क्षणवाद और क्षण की अनुभूति से शुरू हुआ है। बल्कि नयी कविता के कवि भी कहीं-न-कहीं संकुचित ही सही, लेकिन अपनी एक जीवन-दृष्टि की झलक दे देते हैं। वास्तविकता का समग्र रूप भले ही न प्रस्तुत करें पर एक छवि बनती है। लेकिन इधर के जो तमाम विद्रोही, आक्रोशी और अघोरपंथी कवि हैं उनमें वह विज़न ही दिखायी नहीं पड़ता। लगता है कि इनमें विराट् वास्तविकता के साक्षात्कार का नैतिक साहस नहीं है। इन्हें उससे भय लगता है और उस वास्तविकता को समेटने के लिए जो सर्जनात्मक आयास अपेक्षित है वही नहीं है। कुछ और हैं जिन्होंने उससे बचकर एक छोटा-सा कोना चुन लिया है और उसी में फूल-पौधे उगा रहे हैं। किसी जमाने में अंग्रेजी के जार्जियाई कवि भी यही करते थे। इनमें रोमाण्टिकों की तरह कल्पना की ऊँची उड़ान लेने का साहस नहीं है; नयी कविता का वह नैतिक बल भी नहीं है जो दम-ख़म के साथ अपनी पीड़ा के ऐकांतिक क्षण को ही दृढ़ता से व्यक्त कर सके। अजीब स्थिति है आज कविता की और आप इसे कविता का नवजागरण कह रहे हैं ? श्रीकांत वर्मा की तमाम सीमाओं के बावजूद उनकी कविता का एक संसार तो बनता है–'मायादर्पण'। रघुवीर सहाय की 'सीढ़ियों पर धूप में', 'आत्महत्या के विरुद्ध', उसके बाद 'हँसो हँसो जल्दी हँसो' के पीछे पूरे समाज का एक विज़न है। आज के भारतीय समाज की एक तस्वीर हमारे सामने आती है–'हँसो हँसो जल्दी हँसो' की दस कविताएँ मिलकर वास्तविकता का एक रूप हमारे सामने खड़ा करती हैं। इन संग्रहों की दो सौ कविताएँ मिलकर भी ऐसा कोई विज़न हमारे सामने नहीं लातीं। हो सकता है कि यह मेरा ही दृष्टिकोण हो।

अशोक वाजपेयी : हो सकता है कि पहले के कवियों को एक विज़न बना पाने और उसे कविता में व्यक्त कर पाने की एक ऐतिहासिक सुविधा रही हो और आज जो कुछ जीवन जगत् में गुजर रहा है उसकी जटिलता में वह सम्भव न हो पा रहा हो।

नामवर सिंह : नहीं, मैं नहीं मानता कि ऐतिहासिक सुविधा पहले के कवि को मिली थी। इतना समय बीत जाने के बाद अब लगता है जैसे उनको ऐतिहासिक सुविधा थी। दरअसल उन्होंने उस इतिहास को बनाया था और उस विज़न को अर्जित किया था। इतिहास किसी को भी बना बनाया विज़न नहीं देता, सुविधा नहीं देता। आज अगर वास्तविकता को खण्डित करने वाली विपरीत परिस्थितियाँ हैं तो आज के कवि को उससे संघर्ष करके विज़न अर्जित करना चाहिए।

अशोक वाजपेयी : आपको याद होगा कि हमने 'पूर्वग्रह' का कविता अंक जब जारी किया था तो उस अवसर पर आपके वक्तव्य में एक बात यह थी कि आज की जो युवतम पीढ़ी है वह स्वयं को मुक्तिबोध के बजाय नागार्जुन और त्रिलोचन जैसे कवियों से जोड़ रही है। हमारी अभी की बातचीत के सन्दर्भ

में अगर हम इसे जोड़ें तो क्या नतीजा निकलता है ?

नामवर सिंह : जोड़ रही है, लेकिन नागार्जुन या त्रिलोचन हो नहीं रही है। अंतर करना ही पड़ेगा। एक तो जब मैंने यह बात कही तो उस समय एक तात्कालिक प्रसंग यह था कि दिल्ली के 'पूर्वग्रह' वाले आयोजन में राजेश जोशी और अरुण कमल जैसे दो युवा कवियों ने अपनी कविताएँ तत्काल पढ़ी थीं। इसलिए उस सामान्य कथन का एक तात्कालिक सन्दर्भ था।

नागार्जुन और त्रिलोचन की कविताएँ इस दौर की तथाकथित क्रांतिकारी कविताओं की तुलना में वैसी मुखर और बड़बोले-पन की कविताएँ नहीं थीं। गोली, बंदूक और बारूद वहाँ नहीं थे। नागार्जुन ने अगर गोली चलने पर कोई कविता लिखी तो उसमें धुआँ-वुआँ कम है। गोली चलने के बाद जो आतंक बचता है, लोगों की चेतना में जो घटित होता है, उस कविता में वह व्यक्त हुआ है। उदाहरण के लिए 'तीन दिन तीन रात' एक कविता है इसमें गोली-बारूद नहीं है लेकिन तीन दिन तीन रात तक जो आतंक की स्थिति थी उसे वह कविता नाटकीय रूप देती है। त्रिलोचन की कविताओं में चरित्र आते हैं, वस्तुएँ आती हैं, पदार्थ आते हैं, परिस्थितियाँ आती हैं, उनका चित्र आता है लेकिन वक्तव्य नहीं आता। बयानबाजी नहीं आती। यानी भाषा के सीधे-सादे रूप में रोजमर्रा की, आसपास की जानी-पहचानी सामान्य जिंदगी आती है। इधर जो कविताएँ लिखी जा रही हैं वे एक भिन्न अर्थ में राजनीतिक हैं। यहाँ राजनीति रोजमर्रा की छोटी-छोटी घटनाओं के बीच सामान्य ढंग से व्यक्त होती है।

अशोक वाजपेयी : फिर आज की कविताएँ उनसे कहाँ जुड़ती हैं ?

नामवर सिंह : त्रिलोचन और नागार्जुन का उदाहरण लें। त्रिलोचन की बहुत-सी कविताओं में कोई स्पष्ट जीवन-दृष्टि नहीं दिखायी पड़ती। घनघोर चित्रवादी और अनुभववादी कवि के रूप में वे सामने आते हैं। उनकी कविताओं में से आप कोई जीवन-दृष्टि ढूँढ़ निकालें यह बड़ा ही कठिन काम है। लगता है वे देशकाल से परे की कविताएँ हैं।

अशोक वाजपेयी : जब मैंने आपका ध्यान इस वक्तव्य की ओर दिलाया था तो मैं उनको यहीं ले जाना चाहता था।

नामवर सिंह : नागार्जुन जी की राजनीतिक कविताओं का हाल यह है कि जैसे ही उनकी समझ बदली वैसे ही कविता की धार भी। खिचड़ी विप्लव का पहले स्वागत किया और बाद में उसे 'खिचड़ी विप्लव' भी कहा। बाबा की फौरी राजनीतिक कविता, उनकी उस समय की राजनीतिक दृष्टि को व्यक्त करती है। यहाँ वे त्रिलोचन से एकदम भिन्न हैं। सम्भव है कि राजेश जोशी में और शायद अरुण कमल में भी राजनीतिक समझ की वह अंतर्धारा मौजूद है जो उनको मार्क्सवाद से या प्रगतिशील शक्तियों से जोड़ती है। इस दृष्टि से ये कवि नागार्जुन से ज्यादा

जुड़ते हैं। त्रिलोचन से शायद वे भाषा के स्तर पर जुड़ते हैं या फिर अपने आसपास की जिंदगी के साधारण व्यक्ति चरित्रों और छोटी-छोटी स्थितियों के स्तर पर।

अशोक वाजपेयी : मैं कहना चाहता था कि अगर हम मुक्तिबोध के संदर्भ में देखें तो मुक्तिबोध एक ऐसे कवि कहे जा सकते हैं जिनके पीछे एक विराट् विज़न था और अपने साहित्य के माध्यम से उन्होंने उस विराट् विज़न को व्यक्त किया। उसके बरक्स त्रिलोचन या नागार्जुन में इस साफ राजनीतिक समझ के बावजूद एक तरह की विज़नलेसनेस है जो त्रिलोचन जी की कविताओं में चित्रमयता के रूप में आया है या एक तरह का कुछ क्षीण, कमजोर और परिवर्तित होता हुआ विज़न है जो नागार्जुन में दिखायी देता है। हम अभी कुछ देर पहले बात कर रहे थे कि इधर के कवियों में इस तरह के विज़न का, साहस का अभाव है और इस सबके न होने का कोई बहुत सक्रिय और पीड़ादायक अहसास भी नहीं है। इस तरह नयी पीढ़ी की जो स्थिति है उसमें यह तर्कसंगत ही लगता है कि मुक्तिबोध के विराट् विज़न की तुलना में वह त्रिलोचन या नागार्जुन जैसे कवियों को अपना आदर्श बनाएँ।

नामवर सिंह : नहीं, एक बात तो यह कह दूँ कि हिंदी में एक ही मुक्तिबोध काफी है। अंग्रेजी में भी दो मिल्टन तो हुए नहीं। हिंदी में भी दो मुक्तिबोध तो होंगे नहीं। मुक्तिबोध बनने के लिए तो आदमी के स्नायु-तंत्र टूट जायेंगे। और उसके बाद फिर वह विराट् विज़न और उसे रूप देने वाला एक विशाल काव्य पटल है। नागार्जुन और त्रिलोचन की ओर जाने का कारण केवल जीवनदृष्टि ही नहीं है बल्कि छोटे-छोटे फॉर्म को लेकर नागार्जुन-त्रिलोचन ने बहुत सारी कविताएँ लिखी हैं। उनमें काव्यरूपों की बड़ी विविधता है। आकर्षण का एक कारण यह भी हो सकता है। दूसरा कारण सहजता है।

फिर नागार्जुन और त्रिलोचन दोनों कवि ठेठ जन-जीवन के कवि हैं और आज की खुरदरी वास्तविकता से सीधे जुड़े हुए हैं। वे साफ-साफ अपनी धरती के कवि हैं। इसके अलावा ये कवि त्रिलोचन और नागार्जुन की जीवन-दृष्टि और प्रगतिशीलता के प्रति भी एक अस्पष्ट लगाव के कारण जुड़े हो सकते हैं। इस प्रकार उनकी कविताओं की सहजता, सरलता, सादगी, रूप की विविधता आदि आकर्षण के कारण हो सकते हैं। सम्भवतः ये कवि सोचते हों कि दहशत और तनाव भरी स्थिति की दहशत को छूने से पहले अपने आस-पास के जीवन और छोटे-छोटे चित्रों को एकाग्र रूप में पहले बाँध लें, इसके बाद कोई बड़ा प्रयत्न करेंगे। एक और चीज हो सकती है। वह है व्यंग्य। मुक्तिबोध में हास्य और व्यंग्य का नितांत अभाव है। ऐसा लगता है कि उन्होंने हरिशंकर परसाई को यह काम सौंपकर संतोष कर लिया था कि एक ही काफी है।

त्रिलोचन और खासतौर से नागार्जुन के हास्य-व्यंग्य की कुछ झलक आज

के नये कवियों में दिखायी पड़ेगी। गुस्से में जो कविताएँ लिखी गयी थीं उनमें व्यंग्य और हास्य तो सम्भव ही नहीं था। उधर निजी पीड़ा में छटपटाने वाले अज्ञेय आदि की जो परम्परा थी उसमें भी हास्य-व्यंग्य सम्भव नहीं था। अगर कहीं सम्भव हो सका तो रघुवीर सहाय में। ऐसी स्थिति में हास्य-व्यंग्य के लिए ये कवि यदि कहीं जा सकते थे तो नागार्जुन के पास ही। गम्भीर बातचीत को हल्के-फुलके ढंग से कहने की जो कला नागार्जुन में दिखायी पड़ती है वह मुक्तिबोध के यहाँ तो मिल ही नहीं सकती थी। मुक्तिबोध तो छोटी-सी बात को भी इतने आतंककारी ढंग से कहते थे कि दिमाग की नसें फट जायें। इन नये कवियों की खूबी यह है कि वे गम्भीर से गम्भीर बात को भी अपनी मानसिकता के अनुकूल धरातल तक ले आकर सहज ढंग से, मासूमियत से कहते हैं। एक सम्बन्ध सूत्र यह भी हो सकता है।

अशोक वाजपेयी : नहीं, इसका एक कारण यह भी हो सकता है कि अनुभव करने का वह विराट् सामर्थ्य ही इन कवियों में न हो। इसीलिए इन्हें मुक्तिबोध से प्रेरणा लेने में डर लगता है क्योंकि असल में अनुभवों की अराजकता की ओर जिसका ध्यान पहले आकृष्ट हो तभी कोई अच्छे तरीके से साहित्य लिखने की ओर प्रवृत्त हो सकता है। चाहे वह उपन्यास हो या कुछ और। अनुभवों की अराजकता के प्रति मुक्तिबोध में आसक्ति का जो तीव्र भाव था, उसके भीतर रहते हुए उसके दूसरे डाइलेक्टिकल टेंशन क्रिएट करके, इस सबके ऊपर एक जटिल पैटर्न जो मुक्तिबोध रच सकते थे, ऐसी जटिलता इन कवियों की क्षमता के बाहर की बात है। जीवन से सामना करने का वह सामर्थ्य ही नहीं है जैसा मुक्तिबोध के यहाँ है। जटिलता, तनाव, अन्तर्द्वन्द्व—इन सबको वह हास्य-व्यंग्य में या किसी तरह की हलकी-फुलकी बातों में कहकर उससे कन्नी काटकर निकल जाना चाहता है जैसे...

नामवर सिंह : नहीं-नहीं, यह फतवा देना ठीक नहीं। उनके असामर्थ्य की बात न कहकर मैं यह कहूँगा कि इनकी रचना-प्रक्रिया ही बिल्कुल भिन्न है। मुक्तिबोध जीवन के तमाम छोटे-छोटे अनुभवों को जोड़कर एक बड़े कथानक में, एक पैटर्न बुनकर उपस्थित करते थे। फिर इसके अन्तर्गत छोटी-छोटी घटनाएँ भी थोड़ी-सी जगह पा लेती थीं। नये कवि यदि छोटी चीजें चुनते हैं तो जरूरी नहीं कि यह पलायन ही हो। अपने आसपास की जानी-पहचानी छोटी-सी घटना को किसी कविता में कहानीनुमा कह देना पलायन नहीं है। छोटी-सी चीज के माध्यम से एक बड़ी बात का संकेत किया जा सकता है। विशेष का ही सामान्यीकरण होता है। कहीं सफलता मिलती है, कहीं नहीं। नागार्जुन और त्रिलोचन में इस कला का अच्छा निखार मिलता है।

अशोक वाजपेयी : शायद अपना सवाल मैं ठीक से रख नहीं पाया हूँ। इसको

कीट्स निगेटिव कैपेबिलिटी कहते थे। इसका होना किसी भी रचनाकार के लिए बहुत अनिवार्य है। वह निगेटिव कैपेबिलिटी जैसी मुक्तिबोध में थी वैसी न नागार्जुन में है न त्रिलोचन में। आज के कवि अगर इन्हीं से प्रेरणा लेते हैं तो उसका बुनियादी कारण यह है कि हम उस निगेटिव कैपेबिलिटी में रह नहीं पाते। यानी अनुभवों की अराजकता को बरकरार रखते हुए भी अपनी विचारधारा अपने तंतुओं के द्वारा उसके ऊपर एक पैटर्न बुनकर हम उसी अराजक संसार को समझना चाहें।

नामवर सिंह : इधर के कवि इतने विविध हैं कि इतने सरलीकृत ढंग से सबको एक दायरे में नहीं बाँधा जा सकता। लेकिन आप जब कह रहे हैं तो आपके सामने निश्चित रूप से दो-एक कवि होंगे और जब तक ये कवि सामने न हों, तब तक उन्हीं के आधार पर मैं दूसरा सामान्यीकरण नहीं कर सकता।

अशोक वाजपेयी : नहीं, बुनियादी रूप से मेरे सामने भी वही कवि हैं जिन दो की आपने चर्चा की।

नामवर सिंह : अरुण कमल और राजेश जोशी ?

अशोक वाजपेयी : मैं उनके बाहर इसलिए नहीं सोच रहा हूँ, क्योंकि अभी उन दोनों की बात ही चल रही है। उनमें सरलीकरण के प्रति जो आकर्षण है...

नामवर सिंह : वह तो है।

अशोक वाजपेयी : भले ही उस सरलीकरण का स्वरूप नारेबाजी में न हुआ हो लेकिन सरलीकरण कई तरह से हो सकता है।

नामवर सिंह : नारेबाजी में भी हो सकता है।

अशोक वाजपेयी : नारेबाजी में तो हो सकता है लेकिन दूसरा समानान्तर सरलीकरण उस तरह से हो सकता है जो त्रिलोचन जी की सबसे अच्छी कविताओं में भी है।

नामवर सिंह : तब तो यह स्वागत योग्य होना चाहिए।

(पूर्वग्रह, मई-अगस्त, 1981)

3

सृजनात्मकता के बचाव में

तीसरी बातचीत : नेमिचंद्र जैन, विष्णु खरे, विजय मोहन सिंह और उदय प्रकाश के साथ

भोपाल में मानसून जून में ही आ चुका है। वहाँ इस वक्त बारिश होगी। दिल्ली में लेकिन जुलाई जैसी ही गर्मी। नेमि जी जब पहुँचे तो धूप और बाहर की गर्म हवाओं की छाप उनके चेहरे पर थी।

109 प्रोफेसर्स क्वार्टर्स उत्तराखण्ड, जवाहरलाल नेहरू विश्वविद्यालय। डॉ. नामवर सिंह यहीं रहते हैं। सड़क के पार शॉपिंग सेंटर है। नये कैम्पस में नदियों के नाम वाले हॉस्टल हैं—गोदावरी, पेरियार, झेलम, कावेरी, गंगा, सतलज। जे. एन. यू. को एलीट विश्वविद्यालय कहा जाता है। कैम्पस में, धोती और कुर्ते में शायद सिर्फ नामवर जी को ही देखा जा सकता है।

नेमिचन्द्र जैन और नामवर सिंह के बीच बातचीत शुरू हुई। थोड़ी ही देर बाद विष्णु खरे और विजय मोहन सिंह आ गये। पूर्वनिर्धारित विषयों से बात हट कर कई आकस्मिक लेकिन उत्तेजक मुद्दों तक पहुँची।

बातचीत में केदारनाथ सिंह को भी शामिल होना था। वे गाँव से तब तक लौटे नहीं थे। दूसरे दिन शाम को लौटे तो आँखों में कंजेक्टिवाइटिस के साथ। बहुत तकलीफ में थे। वे आ नहीं सके।

नयी कहानी, रचना और विचारधारा, आलोचना के सिद्धांत और उसके उपकरण··· नयी समीक्षा··· सभी सन्दर्भ थे। बाद में विष्णु खरे ने कहा, "नामवर जी ने फिर से जोखिम मोल ले लिया है।"—(उदय प्रकाश)

प्रश्न : हिन्दी में आलोचना मूलतः कविता केन्द्रित ही रही है, अगर मार्क्सवादी आलोचकों को भी ध्यान में रखा जाये तो भी डॉ. रामविलास शर्मा तक ने कविता को ही अपने आलोचनात्मक लेखन का आधार बनाया है। कहानी या मोटे तौर पर कथा साहित्य की समीक्षा के विकास के लिए आपका ऐतिहासिक योगदान

माना जा सकता है। नयी कहानी की व्यवस्थित आलोचना करने का आपने प्रयास किया था। आज हिन्दी में कहानी और कहानी की आलोचना की जो हालत है उसे आप किस तरह से देखते हैं ?

नामवर सिंह : कहानी सम्बन्धी आलोचना की शुरुआत मैंने 1956 से की। मैंने लगभग आठ वर्षों तक कहानी पर लिखा है। 'कहानी : नयी कहानी' की भूमिका में मैंने महसूस किया था कि कहानी के क्षेत्र में भी कविता के समानांतर ऐसे प्रयत्न हो रहे हैं जो गम्भीर हैं। 'कहानी : नयी कहानी' में मेरा उद्देश्य यही था कि आलोचना को, जो दुर्भाग्य से कविता की आलोचना बनकर रह गयी थी, कहानी के क्षेत्र तक भी फैलाया जाये और कहानी सम्बन्धी चर्चा से सम्भव हो कि हमारी आलोचना का स्वरूप बदले। मुझे यह भी लगा था कि सम्भव है कहानी के रास्ते से ही आलोचना यथार्थ और जीवन के निकट आयेगी और उसकी भाषा या सिद्धान्तों में भी सार्थक परिवर्तन होंगे। कहानी सम्बन्धी मेरे लेखन का उद्देश्य सम्भवतः यही था। मेरी आलोचना का उद्देश्य यदि एक तरफ कहानी सम्बन्धी समीक्षा को एक व्यवस्थित रूप देने का था तो दूसरी तरफ वह सामान्य पाठकों को भी सम्बोधित थी। कुछ कहानियों को चुनकर मैंने उनमें एक क्रम स्थापित किया था और इस क्रम में कौन-सी कहानी अच्छी है या बुरी है उस पर भी मैंने विचार किया था। लेकिन मध्यवर्गीय मानसिकता को उभारने वाली कहानियों में विकास के बावजूद नयी कहानी आंदोलन के दिनों में एक दौर ऐसा भी आया जब व्यावसायिकता उस पर हावी हुई। आज भी 'सारिका' जैसी पत्रिकाओं में उसका रूप दिखाई पड़ता है। यह व्यावसायिकता प्रगतिशीलता का नकाब ओढ़कर आयी थी और उसका एकमात्र उद्देश्य इसी को भुनाना था। आपको याद होगा—1962 के आसपास कमलेश्वर, 'नयी कहानियाँ' के सम्पादक बन गये थे। इस व्यावसायिकता के विरुद्ध संघर्ष करने के लिए कहानी के क्षेत्र में ईमानदार प्रयोगों के साथ ज्ञानरंजन, कालिया, दूधनाथ, काशीनाथ आदि सामने आ रहे थे, लेकिन ये अल्पसंख्यक ही थे। फिर भी एक सम्भावना नजर आ रही थी। बाद में आपको मालूम ही है कि 'समानांतर' आंदोलन चला और पूरी-की-पूरी एक नयी पीढ़ी कुछ व्यावसायिक लोगों का शिकार हो गयी। इस पूरे माहौल में कहानी की सर्जनात्मकता की नयी भावभूमियों की खोज के द्वारा ही व्यावसायिकता के विरुद्ध लड़ा जा सकता था। मेरी अधिक दिलचस्पी नयी कहानी को इस गहरी सूझ और चर्चा की ओर ले जाना था। लेकिन मुझे लगा कि लोगों की इसमें रुचि नहीं है, वातावरण में घोषणा पत्र, वक्तव्य, गुट परस्ती और नारेबाजी हावी थी। इसीलिए कहानी सम्बन्धी आलोचना को अंतिम रूप से मैंने छोड़ा तो नहीं, लेकिन कुछ अन्य महत्त्वपूर्ण और जरूरी कार्यों में लग गया।

विजय मोहन सिंह : नयी कहानी के उस दौर में जब आपने अपने कहानी

सम्बन्धी लेखन की शुरुआत की, उस समय यह छद्म प्रगतिशील व्यावसायिकता किस ओर से आ रही थी ? इसी दौर में निर्मल वर्मा सम्बन्धी आपके मूल्यांकन को लेकर विवाद पैदा हुआ। इसके कारण क्या थे ?

नामवर सिंह : कमलेश्वर, राजेंद्र यादव या मोहन राकेश आदि अगर निर्मल वर्मा की कहानियों की मेरी आलोचना से असंतुष्ट थे तो उसके नितांत व्यक्तिगत कारण भी थे। उन्होंने प्रगतिवाद बनाम गैर-प्रगतिवाद का नारा दिया। इसी भूमि पर उन्होंने अपने अलावा अन्य अच्छे कहानीकारों की रचनाओं को खारिज किया था। प्रगतिवाद इन लोगों के लिए आड़ का काम कर रहा था, यह मैं कह चुका हूँ।

विष्णु खरे : इन लोगों में राजेंद्र यादव भी शामिल थे ?

नामवर सिंह : बिल्कुल। तीनों। मुझे खेद इस बात का है कि बाहर के कहानीकारों द्वारा भी नयी कहानी पर दुबारा बहस चली तो अनजाने ही निर्मल पर नयी पीढ़ी ने प्रगतिवाद विरोधी या गैर प्रगतिशील होने का आरोप उसी दौर की मानसिकता की जमीन पर लगाया। अनजाने ही ये लोग कमलेश्वर, राजेंद्र यादव और मोहन राकेश की उस कहानी सम्बन्धी राजनीति के हथियार बन रहे थे और मुझे लगा कि इस माहौल में अब कहानी सम्बन्धी कोई गम्भीर बहस सम्भव नहीं रही। आप जानते ही हैं कि हिन्दी में कविता सम्बन्धी आलोचना में कुछ हद तक तो आलोचना की मर्यादा का पालन भी किया गया है लेकिन कहानी की आलोचनाओं में कुछ व्यक्तिगत चुटकुले और लतीफे ही ज्यादा चले और कहानी की सर्जनात्मकता या उसके मूल्यांकन की जरूरी बात पीछे ढकेल दी गयी। उस पूरे माहौल में मुझे लगा कि अब तो दादुर बोलिहैं। कहानी की समीक्षा की किताबें उन दिनों खूब आयीं।

उदय प्रकाश : उन दिनों नये कहानीकारों, जैसे–कमलेश्वर की किताब आयी थी 'नयी कहानी की भूमिका', राजेंद्र यादव की 'एक दुनिया समानांतर' यानी खुद नये कहानीकारों ने ही अपनी कहानियों को व्याख्यायित, विश्लेषित करने का काम शुरू कर दिया था। ऐसी स्थिति में नये कहानी आलोचक उभरे भी, पर शायद उनकी स्थिति फिर से जम नहीं पायी, उनका आधार मजबूत नहीं हो पाया। ऐसे समय आपकी भूमिका तो यह होनी चाहिए थी कि आप उन कुछ गिने-चुने आलोचकों का साथ देते।

नामवर सिंह : आज यहाँ बैठकर ऐसी बात करना बहुत आसान है। वास्तविकता उस समय यह थी कि सारी व्यावसायिक पत्रिकाएँ और सारे बड़े साधन इन्हीं नये कहानीकारों के हाथ में थे। साहित्यिक पत्रिकाओं में भी जो नये लोग आ रहे थे, जैसे ज्ञानरंजन, दूधनाथ सिंह, विजय मोहन, काशीनाथ सिंह या इसराइल ये लोग उस पूरे दौर में अल्पसंख्यक थे। आज भले ही उन दिनों की तस्वीर

आपको बहुत गुलाबी मालूम पड़े। वह पूरा माहौल कैसा था इसका संकेत मैंने अपने 'एक और शुरुआत' वाले अंतिम लेख में दिया था। मैंने साफ कहा था कि दुर्भाग्य से इस वक्त प्रगतिशीलता और व्यावसायिकता का एक ऐसा गठबंधन हो रहा है जो कहानी के लिए घातक होगा। आगे चलकर सचमुच ही व्यावसायिकता और छद्म प्रगतिशीलता का एक ऐसा अद्भुत गठजोड़ बना कि कहानी में नयें सृजन की सम्भावनाएँ कुण्ठित दिखायी पड़ने लगीं।

विष्णु खरे : अच्छी बात कही आपने। कविता में भी ऐसा ही हुआ। इस दौर में कविता में भी वही छद्म प्रगतिवादिता लेकिन शुद्ध व्यावसायिकता जनमी। कदाचित् प्रगतिशील कविता को नष्ट करने वाली वृत्ति यही थी।

नामवर सिंह : समानांतर कहानी का आन्दोलन उसी व्यावसायिक प्रगतिशीलता की संगठित अभिव्यक्ति थी। खेद है कि कहानीकारों की नयी पीढ़ी इस मुख्य शत्रु के विरुद्ध संघर्ष करने के बजाय अब भी निर्मल वर्मा के ही पीछे लाठी लेकर पड़ी है।

विष्णु खरे : एक सवाल है। शायद निर्मल वर्मा की कहानियों की सृजनशीलता की प्रशंसा करके आप उस व्यावसायिकता और छद्म प्रगतिशीलता का विरोध कर रहे थे। लेकिन उस समय निर्मल के अलावा भी बहुत से ऐसे कहानीकार थे जो ज्यादा अच्छी सृजनशील कहानी लिख रहे थे। फिर निर्मल वर्मा के प्रति आपकी पक्षधरता का राज़ क्या था ? मुझे तो निर्मल वर्मा की कहानियाँ बहुत व्यावसायिक लगती हैं।

नामवर सिंह : आप ही बताएँ कि उस समय यानी पाँचवें दशक के, वे अन्य अच्छे कहानीकार कौन थे जिन पर मुझे लिखना चाहिए था लेकिन जिन पर मैंने नहीं लिखा। दरअसल, आपके ध्यान में जो लेखक हैं उनका विकास बाद में हुआ।

विजय मोहन सिंह : आपने निर्मल वर्मा की कहानियों को कालजयी कहानियाँ कहा था।

नामवर सिंह : कम से कम मेरे लिखे को मेरे सामने तो आप सही रूप में पेश करें। मैंने कालजयी नहीं कालातीत कला दृष्टि कहा था। कालातीत और कालजयी में बड़ा अंतर है।

विजय मोहन सिंह : आपने निर्मल की कहानियों के संदर्भ में चेखव का नाम लिया है ?

नामवर सिंह : क्या चेखव का नाम लेना अप्रासंगिक है ? आपने चेखव के पत्रों पर निर्मल का लेख तो पढ़ा होगा ? निर्मल जी की जीवन दृष्टि के बारे में, उसकी सीमाओं के बारे में मेरी निश्चित धारणा थी, और है। उसमें जो परिवर्तन हुआ है उसे मैंने व्यक्त भी किया है। उनसे मेरा मतभेद गहरा है। इसके बावजूद मैं कहूँगा कि जैसी कहानियाँ निर्मल ने पहले लिखी हैं उनका स्थान बराबर सुरक्षित

रहेगा, समय बीतने के बावजूद, और यदि नयी पीढ़ी के लोग सिर्फ इसी आधार पर उनका विरोध करते हैं तो इससे मैं बहुत आश्वस्त नहीं हूँ। सर्जनात्मकता और कला की दृष्टि से मैं अब भी मानता हूँ कि निर्मल हिन्दी के एक महत्त्वपूर्ण कहानीकार हैं। महत्त्वपूर्ण ही नहीं बल्कि सार्थक भी। उस दौर के तमाम लोगों में सिर्फ दो ही कहानीकार ऐसे हैं निर्मल और अमरकांत।

विष्णु खरे : अमरकांत और निर्मल के बीच आप कहाँ हैं ?

नामवर सिंह : निर्मल वर्मा का अनुभव जगत् भिन्न है। उनकी कहानी की पूरी रचना प्रक्रिया भिन्न है। अमरकांत बिल्कुल अलग कहानीकार हैं। अगर एक आदमी तोल्सतोय और चेखव या तोल्सतोय और दास्ताएव्यस्की दोनों को मूल्यवान मानकर महत्त्व दे सकता है तो इसमें अंतर्विरोध कहाँ है ? इसी प्रकार यदि यह सम्भव है कि किसी के लिए प्रेमचन्द और जैनेन्द्र दोनों महत्त्वपूर्ण हों तो अमरकांत और निर्मल वर्मा इन दोनों की महत्त्व-स्वीकृति में ही अंतर्विरोध क्यों ? अमरकांत और निर्मल वर्मा दोनों को अच्छा लेखक मानने में, मुझे कोई विरोध नहीं दिखता। कठिनाई तब होगी जब आप इन दोनों की तुलना करें और तय करें कि कौन बड़ा है ? इनके बारे में तब मैंने कुछ नहीं कहा था। आज अगर कहना ही पड़े तो मैं साफ कहूँगा कि कुल मिलाकर निर्मल वर्मा का कृतित्व ज्यादा वजनी है। शुरू में कुछ बहुत अच्छी कहानियाँ लिखने के बाद अमरकांत ने बहुत कमजोर कहानियाँ लिखी हैं। दुःखद होते हुए भी यह सत्य है कि अमरकांत के लेखन में क्रमशः गिरावट आयी है। ह्रास के लक्षण निर्मल में भी दिखते हैं फिर भी शिल्प के बल पर उन्होंने अपना एक स्तर कायम रखा है। अनुभव का दायरा सिकुड़ता जरूर गया लेकिन बाद के इसी काल में उन्होंने 'दूसरी दुनिया' और 'बीच बहस में' जैसी उच्चकोटि की कहानियाँ लिखीं। 'बीच बहस में' शीर्षक कहानी से यह भी आभास मिलता है कि आरम्भिक भावुकता के स्थान पर उनमें अब अप्रिय यथार्थ के चित्रण की क्षमता का विकास हो रहा है।

विजय मोहन सिंह : निर्मल वर्मा की कहानियों की भाषा, उनका दुःख, उनकी सफरिंग, उनका खास तरह का आतंक, यंत्रणा, अकेलापन ये सारा का सारा विदेशी है···

नामवर सिंह : मैं इससे सहमत नहीं हो सकता।

विष्णु खरे : निर्मल वर्मा की कहानियों का जो अनुभव संसार है वह नकली है। वे एक मकड़ी जाल बुनते हैं, उनका शब्द-चयन···

नामवर सिंह : मैं यही कहना चाहता हूँ कि इस तथाकथित विदेशीपन के बावजूद निर्मल सामाजिक चेतना से सम्पन्न कहे जाने वाले कई कहानीकारों से बेहतर कहानीकार हैं। उदाहरण के लिए ज्ञानरंजन में सामाजिक चेतना कहीं ज्यादा प्रखर है, इसके बाद भी कहना होगा कि कहानी के क्षेत्र में निर्मल वर्मा का अवदान

ज्ञानरंजन से कहीं ज्यादा बड़ा है।

विष्णु खरे : 'घंटा' के बारे में··· निर्मल जी की एक भी कहानी वैसी नहीं है।

नामवर सिंह : कैसी बात कर रहे हैं ? अगर निर्मल ने 'घंटा' जैसी कहानी नहीं लिखी है तो ज्ञानरंजन ने भी 'लंदन की एक रात' या 'दूसरी दुनिया' जैसी कहानी नहीं लिखी। ज्ञानरंजन की कहानी 'बहिर्गमन' अपनी लम्बाई के बावजूद बहुत सफल नहीं है। जिस लेखक से आपके विचारों का मेल न हो उसका विरोध आप बेशक कीजिए लेकिन उसका साहित्यिक महत्त्व, यदि कुछ है, तो उसे तो स्वीकार कीजिए।

उदय प्रकाश : 'परिंदे' कहानी की आपने प्रशंसा की है। लगभग वैसी ही कहानियाँ मध्यवर्गीय अकेलेपन और अलगाव को लेकर कुछ अन्य कहानीकारों ने भी लिखीं हैं। निर्मल वर्मा उनसे अलग कहाँ हैं ?

नामवर सिंह : उसी थीम पर 'मिस पाल' नामक कहानी मोहन राकेश ने लिखी है। आप 'परिंदे' और 'मिस पाल' को मिलाकर देखें तो साफ हो जायेगा कि दो कलाकारों की संवेदनशीलता और कला में क्या फर्क है ?

विष्णु खरे : लेकिन निर्मल जी की जो विचारधारा कहानियों के माध्यम से सामने आती है, जिसे हम अलग से भी जानते हैं, उसके बारे में आपका सोचना क्या है ?

नामवर सिंह : विचारों का आप विरोध करिए, मुझे आपत्ति नहीं है, लेकिन एक कलाकार के महत्त्व को बिल्कुल न मानना··· सरासर धाँधली है।

विष्णु खरे : आप जो एक बार कमिट कर चुके हैं उसी पर, उसी वजह से अड़े रहना चाहते हैं।

नामवर सिंह : यह आग्रह नहीं, सुविचारित धारणा है।

विष्णु खरे : कभी-कभी दो रचनाकारों की तुलना भी करनी पड़ती है और एक को दूसरे से उत्कृष्ट भी बताना पड़ता है। ज्ञानरंजन और निर्मल वर्मा के बीच आपको तुलना करनी पड़े···

नामवर सिंह : निराला के प्रति मेरे मन में श्रद्धा है, मुक्तिबोध के प्रति भी मेरे मन में आदर है। इसके बावजूद अगर दोनों की कवि के रूप में तुलना करनी ही पड़े तो मैं स्पष्ट कहूँगा कि निराला मुक्तिबोध से ज्यादा बड़े कवि हैं। इसी तरह निर्मल और ज्ञानरंजन और अपने भाई काशीनाथ सिंह इनके बीच अगर मुझे निर्णय देना पड़ेगा तो मैं कहूँगा कि निर्मल वर्मा ज्ञानरंजन और काशीनाथ दोनों से ज्यादा बड़े कहानीकार हैं।

विजय मोहन सिंह : आपका यह वक्तव्य बहुत महत्त्वपूर्ण है।

उदय प्रकाश : लेकिन अभी आपने जो कहा था कि उनकी कहानियों के

बारे में आपकी धारणा में कोई परिवर्तन हुआ है ?

नामवर सिंह : निर्मल वर्मा का, उनकी जीवन दृष्टि का, उनकी राजनीति का, जिस रूप में विकास हो रहा है उसे मैं बहुत गलत समझता हूँ। बावजूद इसके उनका जो साहित्यिक सृजन है और उसका जो साहित्यिक महत्त्व है, उससे मैं इनकार नहीं कर सकता। मैं अज्ञेय से असहमत हूँ उनके विचारों को गलत मानता हूँ, इसका मतलब यह नहीं कि हमारे ही विचारों को मानने वाले किसी मामूली लेखक से उनको घटिया रचनाकार घोषित कर दूँ। साहित्यिक आलोचन के ऐसे निष्कर्षों के बारे में, खासतौर से मार्क्सवादी आलोचना के बारे में, काफी गम्भीरता और विस्तार से बात होनी चाहिए। लेखक की राजनीति और लेखक की जीवन दृष्टि और लेखक के साहित्य के बीच क्या रिश्ता होता है यह इतना बड़ा मुद्दा है कि इस पर विस्तार से बात होनी चाहिए। किसी साहित्यिक कृति के मूल्यांकन में राजनीतिक विचार हमेशा निर्णायक नहीं होता। लेखक की राजनीति, उसकी सम्पूर्ण जीवन दृष्टि या विश्वदृष्टि नहीं है, वह उस विश्वदृष्टि का एक अंश है, जिससे लेखक का सौन्दर्यबोध निर्धारित होता है और जिसकी अभिव्यक्ति स्वयं साहित्यिक कृति है। यहाँ यह भी विचारणीय है कि किसी कृति के अंदर लेखक की राजनीति तथा चित्रित जीवन यथार्थ में कभी-कभी अंतर्विरोध भी होता है। इसलिए किसी कृति के मूल्य-निर्णय में ऐसे अनेक जटिल प्रश्नों पर ठोस ढंग से विचार जरूरी है।

'पूर्वग्रह' का नया रूपवाद और चार आलोचक

विष्णु खरे : एक प्रश्न रमेशचन्द्र शाह की आलोचना के बारे में है।

नामवर सिंह : रमेशचन्द्र शाह की कौन-सी आलोचना आपके ध्यान में है ?

विष्णु खरे : कोई निश्चित निबंध तो नहीं है लेकिन उनके लेखन या चिंतन ने जो वातावरण 'क्रिएट' किया है उससे लगभग सभी मानते हैं कि वे एक महत्त्वपूर्ण आलोचक हैं। यहाँ तक कि आधे से ज्यादा मार्क्सवादी भी यह मानते हैं। रमेशचन्द्र शाह इस वक्त एक ऐसे समीक्षक-आलोचक हैं जो मुसलसल साहित्य पर चिंतन करते आये हैं। साहित्य पर उनका चिंतन 'स्पेसिफिक' भी है और सामान्य भी। मलयज में यह चीज मुझे दिखाई नहीं पड़ती। हालाँकि मलयज भी इसी तरह के गैर-मार्क्सवादी लेकिन महत्त्वपूर्ण आलोचक हैं। यह अलग बात है कि छिटपुट आलोचना उन्होंने लिखी है। तीसरे अशोक वाजपेयी हैं। इन तीनों आलोचकों का कम से कम अज्ञेय जी के समान मार्क्सवाद से उतना विरोध नहीं है। मलयज के पास ह्यूमन कन्सर्न है जो ज्यादा धारदार है। अच्छी रचना और जीवन से जुड़ने का सारा प्रयत्न और सामान वहाँ है। बल्कि मैं कहूँगा कि काफी कन्सण्ट्रेटेड आलोचना

उनकी है। शाह साहब, मलयज या अशोक वाजपेयी से इस आधार पर अलग हो जाते हैं कि वे पंत को भी मानते हैं, जैनेन्द्र को भी मानते हैं और अज्ञेय को भी मानते हैं।

उदय प्रकाश : कम से कम मलयज अपने विचारों में इतने उदार नहीं हैं। शायद अपने विचार और अपनी आलोचना के बारे में वे बहुत निश्चित हैं, अज्ञेय को उन्होंने कभी भी बहुत अच्छा कवि नहीं माना है। अज्ञेय के साहित्य-चिंतन या उनकी रचना से भी वे उतने प्रभावित नहीं हैं, जितने रमेशचन्द्र शाह हैं। इस बातचीत में कुँवरनारायण को भी सम्मिलित कर लें। अब आप यह बताएँ कि रमेशचन्द्र शाह, मलयज और कुँवरनारायण के बीच निश्चित सैद्धांतिक दूरी क्या है ? इनके लेखन को आप आज के साहित्य के मूल्यांकन के संदर्भ में कितना उपयोगी मानते हैं ? क्या आपको कभी ऐसा लगता है कि ये तीनों आलोचक किसी ऐसी कमी को पूरा करते हैं, जहाँ मार्क्सवादी आलोचकों की दृष्टि सीमित रह जाती है ? ये मार्क्सवादी आलोचना की समझ को 'एनरिच' करते हैं, समृद्ध करते हैं या उनको गड़बड़ाते हैं, कन्फ्यूज करते हैं या धुँधला करते हैं ?

नामवर सिंह : मैंने 'आलोचना' में इन तीनों आलोचकों को समय-समय पर छापा है। वरिष्ठता के क्रम से सबसे पहले कुँवरनारायण को लें। कुँवरनारायण ने मेरे सम्पादन में निकलने वाली 'आलोचना' के पहले अंक में 'अधूरे साक्षात्कार' की समीक्षा की थी। इसके अतिरिक्त 'लाल टीन की छत' की समीक्षा भी उन्होंने की थी। उन्होंने कम लिखा है, लेकिन उनमें जो समझ है, जो दृष्टि और जो पकड़ है वह अन्यत्र कहीं नहीं दिखाई देती। मैं यह भी कहूँगा कि यह सही है कि कुँवरनारायण गैर-मार्क्सवादी आलोचक हैं लेकिन जो ह्यूमन कन्सर्न निश्चित रूप से उनके पास है, जो दृष्टि उनके पास है, अपनी सीमाओं के बावजूद, वह महत्त्वपूर्ण है। उन्होंने खुद भी अपनी दृष्टि की सीमाएँ बतायी थीं। आलोचना का क्या रूप होना चाहिए और उपन्यास के विश्लेषण में आलोचना की किस पद्धति को अपनाया जाना चाहिए—इस पर भी उन्होंने लिखा है। इसीलिए कुँवरनारायण को मैं एकदम कलावादी आलोचक नहीं कहूँगा। साहित्य की जिन कृतियों की, कहानियों और उपन्यासों की समीक्षा उन्होंने की, वह अच्छी समीक्षाएँ थीं। यशपाल के उपन्यास—'झूठा सच' की भी उन्होंने समीक्षा की है और प्रशंसा भी। किंतु यह टिप्पणी की है कि पात्रों के संघर्ष में जीवन के प्रति आसक्ति तो है, पर आस्था नहीं। मुझे लगता है कि, यह टिप्पणी यशपाल से अधिक कुँवरनारायण की आस्था की सीमा प्रकट करती है। फिर भी मैं कुँवरनारायण को एक महत्त्वपूर्ण आलोचक मानता हूँ।

विष्णु खरे : आपने कहा कि कुँवरनारायण मार्क्सवादी नहीं हैं लेकिन उनके यहाँ ह्यूमन कन्सर्न है, जैसा कि मुक्तिबोध पर लिखे एक लेख में यह स्पष्ट होता

है। उस लेख में तो कुँवरनारायण बिल्कुल मार्क्सवादी पदावली का उपयोग करते हैं। लगभग मार्क्सवादी बनते हुए बात करते हैं। अब यदि उनमें ह्यूमन कन्सर्न भी है और मार्क्सवाद भी तो गड़बड़ कहाँ है ?

नामवर सिंह : नहीं, गड़बड़ मैं नहीं कहूँगा। दरअसल ह्यूमन कन्सर्न की भी एक सीमा होती ही है। कुँवरनारायण को एक तरह का डेमोक्रेटिक या उदार जनवादी आलोचक कहा जा सकता है। मुक्तिबोध वाले लेख में जीवन के प्रति लगाव और सामाजिकता के प्रति उनकी मानसिक चिंता से यह स्पष्ट हो जाता है, लेकिन जहाँ साहित्य सामाजिक बदलाव में एक निश्चित प्रकार की सक्रिय भूमिका अदा कर सकता है, यानी जिस हद तक कोई मार्क्सवादी आलोचक जाना चाहेगा, ऐसा लगता है कि उस बिंदु के कुछ पहले ही कुँवरनारायण ठिठक जाते हैं या रुक जाते हैं।

विष्णु खरे : इसका मतलब यह हुआ कि जो ज्यादातर मार्क्सवादी आलोचक या चिंतक हैं, आजकल जिनका दबाव साहित्य जगत् पर है, उनकी तथाकथित आलोचना के सामने कुँवरनारायण सरीखे तथाकथित अमार्क्सवादी आलोचक की आलोचना ज्यादा श्रेयस्कर है। कम-से-कम साहित्य की रचनात्मकता के आयामों को ध्यान में रखते हुए।

नामवर सिंह : आप एक पद्धति के उत्कृष्ट आलोचक के साथ मार्क्सवादी आलोचना के घटिया आलोचकों की तुलना करके जो निष्कर्ष निकालना चाहते हैं, वह भ्रामक है। कुँवरनारायण की आलोचना, आलोचना-पद्धति, परिस्थितियों का दबाव और उसके प्रति संवेदनशीलता आदि को आप कुँवरनारायण के 'युगचेतना' वाले दौर के लेखों और अब मुक्तिबोध वाले लेख की तुलना करके देखें। एक निश्चित विकास की दिशा दिखाई पड़ेगी। 'ह्यूमन कन्सर्न' का 'कंसेप्ट' कुँवरनारायण के यहाँ बढ़ता जा रहा है। परिस्थितियों के दबाव से कुँवरनारायण का विकास एक किताबी मार्क्सवादी के रूप में नहीं, लेकिन एक अच्छे लिबरल डेमोक्रेट आलोचक के रूप में हुआ है, जो प्रगतिशील चिंतन और प्रगतिशील साहित्य के लिए मूल्यवान है।

मलयज के भी कई लेख मैंने आलोचना में आग्रह करके छापे हैं। जहाँ तक साहित्य में सामाजिक चिंता का प्रश्न है मलयज में वह कुँवरनारायण से भी एक कदम आगे बढ़ी हुई है। जो अज्ञेयवादी या परिमलीय साहित्य-चिंतन रहा है, उसकी सीमाओं का अतिक्रमण करके, बल्कि उसका विरोध करके मलयज ने साहित्यिक कृतियों पर विचार किया है। फिर भी मुझे कभी-कभी लगता है कि मलयज भी अपनी सीमाएँ सामने ले आते हैं। जैसे—अपनी किताब 'कविता से साक्षात्कार' में उन्होंने त्रिलोचन पर एक लेख लिखा है। मलयज की जो सूक्ष्म अंतर्दृष्टि शमशेर की कविताओं के विश्लेषण में दिखाई पड़ती है, वहाँ नहीं है। त्रिलोचन की कविता

के मूल मर्म तक मलयज पहुँच नहीं पाते हैं। एक अमूर्त भारतीयता के साथ त्रिलोचन के सम्बन्ध को उद्घाटित करते हुए वे ठहर जाते हैं। शमशेर या मुक्तिबोध की कविताओं की आलोचना में जिस जागरूकता का परिचय मलयज ने दिया है, त्रिलोचन के संदर्भ में वह अनुपस्थित है। सम्भव है कि नागार्जुन पर लिखते समय मलयज की दृष्टि और स्पष्ट हो और शायद उसकी सीमाएँ भी सामने आएँ। फिर भी मलयज खासतौर से कविता के लिए मुझे अधिक गम्भीर और बारीकी में जाने वाले आलोचक लगे हैं। यद्यपि उनकी यह पुस्तक 'कविता से साक्षात्कार' मुझे विषम भी लगी और अंशतः कमजोर भी।

मलयज, अशोक वाजपेयी और कुँवरनारायण की तुलना में रमेशचन्द्र शाह सबसे ज्यादा दुर्बल हैं। मुझे रमेशचन्द्र शाह आलोचक से ज्यादा आस्वादक लगे हैं। पुराने संस्कृत काव्यशास्त्र में जिसे भावक कहा गया है। वे स्वाद लेने वाले और स्वाद प्रदान करने वाले आलोचक हैं। इसीलिए उनकी आलोचना भी आमतौर पर ऐसे ही रचनाकारों को समर्पित है। आलोचना के लिए कृति या रचना का चुनाव भी बहुत महत्त्वपूर्ण है। रमेशचन्द्र शाह के साथ सबसे बड़ी कठिनाई यह है कि वह एक निकृष्ट कृति पर भी उसी गम्भीरता से लिखते हैं, जितनी गम्भीरता से किसी उच्च कोटि के ग्रंथ पर। दोनों के लिए उतना ही गम्भीर, उतना ही बड़ा और उतना ही विस्तृत निबंध।

विष्णु खरे : अभी ही उन्होंने कुछ रद्दी कविता संग्रहों पर बहुत गम्भीर लेखन किया है।

नामवर सिंह : सही है कहना आपका। लगता है वे पुस्तकों को चुनते नहीं। आलोचना के लिए जो भी कृति उनके सामने आ जाये, उस पर लिख देते हैं। आलोचक में यह विवेक होना चाहिए कि वह निर्णय ले कि उसे किस कृति या पुस्तक पर नहीं लिखना है। लिखने लायक और न लिखने लायक का विवेक उसमें होना ही चाहिए। इसी विवेक के अभाव में आलोचक भावक और आस्वादक बनकर रह जाता है। फिर भी प्रतिष्ठित कृतियों के बारे में उन्होंने ज्यादा अच्छा लिखा है। छायावाद पर लिखी उनकी पुस्तक एक अच्छी पुस्तक है और उनका 'समानांतर' संग्रह भी अच्छा है। रमेशचन्द्र शाह की आलोचना में सबसे बड़ी कठिनाई उनकी भाषा है। लगता है अपनी आलोचना में वे रचना से होड़ लेने लगते हैं। भाषा का यह रूप यद्यपि मलयज में भी अंशतः है लेकिन रमेशचन्द्र शाह की तुलना में वे अधिक स्पष्ट हैं।

विष्णु खरे : आपको याद होगा कि कुछ वर्ष पहले एक आलोचक के रूप में रमेशचन्द्र शाह में आपने कई सम्भावनाएँ देखी थीं। क्या आपको अभी-अभी बताये गये ये लक्षण पहले दिखाई नहीं पड़े थे ? जबकि मेरा अंदाज है कि कई लोगों ने पहले भी इसे 'मार्क' किया था।

नामवर सिंह : मेरा वह लेख, जिसमें रमेशचन्द्र शाह का जिक्र था, 1971 में लिखा गया था। 'पूर्वग्रह' तब शुरू नहीं हुआ था। पूर्वग्रह-काल में 'पूर्वग्रह' से जुड़ जाने के कारण, चाही-अनचाही तमाम पुस्तकों पर लिखने के कारण या किसी अन्य कारण से शायद उनमें यह गुण इधर प्रकट हुए हैं।

विष्णु खरे : आलोचना की भाषा के बारे में आपने कुछ बातें कही हैं। रमेशचन्द्र शाह के विपरीत अशोक में आप यह बात नहीं पायेंगे। अशोक में शब्दाडम्बर कम है और अपनी तरह की शार्पनेस है। जो कुछ वह कहना चाहता है और कह रहा है उसके लिए उसे कोई भ्रम नहीं है। क्या आप अशोक के कला-चिंतन पर कुछ कहना पसंद करेंगे। लेकिन इस बात के साथ, कि अशोक ने आलोचना की जिस विशिष्ट भाषा को रचा और उसमें से कुछ शब्दों का प्रचलन भी हुआ, उसकी क्या भूमिका है ?

नामवर सिंह : यह बातचीत 'पूर्वग्रह' में छपने वाली है और अशोक जी उसके सम्पादक हैं। शायद उनके लिए मेरी बातें धर्मसंकट बन जाएँ। फिर भी 'आलोचना' में आग्रह करके मैंने अशोक से भी लिखवाया है। अपने समय का एक बहुत विवादास्पद लेख 'विचारों से विदाई', 'आलोचना' में ही छपा था। उस पर गोष्ठी भी हुई थी। उनके लेखों का संग्रह 'फिलहाल' भी आ चुका है लेकिन उसके बाद 'पूर्वग्रह' में सम्पादकीय के अतिरिक्त अशोक ने कम लेख लिखे हैं। मेरा ऐसा ख्याल है कि अपने समकालीन साहित्यिक परिवेश के किसी एक कोण, किसी एक पहलू या किसी एक समस्या पर तेज-तर्रार और स्पष्ट वक्तव्य देने वाले लेख अशोक ने ज्यादा लिखे हैं। कुछ लेख ऐसे भी हैं जिन्हें एक खास तरह की जरूरत का दबाव महसूस करते हुए लिखा गया है। ऐसी स्थिति में सामान्य कथन और साफ वक्तव्य की जरूरत होती है। शुरू के दिनों में अज्ञेय के कविता-संग्रह पर और श्रीकांत वर्मा पर भी उन्होंने गम्भीर समीक्षाएँ लिखी थीं। फिर भी कुछ निश्चित कृतियों पर ध्यान केन्द्रित करते हुए ऐसी समीक्षाएँ अशोक ने कम लिखी हैं। साहित्यिक प्रवृत्तियों पर अपने प्रसंगानुकूल सामान्य वक्तव्य जरूर दिये हैं। लेकिन एक बात मैं कहना चाहूँगा कि सृजन को दिशा-निर्देश करने वाली ऐसी आलोचना जो उच्चकोटि की पत्रकारिता के स्तर की हो, वहाँ अशोक की प्रतिभा विशेष रूप से प्रस्फुटित हुई है। खासतौर से जब उन्होंने किसी विवादास्पद स्थिति में हस्तक्षेप किया है। उनकी आलोचना की भाषा साफ-सुथरी और असरदार है। उन्होंने कुछ नये शब्द भी दिये हैं। पर मुझे अशोक की भाषा के साथ एक दिक्कत महसूस होती है। उनकी भाषा पर अंग्रेजी के वाक्य-विन्यास का काफी असर है। और अभी-अभी तो अंग्रेजी के मुहावरे को हिन्दी में अनुवादित करने की कोशिश भी उनमें दिखाई पड़ती है, जैसे—एकान्त नागरिकता, मानवीय अनुपस्थिति, धंधई आलोचना वगैरह। जहाँ उन्होंने आलोचना के लिए अच्छे शब्द अवश्य दिये हैं,

वहीं वे, दुर्भाग्यवश, आलोचना को पत्रकारिता के स्तर तक गिरा देने के दोषी भी हैं, जिसका अनुकरण 'पूर्वग्रह' में लिखे अनेक लेखों में दिखाई पड़ता है। नये आलोचकों की एक पूरी पीढ़ी सामने आयी है जो अशोक वाजपेयी की भाषा के 'सरोकार' से बँधी है। जिस भाषा का उपयोग आलोचना की भाषा की शास्त्रीय जड़ता को तोड़ने के लिए होना चाहिए था उसे ये आलोचक चालू मुहावरों में बदल चुके हैं।

उदय प्रकाश : आपने आलोचना में जिस ह्यमून कन्सर्न की बात की थी उसके संदर्भ में अशोक जी जिन मूल्यों की बात करते हैं, उनके प्रति आप क्या कहना चाहेंगे ? उन्हें आप किस जगह रखेंगे ?

नामवर सिंह : अगर रखना ही हो, तो वह 'ह्यूमन कन्सर्न' मलयज में सबसे ज्यादा है। फिर कुँवरनारायण में और उसके बाद अशोक वाजपेयी में। इस क्रम से सबसे नीचे रमेशचन्द्र शाह हैं। दो ऐसे बिन्दु और हैं जिनसे अशोक की आलोचना पर विचार करना चाहिए। एक ओर वे अज्ञेयवादियों के कलावाद की सीमाएँ जानते हैं। दूसरी तरफ जीवन-संघर्षों से भरी सामाजिकता से सम्बद्ध 'ह्यूमन कन्सर्न' की दिशा में वे एक सुरक्षित हद तक ही आगे बढ़ते हैं। वे सामान्यतः मानवीय मालूम होते हैं। किसी कविता में वे यदि मानवीय अनुपस्थिति महसूस करते हैं तो उसकी ओर संकेत करते हैं। लेकिन इस मानवीय अनुपस्थिति का मूर्त रूप सामाजिक संघर्षों में साधारण जनता के अनुभवों से कहाँ तक जुड़ा है, इस पर वे चुप ही रहते हैं। मुक्तिबोध एक ऐसे कवि हैं जहाँ अशोक अपने आपको चरम बिंदु तक उद्घाटित कर सकते थे लेकिन वहाँ भी वे मुक्तिबोध के 'ह्यूमन कन्सर्न' से बहुत पीछे दिखाई पड़ते हैं। अब अकेले मुक्तिबोध को कसौटी मानकर हम यदि कुँवरनारायण, मलयज, अशोक वाजपेयी और रमेशचन्द्र शाह इन चारों आलोचकों को परखें तो फीते से नाप सकते हैं कि कितने इंच कौन-सा कन्सर्न मुक्तिबोध के निकट या दूर है। देखा जा सकता है कि कौन क्या स्वीकार करता है, क्या अस्वीकार कर देता है या कहाँ चुप रहता है। इसलिए मुक्तिबोध एक हद तक आपके लिए एक सुविधाजनक परिमापक हैं।

उदय प्रकाश : उस समय जब साहित्य में लगभग अनुभूतिवाद और क्षणवाद ज्यादा उभरकर सामने आ रहा था और जब विचार और राजनीति के साथ रचना या कविता के सम्बन्धों को काट देने की बात की जा रही थी तब जिन आलोचकों ने पहली बार विचार और रचना या राजनीति और कविता के सम्बन्धों की स्पष्ट बात की थी उस संदर्भ में अशोक वाजपेयी की भूमिका के बारे में आप क्या कहेंगे ?

नामवर सिंह : 'आलोचना' का सम्भवतः छठा अंक मैंने मुक्तिबोध पर निकाला था। कविता और राजनीति के सम्बन्धों पर मैंने अशोक वाजपेयी और श्रीकांत

वर्मा से निबंध लिखवाये थे। यह बात बहुत पुरानी है, 1968 के आसपास की। उसमें भी कविता और राजनीति के सम्बन्ध की बात अशोक ने की है। यद्यपि वह बहुत सामान्य है फिर भी खासतौर से अज्ञेय आदि की भूमिका की तुलना में उसका अपना महत्त्व है। कवि और राजनीति का रिश्ता सामान्य धरातल पर तय करने से बात नहीं बनेगी। राजनीति जब अमूर्त होती है तो बड़ी सुरक्षा महसूस होती है। वह लेख सामान्यताओं से घिरा हुआ लेख है। प्रश्न यह है कि कौन-सी राजनीति ? व्यवहार में अशोक प्रगतिशील लेखकों से अपना सम्बन्ध जोड़ते हैं। हरिशंकर परसाई, मुक्तिबोध, शमशेरबहादुर सिंह आदि कई पुराने-नये प्रगतिशील लेखकों से उन्होंने सम्बन्ध जोड़ा है। दूसरी तरफ सन्तुलन बनाये रखने के लिए उन्होंने दूसरे लेखकों से भी अपना सम्बन्ध बनाये रखा है जिससे एक निष्पक्षता का रूप तो खड़ा हो ही। मैं नहीं जानता कि प्रगतिशील लेखकों–जैसे हरिशंकर परसाई के लेखन के बारे में उनका क्या स्पष्ट दृष्टिकोण है ? मुझे लगता है कि विशेष प्रकार के राजनीतिक चिंतन की कुछ कविताओं या कृतियों को यदि अशोक पसंद करते हैं तो सिर्फ एक मानवीयता के धरातल पर। बहुत सारी चीजों को वे आपत्तिजनक मानते हुए चुप रह जाते हैं।

उदय प्रकाश : अगर राष्ट्रीय और अंतर्राष्ट्रीय स्थितियों को ध्यान में रखें तो शीतयुद्धी मानसिकता से परिचालित ऐसे घोर प्रतिक्रियावादी विचारक, लेखक आपको मिलेंगे जो विचारधारा की शून्यता 'एण्ड ऑव् आइडियालॉजी' की बात करते हैं। उसकी तुलना में अशोक वाजपेयी कम-से-कम समाज, विचारधारा और राजनीति के साथ रचना के सम्बन्धों को नकारने की बात नहीं करते।

नामवर सिंह : ऐसी बात बूर्ज्वा लिबरल या बूर्ज्वा डेमोक्रेट भी करता है कि राजनीति और साहित्य में सम्बन्ध है। अगर ध्यान दें तो अशोक वाजपेयी के करीब आज की जो नयी पीढ़ी है वह अपने को प्रतिपक्ष का कवि-साहित्यकार या सामान्य जनता का साहित्यकार कहती है। मोटेतौर पर वह अपने को वामपंथी भी कहती है। यह सही है कि चिंतन और लेखन के धरातल पर अशोक का सीधा सम्बन्ध वामपंथ से नहीं है। इसे वे खुद स्वीकार करते हैं। लेकिन इसी आधार पर जो कुछ लोग अशोक को शुद्ध कलावादी, शुद्ध कवितावादी या मार्क्सवाद-विरोधी कहना चाहते हैं, मैं उनसे सहमत नहीं हो पाता।

उदय प्रकाश : अगर उनकी तुलना कुछ दूसरे ऐसे लेखकों से की जाये जिनमें सामाजिक और मानवीय चिंता तो है लेकिन किसी निश्चित विचारधारा या विचारदृष्टि का अभाव है जैसे सी. एम. बावरा या प्रारम्भिक दिनों के रेमण्ड विलियम्स। क्या अशोक जी को हिन्दी का ऐसा ही लेखक मानना चाहिए ?

नामवर सिंह : नहीं भाई। बावरा तो ऐसे आलोचक थे जैसे हिन्दी में आचार्य नन्ददुलारे वाजपेयी। उनसे अशोक की तुलना करना ठीक नहीं होगा। यदि तुलनीय

नाम देना ही हो तो तत्काल एक नाम मेरी ज़ुबान पर आ रहा है–ए. अल्वारेज़। इसका यह मतलब नहीं कि वे बिल्कुल वैसे ही आलोचक हैं। लेकिन सहज रूप से मेरे सामने इस समय वही नाम आ रहा है। अशोक वाजपेयी, रमेशचन्द्र शाह की तरह आस्वादवादी नहीं है, उनमें एक निश्चित लड़ाकूपन है।

मूल्यांकन और आइडियालॉजी

नेमिचन्द्र जैन : साहित्य या किसी भी सृजनात्मक अभिव्यक्ति को समझने के लिए यह जरूरी होता है कि एक विचार-दृष्टि हो। आपकी विचार दृष्टि क्या है ? इस जमाने में जबकि आपके लेखन को कई साल गुजर चुके हैं उसकी स्थिति क्या है ? कौन-से ऐसे बुनियादी विचार है जो प्रासंगिक हैं ?

विष्णु खरे : एक ऐसे अच्छे खासे आलोचक से, जिसे एक जमाने में लोग 'क्रिटिसिज्म' का प्रतीक मानते रहे हों, यह पूछा जा सकता है कि आखिर आपकी आलोचना के 'बेसिक टेनेट्स' क्या हैं ? कोई भी आलोचक यह कहकर नहीं बच सकता कि मेरे तो कोई 'नार्म्स' ही नहीं हैं, मैं तो कृति की राह से गुजरता हूँ...

विजय मोहन सिंह : आपने व्यावहारिक समीक्षाएँ भी लिखी हैं। आपकी व्यावहारिक समीक्षा में कौन-सा ऐसा बुनियादी स्टैण्डर्ड है जिसके आधार पर आप निर्मल वर्मा को इवैल्यूएट करते हैं, अमरकांत को भी करते हैं या किसी और भी लेखक को।

नामवर सिंह : मैं सृजनात्मक साहित्य से आलोचनात्मक साहित्य को बहुत भिन्न नहीं मानता। यह तो वैसी ही बात है जैसे किसी भी सर्जक से आप ये पूछें कि आप पहले से क्या-क्या तय करके वास्तविकता का चित्रण या अनुभूतियों की अभिव्यक्ति करने चलते हैं ? यानी जैसे किसी सर्जनात्मक कृति को कुछ मुख्य सिद्धांतों में रिड्यूस नहीं किया जा सकता वैसे ही मेरी पक्की धारणा है कि किसी आलोचनात्मक कृति को भी कुछ सूत्रों में रिड्यूस नहीं किया जा सकता।

विजय मोहन सिंह : फिर आप प्रतिमान की बात क्यों करते रहे हैं ?

नामवर सिंह : मैंने तो प्रतिमान-निर्माण के सामने प्रश्न-चिह्न लगाया है। 'कविता के नये प्रतिमान' में स्पष्ट कहा गया है कि निष्कर्ष स्वरूप नये प्रतिमान एक जगह सूत्रबद्ध नहीं है क्योंकि इससे रूढ़ियाँ बनती हैं जो अनुपयोगी ही नहीं बल्कि घातक भी हैं।

विष्णु खरे : यह तो बहुत गड़बड़···

नामवर सिंह : आपको तो लीविस-वेलेक विवाद याद होगा। सन् 36 में जब डॉ. एफ. आर. लीविस की पुस्तक 'रिवैल्युऐशन' निकली तो रेने वेलेक ने उसकी प्रशंसा करने के साथ ही लीविस से यह माँग की कि वे अपने प्रतिमानों को स्पष्ट

रूप में प्रस्तुत करें। जवाब में लीविस ने 'लिटरेरी क्रिटिसिज्म एण्ड फिलासफी' शीर्षक लेख लिखा, जिसमें उन्होंने कुछ इस तरह की बात की है कि मूल्यांकन के प्रतिमानों को सूत्रबद्ध करना आलोचक का काम नहीं है, दार्शनिक का काम हो तो हो, क्योंकि आलोचना की प्रक्रिया दर्शन से भिन्न है। कविता के एक पाठक के नाते आलोचक निश्चय ही मूल्यांकन करता है किन्तु वह कहीं बाहर से मानदण्ड लाकर कृति पर न तो लागू करता है और न उसे इस तरह मापता ही है। किसी कृति के काव्यानुभव को वह यथासम्भव अधिक से अधिक आयत्त करने का प्रयत्न करता है, निश्चय ही आयत्तीकरण की इस प्रक्रिया में मूल्यांकन भी अंतर्निहित होता है। किन्तु अंतिम मूल्य निर्णय करते समय वह आलोच्य कृति को किसी सैद्धांतिक प्रणाली के अंतर्गत स्थित नहीं करता, बल्कि अन्य सजातीय कृतियों के बीच उसका स्थान निश्चित करता है। अब कोई चाहे तो मूल्यांकन की इस प्रक्रिया में से अपनी सुविधा के लिए मूल्यों की प्रणाली को खोजकर सूत्रबद्ध कर सकता है, किन्तु यह आलोचना-कर्म का अनिवार्य अंग नहीं है, बल्कि गौण पक्ष है। इसलिए किसी आलोचक से स्पष्ट प्रतिमान की माँग वही करते हैं जो आलोचना की प्रक्रिया से या तो सर्वथा अनभिज्ञ हैं या उससे बचना चाहते हैं। दरअसल यह बहुत कुछ अध्यापकीय माँग है।

इस प्रसंग में मैं राजनीति के क्षेत्र से भी एक उदाहरण देना चाहता हूँ। तीसरे दशक में बुखारिन ने मार्क्सवाद का एक मैनुअल लिखा। जानते हैं ग्राम्शी ने उस मैनुअल की आलोचना करते हुए क्या कहा ? ग्राम्शी ने यह सवाल उठाया कि जो सिद्धांत अभी विकास की प्रक्रिया में है, जो बहस-मुबाहसे के दौर से गुजर रहा है, उसका मैनुअल तैयार करना कहाँ तक संगत है ? जवाब साफ है कि वर्तमान स्थिति में मार्क्सवाद विवाद-प्रतिवाद और निरन्तर संघर्ष के रूप में ही प्रस्तुत किया जा सकता है। इस प्रसंग में ग्राम्शी ने मार्क्स की अठारहवीं ब्रूमेर, फ्रांस में गृह-युद्ध जैसी उन रचनाओं को ज्यादा मूल्यवान माना जिनमें ठोस ऐतिहासिक विश्लेषण के द्वारा मार्क्सवादी सिद्धांतों को प्रकाशित किया गया है।

ऐसी स्थिति में आज यदि मैं मार्क्सवादी आलोचना के सिद्धांतों को सूत्रबद्ध करने से इनकार कर रहा हूँ तो वह किसी प्रकार का बौद्धिक पलायन नहीं, बल्कि मार्क्सवाद और आलोचना दोनों की अंतःप्रकृति के सर्वथा अनुरूप ही है।

नेमिचन्द्र जैन : आप किस विचारधारा के आलोचक रहे हैं ?

नामवर सिंह : वह विचारधारा साहित्य में जिस रूप में लागू करता हूँ उसको आप कहें कि कुछ सूत्रों में एक, दो, तीन, चार, पँाच करके गिना दूँ रिड्यूस कर दूँ तो मैं इस रिडक्शनिज्म का विरोध करता हूँ। लेकिन इसका यह अर्थ नहीं कि मेरे सिद्धांत ही नहीं रहे।

विजय मोहन सिंह : अच्छा आप अपने सिद्धांत तो बतलाइए ?

नामवर सिंह : सिद्धांत बतलाने से क्या प्रयोजन सिद्ध होगा ? सिवा इसके कि उससे आपको हवाई सैद्धांतिक बहस में कुछ सुविधा होगी। अन्यथा किसी कृति को समझने में उससे क्या मदद मिलती है ?

उदय प्रकाश : एक प्रश्न है कि आलोचना रचना की संवेदना, अनुभूतियों, भाषा आदि का विश्लेषण करने के साथ-साथ कुछ आगे बढ़कर एक काम और करती है जिसे हम वैल्यू जजमेंट कहते हैं, मूल्यपरक निर्णय। जब हम आचार्य रामचंद्र शुक्ल के बारे में बात करते हैं तो कहते हैं कि मूलतः उनकी आलोचना लोकमंगलवादी है या आचार्य हजारीप्रसाद द्विवेदी के बारे में कहते हैं कि बुनियादी रूप से वे मानवतावादी चिंतक हैं। इसी तरह की कैटेगरीज में आपकी आलोचना के बारे में कुछ तो कहा ही जा सकता है।

नामवर सिंह : आचार्य शुक्ल जिस तरह से साहित्यिक कृतियों का मूल्यांकन विश्लेषण कर रहे थे उसी के आधार पर उनके बारे में ऐसा कहा जाता है। लेकिन स्वयं शुक्ल जी ने अपने सिद्धांत की कोई अलग से चर्चा नहीं की। उनके बारे में इन कैटेगरीज का इस्तेमाल हम कर रहे हैं, शुक्ल जी नहीं। इसी तरह मेरी आलोचना के बारे में किसी समग्र कैटेगरीज की बात कोई और चाहे कर सकता है, मुझे अलग से उसे कुछ सूत्रों या सूक्तियों के भीतर समेटना गलत लगता है।

विजय मोहन सिंह : आप बताइए कि वो कौन से 'टूल्स' हैं, या वह 'मेथडॉलॉजी' कौन-सी है जिसके आधार पर आप निर्मल वर्मा की कहानी 'परिंदे' की भी प्रशंसा करते हैं और दूसरी ओर अमरकांत की 'हत्यारे' की भी। शिवप्रसाद सिंह की 'कर्मनाशा की हार' की भी प्रशंसा करते हैं ?

नामवर सिंह : 'कर्मनाशा की हार' की प्रशंसा मैंने नहीं की है। हाँ, 'हत्यारे' की और निर्मल वर्मा की 'परिंदे' की तारीफ मैंने जरूर की है।

विजय मोहन सिंह : कविताओं के बारे में भी यही बात है।

नेमिचन्द्र जैन : नामवर जी ने पहले क्या-क्या लिखा है—इसके बजाय यदि हम सामयिक रचनाओं के बारे में, आज की हालत के बारे में बात करें, तो ज्यादा सार्थक होगा। बार-बार निर्मल वर्मा के 'परिंदे' और 'लंदन की एक रात' के बारे में बात···

नामवर सिंह : बात होने दीजिए, अगर सरलीकरण ही चाहते हैं ये लोग, संक्षेप में ही सुनने की आकांक्षा है तो सुन लीजिए कि रचना को जाँचने का काम मैं सौन्दर्यशास्त्र की दृष्टि से करता हूँ।

विष्णु खरे : यानी ऐस्थेटिक प्वाइंट ऑव् व्यू से। कला की शर्तों पर···

नामवर सिंह : हाँ, और एक बात यह भी स्पष्ट हो जानी चाहिए कि कला की शर्तें जीवन की शर्तों के अतिरिक्त भी होती हैं। मसलन जैसे भीष्म साहनी का नया नाटक है कबीर पर, अब उसमें जीवन-दृष्टि ठीक है, मूल्य ठीक हैं, विचार

ठीक हैं, इसके बावजूद अगर नाटक के रूप में 'कबीर' कमजोर है तो इसका कारण क्या हो सकता है ? यही न कि कला की दृष्टि से उसमें कोई खामी है। नाटक के अपने कुछ नियम हैं कि नहीं ? यानी 'कबीर' में जो विचार हैं, जो दृष्टि है, वह नाटक के रूप में ठीक से व्यक्त नहीं हो पाये, नाटक के समूचे स्ट्रक्चर में वे घुल-मिल नहीं पाये।

नेमिचन्द्र जैन : क्या आप यह मान रहे हैं कि नाटक में बुराई या किसी भी रचना में बुराई विचारों के अच्छा होने के बावजूद भी हो सकती है ? जिसे आप कहते हैं कि एक स्तर और है जो रचना का महत्त्वपूर्ण हिस्सा है।

नामवर सिंह : वे विचार, जिनकी घोषणा लेखक करता है नाटक में, और वे विचार अच्छे हैं, सही हैं··· तो प्रश्न यह है कि उस नाटक की रचना-प्रक्रिया, जिसके दौरान वह पूरा किया गया है, उसमें वे विचार कितनी गहराई तक सम्मिलित हुए हैं। उन विचारों को लेखक ने अपने अनुभव-जगत् का, अनुभूति का, अपनी संवेदना का हिस्सा बनाया है या नहीं।

विष्णु खरे : ऐसा माना जाता है कि किसी भी व्यक्त रचना में दो पक्ष होते हैं, कला-पक्ष और भाव-पक्ष। आप बताएँ कि कौन प्रधान होता है ? अच्छा कण्टेण्ट ही अपना फॉर्म निर्धरित करता है या अच्छा फॉर्म ही अच्छे फॉर्म में व्यक्त होता है ? भीष्म साहनी के नाटक के बारे में आपका कहना है कि उसमें विचार तो उत्तम हैं, आइडियालॉजी ठीक है लेकिन नाटक खराब है। इसका अर्थ यह हुआ कि भीष्म साहनी इनकम्पीटेण्ट हैं, एक लेखक के रूप में।

नामवर सिंह : भीष्म साहनी नाटककार के रूप में अयोग्य तो नहीं हैं। इसका प्रमाण है उनका उत्कृष्ट नाटक 'हानुश'। अंतर्वस्तु और रूप की जिस एकता की बात आप करते हैं, वैसी बात रोमेण्टिसिस्ट भी किया करते थे। दूसरी बात आपने कही कि अंतर्वस्तु ही बिना किसी निश्चित प्रक्रिया से गुजरे अपना रूप धारण कर लेती है, यह बात मेरी समझ में सही मार्क्सवादी दृष्टि नहीं है। रोमेण्टिसिस्ट ने जिस अंतर्वस्तु और रूप की एकता की बात की है वह अन-डाइलेक्टिकल है। वस्तु और रूप दोनों होते हैं और दोनों में द्वंद्वपूर्ण तनाव होता है। कभी-कभी यह अंतर्विरोधी लगता है, कभी-कभी नहीं।

विजय मोहन सिंह : यह बात मार्क्सवादी है या नयी समीक्षावादी ? वे भी टेंशन की बात कहते हैं, टैक्सचर और स्ट्रक्चर के बीच।

नामवर सिंह : टैक्सचर और स्ट्रक्चर दोनों फॉर्म ही हैं जिनके बीच नये समीक्षावादी तनाव की बात करते हैं। मैं रूप और अंतर्वस्तु के बीच के सम्बन्धों की बात कर रहा हूँ। भारतीय काव्य-शास्त्र में इसी तरह शब्द और अर्थ के सम्बन्ध को नित्य माना गया है और नित्य सम्बन्ध हमेशा अनडाइलेक्टिकल ही होगा।

विजय मोहन सिंह : रैन्सम ने भी तनाव का इस्तेमाल किया है।

नामवर सिंह : रैन्सम का तनाव बिल्कुल भिन्न है। वह फॉर्म और कण्टेण्ट के बीच द्वंद्वपूर्ण तनाव की बात नहीं करता। आप लोग पहले अपने भ्रम दूर कर लें फिर बातें की जाएँ तो ज्यादा अच्छा होगा। दूसरी बात कि स्ट्रक्चर और टैक्स्चर के बीच तनाव की बात रैन्सम ने नहीं एलन टेट ने की है। जहाँ तक मैं जानता हूँ न्यू क्रिटिक रूप और वस्तु के डाइलेक्टिकल सम्बन्धों की बात नहीं करते। ये दोनों समीक्षक भी नहीं करते। जब मैं कला के कुछ अतिरिक्त नियमों की बात करता हूँ तो वह भी गैर-मार्क्सवादी बात नहीं है। विचारधारा के हर रूप और क्षेत्र के कुछ अपने विशेष नियम होते हैं। यदि आप किसी बहुत अच्छे मार्क्सवादी रचनाकार को राजनीतिक गतिविधियों में डाल दें तो क्या होगा ? या किसी सही मार्क्सवादी राजनीतिज्ञ से क्या एक अच्छे चित्र या एक अच्छी कविता की आशा की जा सकती है ? लेनिन जो काम कर सकते थे वह गोर्की नहीं कर सकते थे फिर भी गोर्की, गोर्की थे, उनका अपना स्थान है। सामाजिक चेतना के विविध रूपों के अपने कुछ विशेष नियम होते हैं इसीलिए रचना के क्षेत्र में क्रैफ्टमैनशिप जरूरी है, रचना के अपने नियमों की जानकारी और उनकी दक्षता जरूरी है। वस्तु और रूप की एकता के बावजूद ये विशिष्ट नियम लुप्त नहीं हो जाते।

विजय मोहन सिंह : कबीर नाटक के बारे में आपने कहा कि जीवन-दृष्टि और विचार उसमें श्रेष्ठ हैं फिर भी नाटक कमजोर है। अगर उस नाटक में विचार खराब होते लेकिन नाटक अच्छा होता तो आप क्या निर्णय लेते ?

नामवर सिंह : आलोचना का दायित्व यह देखना भी होता है कि कोई कलाकृति जिन विचारों को व्यक्त करने की घोषणा करती है कहीं अपनी सम्पूर्णता में वह स्वयं उसका विरोध तो नहीं कर रही है। यदि सैक्युलरिज्म को लेकर लिखे गये नाटक को देखकर दर्शक को सैक्युलरिज्म से ही चिढ़ हो जाये तो कोई-न-कोई कमी नाटक में ही है। इसका मतलब यह है कि एक कलाकृति के रूप में नाटक ने स्वयं घोषित विचारों के साथ दगा किया है।

उदय प्रकाश : इस बातचीत से एक बात यह लगती है कि हम अंतर्वस्तु को सिर्फ विचार तक सीमित कर रहे हैं। अंतर्वस्तु ज्यादा व्यापक 'टर्म' है। नाटक में नाटक की पूरी बनावट, उसकी संरचना, घटनाएँ, पात्रों के आपसी रिश्ते, उनका चरित्र आदि बहुत-सी चीजें अंतर्वस्तु के ही अंतर्गत आती हैं। केवल विचार ही नहीं।

नामवर सिंह : यह बिल्कुल ठीक है कि अंतर्वस्तु सिर्फ विचार ही नहीं है। कभी-कभी सुविधा के लिए अंतर्वस्तु को सिर्फ विचार तक 'रिड्यूस' कर दिया जाता है। वस्तु और रूप की एकता तो एक आदर्श है। व्यावहारिक रूप में बड़ी-से-बड़ी रचनाओं में भी ऐसी एकता नहीं मिलती। तोल्सतोय के 'वार एण्ड पीस' में भी यह अंतर्विरोध है। अन्ना कारेनीना में भी फाँक है। महान् से महान् रचनाओं में

भी वस्तु और रूप की वैसी एकता की अवधारणा जो आपके दिमाग में है, वह नहीं होती। शेक्सपियर के बारे में ही यह माना गया है कि उसमें रूप और वस्तु की एकता ज्यादा है। यह कोई कसौटी भी नहीं है कि रूप और वस्तु में एकता होते ही रचना श्रेष्ठ हो जाती है। मलार्मे में आपको कभी-कभी लगेगा कि रूप और वस्तु में कोई डाइकोटॉमी नहीं है।

विजय मोहन सिंह : मलार्मे में तो फॉर्म ही फॉर्म है। कण्टेण्ट तो है ही नहीं।

नामवर सिंह : ऐसा कभी नहीं होता। हर रूप का कोई-न-कोई कण्टेण्ट जरूर होता है। यह कहना कि मलार्मे की कविताओं में कोई कण्टेण्ट ही नहीं है, गलत बात होगी। अगर मलार्मे की कविताएँ आपकी संवेदना को, आपके ऐन्द्रिय तंत्र को प्रभावित करती हैं तो यह केवल फॉर्म का ही प्रभाव नहीं है। फॉर्म और कण्टेण्ट दोनों अलग होकर अस्तित्व में रह ही नहीं सकते।

आप मेरे आलोचनात्मक लेखों को ध्यान से देखें तो पाएँगे कि मैंने रचना के विश्लेषण के दौरान रूप के स्तर पर जहाँ उसमें मौजूद अंतर्विरोधों और दुर्बलताओं की ओर संकेत किया है वहीं उस रचना के समूचे नैतिक स्खलन की बात भी की है। यह नैतिक स्खलन रचना की जीवन-दृष्टि और विचारधारा से भी सम्बन्धित है। निर्गुण या ऊषा प्रियम्वदा की कहानियों के मेरे विश्लेषण की यही पद्धति है। अज्ञेय की कविता 'असाध्य वीणा' का जो विश्लेषण मैंने 'कविता के नये प्रतिमान' में किया है वह भी इसी पद्धति पर है। रूप-विश्लेषण से अंतर्वस्तु के विश्लेषण की ओर और अंत में समग्रतः मूल्य निर्णय।

सिद्धांतों की दुहाई

नेमिचन्द्र जैन : **अपने आलोचनात्मक लेखन में जिस तरह से आपने अपनी आलोचना-दृष्टि रखी है उस पर या अपने समकालीन आलोचकों के बारे में या फिर परवर्ती मार्क्सवादी आलोचना के बारे में आपकी क्या राय है ? क्योंकि वहाँ मान्यताओं की घोषणा, उनकी परिभाषा पहले हुई है और रचना से उन्हीं मूल्यों के आग्रह पर जोर देकर उसका मूल्यांकन किया गया है। क्या एक पद्धति के रूप में मार्क्सवादी आलोचना की भी कोई सीमा है या आपकी यह निजी धारणा है कि पद्धति के रूप में मार्क्सवादी आलोचना चल सकती है ? इस मार्क्सवादी दृष्टि की आलोचना से क्या परिणाम पैदा हो रहे हैं ? साहित्य की पूरी समझ में उसका क्या असर पड़ रहा है ?**

नामवर सिंह : इस संदर्भ में मैंने लिखा है और पहले कह भी चुका हूँ कि आलोचना में अपने विचारों या सिद्धान्तों की बार-बार दुहाई जरूरी नहीं है।

नेमिचन्द्र जैन : बार-बार की बात छोड़िए। आप तो सिद्धान्त ही बना रहे हैं कि विचारों और सिद्धान्तों की घोषणा ही नहीं करनी चाहिए।

नामवर सिंह : आलोचना की वह पद्धति जिसमें बार-बार सिद्धान्तों की दुहाई हो, रचना के मूल्यांकन, विश्लेषण से असम्बद्ध और अलग उनका उल्लेख हो, मुझे गलत लगती है। कुछ मार्क्सवादी आलोचक किसी कृति का मूल्यांकन करते समय पहले मार्क्स, एंगिल्स, लेनिन या माओ के प्रमाण पर सामान्य सिद्धान्त कथन करते हैं फिर उस कृति की जाँच करते हैं। यह प्रणाली पुरानी शास्त्रीय आलोचना से भिन्न नहीं है कोई भी बाबा वाक्य प्रमाण विश्लेषण की अक्षमता का पूरक नहीं हो सकता। मार्क्स या लेनिन का प्रमाण किसी आलोचना के प्रामाणिक होने की गारंटी नहीं है। उसी तरह जैसे किसी कविता में समाजवादी आस्था की घोषणा उस कविता के अच्छे होने की शर्त नहीं है।

नेमिचन्द्र जैन : आपकी दृष्टि से मार्क्सवादी सौन्दर्यशास्त्र के साथ राजनीतिक बहस की क्या सम्भावना है ? मार्क्सवादी सौन्दर्यशास्त्र की जो सैद्धान्तिक मान्यताएँ हैं, अलग से उनका विश्लेषण, उनका विवेचन करना या उन पर बातचीत करना जरूरी है ?

नामवर सिंह : जरूरी है।

नेमिचन्द्र जैन : आप कहते हैं कि अलग से सैद्धान्तिक बातें नहीं होनी चाहिए।

नामवर सिंह : मार्क्सवादी सौन्दर्यशास्त्र पर या मार्क्सवादी साहित्य पर कोई अलग से विचार करना चाहे, कुछ पूछना चाहे तो उस पर बातचीत होनी चाहिए। मैं सिद्धान्तों को एकदम खारिज नहीं कर रह रहा हूँ लेकिन सामान्य सिद्धान्त निरूपण करते हुए किसी कृति के मूल्यांकन में प्रवृत्त होना अवांछनीय मानता हूँ। जो रचना पर आरोपित हो, उस सामान्य सिद्धान्त का मैं विरोध करता हूँ। ऐसे आलोचनात्मक लेखों में जहाँ सामान्य सिद्धान्त कथन की बहुतायत होती है उनमें आपको प्रायः मौलिकता का भी अभाव मिलेगा।

नेमिचन्द्र जैन : यदि हिन्दी की मार्क्सवादी आलोचना में इस कमजोरी को आप मानते हैं तो आपने स्वयं मार्क्सवादी सौन्दर्यशास्त्र पर गम्भीरता से लिखने की कोशिश क्यों नहीं की ?

नामवर सिंह : लिखने का संकल्प मैंने किया है और लिखूँगा भी लेकिन जब सिद्धान्त ऐसे 'डेड एण्ड' पर पहुँच जाएँ कि पहले की ही कही हुई बातों का पिष्ट पेषण ही करणीय रह जाय तो उस सिद्धान्त का विकास तभी सम्भव होता है जब सर्जनात्मक साहित्य की आलोचना में से कोई पद्धति या कोई मूल्य विकसित हो। राजनीति में भी यही होता है। हिन्दी के मार्क्सवादी सौन्दर्यशास्त्र का विकास अगर हो सकता है, और उसकी पूरी सम्भावना है, तो उसका यही तरीका है कि शुरुआत सर्जनात्मक साहित्य की दिशा से की जाय।

नेमिचन्द्र जैन : हम अभी आपसे पूछ रहे थे कि कभी अपने सिद्धान्तों को 'आर्टिकुलेट' करने की जरूरत आपको महसूस हुई है ? हुई है तो उनको आप

या तो लिख नहीं रहे हैं या उन्हें आर्टिकुलेट ही नहीं करना चाहते या कोई और कारण है ? फिलहाल स्थिति यह है कि मार्क्सवादी आलोचना के सिद्धान्तों के सम्बन्ध में आपकी जो कुछ भी सम्भावनाएँ हैं वे सब आपकी लिखी हुई रचनाओं में ही हैं।

नामवर सिंह : यह सही है और इसके लिए कोई बड़ा-सा नाम लेकर इसकी आड़ में मैं अपने कार्य का औचित्य तो प्रमाणित नहीं करना चाहता, लेकिन यदि आप देखें तो मार्क्सवादी सौन्दर्यशास्त्र का निर्माण भी व्यावहारिक आलोचना के माध्यम से ही हुआ है। जैसे–लुकाच की 'स्टडीज इन यूरोपियन रियलिज्म' इस पुस्तक का मार्क्सवादी सौन्दर्यशास्त्र के विकास में अपना महत्त्व है। लेकिन यह नितांत व्यावहारिक आलोचना है जिसमें तोल्सतोय के उपन्यास को विशेष रूप से केन्द्र में रखकर यानी व्यावहारिक आलोचना करते हुए यथार्थवाद के एक निश्चित सिद्धान्त की स्थापना करने की कोशिश की गयी है। लुकाच का विकास भी क्रमशः व्यावहारिक आलोचनाएँ करते हुए अंत में मार्क्सवादी सौन्दर्यशास्त्र के निर्माण की दिशा में हुआ। मैं उन्हीं का अनुसरण कर रहा हूँ। मुझे यही रास्ता सही लगता है।

(पूर्वग्रह, मई-अगस्त, 1981)

4

जो है, उससे बेहतर चाहिए

अशोक वाजपेयी के साथ बातचीत

अशोक वाजपेयी : नामवर जी, आप लगभग पिछले पैंतीस वर्षों से आलोचना में सक्रिय रहे हैं, अपनी विकास कथा को आप किस दृष्टि से देखते हैं ?

नामवर सिंह : सिंहावलोकन की घड़ियाँ तो अभी नहीं आयी हैं, फिर भी पीछे मुड़कर देखता हूँ तो मुक्तिबोध की वह पंक्ति इस समय अचानक याद आ रही है–'अब तक क्या किया, जीवन क्या जिया, लिया बहुत-बहुत ज्यादा, दिया बहुत-बहुत कम'। आप जैसे मित्रों की तो शिकायत भी रही है कि मैंने बहुत कम लिखा है–यानी जितना लिखना चाहिए था, जितनी अपेक्षा थी, उससे। इस क्रम में मैं देखता हूँ तो कायदे से आलोचक बनने का और आलोचना लिखने का कोई इरादा मेरा था नहीं, आप ही की तरह मैंने भी कविता से जीवन शुरू किया था। फिर एक ऐसा क्षण आया जब लगा कि ज्यादा सार्थक, बल्कि कहना चाहिए जरूरी, आलोचना कर्म है और इस सिलसिले में, पंडित किशोरीदास वाजपेयी की लिखी हुई चार पंक्तियाँ, जो उन्होंने अपने बारे में कही थीं, मुझे अपने लिए भी ज्यादा सार्थक लगीं, "सोचा मैंने उषःकाल में माँ के भजन सजाऊँ/ अभिनव अर्थ उपार्जित करके अपनी भेंट चढ़ाऊँ। किन्तु भक्त पद प्रक्षेपों से धूल यहाँ भर आयी / रहा बुहार उसी को तबसे यों सब उम्र गँवाई।" मैं भी सोचता था कि कविता के द्वारा सरस्वती की आराधना करूँगा लेकिन देखा कि भक्तों के कारण साहित्य का मन्दिर उनके पैरों की धूल से भर गया है और उसकी सफाई ज्यादा जरूरी है, पूजा से पहले ! और झाड़ू उठा लिया, सफाई करने लगा, पैंतीस वर्षों से मैं केवल सफाई कर रहा हूँ। आगे चलकर मुक्तिबोध के शब्दों में अपने इस कर्म को गौरव भी देने की कोशिश की है 'जो है, उससे बेहतर चाहिए, सारी दुनिया को साफ करने के लिए मेहतर चाहिए'। मेहतर होना कोई बुरी बात नहीं है, इसीलिए कविता छोड़कर आलोचना का कर्म, जो बहुत कुछ सफाई जैसा ही है, करने की कोशिश करता रहा। उसकी क्या सार्थकता है, इसको जाँचने का काम तो स्वयं मेरा अपना

नहीं है लेकिन उसके कुछ सोपान, कुछ घड़ियों को याद कर सकता हूँ।

आपको शायद मुझसे ज्यादा याद हो, तो आप उनकी याद तो दिला ही सकते हैं।

अशोक वाजपेयी : इसके पहले कि आप वे मंजिलें याद करें, यह बताएँ कि कविता छोड़कर साहित्य में सफाई करने के इस निर्णय को लेकर फिर कभी पछतावा तो नहीं हुआ ?

नामवर सिंह : नहीं, अभी तक कोई पछतावा नहीं हुआ, लेकिन आगे का कहा नहीं जा सकता। कविता कुछ मलेरिया बुखार के समान है कि बहुत दिनों तक लगे कि दब गया है लेकिन कब ढलती उमर में वह उभर आये, कहा नहीं जा सकता। कभी सोचा था किसी ने कि टॉमस हार्डी उपन्यासों में जिन्दगी गुजारने के बाद अन्तिम दिनों में कविता लिखने लगेंगे !

अशोक वाजपेयी : जब पचास-इक्यावन के आसपास आपने आलोचना लिखना शुरू की तो यह वही, 'दूसरा सप्तक' का, कविता के नये उन्मेष का काल है। आजादी भी अभी हाल में मिली थी··· तो इन सबके सन्दर्भ में तब आपको 'सफाई' करने के लिए ऐसी कौन-सी बातें लग रही थीं, परिवेश में ऐसी कौन-सी चुनौतियाँ थीं जिनसे जूझने की प्रेरणा···

नामवर सिंह : आपने अच्छी याद दिलायी। मैंने 'दूसरा सप्तक' प्रकाशित होते ही 'हंस' में उन्हीं दिनों 'दूसरा सप्तक' पर समीक्षा लिखी थी। यह अगर मेरी पहली समीक्षा नहीं तो पहली दो-तीन समीक्षाओं में से एक थी। 'दूसरा सप्तक' के साथ कुछ ऐसी प्रवृत्तियाँ थीं जो नयी कविता के बीच उभर रही थीं, उनमें स्वागत योग्य कई चीजें थीं। स्वाधीनता के बाद नया परिवर्तन आया था। लेकिन मुझे बार-बार यह लगता था कि जो नये जीवन की व्यापक और बड़ी चुनौतियाँ हैं उन सच्चाइयों को एक नये किस्म का नवरोमानवादी रुझान रोक रहा है। निराला, कविता को बहुजीवन की छवि कहा करते थे और मैं देख रहा था कि बहुजीवन की वह छवि कविता में पूरी तरह नहीं आ रही है। और मुझे लगा कि कुछ ऐसी बाधक प्रवृत्तियाँ हैं जो कवि को रोक रही हैं। नयी कविता का जो सीमित अन्तर्मुखी व्यक्तिवादी रुझान था, तत्काल तो कदाचित् उसकी ओर एक आलोचनात्मक रुख रखने का प्रश्न था लेकिन एक दूसरा पहलू था और वह मुझे ज्यादा जरूरी लगा। लोग जानते हैं कि मैं प्रगतिशील आंदोलन के दौरान और प्रगतिशील साहित्य के अंतर्गत अपना आलोचना कर्म कर रहा था और इस नाते तत्काल मेरे लिए जो दूसरा बड़ा संघर्ष था, जो आज भी खत्म नहीं हुआ है, वह प्रगतिशील आलोचना की सच्ची प्रगति के बारे में। इस आलोचना में नये साहित्य के साहित्य धर्म की उपेक्षा करते हुए उसके समाजशास्त्रीय पक्ष पर अत्यधिक बल देने का प्रयास हो रहा था। मुझे लग रहा था कि यह प्रगतिशील आलोचना नहीं

है और मार्क्सवादी आलोचना भी नहीं है। यह मेरी कोशिश थी कि साहित्य को साहित्य के रूप में देखा जाय और मेरी यह तब भी मान्यता थी अब भी मान्यता है कि साहित्य को साहित्य की तरह देखने का मतलब शुद्ध साहित्यिक मूल्यों की हिमायत नहीं है बल्कि साहित्य को साहित्य की तरह देखकर, उसका मूल्यांकन करके ही हम जीवन के प्रति साहित्य के उत्तरदायित्व को अधिक महत्त्वपूर्ण ढंग से विकसित कर सकते हैं।

अशोक वाजपेयी : अभी आपने कहा कि साहित्य को साहित्य के रूप में न देखकर एक समाजशास्त्रीय दस्तावेज के रूप में देखने के विरुद्ध वह जो संघर्ष शुरू हुआ था, वह अभी भी खत्म नहीं हुआ है। इसको थोड़ा और साफ करें कि कैसे यह संघर्ष अभी भी है। एक दूसरा सवाल यह भी, कि व्यापक जीवन, समग्र जीवन से जूझने की कोशिश साहित्य के परे है, ऐसा आपने कहा यह आपकी दृष्टि का एक बुनियादी सरोकार रहा है। तो अगर पिछले तीस-पैंतीस वर्षों के अपने आलोचना-कर्म के संदर्भ में आप साहित्य के विकास को देखें, तो आपको क्या लगता है कि पचास में जो स्थिति थी, उससे तीस बरस बाद, आज हम यह कह सकते हैं कि अधिक व्यापक, अधिक समग्र, पूर्णतर जीवन वाला साहित्य अन्ततः विकसित हो पाया है ?

नामवर सिंह : अशोक जी, साहित्य के विकास के बारे में तो चर्चा करेंगे ही और थोड़ा समय भी उसमें लगेगा लेकिन सन् पचास में जो स्थिति थी उस समय के दृष्टिकोण को लेकर मुझे याद आता है कि मेरी पहली महत्त्वपूर्ण पुस्तक 'छायावाद' थी। छायावादी कविता पर लिखना मैंने इसलिए जरूरी समझा कि हिन्दी के रोमेण्टिक कविता को आमतौर से उस समय के स्वाधीनता आंदोलन से अलग समझा जाता था। लोगों का ख्याल यह था कि यह कविता तो क्षितिज के पार देखने वाली है। मेरी कोशिश थी कि यह कविता जिसका सीधा संबंध समाज और जीवन से दिखायी नहीं पड़ता, कहीं ज्यादा गहराई से उस युग के मनुष्य की चिन्ताओं को और युगचेतना को व्यक्त करती है और यदि छायावादी कविता के द्वारा यह चीज दिखाई जा सके तो प्रकारान्तर से कहीं-न-कहीं उस मान्यता को पुष्ट करेगी जहाँ साहित्य को साहित्य की तरह देखते हुए, हम उसमें निहित सामाजिक छवियों और छायाओं को व्यक्त कर सकेंगे। वो पहला प्रयत्न मैंने इस तरह का किया। आलोचना आमतौर से बहुत शास्त्रीय हो जाती है, अपठनीय होती है तो--इस पुस्तक को उस अकादमिक शास्त्रीयता से उबारकर, कुछ ऐसा स्वरूप देने का प्रयास मैंने किया जिसे आगे चलकर लोग 'सर्जनात्मक आलोचना' कहने लगे। पुस्तक के अध्यायों के शीर्षकों से पता चलेगा कि मैंने अपनी धारणाएँ और मान्यताएँ कविता से ही लीं। मैंने आरोपित करने की कोशिश नहीं की, बल्कि उसका पहला अध्याय 'प्रथम रश्मि' नाम से था। 'एक कर दे धरती आकाश' निराला की कविता ही थी। उस

दौर में इसकी ज्यादा जरूरत थी लेकिन, आप जानते हैं, आलोचना में क्रिया प्रतिक्रियाओं का एक झूला या हिंडोला जैसा हुआ करता है, पैण्डुलम जैसी स्थिति होती है। हम अक्सर एक अस्वस्थ प्रवृत्ति का विरोध करते हुए आमतौर से संतुलन स्थापित नहीं करते बल्कि दूसरे छोर पर चले जाते हैं। उस दौर में, पता नहीं आप स्वीकार करेंगे या नहीं लेकिन, जल्द ही नयी कविता का बोलबाला हुआ। उसके कारण एक नया सौन्दर्यशास्त्र बना जिसमें अपेक्षाकृत 'शुद्ध कविता' के मूल्यों की स्थापना का प्रयत्न, नयी कविता के कुछ लोगों ने करने की कोशिश की और आलोचना ने आमतौर से उन सामाजिक सरोकारों को या तो प्रगतिवादियों के हवाले कर दिया या उनका निषेध किया। इसीलिए लगभग सत्तावन-उनसठ के आस-पास, आप देखेंगे कि, आलोचना में 'कलावादी' या 'रूपवादी' रुझान अंशतः प्रकट हुआ जिसकी अभिव्यक्ति आपको अज्ञेय की 'तीसरा सप्तक' की भूमिका में मिलेगी। तो दूसरे छोर पर हम पहुँचे उसके बाद वाले दशक में। यह अति प्रगतिवादियों का दशक था, गर्जन-तर्जन वाला, जिसमें तब देश में चल रहे अतिवादी वामपंथी आंदोलन के उभार की छाया थी। आप देखेंगे कि नयी कविता की प्रतिक्रिया में अतिशय सामाजिकता और सतही सामाजिकता पर ज्यादा बल दिया गया है। वह दूसरा छोर था जिसका मुझे प्रतिकार करना पड़ा। लोग समझते हैं कि मैंने 'कलावाद' का ज्यादा विरोध किया है, सच्चाई यह है कि मैंने सतही सामाजिकता का भी उतना ही विरोध किया है। उन्नीस सौ अड़सठ में मैंने 'कविता के नये प्रतिमान' नाम की पुस्तक लिखी जिसके कारण मुझे 'रूपवादी' कहा गया। यह छायावाद की आलोचना दृष्टि का अगला कदम था। फिर सातवें दशक में नक्सली आंदोलन के प्रभाव के कारण कविता में और साहित्य में जो सतही और स्थूल समाज-शास्त्रीयता का असर बढ़ा जो आलोचना में पत्रकारिता की हद तक चला गया, मैंने देखा कि उसकी प्रतिक्रिया में एक सौन्दर्यवादी रुझान अधिक बढ़ रहा है (जो बाद के कुछ लेखकों में दिखाई पड़ता है) और इस नाते, इस दौर में पुनः मुझे सामाजिकता की ओर ध्यान आकृष्ट करना पड़ा, जिसमें आपके साथ भी मेरी नोंकझोंक हुई है। तो लगभग इन पैंतीस वर्षों में, बल्कि हिन्दी में ही नहीं दूसरी भाषाओं में भी, आमतौर से आलोचना एक क्रिया की प्रतिक्रिया में दूसरे छोर पर जाती रही है और जरूरत पड़ी कि कुछ लोग ऐसे हों जो आलोचना को अतिवादिता से खींचकर, संतुलन के मार्ग पर ले आ सकें।

अशोक वाजपेयी : अभी आपने कहा कि आलोचना अक्सर क्रिया-प्रतिक्रिया से चलती है। आपके बारे में कहा जाता है कि आप इस मानी में 'प्रतिक्रियावादी' आलोचक हैं कि आप दूसरों के कहे और सोचे पर प्रतिक्रिया करके अपनी बात या तो खोजते हैं या आगे बढ़ाते हैं।

नामवर सिंह : बात दिलचस्प है और सही भी। मैं इस पर बहुत सचेत

नहीं रहा हूँ लेकिन अब आप कह रहे हैं तो इसके बौद्धिक स्थापन के बारे में कह सकता हूँ कि मैंने गलत काम नहीं किया। एक तो आलोचना में 'सिस्टम बिल्डिंग', सिद्धांत का निर्माण करने वाले कुछ ही लोग होते हैं और मेरा ख्याल है कि ऐसे, शास्त्रीय सिद्धान्तवादी आलोचक, जो मानदण्डों की खोज में बराबर घूमा करते हैं, विरह-व्याकुल रहते हैं और मानदण्डों का निर्माण करते हैं, वे आमतौर से बहुत अच्छे और सफल आलोचक नहीं होते। अंग्रेजी से अगर मैं उदाहरण दूँ तो आप आई. ए. रिचर्ड्स और एफ. आर लीविस को देखें। रिचर्ड्स 'प्रिंसॅपॅल ऑफ लिट्रेरी क्रिटिसिज्म' की बात करते रहे। लीविस ने कभी कोई प्रिंसॅपॅल नहीं बनाया और तब भी और आज भी हम देख सकते हैं कि यही नहीं कि लीविस अच्छे आलोचक हैं, बल्कि उनको 'दि क्रिटिक' कहा जा सकता है। इसलिए सिद्धान्त निर्माण की जगह अगर आप दूसरा रास्ता चुनें, एक मूल्यांकन पर प्रतिक्रिया करें, उससे बहस चलायें तो, जैसा कि हमारे यहाँ कहा गया, 'वादे-वादे जायते तत्त्वबोधः' की स्थिति बनेगी। तत्त्व का बोध हो या न हो विचार का विकास तो वाद-विवाद और संवाद के द्वारा ही होता है। हमारी परम्परा यही रही है। अभिनवगुप्त को आप क्या कहेंगे, उन्होंने तो अपनी कोई किताब ही नहीं लिखी, दो टीकाएँ लिखीं, एक भरत के नाट्यशास्त्र पर अभिनवभारती और दूसरी ध्वन्यालोक पर ध्वन्यालोकलोचन। इन टीकाओं के द्वारा ही अपनी बात उन्होंने कही। हमारे यहाँ की परम्परा रही है कि ऐसी टिप्पणियों के द्वारा, टीकाओं के द्वारा, भाष्य के द्वारा, अन्तर्भाष्य के द्वारा, किसी मूल ग्रन्थ को या किसी स्थापना को लोग आयत्त कर लेते थे या 'एप्रोप्रिएट' कर लेते थे। मैंने आयत्त करने की कोशिश की या नहीं, यह तो मैं नहीं जानता, लेकिन आमतौर से मुझे यही लगा कि विवादों के माध्यम से सिद्धान्त का विकास तो हो ही सकता है, इनके माध्यम से ठोस साहित्यिक कृतियों के मूल्यांकन की दिशा में भी हम अपने पाठकों की समझ ज्यादा बढ़ा सकते हैं, विकसित कर सकते हैं।

अशोक वाजपेयी : आमतौर पर ऐसा कहा जा रहा है कि आज से बीस-पच्चीस बरस पहले हिन्दी में जो बहस होती थी, विवाद होते थे, आलोचनात्मक चिन्तन का जो सामान्य स्तर था वह अधिक गहरा, अधिक गंभीर, अधिक उत्तरदायी था और आज जो बहस का स्तर है, जो आलोचनात्मक चिन्तन का स्तर है वह कुछ ज्यादा सतही, कुछ ज्यादा व्यक्तिगत, रागद्वेष से प्रेरित, कुछ ज्यादा गलत अर्थ में महत्त्वाकांक्षी है। चूँकि आपने शुरुआत वहाँ से की और आप पहुँच यहाँ रहे हैं, इस बारे में आप क्या कहना चाहेंगे ?

नामवर सिंह : इसका प्रमाण तो यह हो सकता है कि इधर जरा बहस में मैं कम ही उलझ रहा हूँ। लगता है कि बहस का कोई आधार नहीं है क्योंकि जब तक कोई 'सामान्य भूमि' न हो तब तक बहस बनती नहीं। छठे दशक में,

पचास-साठ के बीच, प्रगतिशील-गैरप्रगतिशील मोटे तौर से दो खेमे थे। लेकिन ये ठीक-ठीक उस विवाद को परिभाषित करते नहीं हैं, इतना साफ-सुथरा, बँटा हुआ, स्याह सफेद नहीं था। अपनी-अपनी मान्यताओं के प्रति एक आस्था थी, दृढ़ता थी, आज की शब्दावली में प्रतिबद्धता थी और साहित्य के प्रति गंभीर सरोकार था। वहाँ अपना 'अहम्' प्रमाण नहीं था, बल्कि अपना 'विचार' महत्त्वपूर्ण लगता था। तो आपका यह कहना सही है कि उस दौर में बहस ने अधिक सैद्धान्तिक रूप लिया। 'आलोचना' के पृष्ठों में इसकी अभिव्यक्ति हुई थी। कभी-कभी पिछले दिनों को याद करता हूँ तो लगता है कि शायद मेरे लेखन का जो भी महत्त्वपूर्ण है वह इन विवादों के बीच निर्मित हुआ। मेरे स्व. मित्र विजयदेवनारायण साही से मेरी जो बहसें हुई हैं, हम उनके प्रति आभार भी व्यक्त करते हैं क्योंकि उनसे हमारे विचारों का विकास हुआ और मेरा ख्याल है कि उन्होंने भी इस बहस में काफी सीखा होगा, उनके अन्दर भी एक ऊर्जा आयी होगी। उसके बाद ठीक-ठीक वह प्रतिबद्धता दिखाई नहीं पड़ी। मुझे लगता है कि जब आत्मविश्वास की कमी होती है तभी सैद्धान्तिक बहस नहीं हो पाती, फिर व्यक्तिगत राग-द्वेष उसकी जगह ले लेते हैं। साहित्य की जमीन ही इतनी छोटी होती है कि इसमें आप लड़कर कौन-सी बहुत बड़ी जायदाद हासिल करने वाले हैं ! इसमें खोने के लिए अपने अज्ञान के सिवा और कुछ भी नहीं है। इसलिए उन दिनों हम लोग जब बहस करते थे तो यह मानकर करते थे कि इस बहस में हमें खोना कुछ नहीं है, पाना ही सब कुछ है, और अगर खोना है तो अपना अज्ञान, अपनी अतिवादिता, अपना दुराग्रह या पूर्वग्रह। आज के जमाने में ऐसा लगता है कि पूर्वग्रह भी वहाँ कोई नहीं है इसलिए कुछ खोने को भी नहीं और इसीलिए उनके पास पाने को भी कुछ नहीं है।

अशोक वाजपेयी : एक और अर्थ में कभी-कभी यह भी लगता है, पता नहीं आपको लगता है कि नहीं, कि हमारी आलोचना बहुत हद तक अनैतिहासिक भी हो गयी है। यानी खुद आलोचना को अपने इतिहास से जो सबक लेना चाहिए थे वे उसने नहीं लिये। ऐसी अबोधता से कई बार बहसें हो रही हैं मानो कभी हिन्दी में पहले इस पर विचार ही न हुआ हो ! आपको ऐसा नहीं लगता ?

नामवर सिंह : बिल्कुल सही है। आपने बहुत पहले समकालीन साहित्य के बारे में लिखते हुए 'जातीय स्मृति' की चर्चा की थी और बहुत सही वक्त पर की थी। इस दौर में हम लोग इतने नितान्त समकालीन हो गये हैं कि चर्चा करते हैं अपने समकालीन कवि की, अपने समकालीन कहानीकार उपन्यासकार की, और जो व्यापक ऐतिहासिक परिप्रेक्ष्य है उस पर ध्यान नहीं देते। लोग यह भूल जाते हैं कि अपने जमाने के रचनात्मक साहित्य की जो सार्थक आलोचनाएँ हुई हैं उनका संबंध अक्सर अतीत के साहित्यकारों के मूल्यांकन से रहा है। रामचन्द्र शुक्ल ने

हिन्दी में सूर, तुलसी और जायसी की आलोचना करके छायावाद के दौर के लिए महत्त्वपूर्ण मानदण्ड तैयार किये थे। खुद टी. एस. एलियट ने अंग्रेजी आलोचना में जो क्रान्तिकारी परिवर्तन या जो युगान्तर उपस्थित किया वह 'मेटाफिजिकल' कवियों की आलोचना के द्वारा। अपने समकालीनों में जेम्स ज्वायस को छोड़कर और किसी समकालीन कवि के बारे में एलियट ने लिखा हो, मुझे याद नहीं है, आपको शायद याद हो तो याद हो। तो यह सही है कि उस ऐतिहासिक स्मृति की कमी रही है। मैं अपने को सौभाग्यशाली मानता हूँ कि उस जातीय स्मृति से कट जाने से मैं, अपने गुरुदेव आचार्य हजारीप्रसाद द्विवेदी के कारण, बचा रह सका और उस महान परम्परा से अपने को जोड़े रहने में सफल हो सका।

अशोक वाजपेयी : नामवरजी, आचार्य हजारीप्रसाद द्विवेदी के बारे में जो आपने अभी कहा उससे भी प्रकट है और यों भी हम लोग जानते हैं कि उनसे आपका बहुत गहरा, बौद्धिक और सृजनात्मक संबंध रहा है। दूसरी परम्परा की खोज भी उनके माध्यम से आपने की है। इस बारे में कुछ बतायेंगे ?

नामवर सिंह : बताने की बातें तो वैसे बहुत हैं, लेकिन… आचार्य हजारीप्रसाद द्विवेदी 1950 में शान्तिनिकेतन से काशी हिन्दू विश्वविद्यालय आये। वैसे उनकी रचनाओं से तो मैं पहले से परिचित था लेकिन साक्षात् मिलने और उनके समीप आकर जानने और सीखने की बात कुछ और ही होती है। पहली बात जो हुई वह यह कि भारतीय परम्परा के बारे में जो औसत हिन्दी वालों का दृष्टिकोण था, उससे बहुत-सी बातों में आचार्य हजारीप्रसाद द्विवेदी की परम्परा संबंधी धारणा भिन्न थी। एक तो हम लोग हिन्दी के विद्यार्थी के नाते, बहुत से बहुत दसवीं शताब्दी तक जाते थे जहाँ से हिन्दी साहित्य शुरू होता है। आचार्य हजारीप्रसाद द्विवेदी ने उस परम्परा का विस्तार विशाल संस्कृत साहित्य तक किया। यही नहीं बल्कि प्राकृतों और अपभ्रंशों की परम्परा से भी उसे जोड़ा, जिसमें मेरी गहरी रुचि थी।

दूसरी जो महत्त्वपूर्ण बात थी वह यह कि आचार्य हजारीप्रसाद द्विवेदी के माध्यम से पहली बार मुझे मालूम हुआ कि हमारे साहित्य की कोई एक 'परम्परा' नहीं है बल्कि 'परम्पराएँ' हैं और कदाचित् उन परम्पराओं में से कहीं ज्यादा जीवन्त, सार्थक, आज के लिए प्रासंगिक, वह परम्परा है जो 'स्थापित परम्परा' के विरुद्ध विद्रोह करती रही है : कबीर के माध्यम से उन्होंने दिखाने की कोशिश की कि हिन्दी वाले, जो आमतौर से तुलसीदास या सूर की परम्परा को ही मुख्यधारा मानते रहे हैं : उस परम्परा के समानान्तर, सब कुछ को अस्वीकार करने का अपार साहस लेकर पैदा होने वाले कबीर की परम्परा कहीं ज्यादा सार्थक है। काशी के भीतर जैसे दो काशी थीं–एक तो काशी के पंडित तुलसीदास थे और दूसरे उसी काशी का जुलाहा था। द्विवेदी जी ने उसी काशी के जुलाहे की परम्परा की ओर ध्यान

आकृष्ट किया जो शायद हमारे लोक जीवन, और उस सामान्य जीवन की चेतना को साहित्य में व्यक्त करने वाली थी। इस दूसरी परम्परा का एहसास आचार्य हजारीप्रसाद द्विवेदी यदि न होते तो, कम से कम मुझे न होता। मेरी प्रगतिशील चेतना के ज्यादा अनुकूल भी यह था। इसलिए आचार्य हजारीप्रसाद द्विवेदी के द्वारा हमें जिस 'दूसरी परम्परा' का बोध हुआ उसे मैंने 'दूसरी परम्परा की खोज' नाम की किताब में और विस्तार से बताने की कोशिश की है।

अशोक वाजपेयी : आचार्य हजारीप्रसाद द्विवेदी बहुत महत्त्वपूर्ण उपन्यासकार भी थे। मैं यह सोच रहा था कि यह बात थोड़ी-सी विचित्र है कि शुरुआत तो आपने कविता से की, थोड़े दिनों बाद आपने कुछ कहानी पर भी ध्यान दिया, फिर उसको छोड़ दिया फिर कविता पर ही ध्यान एकाग्र किया। उपन्यास की ओर क्या आप कभी आकर्षित नहीं हुए ?

नामवर सिंह : उतना नहीं। उसका कारण एक तो यह था कि मार्क्सवादी आलोचना मुख्यतः उपन्यासों को अधिक सुविधाजनक पाती रही है। जॉर्ज लुकाच ने उपन्यासों के बारे में ही लिखा। उनके अलावा बाद के लोग भी जब से 'समाजवादी यथार्थ' का जिक्र चला तो, उपन्यासों को आधार बनाकर साहित्य और समाज के सवालों का अन्वेषण करते रहे हैं। शायद इसका एक कारण यह भी था कि स्वयं मार्क्स ने और एंगिल्स ने भी अपने पत्रों में बाल्जाक के बारे में, डिकेन्स के बारे में टिप्पणियाँ कीं। इसलिए मार्क्सवादी आलोचना ने प्रायः उपन्यासों में ही समाज की उन छवियों को, सामाजिक संघर्षों को ढूँढ़ने की कोशिश की। मुझे यह लगा कि कविता की आलोचना के लिए यह ज्यादा बड़ी चुनौती है। कविता में भी, मुख्यतः वह जो छोटी कविता है, 'लिरिक' कविता है। लिरिक में आमतौर से भावों की अभिव्यक्ति होती है, उसमें सामाजिक छवियों को ढूँढ़ना ज्यादा मुश्किल और शायद चुनौती भरा हुआ काम है। दूसरा यह भी कारण था कि स्वयं हिन्दी आलोचना मुख्यतः कविता की आलोचना रही। हमारे सबसे बड़े आलोचक पंडित रामचन्द्र शुक्ल मुख्यतः कविता के आलोचक रहे, उपन्यासों और कहानियों की आलोचना में उनका मन रमा नहीं। द्विवेदी जी ने भी आलोचना की जितनी पुस्तकें लिखी हैं वे भी मुख्यतः कविता की हैं। और तो और, हमारे पहले ज्येष्ठ मार्क्सवादी आलोचक डॉ. रामविलास शर्मा ने भी मुख्यतः कविता की आलोचनाएँ कीं, उपन्यासों पर छिटपुट कुछ समीक्षाएँ लिखी हैं और मुझे लगता है कि अगर उनके सामने उनके मित्र अमृतलाल नागर और वृन्दावनलाल वर्मा के उपन्यास न होते, जिनकी प्रशंसा करना उन्हें बहुत जरूरी लगा, तो डॉ. शर्मा उपन्यासों के बारे में कतई न लिखते जैसे कि उन्होंने कहानियों के बारे में नहीं लिखा। तो एक तो हिन्दी आलोचना की अपनी परम्परा जो काव्य समीक्षा की थी, कदाचित्, उसका प्रभाव रहा और दूसरा यह कि स्वयं मार्क्सवादी आलोचना के अंतर्गत कविता की समीक्षा

करना ज्यादा चुनौती भरा काम था, जोखिम भरा काम था। इसलिए मैंने अपना ध्यान कविता की आलोचना की ओर केन्द्रित किया। लेकिन मुझे लगा कि केवल कविता की समीक्षा तक आलोचना को सीमित रखने से हमारा दृष्टिकोण बहुत कुछ सीमित हो जायेगा, इसीलिए मैंने 1958-59 के आसपास विस्तार से, बल्कि चार-वर्षों तक लगातार, केवल कहानियों के बारे में लिखा। बाद में जरूर मेरा ध्यान उपन्यासों की ओर गया और कुछ जगहों पर मैंने कुछेक लेख भी लिखे जिनका सरोकार इन प्रश्नों में था कि भारतीय उपन्यास नाम की कोई चीज है कि नहीं और उसकी अपनी परम्परा है कि नहीं। इनमें से एक लेख तो आपके 'पूर्वग्रह' में ही प्रकाशित हुआ है। फिर भी यह कमी तो जरूर है। सच पूछिए तो किसी विधा पर समीक्षा लिखने की चुनौती तब होती है, जब उसमें कोई सार्थक सृजन हो। मुझे बराबर लगता रहा है कि कविता के क्षेत्र में हिन्दी में तो नया काम हुआ, कहानियों के क्षेत्र में भी कुछ नया हुआ, लेकिन सबसे परिपाटी विहित परम्पराभुक्त हिन्दी की उपन्यास विधा रही है। इधर सातवें दशक के आसपास से जब मुझे महसूस हुआ है कि उपन्यासों में भी कोई नयी खोज, कुछ नयी दिशाओं की खोज की जा रही है, जैसे श्रीलाल शुक्ल के 'रागदरबारी' में, राही मासूम रजा के 'आधा गाँव' में, विनोदकुमार शुक्ल के 'नौकर की कमीज' में और इधर–बल्कि कहना चाहिए कि रेणु के दो उपन्यासों 'मैला आँचल' और 'परती परिकथा' के बाद–मनोहरश्याम जोशी के 'कुरु कुरु स्वाहा' और 'कसप' दो उपन्यास आये तो मुझे लगा कि सहसा हिन्दी में उपन्यास की दिशा में एक बड़ी प्रतिभा का अवसर हुआ है और मुझे लगा कि उपन्यासों के क्षेत्र में कुछ नया हो रहा है, इसलिए कुछ लिखा जाना चाहिए। हो सकता है, मैं इधर कुछ उपन्यासों पर लिखने का प्रयास करूँ।

अशोक वाजपेयी : एक बात और मुझे सूझ रही है कि पिछले बीस-पच्चीस वर्षों में साहित्य में जो विवाद हुए हैं उनमें जो थोड़े से व्यक्ति लगातार रूप से उलझे रहे हैं, उनमें से आप एक हैं। यह भी कहा जा सकता है कि पच्चीस बरस में हिन्दी के सबसे विवादग्रस्त आधा दर्जन लोगों की सूची बनायी जावे तो उनमें आप एक होंगे। तो इस तरह से विवाद से ग्रसित होने में आपको जो सुख मिलता रहा है, उसका कुछ बखान करेंगे ?

नामवर सिंह : ऐसा कोई खल-सुख तो नहीं मिला। सच पूछिए तो मैं विवादों में, बस घसीट लिया गया, खुद तो मैं उनसे बचने की कोशिश ही करता रहा हूँ। लेकिन यह बात मुझे जरूर लगती है कि विवाद आलोचना कर्म और आलोचना धर्म में ही निहित है। अंग्रेजी के जिस आलोचक एफ. आर. लीविस को मैं बहुत महत्त्वपूर्ण और कभी-कभी प्रेरणाप्रद भी मानता रहा हूँ उनका सारा कृतित्व 1933-34 के आसपास स्क्रूटनी की शुरुआत से लेकर '53 में उसके बन्द होने तक इस

पत्रिका के माध्यम से एक बहस छेड़ने और उकसाने के साथ ही लोगों से उलझने का एक लम्बा सिलसिला है। जाहिर है कि यह चीज नकल के द्वारा तो नहीं की जा सकती। कुछ संयोग ही ऐसा था कि जब मैंने लिखना शुरू किया तो हिन्दी साहित्य में सार्थक और गहरे विवादों का आरंभ हो चुका था। आपको याद दिलाने की जरूरत नहीं है कि उस समय एक ओर प्रगतिशील लेखक संघ और दूसरी ओर परिमल, इन दो संस्थाओं के माध्यम से साहित्य के दो भिन्न मूल्यों का टकराव था। उस दौर में मैंने चूँकि लिखना शुरू किया इसीलिए स्वभावतः उस युग की बहस के बीच मैं अनायास ही जा पड़ा। उन आरंभिक विवादों में, पता नहीं आज के लिए रोचक होगी कि नहीं, एक यही बहस थी कि साहित्य में 'व्यापकता' बड़ा मूल्य है या 'गहराई'। परिमल के लोग 'गहराई' को बहुत अधिक मूल्यवत्ता प्रदान करते थे। उदाहरण के लिए प्रेमचन्द और जैनेन्द्र में से उन्हें चुनना हो तो वे जैनेन्द्र को ज्यादा महत्त्वपूर्ण मानते थे, प्रेमचन्द को उतना महत्त्वपूर्ण नहीं मानते थे। स्वभावतः उस विवाद से मुझे यह लगा कि यह रोचक है और उस पर एक लेख के द्वारा मैंने हस्तक्षेप करने की कोशिश की। उसके बाद समय-समय पर हमारे साहित्य के बीच विभिन्न प्रवृत्तियों को लेकर कुछ और द्वन्द्व हुए। उन द्वन्द्वों के कारण कुछ और भी विवाद चले, उनमें मुझे भाग लेना पड़ा।

अशोक वाजपेयी : लेकिन आपकी नजर में इस समय हिन्दी में क्या विवाद चल रहा है··· कौन-से ऐसे प्रश्न हैं जो···

नामवर सिंह : कठिनाई यह है कि विचारों के क्षेत्र में कोई भी सवाल हल नहीं किया जा सकता, बल्कि जो सवाल, हम समझते हैं कि हमेशा के लिए हल कर लिये गये हैं, वे पाँच-दस साल बाद फिर से उठ आते हैं। इसी के साथ शायद यह भी है कि हमारे सामाजिक जीवन का वह संघर्ष समाप्त नहीं हुआ है जो आजादी के बाद या कहना चाहिए कि आजादी की लड़ाई के दौरान भी था। उस समय से मौजूद रहे जो मूल द्वन्द्व हैं वे स्वरूप बदलकर उभरते रहते हैं। जैसे एक उदाहरण लूँ—आचार्य रामचन्द्र शुक्ल जब लिख रहे थे तो उस समय कुछ लोग पुराने रीतिकालीन मूल्यों की प्रतिष्ठा पर बल देते थे कि साहित्य में शिल्प, वचनभंगिमा प्रधान है, जहाँ देव बनाम बिहारी बहस चली थी और तुलसी सूर की ओर कोई ध्यान ही नहीं देता था। बल्कि आपको स्मरण होगा, उन दिनों लोग कहते थे कि तुलसी तो मूलतः भक्त थे, कवि तो बिहारी लाल थे। अब यह बहस आज से पचास-साठ साल पुरानी है। छठे दशक में आजादी के बाद जो परिमल और प्रगतिशील लेखक संघ के बीच कविता के मूल्यों को लेकर बहस चल रही थी उसमें आप देखेंगे कि उसी बहस का बदला हुआ रूप है। भाषा बदल गयी थी लेकिन मुद्दे वही थे।

शुक्ल जी के जमाने में छायावाद-रहस्यवाद संबंधी प्रवृत्तियाँ थीं तो एक

दूसरी बहस चली थी। रहस्यवाद का विरोध करते हुए शुक्ल जी ने लिखा कि कुछ लोग कविता में या साहित्य में 'आनन्द' को मूल्यवान मानते हैं और दूसरे लोग हैं जो आनन्द को नहीं बल्कि 'संघर्ष' को, प्रयत्नपक्ष को, महत्त्व देते हैं। इसीलिए शुक्ल जी ने 'लोकमंगल' की दो अवस्थाओं का सिद्धान्त निरूपित किया—एक तो 'लोकमंगल की साधनावस्था' होती है और दूसरी 'लोकमंगल की साध्यावस्था'। सूर जैसे कवि लोकमंगल की साध्यावस्था और आनन्दवाद में विश्वास करते हैं और तुलसी जैसे कवि प्रयत्न में, संघर्ष में, विश्वास करते हैं। आचार्य शुक्ल की दृष्टि में ज्यादा महत्त्वपूर्ण यही कवि हैं।

इन दोनों परम्पराओं पर, जिनसे आप भी एक हद तक संलग्न हैं, मैं भी संलग्न हूँ—अगर हम ध्यान दें तो आज कुछ लोग मानते हैं कि साहित्य में केवल 'कलानुभव' ही मुख्य वस्तु है। आज सीधे-सीधे 'आनन्द' नहीं कहते, 'प्लेजर प्रिंसॅपॅल' की बात नहीं की जाती है, लेकिन कहीं-न-कहीं 'रियेलिटी प्रिंसॅपॅल' और 'प्लेजर प्रिंसॅपॅल' ये दो ऐसे ध्रुव हैं जो साहित्य के उद्देश्य या लक्ष्य के विचार में आज भी कहीं-न-कहीं जीवित हैं और यह बहस का रूप लेती है। लेकिन अब बहस जिस तरह का रूप ग्रहण कर चुकी है, कर रही है, उसमें जरूरी यह हो गया है कि जब भी विवाद के लिए ऐसे द्वैत खड़े किये जायें तो, जाँच उस 'डाइकॉटॉमी' की, उन द्वैतों की होनी चाहिए कि वे झूठे द्वैत हैं या सचमुच के, क्योंकि जब तक हम इस 'डाइकॉटॉमी' को बदलेंगे नहीं तब तक इस बहस का कोई अन्त नहीं होगा।

अशोक वाजपेयी : मुझे याद आया कि एक जमाने में जैसे परिमल ने व्यक्तिस्वातंत्र्य और राज्याश्रय की एक बहस चलायी थी। मुझे लगता है कि उसके पहले भी शायद ऐसा प्रश्न उठा हो। कम से कम तब से हिन्दी में दो तरह की बहसें होने की परम्परा शुरू हुई। उसी समय आपको याद होगा कि साहित्यकार की आस्था की भी एक बहस उठी थी जो मेरे हिसाब से एक खरी बहस थी क्योंकि साहित्य की और जीवन की सच्चाइयों से जूझने वाली बहस थी। लेकिन यह जो व्यक्ति स्वातंत्र्य की बहस थी, यह सनमुच एक वास्तविक प्रश्न नहीं था, न तो लेखक समाज के सामने और न व्यापक समाज के सामने। यह एक गढ़ा हुआ प्रश्न था जिस पर बहस छिड़ गयी। अब हिन्दी में बराबर ऐसा होता आता है कि किसी गैर मुद्दे पर बहुत बहस होती रही है, मसलन जैसा आपने कहा कि क्या सचमुच 'रियलिटी प्रिंसॅपॅल' और 'प्लेजर प्रिंसॅपॅल' को विश्लेषण के लिए अलगाया जा सकता है ? ये बिलकुल ध्रुवान्त नहीं हैं, सृजन में भी और विचार में भी, दरअसल उनका कहीं-न-कहीं एक संश्लेष होता ही रहता है। लेकिन इस पर ध्यान नहीं दिया जाता। और अब जो बहस हो रही है, वह तो ज्यादातर 'दाखिल-खारिज' की सूचियाँ जारी करने वाली है—ये मेरी तरफ, वो उसकी तरफ। कृतियों पर बहस

नहीं होती, लेखकों पर भी बहस नहीं है, बल्कि मैं जोड़ूँ कि इस समय जो बहस हो रही है वह एक तरह से संगठनों के इर्द-गिर्द है। कुछ संगठनों से आपका भी संबंध है, कुछ से मेरा है, तो ये जो संगठनों की बहस हो रही है इसके बारे में आप क्या सोचते हैं ?

नामवर सिंह : सही बात की ओर आपने इशारा किया। शायद आलोचक का दायित्व ऐसे समय बढ़ जाता है और खासतौर से उन आलोचकों का जो पत्रिकाओं का संपादन करते हैं और पत्रिकाओं के माध्यम से साहित्यिक चर्चा को शायद सही रास्ता दिखाने या अपनी समझ से सही रास्ता दिखाने की कोशिश करते हैं। ऐसे में जरूरत इस बात की होती है कि साहित्य की समस्याओं से हटकर जो बहस चल रही हो उसके बारे में साफ शब्दों में कहा जाय कि यह गैर-जरूरी है, साहित्य से इसका कोई संबंध नहीं है, इसलिए उन पर बहस करने की जरूरत नहीं है। उदाहरण के लिए आपने सही कहा कि 'व्यक्ति स्वातंत्र्य' या 'राज्याश्रय बनाम साहित्यकार' की जो बहस थी वह साहित्यिक नहीं, राजनैतिक बहस थी और उसकी जगह दूसरी है। इस पर अखबारों में आप बहस कर सकते हैं लेकिन वह साहित्य का मुख्य सरोकार नहीं है। इस बीच यदि संगठनों के इर्द-गिर्द बहस हो रही है तो मैं यह तो नहीं कहूँगा कि सारी की सारी बहस गैरसाहित्यिक है पर सवाल यह है कि उसमें भाग लेने वाले 'सर्जक' कितने हैं ! आप अक्सर देखेंगे कि जब बहसें शुरू होती हैं तो उनकी बन आती है जिनका मुद्दे से कोई संबंध नहीं, जैसे जब कोई मुकदमा होता है तो वकीलों की बन आती है और मारा जाता है वह मामूली आदमी जो चाहे बेचारा मुजरिम के रूप में आये, चाहे किसी और शक्ल में आये। इस बीच की बहसों में देखना चाहिए कि कितने लोग हैं भाग लेने वाले जो अखबारनवीसी करते हैं, नेतागिरी करते हैं, घोषणा पत्र के अलावा उन्होंने जीवन में और कुछ लिखा ही नहीं है। तो शायद यह भी एक कारण है, लेखकों के एक बहुत बड़े हिस्से का, ऐसी बहसों में भाग न लेने का।

दूसरा यह कि आलोचना का विकास तब होता है जब साहित्यिक प्रत्ययों को, अवधारणाओं को ज्यादा-से-ज्यादा सफाई के साथ तराशकर उनको स्पष्ट किया जाये, निर्धारित किया जाये, परिभाषित किया जाये। किसी आलोचना का विकास बहुत कुछ इस पर निर्भर करता है कि उसमें पारिभाषिक शब्दों और अवधारणाओं का घालमेल कम से कम हो। स्पष्टता की माँग की जानी चाहिए जो दर्शन के क्षेत्र में बड़े लम्बे संघर्ष के साथ लोगों ने की। 'यथार्थवाद' पर बहुत सारी बहस होती है। जरूरत इस बात की है कि 'यथार्थ' क्या है, इस शब्द से क्या प्रयोजन हमारा हो सकता है, इसे समझा जाए। 'रियलिटी' कोई प्रदत्त चीज है या साहित्यिक रचना में साहित्यकार उसे खोजता है, निर्मित करता है ? इन चीजों की सफाई होनी चाहिए। होता यह है कि 'यथार्थ' के स्वरूप पर बहस नहीं

होती, हम यह मान के चलते हैं कि ये 'यथार्थवादी' हैं और ये 'यथार्थवादी नहीं'।

अशोक वाजपेयी : नामवर जी, आपने 'यथार्थ' का जिक्र किया तो सूझा कि पिछले दिनों 'यथार्थ' की जो रूढ़ धारणा थी उसको भी जिस एक लेखक के कृतित्व से, शायद इधर की एक सबसे बड़ी चुनौती मिली है, वो हैं मुक्तिबोध ! मुक्तिबोध के बारे में आपने बहुत पहले 'कवि' में लिखा था। शायद मुक्तिबोध पर वह पहला ही लेख था और उसके बाद भी आपने लिखा। जो हम चर्चा कर रहे हैं उसके संदर्भ में मुक्तिबोध के बारे में आप क्या कहना चाहेंगे ?

नामवर सिंह : मुक्तिबोध एक तरह से चुनौती थे–मार्क्सवादी आलोचकों के लिए भी और नयी कविता के समर्थक आलोचकों के लिए भी। वे दोनों के लिए लगभग धर्मसंकट के रूप में थे। उस जमाने में जब कविता बहुत कुछ दर्द की अमूर्त अनुभूति में कैद हो चली थी, मुक्तिबोध अपनी 'अँधेरे में', और 'चंबल घाटी' जैसी कविताओं के माध्यम से अपने दौर के केवल हिन्दुस्तान के ही नहीं बल्कि उस युग के मनुष्य की नियति को बड़े फलक पर अभिव्यक्त करने की कोशिश कर रहे थे। मुख्यतः वें फैण्टेसी के लेखक कहे जाते हैं। मार्क्सवादी आलोचकों के लिए चुनौती थी कि फैण्टेसी में निहित यथार्थ को कैसे पकड़ें और नयी कवितावादी लोगों के लिए चुनौती थी कि वे कविताएँ तो विकृताकृति-बिम्बा और हिडिम्बा जैसी थीं जबकि आमतौर से लोग इतने सुरुचिपूर्ण, सीमित 'बिम्बों' और छबियों में बँधे हुए थे कि मुक्तिबोध की कविता उनकी कविता ही नहीं मालूम होती थी। इसीलिए यथार्थ की परिभाषा कविता के संदर्भ में कैसे की जाये इसके लिए मुक्तिबोध चुनौती थे। मुझे खुशी है कि मुक्तिबोध के माध्यम से जिस बहस का जिक्र आप कर रहे थे उसमें एक नये विवाद की शुरुआत की जा सकी। यहाँ इस सिलसिले में मैं यह भी कहूँगा कि आलोचना का एक कर्म यह भी है कि वह समय-समय पर उपेक्षित कवियों की प्रतिष्ठा के लिए संघर्ष करे। यदि आलोचना ऐसा कार्य नहीं करती तो इसका मतलब है कि वह लीक के और लोक के पीछे चलने वाली आलोचना है, जबकि उसका काम एक अवाँगार्द या हरावल दस्ते का होना चाहिए। इसलिए मुक्तिबोध के माध्यम से मैंने भरसक यह कोशिश की और वह संघर्ष, आप भी जानते हैं कि आज भी समाप्त नहीं हुआ है। मुक्तिबोध अब भी प्रगतिशील, जनवादी और मार्क्सवादी आलोचकों में सबके गले नहीं उतर सके हैं और दूसरी ओर अब भी नयी कविता के लोग मुक्तिबोध की प्रशंसा जिन गुणों के लिए जिन विशेषताओं के लिए करते हैं वे ठीक वे ही नहीं हैं, जो शायद मुक्तिबोध को काम्य रहे हों।

अशोक वाजपेयी : मुक्तिबोध के सिलसिले में आमतौर पर यह कहा जा सकता है कि उन्होंने साहित्य की जिम्मेदारी के बारे में और साहित्य की सजगता के बारे में एक नया एहसास हिन्दी में पैदा किया। यद्यपि नयी कविता के बहुत

सारे कवि बड़ी विश्वयारी दिखाते थे लेकिन दरअसल विश्व में हो रही वैचारिक संघर्ष की उनकी समझ या पहचान सतही ही थी। यह जो वैचारिक संघर्ष है, जिससे आलोचना को निश्चय ही रोजमर्रा कुछ न कुछ लेना-देना पड़ता है वह वैचारिक संघर्ष या कि चिंतन, सिर्फ आलोचना में नहीं होता आलोचना के अलावा और बहुत सारे अनुशासन हैं–नृतत्व, मनोविज्ञान, दर्शन इत्यादि, इनसे आलोचना के संबंध के बारे में आप क्या सोचते हैं खासकर हिन्दी में यह संबंध किस तरह विकसित हुआ ? धारणात्मक स्तर पर तो सब कहेंगे कि ऐसा होना चाहिए लेकिन व्यावहारिक स्तर पर कोई सार्थक अन्तःसंबंध दूसरे अनुशासनों से, हिन्दी आलोचना बना पायी है ?

नामवर सिंह : एक सवाल के भीतर कई सवाल आपने किये हैं, एक तो ये कि यह सही है कि मुक्तिबोध ने कविता को एक वैचारिक ऊर्जा प्रदान की, एक धार दी। जो कविता कुछ मीठी-मीठी और कुछ छोटी-छोटी अनुभूतियों का पुंज बन गयी थी उसे मुक्तिबोध ने निराला के बाद, मेरी दृष्टि में पहली बार केवल वैचारिक दृष्टि, केवल विचारधारा नहीं बल्कि एक वैचारिक ऊर्जा प्रदान की जिससे लगा कि हिन्दी कविता प्रौढ़ और वयस्क हो गयी है। इसका कारण यह था कि मुक्तिबोध का अध्ययन, आप जानते हैं कि केवल साहित्य तक सीमित नहीं था। वे नाना प्रकार के विषयों में पारंगत थे–समाजशास्त्र पढ़ रहे हैं, विज्ञान पढ़ रहे हैं, मनोविश्लेषण शास्त्र पढ़ रहे हैं, मानवविज्ञान पढ़ रहे हैं आदि। उनके अध्ययन का क्षितिज तो बहुत विस्तृत था ही, मुक्तिबोध हिन्दी में पहले कवि समीक्षक हैं जिन्होंने कविता की 'रचना प्रक्रिया' पर भी बहुत बल दिया है। वे कहा करते थे कि कविता मनोवैज्ञानिक क्रिया नहीं है बल्कि सांस्कृतिक प्रक्रिया है। अब इस सांस्कृतिक प्रक्रिया को समझाने के लिए जरूरी है कि आलोचक का मानसिक क्षितिज भी अलंकारशास्त्र, काव्यशास्त्र और बिम्ब प्रतीक तक सीमित न रहे। अन्यथा वह मुक्तिबोध को तो नहीं समझ सकता। जरूरी है कि आलोचना साहित्यशास्त्र के अलावा समाजशास्त्र, मनोविज्ञान, मनोविश्लेषणशास्त्र और मानवविज्ञान आदि शास्त्रों से अपना विस्तार करे। विचित्र बात है कि हिन्दी में एक संक्षिप्त दौर था जबकि कुछ मनोविश्लेषणवादी आलोचना शुरू हुई थी। अज्ञेय ने त्रिशंकु के कुछ लेख लिखे थे जिनमें मनोविश्लेषण शास्त्र का सहारा लिया। (दुर्भाग्यपूर्ण ही कहा जायेगा कि फ्रायड का उतना सहारा उन्होंने नहीं लिया, जबकि उसमें रचनात्मक संभावना कहीं ज्यादा थी। उन्होंने युंग का भी सहारा नहीं लिया। सहारा लिया एडलर का) तो मनोविश्लेषणवादी आलोचना कहने के लिए हिन्दी में कोई है नहीं। पश्चिमी देशों में साहित्य के समाजशास्त्र का जितना विकास हो रहा है वह अब भी हिन्दी में अविकसित है। शायद आपको जानकर खुशी होगी कि जवाहरलाल नेहरू विश्वविद्यालय में हम लोगों ने 'साहित्य का समाजशास्त्र' जैसा विषय शुरू किया

है जो अभी आरंभिक स्थिति में है। इसमें हम लोग कुछ किताबें भी तैयार करवा रहे हैं। यह 'साहित्य का समाजशास्त्र' कायदे से मार्क्सवादी आलोचना के अंतर्गत उन्हीं आलोचकों द्वारा विकसित हो सकता था, या होना चाहिए था लेकिन नहीं हो सका। वे साहित्य को वर्गसंघर्ष के सीमित दायरे में–एक ओर किसानों मजदूरों का साहित्य और दूसरी ओर उच्चवर्ग का साहित्य मानकर–दो वर्गों में बाँटकर देखते रहे। लेकिन साहित्य एक संस्था है और जैसे समाजशास्त्र किसी इंस्टिट्यूशन की स्टडी करता है वैसी इंस्टिट्यूशनल स्टडी साहित्य की जैसी होनी चाहिए नहीं हो पायी।

आपने ठीक ही ध्यान आकृष्ट किया इस बात की ओर कि हिन्दी आलोचना को अन्य शास्त्रों और विधाओं के आधार पर विस्तृत किया जाये, उसके क्षितिज को, उसके फलक को। लेकिन यहाँ एक खतरा है और वह यह है कि अन्य शास्त्रों का सहारा लेने से आलोचना दृष्टि का विस्तार तो होगा लेकिन साहित्येतर होने का बहुत बड़ा खतरा है। साहित्य, साहित्य है। मूलतः वह भाषा की कला है, यह बात लक्ष्य से हटनी नहीं चाहिए और मुझे ऐसा लगता है कि समाजशास्त्रीय आलोचना के कारण साहित्यिक कृतियों के ठेठ साहित्यिक विश्लेषण को चोट भी पहुँचती है। यहाँ आपको शायद लगे कि मैं नितान्त दो विरोधी बातें कह रहा हूँ–एक ओर साहित्य को साहित्य के रूप में देखने की जो शायद रूपवादी दृष्टिकोण की ओर ले जाये और दूसरी ओर साहित्य की समाजशास्त्रीय व्याख्या की जिसे करते हुए हम कहीं साहित्येतर न हो जायें। लेकिन साहित्य एक मिश्र कला है और इस कारण साहित्य को एक तरह से 'तनी हुई रस्सी' पर चलने का जोखिम उठाना ही पड़ेगा।

अशोक वाजपेयी : मुझे एक बात और यह लगती है कि मुक्तिबोध जिस तरह की चुनौती बने या कोई एक महान कृतिकार जब एक चुनौती बनकर आता है तो वह चुनौती सिर्फ अपने समकालीनों के लिए ही नहीं, एक तरह से पूरे इतिहास में एक तरह का हस्तक्षेप करती है। बहुत बात की गई है, आपने भी की है, साहित्य के इतिहास दर्शन की, लेकिन यह जो हिन्दी साहित्य का नया इतिहास बनना चाहिए, संभवतः आपको लिखना चाहिए, उसका क्या हो रहा है ?

नामवर सिंह : आपने दुखती रग पर हाथ रखा है। बहुत दिनों से, कहना चाहिए कि जब से आलोचना के क्षेत्र में मैंने कदम ही रखा था तब से, मेरी महत्त्वाकांक्षाओं में एक यह थी कि हिन्दी साहित्य का इतिहास नये सिरे से लिखने की कोशिश करूँगा। 1952 में मैंने आलोचना में 'साहित्य-इतिहास का नया दृष्टिकोण' नाम का लेख भी लिखा था जो लगभग उस आरंभिक चिन्तन का पहला आभास देने वाला लेख था। मुझे लगा था कि जब भी साहित्य के क्षेत्र में कोई नया सृजन होता है और नयी महत्त्वपूर्ण सृजनात्मक कृति आती है तो उसके आने से अतीत

के साहित्य की कृतियों का आपसी संबंध बदल जाता है। इसे समझाने के लिए यों कहा जा सकता है कि परिवार में जैसे ही कोई नयी संतान या नया इंसान आता है तो आते ही वह केवल एक नया 'एडीशन' नहीं होता; उसके आते ही पति-पत्नी के बीच तो संबंध बदलते ही हैं, दो पीढ़ियों के आपसी रिश्ते भी बदल जाते हैं, दादा के साथ उनके पुत्र का, सास-बहू का··· वह एक तरह से 'रिस्ट्रक्चरिंग' होती है समस्त पारिवारिक संबंधों के बीच। इस सादृश्य के आधार पर हम कह सकते हैं कि जैसे छायावाद के आने के बाद भक्तिकाल और रीतिकाल और आदिकाल का आपसी संबंध वही नहीं रह गया, उसी तरह से नयी प्रयोगधर्मी कविता के आने से, नयी कविता के आने से, जिसमें प्रगतिशील और प्रयोगवादी दोनों तरह के कवि शामिल हैं—वह रिश्ता बदल गया। और इसके लिए जरूरी था, आज भी जरूरी है कि साहित्य का एक नया इतिहास लिखा जाय। पर कह देना तो बड़ा आसान है, लिखना बड़ा मुश्किल हुआ करता है। रामचन्द्र शुक्ल के इतिहास में क्या कमी है और आचार्य हजारीप्रसाद द्विवेदी के हिन्दी साहित्य की भूमिका में क्या कमी है, वह तो दिखाई पड़ती है लेकिन उसका विकल्प नहीं उपस्थित होता और आप जानते हैं कि विकल्प उपस्थित करना रचना के क्षेत्र में जितना कठिन है, आलोचना के क्षेत्र में भी उतना ही कठिन हुआ करता है। कुछ काम ऐसे होते हैं जो युवाकाल में हो गये तो हो गये फिर होते नहीं हैं। साहित्य के इतिहास की भी कुछ ऐसी ही स्थिति है, अगर उस समय मैंने लिख दिया होता तो कुछ कच्चा-पक्का जैसा भी होता, हो जाता। उसके बाद पढ़ने के, सोचने के क्रम में मालूम हुआ कि सहसा विश्व आलोचना के क्षेत्र में बहुत बड़ा परिवर्तन आया है और इतिहास-लेखन, पुराने ढंग के 'स्कालर क्रिटिक' का काम रह गया है। जो 'प्रैक्टिसिंग क्रिटिक' कहे जाते हैं उन्होंने इतिहास नहीं लिखा। आप ने देखा होगा कि अंग्रेजी में जिन लोगों ने 'क्रिटिकल हिस्ट्री' लिखी वे महत्त्वपूर्ण आलोचक नहीं हैं। किसी महत्त्वपूर्ण आलोचक ने, चाहे वे एफ. आर. लीविस हों, विलियम एम्पसन हों, अमेरिकी न्यू क्रिटिक्स हों, उन्होंने उपन्यासों को लेकर 'द ग्रेट ट्रेडीशन' किताब लिखी कविता को लेकर 'न्यू बियरिंग्स' या 'रिवैल्यूएशन' लिखी मगर इतिहास जैसी कोई किताब नहीं लिखी। तो मुझे लगा कि वर्तमान दौर को देखते हुए एक आदमी समूचे साहित्य का इतिहास लिखे, यह पाण्डित्यपूर्ण कार्य तो होगा लेकिन वह आलोचना के क्षेत्र में कोई नया योगदान शायद न दे सके। इस बीच खासतौर से संरचनावाद के आने के बाद इतिहास की अवधारणा को ही चुनौती दी गयी है। कह लीजिए कि इस संदेहवाद ने मुझे ग्रस लिया और मैंने इतिहास लिखने का इरादा ही छोड़ दिया। मुझे लगा कि इतिहास न लिखकर मुक्तिबोध के माध्यम से हिन्दी कविता की जो नयी परम्परा बनती है उस दूसरे विकल्प को निर्धारित किया जाये, रेखांकित किया जाये तो ज्यादा महत्त्वपूर्ण होगा, बजाय इसके कि

हिन्दी के चार हजार कवियों की सूची बनायी जाये और हरेक पर एक छोटी-मोटी टिप्पणी लिख दी जाये, उसका जीवन चरित्र बताया जाये। यह सोचकर उसे छोड़ तो दिया लेकिन कहीं-न-कहीं, जैसे पुराने प्रथम-प्रेम की कलक बनी रहती है, उसकी कलक अब भी बनी हुई है और दूसरी परंपरा की खोज में आप पायेंगे, एक अध्याय ऐसा है जहाँ 'हिन्दी साहित्य की प्राणधारा' नाम से एक लेख है। वहाँ मैंने हिन्दी साहित्य की उस प्राणधारा को द्विवेदी ज़ी का भाष्य करते हुए दिखलाने की कोशिश की है। एक ललक तो मन में अब भी है, मैं कह नहीं सकता कि कब पूरा होगा वह काम।

अशोक वाजपेयी : यों तो इधर-उधर के लेख एकत्र करके एक पुस्तक बनायी जा सकती है जो 'इतिहास के लिए कुछ नोट्स' कही जा सके और जिसमें संभवतः आपका यह लेख भी होगा। इतिहास से जुड़ी हुई बात शास्त्र की। यद्यपि बहुत सारा आधुनिक साहित्य तो शास्त्र विरोधी है लेकिन बावजूद सारे शास्त्र-विरोध के, अंततः किसी-न-किसी तरह का, लचीला ही सही, अधिक व्यापक सही अधिक समावेशी ही सही एक काव्यशास्त्र विकसित होता रहता है। इधर जो परिदृश्य है, न केवल हिन्दी का बल्कि दूसरी भारतीय भाषाओं का, उनमें जो साहित्यिक प्रयत्न होते रहे हैं, उनको देखते हुए आप इस बात की क्या संभावना देखते हैं कि हम एक नया (वैसे तो साहित्य में 'नया' कुछ होता नहीं है लेकिन जिस अर्थ में भी होता है उस अर्थ में नया) भारतीय काव्यशास्त्र विकसित करने की ओर बढ़ें ? क्या यह प्रयत्न अपने आप में कहीं हो रहा है ? क्या यह अभीष्ट है ?

नामवर सिंह : आपने इतना बड़ा सवाल पूछा है··· अगर आपत्ति न हो तो मैं जरा पान खा लूँ··· इसके बाद मैं अभी तत्काल उत्तर देता हूँ··· ! देखिए शास्त्र निर्माण या 'सिस्टम बिल्डिंग' अगर 'मेनुअल' के रूप में कोई आदमी सोच रहा हो तो वह बहुत उपयोगी नहीं होगा लेकिन उसका दूसरा रूप भी है। आचार्य रामचन्द्र शुक्ल को आप देखें तो, पाश्चात्य आलोचना का जो उस समय का उत्तमांश था और भारतीय काव्यशास्त्र से जो प्रासंगिक हो सकता था–ध्वनि और रस का सिद्धान्त, दोनों को लेकर, पूर्व और पश्चिम को मिलाकर, उन्होंने एक समन्वित शास्त्र बनाने की कोशिश की और हमारे लिए बड़ी दृढ़ नींव स्थापित की। आज भी केवल हिन्दी के लिए नहीं बल्कि भारतीय आलोचकों के लिए एक चुनौती है कि अपनी महान परम्परा के साथ पश्चिमी आलोचना के अंतर्गत विकसित अवधारणाओं को किस तरह से मिला कर ठेठ भारतीय काव्यशास्त्र का विकास करें, निर्माण करें। मेरा ख्याल है मराठी या कन्नड़, मलयालम आदि में इस तरह के प्रयत्न हुए हैं और हमें हिन्दी में भी ऐसा करने की जरूरत है। लेकिन आप जानते हैं कि शास्त्र से शास्त्र नहीं बनता, जैसे फल में फल नहीं लगता। उस फल के बीज को मिट्टी में डालना पड़ता है वहाँ से वृक्ष और फूल और फल निकलते

हैं। शास्त्र चाहे पूरब का हो, चाहे पश्चिम का, जब तक हम उसे वर्तमान सृजन से, सृजनधर्मिता से, नहीं जोड़ेंगे तब तक वह विकसित नहीं होगा। मैं एक उदाहरण लूँ; हम लोगों ने पश्चिमी आलोचना से 'बिम्ब' की जो अवधारणा ली है उस अवधारणा को हम अपनी भारतीय परम्परा में, अलंकार शास्त्र में, और काव्यशास्त्र में कहाँ किस रूप में जोड़कर रख सकते हैं ? आज तक हम लोग कोई समाधान ढूँढ़ नहीं सके हैं। इसी तरह आप देखें कि इस बीच संरचनावाद के प्रभाव के कारण नैरेटिव फिक्शन में संरचना के विश्लेषण पर हम आमतौर से ज्यादा जोर दे रहे हैं–कृति को खण्डशः न देखा जाये बल्कि किसी कृति के समूचे विन्यास और उसकी संरचना पर ध्यान दिया जाये। मुझे लगता है कि इस अवधारणा को हमारे यहाँ 'प्रबन्ध ध्वनि' या 'प्रबन्ध वक्तृता' के अंतर्गत कृति के विश्लेषण के प्रयत्न से जोड़कर देखा जा सकता है। इसीलिए नये, ठेठ भारतीय काव्य शास्त्र की दिशा में काम करने के लिए जरूरी यह है कि एक तो वर्तमान सर्जनात्मक अनुभवों से लाभ उठाया जाये और दूसरे पूर्व और पश्चिम के प्रत्ययों की छानबीन की जाये। तभी कदाचित् संभव हो सकेगा कि ऐसे शास्त्र का निर्माण हो। लेकिन आप ही की तरह मैं भी यह विश्वास करता हूँ कि आलोचना सहयोगी प्रयास है और इसमें हिन्दी के रचनाकारों-आलोचकों के साथ ही अन्य भारतीय भाषाओं के रचनाकारों-आलोचकों का योग जरूरी है।

(बातचीत की रिकार्डिंग 20 जून, 1984; पूर्वग्रह, 80, मई-जून, 1987 में प्रकाशित।)

5

वास्तविकता से जादुई वास्तविकता तक

मदन सोनी, उदयन वाजपेयी, जितेन्द्र कुमार और राजेन्द्र धोड़पकर के साथ बातचीत

मदन सोनी : नामवर जी, जैसा कि आपको मालूम है–'पूर्वग्रह' इधर की कथा पर अपना नया अंक प्रकाशित कर रहा है। एक दो उपन्यास अंशों के अलावा इसमें कुछ कहानियाँ और इधर प्रकाशित कहानियों पर चर्चा के बहाने हमारी कोशिश आज की कथा स्थिति का जायजा लेने की है। आपके साथ यह बातचीत भी हमारी इसी कोशिश का एक हिस्सा है।

नामवर सिंह : आपकी इस योजना को सुनकर मुझे खुशी हुई। देर आयद दुरुस्त आयद। वैसे 'पूर्वग्रह' मुख्यतः कविता, संस्कृति, कला संबंधी चिन्ताओं से ही जूझता रहा है। पहले उपन्यास पर एक अंक जरूर निकला था, लेकिन ठीक-ठीक वो उपन्यास अंक भी उपन्यास की व्यापक चिन्ताओं तक पहुँच नहीं सका। फिर भी एक प्रयत्न तो था ही अंक का। इसलिए भूलसुधार के रूप में यदि कहानी पर अंक आप निकाल रहे हैं, तो अच्छा कर रहे हैं। इससे कहानी का कोई भला हो न हो, साहित्य की जो एक समन्वित और समग्र आलोचना दृष्टि है, जिसके विकास का एक दायित्व पूर्वग्रह के ऊपर है उसमें मदद मिलेगी। उस दृष्टि से कहानी संबंधी 'पूर्वग्रह' के विशेषांक का निश्चय ही स्वागत किया जाना चाहिए। इस संबंध में बातचीत के द्वारा इस अंक में अपना योगदान देकर मुझे खुशी होगी।

मदन सोनी : नहीं नामवर जी, मुझे लगता है कि इसके पीछे 'पूर्वग्रह' का भूलसुधार जैसा कोई भाव नहीं है और न ही कोई अपराध बोध भी कि इसके पहले हम कहानी पर कोई अंक नहीं निकाल सके। अगर 'पूर्वग्रह' ने कहानी पर कोई अंक नहीं निकाला तो इसके पीछे 'पूर्वग्रह" का पूर्वग्रह उतना नहीं जितना खुद इस विधा की दयनीय दशा रही है। 'पूर्वग्रह' के काव्य-अनुराग को भी इसी तर्क से समझा जा सकता है। पर अब ऐसा लग रहा है कि इधर कथा एक बार फिर सक्रिय हुई है। पिछले दिनों उत्तर आधुनिकता पर आपका जो व्याख्यान हुआ

था उसकी भूमिका के तौर पर कहा गया था कि बीसवीं शताब्दी की शुरुआत एक तरह से कथा तत्त्व के संहार से हुई थी, लेकिन अब शताब्दी की इन ढलती घड़ियों में हम उसका पुनरुदय होता देख रहे हैं। मार्क्वेज और बोर्खेस जैसे लेखकों का उदाहरण भी दिया गया था। हिन्दी में भी हम अब यह देख रहे हैं कि विनोद कुमार शुक्ल, मनोहरश्याम जोशी, ज्ञानरंजन, जितेन्द्र कुमार आदि ऐसे अनेक लेखक हैं जो इस बीच खासे सक्रिय हुए हैं। यह भी शायद अनायास नहीं है कि लगभग दो दशक बीत जाने के बाद हिन्दी कहानी का एक महत्त्वपूर्ण आलोचक (यानी आप) इन दिनों फिर कहानी पर मुखर बातचीत कर रहा है। संयोग से यह वह समय भी है जब निर्मल वर्मा जैसे महत्त्वपूर्ण कहानीकार का एक उल्लेखनीय कहानी संग्रह प्रकाशित हुआ है, रघुवीर सहाय की कहानियाँ, एक साथ संग्रहीत होकर छपी हैं, मनोहरश्याम जोशी की कहानियों का भी संग्रह आया है, वगैरह-वगैरह। तो, हम सिर्फ कथाजगत में इस समय जो हलचलें हैं उनका इस दृष्टि से जायजा भर लेना चाहते हैं, कि क्या सचमुच एक बार फिर हिन्दी में कथातत्त्व पुनर्प्रतिष्ठित हो रहा है ? और अगर ऐसा है तो इसके पीछे कौन से कारण आप देखते हैं ?

नामवर सिंह : आपके इस मत से मेरी पूरी सहानुभूति है। आपमें स्वयं भूलसुधार या पश्चात्ताप का भाव भले न हो और इसे आप चाहें तो अपना पूर्वग्रह भी कह सकते हैं, लेकिन ऐसा नहीं है कि इधर ही कहानियाँ अच्छी लिखी गयी हैं और लिखी जा रही हैं, इसलिए आपका ध्यान आकृष्ट हुआ। हिन्दी साहित्य में एक अरसे से कविता के साथ उपन्यास भी लिखे गये हैं और अच्छे लिखे गये हैं, कहानियाँ भी अच्छी लिखी गयी हैं। हिन्दी साहित्य का इतिहास सिर्फ कविता का इतिहास तो है नहीं। बड़ी विपन्न स्थिति होगी अगर हिन्दी साहित्य को केवल कविता का साहित्य कहें। समकालीन कहानीकारों ने यदि आपका ध्यान आकृष्ट किया, तो इस सम्बन्ध में मैं यह निवेदन करूँगा कि समकालीन या कुछ युवा कहानीकारों तक ही आप सीमित न रहें, बल्कि कहानी विधा की जो एक लम्बी परम्परा हिन्दी में है, आप थोड़ा और पीछे जाकर उसे भी दृष्टिपथ में रखें। उस व्यापक परिप्रेक्ष्य में युवा कहानीकारों के योगदान को देखेंगे तो मेरा खयाल है कि 'पर्सपेक्टिव' ठीक रहेगा और संतुलन बना रहेगा। अन्यथा समकालीन कहानीकारों को अपनी पूरी कहानी परम्परा अथवा साहित्य की समग्र धारा से काटकर देखने से शायद संतुलन बिगड़ सकता है। इसी दृष्टि से मैं 'पूर्वग्रह' के इस प्रयत्न को भूलसुधार के रूप में देखता हूँ। आप न देखें यह आपकी बात है। अब मैं आपसे यह जानना चाहता हूँ, कि जब आपने कहानी पर अंक निकालने का विचार किया है और युवा कहानीकार आपके सामने मुख्य रूप से हैं, तो वे कौन से कहानीकार हैं जिन पर आप विशेष रूप से दृष्टि केन्द्रित करते हुए अंक निकालना चाहते

हैं ? क्योंकि 'पूर्वग्रह' तो प्रायः किसी-न-किसी पर केन्द्रित अंक ही निकालता आया है।

मदन सोनी : अभी आपने पूर्वग्रह का जिक्र किया था, कह लीजिए कि यह हमारा पूर्वग्रह ही है, कि जो लोग मूलतः कहानीकार रहे हैं, प्रोफेशनली कहानीकार रहे हैं, उनके बारे में बहुत बातचीत हुई है, आपने एक पूरी किताब भी उन पर लिखी है। लेकिन उस पूरे दौर में भी कुछ ऐसे कहानीकार रहे हैं जो यद्यपि सिर्फ कहानियाँ ही नहीं लिखते रहे, लेकिन जिन्होंने महत्त्वपूर्ण कहानियाँ लिखी हैं, मसलन कुँवरनारायण, श्रीकांत वर्मा, रघुवीर सहाय। इधर बाद की पीढ़ी के लोगों में जितेन्द्रकुमार, विनोदकुमार शुक्ल, प्रयाग शुक्ल आदि भी ऐसे कहानीकार हैं जिन्होंने न केवल बहुत सार्थक कहानियाँ लिखी हैं, बल्कि प्राफेशनल कहानीकारों से बिल्कुल अलग तरह की कहानियाँ लिखी हैं। हम चाहें तो इसे कहानी की दूसरी परम्परा कह सकते हैं, मुक्तिबोध का नाम भी मैं उसमें शामिल करना चाहूँगा। क्या आपको यह महज एक संयोग लगता है कि इन सभी कहानीकारों को हम मूलतः एक बहुत अच्छे कवि के रूप में भी जानते हैं। हमारा यह आग्रह कतई नहीं है कि अच्छा कहानीकार होने के लिए अच्छा कवि होना जरूरी है, लेकिन क्या आपको नहीं लगता कि इन कहानीकारों की कहानियों को जो चीज ताकत देती है वह उनकी काव्यात्मक संवेदना भी है। इसे हम इस तरह भी देख सकते हैं कि जिन ठेठ कहानीकारों की कहानियों को हम सराहते हैं उनमें बावजूद उनके कवि न होने के एक तरह की काव्यात्मक संवेदना केन्द्रिय रूप में सक्रिय रही है, इसके सबसे श्रेष्ठ उदाहरण निर्मल वर्मा कहे जा सकते हैं। मैं निर्मल वर्मा की कहानी को उस तरह कविता कहना ठीक नहीं समझता जिस तरह कहीं, संभवतः 'दिनमान' में एक समीक्षक ने हाल ही में कहा जब वह उनके ताजा संग्रह की कहानी 'जिन्दगी यहाँ वहाँ' का जिक्र कर रहा था। हम चाहेंगे कि कहानी में इस कवि संवेदना के इन्टरवेंशन को आप किस तरह लेते हैं, इस पर कुछ कहें ?

नामवर सिंह : मतलब यह कि आपकी दिलचस्पी मुख्यतः कवि-कहानीकारों में है। इसमें कोई शक नहीं कि हिंदी में कवि-कहानीकारों की एक लंबी परम्परा है। प्रसाद जी इस परम्परा के आदि पुरुष हैं। एक जमाना था जब हिंदी कहानी में दो स्कूलों की चर्चा की जाती थी—प्रेमचंद स्कूल और प्रसाद स्कूल। यह दिलचस्प बात है कि हिंदी कहानी के विकास की बुनियाद में ही दो या कि दुहरी धाराएँ हैं। कवि-कहानीकारों की इस दूसरी धारा में निराला, पंत, बच्चन के अलावा आगे चलकर अज्ञेय आते हैं और फिर मुक्तिबोध, रघुवीर सहाय, कुँवरनारायण, श्रीकांत वर्मा, विनोद कुमार शुक्ल आदि। यहाँ हम प्लाट का मोर्चा के लेखक शमशेर को भी जोड़ सकते हैं और सर्वेश्वर को भी याद कर सकते हैं। लेकिन आपकी दृष्टि में जो कहानी की 'दूसरी परम्परा' है, वह मेरी दृष्टि में हिंदी कहानी की गौण

परम्परा ही है। मैं यह नहीं मान सकता कि हिंदी कहानी में नई जमीन तोड़ने का काम केवल कवि कहानीकारों ने किया। स्वयं प्रेमचन्द में कहानी के विषय और रूप को लेकर इतनी विविधता है कि दंग रह जाना पड़ता है। इस दृष्टि से प्रेमचंद के महत्त्व को स्वयं रघुवीर सहाय ने भी स्वीकार किया है। हिंदी कहानी के विकास में प्रेमचंद के अलावा जैनेन्द्र, यशपाल, रेणु, अमरकांत और आगे चलकर ज्ञानरंजन, काशीनाथ सिंह ने जो योगदान किया है, उसे देखते हुए यह स्वीकार करना ही होगा कि जो कहानीकार कवि नहीं हैं उनका योगदान कहीं बड़ा है। इस सूची में यदि आपके प्रिय कहानीकार निर्मल वर्मा को भी जोड़ लें, जो कि कवि नहीं हैं, तो मेरी धारणा ही पुष्ट होती है।

जहाँ तक कहानी में 'काव्यात्मक संवेदना' का प्रश्न है, जरूरी नहीं कि वह एक कवि-कहानीकार की कहानी में ही हो। आपने स्वयं ही निर्मल वर्मा का उदाहरण दिया है। इस प्रसंग में रेणु का भी नाम लिया जा सकता है। मैंने 'दिनमान' का वह लेख नहीं पढ़ा है, जिसमें निर्मल वर्मा की कहानी को कविता कहा गया है। लेकिन यदि ऐसा कहा गया है तो उसे आप निन्दात्मक क्यों समझ रहे हैं ? यदि आप निर्मल जी से पूछें तो शायद उनके लिए इससे बड़ी प्रशंसा और हो नहीं सकती।

मदन सोनी : संयोग से निर्मल जी से मैंने पूछा था और उन्होंने इस बात पर अफसोस जाहिर किया था कि ये क्या बात हुई··· और अगर, निर्मल जी इस बात से सहमत भी होते, तो भी इस टिप्पणी की सार्थकता तो बढ़ नहीं जाती ···।

नामवर सिंह : नहीं, जहाँ तक मुझे याद है, निर्मल जी की कहानियों को मैंने जब संगीतधर्मी कहा था तो इसे उन्होंने 'काम्प्लीमेंट' के रूप में ही ग्रहण किया था। इनके पीछे सुपरिचित तर्क यह था कि सभी कलाएँ संगीत को ही चरम लक्ष्य मानती हैं। फ्रांसीसी 'सिम्बोलिज्म' के दौर में सौंदर्यशास्त्र की यह धारणा थी कि समस्त कलाओं की चरम आकांक्षा होती है कि वे या तो स्वयं संगीत बन जाएँ या उनकी सरहदें छू लें।

मालार्मे ने खुद कविता को संगीत बना देना चाहा था। उन दिनों यह समझा जाता था कि सर्वोच्च कला संगीत है, क्योंकि 'शुद्ध' है। इसलिए प्रत्येक कला का चरम लक्ष्य होना चाहिए कि वो संगीत बन जाय अपनी 'एस्थेटिक एक्सपीरियंस' में। शायद इस दृष्टि से निर्मल जी ने कहा था कि मेरी कहानियों को यदि लोग कविता कहते हैं या कविता जैसी कहते हैं या संगीतात्मक कहते हैं तो वह कोई दोष नहीं है, बल्कि मैं इसे अपना सबसे बड़ा गुण मानता हूँ। चेखव की कहानियों के बारे में भी कहा गया है कि चेखव की कहानियों का जो विषाद या अवसाद है वह लगभग एक संगीत का-सा प्रभाव छोड़ता है—संगीत में भी जैसा शोपाँ का

नाकटर्न। लेकिन जरूरी नहीं कि एक कवि की ही कहानी कविता जैसा प्रभाव छोड़े। रेणु की कहानियों को आप क्या कहेंगे ? रेणु कवि नहीं हैं, लेकिन उनकी कहानियों का पहला संग्रह 'ठुमरी' नाम से निकला और उन्होंने कहा कि मेरी कहानियाँ ठुमरीधर्मा हैं। 'रसप्रिया' या स्वयं 'तीसरी कसम' नाम की कहानी कविता का-सा प्रभाव मन पर छोड़ती है। निर्मल की कहानी भी लगभग कविता का-सा प्रभाव छोड़ती है। लेकिन 'कविता का सा प्रभाव' कहते समय हमारे मन में एक तरह का 'सेंटीमेंटलिज्म' भी कहीं न कहीं होता है। यानी पुराने लोगों की भाषा में ये 'भावप्रधान' कहानियाँ हैं। जैसे–प्रसाद की आकाशदीप, हिंदी की प्रचलित आलोचना में भाव-प्रधान कहानी है। अर्थात् यहाँ महत्त्वपूर्ण चरित्र नहीं है, महत्त्वपूर्ण कथानक नहीं है, बल्कि सांद्र-सघन अनुभूति ही उन कहानियों का कथ्य है। सम्प्रति मैंने दो ही नाम ऐसे लिये जिनकी कहानियाँ एक विशेष प्रकार की कविता जैसा प्रभाव पैदा करती हैं। लेकिन स्वयं कवि-कहानीकारों को लें तो कुँवरनारायण की कहानी कविता जैसा प्रभाव नहीं पैदा करती। गुड़ियों का खेल, अफसर, कमीज जैसी कहानियाँ जिस व्यंग्य और विडम्बना का एहसास कराती हैं वह 'भावुकतापूर्ण' कविता के प्रभाव से भिन्न है। उससे ज्यादा कविता का-सा प्रभाव तो रेणु और निर्मल की कहानी छोड़ती हैं। इसी तरह रघुवीर सहाय की कहानियाँ भी उस तरह की कविता जैसा प्रभाव नहीं छोड़तीं, न मनोहरश्याम जोशी की कहानी ही। और यह नहीं भूलना चाहिए कि मनोहरश्याम जोशी एक कवि भी हैं। ऐसी हालत में यह कहना कि कविता जैसी कहानी लिखना केवल कवि-कहानीकारों के ही हिस्से आता है और जो निरे कहानीकार हैं, कविता जैसी कहानी नहीं लिखते, गलत होगा। अंततः यह दीवार टूट जाती है। इसी अर्थ में मैंने कहा कि यह वक्तव्य अतिव्याप्ति और अव्याप्ति दोनों प्रकार के दोषों से ग्रस्त है। इसलिए इन तथाकथित कवि-कहानीकारों की कहानी पर दूसरे ढंग से विचार किया जाना चाहिए।

मदन सोनी : इस संदर्भ में मैंने यह जानना चाहा था कि 'पोएटिक सेंसिबिलिटी' उनकी कहानी की प्रभावान्विति में किस हद तक मदद करती है ?

नामवर सिंह : देखो भाई, 'पोएटिक सेंसिबिलिटी' कोई अखण्ड अविभाज्य एक जैसी तो होती नहीं। बेहतर है हम लोग इस 'पोएटिक' शब्द को ठीक-ठीक परिभाषित करें, क्योंकि कविताएँ भी कई तरह की होती हैं। विनोदकुमार शुक्ल की कविता जिस व्यंग्य, विद्रूप और विडम्बना का बोध कराती हैं वो एक 'पोएटिक सेंसिबिलिटी' है। जरूरी नहीं कि वही 'पोएटिक सेंसिबिलिटी' केदार नाथ सिंह की भी हो। इसलिए 'पोएटिक सेंसिबिलिटी' या 'काव्यात्मक सम्वेदना' के भी कई रूप और रंग हैं। एक ही दौर में लिखने वाले तरह-तरह के लोग हैं और ये एक लबादानुमा शब्द जो 'पोएटिक सेंसिबिलिटी' का इस्तेमाल किया जाता है वह भ्रम पैदा कर सकता है। सबसे पहले भाषा को ही लीजिए। इधर कविता और कहानी

की भाषा का अंतर कम हुआ है। कविता में गद्य के टुकड़े मिलेंगे और कहानियों में कविता के टुकड़े। सृजन के क्षेत्र में यह एक नया विकास है। कई कवि-कहानीकार इस मामले में बहुत सतर्क हैं। जिसे मैं अनलंकृत, भावुकता से शून्य सूखा या ठंडा गद्य कहता हूँ, वह उदाहरण के लिए श्रीकांत वर्मा की कहानी में मिलता है और यह उनकी कविता के समान ही है। इस समय मुझे 'ठण्ड' नाम की कहानी याद आ रही है। उनकी बहुचर्चित कहानी 'शवयात्रा' भी बहुत 'नानसेंटीमेंटल' है। जिसे 'पोएटिक डिक्शन' कहते हैं उस 'पोएटिक डिक्शन' का प्रयोग श्रीकांत ने बिल्कुल नहीं किया है। और इस 'पोएटिक डिक्शन' का प्रयोग आपको कुँवरनारायण में भी नहीं मिलेगा। यह जरूर है कि कुँवरनारायण कहीं-कहीं अपनी कविता वाले लटके जरूर इस्तेमाल करते हैं। अभी सवेरे उदयन ने उनकी कहानी 'कमीज' दी। उस 'कमीज' कहानी की शुरुआत कविता जैसी होती है। अब पहला वाक्य आप पढ़ें ··· मैं पढ़कर सुनाए देता हूँ–"बाँसों के बने किसी बहुत पुराने कमजोर कटघरे को जोर से झकझोरने पर जैसी आवाज निकलती है, वैसी ही आवाज इस दुनिया से निकलती है, अगर इसे इतनी ही जोर से सोचा जाये और अगर उतनी ही जोर से सोचते रहा जाय तो टूट जायेगी।" यह जो पहला पैराग्राफ है, मैं मानता हूँ कि एक कवि ही लिख सकता है। लेकिन यह कहते हुए मेरे ध्यान में तुरन्त एक दूसरी बात आती है। इस दृष्टि से तो 'उसने कहा था' कहानी का जो अमृतसर के वर्णन वाला पहला पैराग्राफ है वह भी तोड़ दिया जाय तो अच्छी खासी कविता बन सकती है जैसे कि निराला की 'नये पत्ते' की कुछ कविताएँ। लेकिन यह एक इस तरह का गद्य है जिस तरह का गद्य कहानीकार रेणु नहीं लिख सकते थे, जो सबसे ज्यादा काव्यात्मक थे।

मदन सोनी : निर्मल जी इस तरह शुरू न करते हों, लेकिन उनकी कहानी में बीच-बीच में ऐसे बहुत से प्रयोग होते हैं जिनमें भाषा की व्यंजना शक्ति का अद्भुत रूप देखने को मिलता है। मसलन एक दिन का मेहमान कहानी है : दरवाजा खोलती है लड़की और पूछती है–बाहर कब से खड़े हैं ? उत्तर मिलता है–दो बरस से। यह, मात्र इतने कम शब्द अपनी ध्वनि में वे सारे संदर्भ आलोकित कर देते हैं, जो उस कहानी की पृष्ठभूमि में हैं ···

नामवर सिंह : इसे मैं एक 'विटिसिज्म' मानता हूँ और यह नाटक के क्षेत्र का नाटकीय संवाद है।

मदन सोनी : ठीक है, पर इस नाटकीयता का कविता से बड़ा गहरा संबंध है ···

नामवर सिंह : नहीं-नहीं, अब यह तो इतिहास की बात हो गयी कि हर चीज की उत्पत्ति कविता से हुई थी, इसलिए आरंभ में···

उदयन वाजपेयी : कहा भी गया है कि शब्द से सृष्टि है।

नामवर सिंह : लेकिन निर्मल की कहानी की भाषा का असली रूप संवादों में नहीं वातावरण के चित्रण में प्रकट होता है। कुँवर के यहाँ कहानी में जो कविता आयी है वो किसी रंगीन वातावरण या शाम का धुँधलका या बरफ गिरने के चित्रण में नहीं, बल्कि कुँवर जीवन के अनुभव पर तीखी टिप्पणी करने में ले आते हैं, जो स्वयं उनकी कविता में आता है। किसी परिस्थिति पर ऐसी टिप्पणी जो 'पोएटिक स्टेटमेंट्स' के समान उनकी कविता में आती है, जो सामान्य कथन नहीं होता है, बल्कि जिससे एक बड़ा अर्थ ध्वनित होता है और जो एक छोटी-सी घटना के बहाने जीवन की एक बड़ी सच्चाई या परिस्थितियों को व्यक्त करता है। बात भाषा की हो रही है, इसलिए आप ही बतलाइए कि श्रीकांत जैसा ठंडा गद्य आपको और किस कवि-कहानीकार में मिलता है ? मुझे तो उस तरह का ठंडा गद्य अगर कहीं मिलता है, तो ज्ञानरंजन में या फिर काशीनाथ सिंह में। दूसरे कहानीकारों में भी होगा पर कम ही। इसी तरह कुँवरनारायण में जो व्यंग्य मिलता है वह अमरकांत में दिखाई देगा। जैसे कुछ कहानियाँ, 'डिप्टी कलेक्टरी', 'जिन्दगी और जोक' या फिर 'हत्यारे'। रघुवीर सहाय तो जैसा 'जलेबीमार्का' बोलते हैं वैसा ही गद्य कविता में भी लिखते हैं और कहानी में भी। वह गद्य दूसरे प्रकार का है। फिर भी जैसा मैं लिख चुका हूँ कि उन्होंने एक बड़ी सूक्ष्म एक छोटी-सी स्थिति को लेकर के, जैसे उनकी चिड़िया वाली जो कहानी है–'मुक्ति' एक बड़े सत्य को ध्वनित कराया है। ऐसा समझा जाता था और समझा जाता है कि यह कविता का धर्म है, लेकिन मैं इसे कविता मात्र का धर्म नहीं मानता। एक छोटी-सी स्थिति में बड़े सत्य की गूंज या व्यंजना कहानी में भी संभव है। जैसे निर्मल करते हैं या चेखव ने किया है। इसलिए मैं यह नहीं मानता कि यह केवल कविता का धर्म है। यह साहित्य मात्र का धर्म है। मैं अभी जो चर्चा कर रहा था कि कवियों द्वारा लिखी गयी कहानियों में जो नवीनता आयी है या नये प्रयोग आये हैं और जिनको 'कविता जैसी' कहते हैं उसमें से एक की भाषा की जाँच-पड़ताल तो मैंने की और देखने की कोशिश की कि कहानी की भाषा को उन्होंने क्या दिया है, किन्तु 'नरेटिव प्रोज' के लिए जो एक सहज प्रसन्न गद्य होना चाहिए जो किस्सागोई के लिए भी होता है–उस क्षेत्र में जो निरे कहानीकार हैं, उनकी देन को मैं ज्यादा महत्त्व देता हूँ। हिन्दी गद्य को समृद्ध करने की परंपरा अमरकांत जैसे कहानीकारों में मिलती है। अमरकांत को मैं इसका बहुत अच्छा उदाहरण मानता हूँ, ज्ञानरंजन को भी। यह जो 'नेरेटिव फिक्शन' के, गद्य के निर्माण का सवाल है, कवि-कहानीकारों के द्वारा किये गये कुछ सार्थक प्रयोगों के बावजूद जो हिन्दी फिक्शन की मुख्य धारा है उसमें वे बहुत योगदान नहीं देते और यहाँ एक चीज मैं और जोड़ दूँ कि इन लोगों के साथ एक बड़ी भारी गड़बड़ी रही वो है स्वचेतनता या सेल्फकांशसनेस कहानी लिखते समय। वो मुक्तिबोध में भी है और रघुवीर सहाय में तो पराकाष्ठा

पर है। जैसे 'मेरे और नंगी औरत के बीच' वाली कहानी में। नैरेटर बीच-बीच में कहानी लिखते समय खुद कहानी के बारे में सोचता रहता है समानान्तर। 'सेल्फ कांशसनेस' किसी जमाने में आधुनिकता बोध का मुख्य लक्षण मानी जाती थी। आपको शायद याद हो कि अज्ञेय ने रघुवीर सहाय को इस 'स्व-चेतना' के लिए दाद दी है। वह नयी कविता का भी मुख्य लक्षण माना जाता था। मुक्तिबोध की उस 'भूत का उपचार' कहानी में भी जो उदयन वाजपेयी ने मुझे खासतौर से पढ़ने के लिए दी थी, उसमें भी कहानी ही नहीं कहानी की रचनाप्रक्रिया और उस पर की जाने वाली सचेतन टिप्पणियाँ भी मौजूद हैं। वह तत्त्व कुँवरनारायण की कहानियों में भी मौजूद है। आश्चर्यजनक रूप से श्रीकांत की कहानी में यह स्वचेतना नहीं है और मैं श्रीकांत को ठेठ कहानीकार मानता हूँ। कविता लिखते समय श्रीकांत अलग हैं, कहानी लिखते समय श्रीकांत अलग हैं और लगता है कि एक सधा हुआ कथाकार है, जो उपन्यास और कहानी भी उतनी ही दक्षता के साथ लिख सकता है, यह भूलकर कि वो कवि है। ये चीज मुझे रघुवीर सहाय में नहीं मिलती। यह चीज कुँवरनारायण में भी नहीं है। कुँवरनारायण और मुक्तिबोध और कदाचित विनोदकुमार शुक्ल में भी यह स्वचेतनता दिखाई पड़े—कविता में तो दिखाई पड़ती ही है। मैंने उनकी कहानी कोई पढ़ी नहीं, लेकिन मेरा अनुमान है, उनके उपन्यास को पढ़ने के बाद मैं कह सकता हूँ कि वह स्वचेतनता उनकी कहानियों में भी हो सकती है।

मदन सोनी : मनोहर श्याम जोशी का नाम शायद आप छोड़ रहे हैं।

नामवर सिंह : उनके 'कुरु-कुरु स्वाहा' में घनघोर है, पराकाष्ठा पर है, 'कसप' में कम है, और अब मेरी अपनी धारणा यह बनी है, संसार के और अपने देश के क्लासिक्स को देखते हुए, कि एक श्रेष्ठ कालजयी सर्जनात्मक कृति की रचना के लिए यह 'आत्मसजगता' बाधक है। कवि में तो शायद वो ठीक है। लेकिन स्वयं वह आत्मसजगता रचना में भी अगर आ जाये तो वो एक बाधा होती है, रसभंगकारी होती है। पहले मैं इसकी प्रशंसा किया करता था और समझता था कि यह एक तरह का नया आयाम देती है, हमारे आस्वाद में, लेकिन वह आत्मसजगता कहीं न कहीं उस कृति में किरकिरी की तरह से खटकती रहती है। मुझे देखकर प्रीतिकर आश्चर्य हुआ कि हमारे प्रिय कहानीकार निर्मल जी में यह स्वचेतनता उनकी कहानियों में व्यक्त नहीं होती। इस पर मतभेद लोगों को हो सकता है, लेकिन जो किसी कृति को कालजयी बनाने वाली चीज है उसमें यह स्वचेतनता बाधक होती है। इस खिलवाड़ में, एक मजा तो आता है खास तरह का, लेकिन कहीं न कहीं वह पूरी कहानी में रसभंग जैसा पैदा करता है।

उदयन वाजपेयी : हालाँकि 'नौकर की कमीज' में शायद यह सेल्फ कांशसनेस यह आत्म सजगता शक्ति बन जाती है, शक्ति बनी है इस उपन्यास की…

नामवर सिंह : कारण यह है कि उस उपन्यास का जितना बड़ा कैनवस है और जिस जीवन की विडम्बना से जुड़ा हुआ उसका कथ्य है उसमें नैरेटर की 'सेल्फ कांशसनेस' स्वयं भी योगदान देती है। इसलिए वहाँ वो रुचिकर है, लेकिन एक छोटी-सी कृति में यदि केवल यही चीज हो तो वो विसंवादी स्वर होगा, ऐसा मेरा खयाल है।

उदयन वाजपेयी : मुझे महाभारत की याद आ रही है जहाँ वेदव्यास खुद एक पात्र की तरह आ जाते हैं। ऐसा कई जगह है कि वेद व्यास खुद आ गये। जो बच्चे होते हैं, अंबालिका और अम्बिका के–जिनसे शान्तनु का परिवार आगे बढ़ता है–वे बच्चे याने धृतराष्ट्र, पाण्डु और विदुर। खुद वेद व्यास के हैं।

नामवर सिंह : पुरानी कथाओं में आप जहाँ चाहे देखें। पुराने जो लम्बे आख्यान हुआ करते थे, वाचक उनकी उस किस्सागोई की शैली का एक अनिवार्य अंग बन गया था। नाटकों में भी इस प्रविधि का प्रयोग होता है। उसे नाटक में इस्तेमाल किया जाता है, 'कमेन्ट्री' करने के लिए। बीच-बीच में सूत्रधार या वाचक आता रहता है। सूत जी बोले, शौनक ने पूछा, फिर वैशम्पायन जो टिप्पणी कर रहे हैं, फिर कथा चल रही है, कथा जब कुछ दूर चली तो टिप्पणी करने के लिए वे बीच में आ गए। लम्बे आख्यानों की एकरसता भंग करने के लिए शायद यह प्रविधि उपयोगी है। लेकिन वह आधुनिक युग की 'सेल्फ कांशसनेस' से भिन्न है। दोनों को एक नहीं समझना चाहिए।

राजेन्द्र धोड़पकर : जैसे 'एलीनेशन' होता है।

नामवर सिंह : वो और बात है। जहाँ तक स्वचेतनता का सवाल है, वह एक तरह से प्रयोगवाद के आरंभ में रोमांटिक कविता की प्रतिक्रिया स्वरूप आई। रोमांटिक आत्मविस्मृति के विरुद्ध गैर-रोमांटिक आत्मसजगता, भावुकता के विरुद्ध बौद्धिकता। अपने को देखते रहना याने देखने वाली आँख दृश्य को ही नहीं देख रही, बल्कि स्वयं अपनी आँख को भी देख रही है।

उदयन वाजपेयी : यानी सब्जेक्ट भी ऑब्जेक्ट हो जाता है ?

नामवर सिंह : जी हाँ, यह एक तरह का 'सेल्फ क्रिटिकल' दृष्टिकोण था, शायद एक नया बोध, जो नयी कविता के शुरू के दिनों में ज्यादा मुखर था। जरूरी नहीं कि वह आजकल के लोगों में भी हो।

मदन सोनी : एक दो कहानीकारों के नाम मैं लेना चाहूँगा जिनको शायद आपने पढ़ा हो, एक को तो उनमें से आपने निश्चित ही पढ़ा होगा। रमेशचन्द्र शाह की कहानियों में तो यह सेल्फकांशसनेस इस हद तक है कि दूसरा पात्र वहाँ होते हुए भी गायब लगता है। मैं जानना चाहूँगा कि कहानी में इस सेल्फकांशसनेस के प्रति आपकी क्या दृष्टि है ? और लगे हाथों मलयज की कहानियों के बारे में भी यह सवाल जोड़ लें, क्योंकि उनकी कहानियों में तो हम सेल्फकांशसनेस

का इंटरवेन्शन इतना ज्यादा है कि…

नामवर सिंह : कदाचित ये हो। मैंने इन दोनों लेखकों की कहानियाँ नहीं पढ़ी हैं।

मदन सोनी : संयोग से मलयज और रमेशचन्द्र शाह दोनों कवि-कहानीकार तो हैं ही।

नामवर सिंह : कवि के रूप में संदिग्ध, आलोचक ही मुख्य हैं, इसलिए इनको आप आलोचक-कहानीकार कहिए। आलोचना लिखने के साथ कोई कहानीकार बने और कहानियाँ लिखे तो कोई अपराध नहीं है। वैसे, शाह साहब तो बहुमुखी प्रतिभा के धनी हैं। कोई विधा तो नहीं बच पाई उनसे।

ध्रुवशुक्ल : एक जिज्ञासा थी मेरे मन में नामवर जी ! प्रयोगवाद के बारे में आपने लिखा है कि पाठकों ने प्रयोग-प्रयोग के लटके को पकड़ लिया और उसे प्रयोगवाद नाम दे दिया। आपने ही लिखा है कि प्रयोगशील कवियों के वाद-विरोध ने प्रयोग के लिए मार्क्सवाद को छोड़ दिया। आपने उदाहरण दिया है कि नीत्शे प्रयोग करते-करते पागल होकर मरा। अब आप ही कहानी को लेकर प्रयोग पर जोर दे रहे हैं। लेकिन एक दूसरा विचार भी है कि कहानीकार तो अपने पात्रों का पीछा करता है वह उनके बारे में नहीं जानता बल्कि उन्हें लगातार जानने की कोशिश करता है और इस जानने की कोशिश में ही कहानी बनती है। तब फिर कहानी में प्रयोग की सार्थकता क्या है अगर कहानी में भी इस लटके को पकड़ लिया गया तो ?

नामवर सिंह : देखो भाई ऐसा है, एक तो सामान्य धारणा मैं अपनी व्यक्त कर देना चाहता हूँ कि चाहे कविता हो, चाहे कहानी हो—दोनों में प्रयोगधर्मिता महत्त्वपूर्ण है। लगभग उसकी भूमिका वही होती है जो फौज में हरावल दस्ते की होती है। बल्कि कहना चाहिए कि पश्चिम में तो कला के क्षेत्र में 'आवाँगार्द' शब्द लिया ही गया था फौज से। आशय यह था कि जो हम नये रचनाकार हैं वो 'आवाँगार्द' की भूमिका अदा करते हैं। लेकिन यह समझना चाहिए कि हरावल दस्ते की एक निश्चित भूमिका होती है किसी देश को या क्षेत्र को जीतने में। कब्जा तो अन्ततः फौज ही करती है, हरावल दस्ते की एक सीमित भूमिका होती है। साहित्य के क्षेत्र में, स्वयं हरावल दस्ते की भूमिका अदा करने वाले रचनाकारों की कृतियाँ तभी कालजयी हुई हैं, जब परंपरा और प्रयोग इस अनुपात में एक-दूसरे से जुड़ते हैं, समन्वित होते हैं, जो केवल नयी दिशा खोलने वाला प्रयोग मात्र नहीं होता, बल्कि जीवन के गंभीर प्रश्नों से जूझने में अपनी परपंरा से लेकर के या जुड़ करके करता है। नये प्रयोगों की दृष्टि से देखें तो एजरा पाउण्ड ज्यादा महत्त्वपूर्ण है, एलियट की अपेक्षा। लेकिन कवि के रूप में एलियट, पाउण्ड से ज्यादा महत्त्वपूर्ण है। खासतौर से उनकी 'फोर क्वार्टेट्स' प्रयोगमात्र नहीं हैं। इसीलिए

'लव साँग ऑफ आर्थर जे. प्रूफ्रॉक'–प्रयोगधर्मी कविता मात्र है और उसका वही ऐतिहासिक महत्त्व है; लेकिन स्थायी महत्त्व तो फोर क्वार्टेट्स का है। शायद इसीलिए कुछ लोग एलियट से भी ज्यादा महत्त्वपूर्ण कवि अंग्रेजी में डब्लू. व्ही. येट्स को मानते हैं, जबकि एलियट की तुलना में डब्लू. व्ही. येट्स ज़्यादा परंपरानुगामी कवि है, रूप में नये प्रयोग वहाँ अपेक्षाकृत कम ही हैं। निराला की महत्त्वपूर्ण कृतियाँ नये प्रयोगमात्र नहीं हैं, क्योंकि निराला की कालजयी कृति 'रान की शक्ति पूजा' में परंपरा और नवीनता इस हद तक समन्वित है कि हम इसको प्रयोगवाद नहीं कह सकते। इस आधार पर कहानी की दुनिया में खासतौर से कवि-कहानीकारों के योगदान को अगर मैं उतना मूल्यवान नहीं मानता तो उनके पीछे वही सिद्धांत है कि शायद वहाँ नयी खोज तो है, लेकिन शायद टिकाऊ और सार्थक कथा-कृतियाँ कम ही हैं। इसके विपरीत निर्मल जी ने कहानी के फार्म में न्यूनतम नये प्रयोग किये, फिर भी बहुत कुछ परंपरित कथारूप में भी उन्होंने उल्लेखनीय उपलब्धियाँ कीं। इसी तरह रेणु ने उपन्यासों में तो बहुत सी नयी प्रविधियाँ अपनायीं लेकिन कहानियों को देखें तो वे बहुत ही 'कन्वेंशनल' कहानियाँ हैं। 'लोककथा' की तरह। फिर भी उनमें क्लासिकी ताजगी है।

उयदन वाजपेयी : नामवर जी, मैं यह कहूँगा कि आधुनिक लेखक जो भी हैं उनके साथ दिक्कत यह है कि वह अपनी परंपरा को अपने प्रयोगों में ही पाते हैं। मगर यही आधुनिक लेखक का मूल्य है, जहाँ लेखक परंपरा को पाने के लिए उसका निषेध करता है और यही शायद उसकी सबसे बड़ी विडंबना है।

मदन सोनी : मैंने अभी अमरकांत की एक कहानी पढ़ी–'जिंदगी और जोंक।' कहानी का केन्द्रीय चरित्र है रजुआ। पूरी कहानी को पढ़ने के बाद जो प्रभाव पड़ता है वो कुछ इस तरह बनता है कि कहानीकार को यह बात पहले से ही पता है कि यह चरित्र कैसा है। यह जान कर फिर वो उस चरित्र के वैसे होने को प्रमाणित करता है और अन्त में कहानी लगभग एक वेल्यू जजमेंट-सा देती लगती है, कि यह इस पात्र की सहज परिणति है, ऐसा होना उसकी नियति थी। यह भी इसलिए शायद संभव हो जाता है, क्योंकि यह बात सिद्धांततः मान ली गई है कि एक क्लास विशेष के एक आदमी की नियति लगभग ऐसी ही होती है। लेकिन विशेष रूप से निर्मल जी की कहानी के बारे में और यह जो 'कमीज़' कहानी है कुँवर जी की, इन कहानियों के बारे में मुझे लगता है कि इन में जैसा कि अभी ध्रुव ने कहा था कि वो पीछा करता है··· निर्मल जी ने भी लिखा है किसी को उद्धरित करते हुए कि कहानीकार मानव आत्मा का डिटेक्टिव होता है ··· तो मानव आत्मा के प्रति या यथार्थ के प्रति यह कौतूहल जिज्ञासा और अन्वेषक दृष्टि, जो निर्णय देने के प्रति उतनी उतावली नहीं है ··· वह निर्णय देने को होती है और एकाएक एक नई परिस्थिति एक नई संभावना उस चरित्र के

बारे में कहानीकार के तमाम पूर्वानुमानों को ध्वस्त कर देती है। कहानीकार पात्र के पीछे होता है–सिर्फ पीछे, दूर नहीं ··· और अंत में वह कोई निर्णय नहीं देता ··· पीछे बने रहने और पास आते जाने से आत्यंतिक तनाव में ही कहानी खत्म होती है। उदाहरण के लिए 'डेढ़ इंच ऊपर' कहानी को ले सकते हैं ···

नामवर सिंह : देखो, कई कहानियों को एक साथ मत लो। एक-एक करके लो तो अच्छा रहेगा। मुझे खुशी है कि हम लोग कहानियों पर सामान्य बात न करके अब ठोस पूरी कहानी ले रहे हैं। पहली बात तो साफ कर दूँ कि अमरकांत की 'जिंदगी और जोंक' कहानी मुझे उतनी अच्छी नहीं लगती, जितनी अच्छी मुझे उनकी 'दोपहर का भोजन' लगती है या फिर 'डिप्टी कलेक्टरी'। इसलिए यदि मुझे चुनना ही हो तो मैं 'दोपहर का भोजन' को ज्यादा अच्छी कहानी मानूँगा, 'जिंदगी और जोंक' की अपेक्षा। यद्यपि 'जिंदगी और जोंक' में रजुआ की जिजीविषा और जीने के लिए संघर्ष बहुत प्रभावशाली हैं। उसमें कुछ शिल्पगत कमजोरियाँ अवश्य हैं, जैसे कहानी बहुत खिंच गयी है, पर उसमें वह कमजोरी नहीं है जो निर्मल को बरक्स रखकर दिखाने की कोशिश कर रहे हो। यानी अमरकांत की कहानी का दोष आपको यह दिखाई पड़ता है कि उनको जैसे उस पात्र की नियति पहले से मालूम हो और निर्मल को पात्रों की नियति पहले से मालूम नहीं है, अन्ततः वो खोजी बने रहते हैं। कहा तो डी. एच. लॉरेन्स ने है, लेकिन वो बड़ा महत्त्वपूर्ण सूत्र है, कि कहानी का विश्वास करो, कहानीकार का नहीं। 'आत्मा का डिटेक्टिव' वगैरह जैसी बातें अपने आपमें बहुत अच्छी हैं, लेकिन निर्मल की कहानियों में वे किस हद तक मिलती हैं देखने की चीज यह है। सचाई यह है कि जिस हद तक अमरकांत रजुआ की नियति जानते हैं उसी हद तक निर्मल भी अपने चरित्रों की नियति जानते हैं। जब कहानी लिख रहे हों तो अंत उनको मालूम होता है, चाहे वह खुला हुआ अंत हो, चाहे बंद। यह हो सकता है कोई कहानी में अहसास कराये कि हम अंत नहीं जानते और दूसरा यह अहसास कराये कि हम पहले से जानते हैं। यह टेक्नीकल मसला है। लेकिन ध्रुव शुक्ल जिस प्रयोगधर्मी खोजी वृति की बात कर रहे थे, उसके बारे में दूसरे सिद्धांत लागू होते हैं। इतिहास में ऐसे दौर आते हैं जब लगता है कि जिंदगी इतनी पेचीदा है कि इसके बारे में फैसला नहीं दिया जा सकता, क्योंकि हर चीज बड़ी अस्थिर है और संक्रमण की अवस्था से गुजर रही है। अमेरिकी कहानी में 1920 के आसपास का दौर ऐसा ही था शेरवुड एन्डर्सन के प्रभाव में हेमिंग्वे जैसे कहानीकार सामने आए। उस समय इसी तरह की एक नैतिक संदेहशीलता या संदेहवादी माहौल था। कुछ ऐसी ही स्थिति हमारे यहाँ आमतौर से चौथे दशक यानी छत्तीस, सैंतीस, अड़तीस, उनतालीस, चालीस के आसपास की कहानियों में मिलती है। ऐसे प्रश्नचिह्न स्वयं प्रेमचन्द ने अपनी अंतिम कहानियों में खड़े किए हैं। यशपाल की 'फूलों का कुर्ता'

जैसी कहानियों में भी यही प्रवृत्ति मिलेगी। निर्मल की 'तीसरा गवाह' कहानी में तो इस तरह है कि अन्त तक नहीं समझ में आता कि आखिर वो तीसरा क्यों नहीं आया या वो स्त्री क्यों चली गयी ? इसलिए मूल्य निर्णय न देना, फैसला न देना एक निश्चित ऐतिहासिक दौर में कभी उपयुक्त होता है, तो एक दूसरे ऐतिहासिक दौर में, दूसरे संदर्भ में यह एक तरह से मूल्यांधता या मूल्यमूढ़ता की सृष्टि करने वाला भी होता है। यानी इस 'अनिश्चय' को 'शाश्वत' नहीं समझना चाहिए। इसलिए निर्मल के 'अनिश्चय' को अमरकांत की 'निश्चयात्मकता' की तुलना में ज्यादा कलात्मक कहना ठीक नहीं है। उदाहरण के लिए अमरकांत की एक कहानी 'हत्यारे' कदाचित् आपके ध्यान में हो। जहाँ दो बड़बोले नौजवान हैं बड़ी बढ़-बढ़ के बातें करते हैं, और अंततः एक बेकसूर की हत्या करते हैं। वे एक गरीब औरत के साथ, जो झोंपड़ी में रहने वाली है, बलात्कार करते हैं, पैसा भी नहीं देते हैं, पीछा किए जाने पर वे पकड़ने की कोशिश करने वाले को मार डालते हैं। अब उस कहानी में जो स्थिति है और जिस प्रकार के चरित्र हैं और अमरकांत दिखाना चाहते हैं कि यह हत्यारों की मनोवृत्ति है जो बड़े ही गैरजिम्मेदार हैं। मैं समझता हूँ कि उस कहानी में अगर यह मूल्य निर्णय न होता तो कहानी दो कौड़ी की होती। उस कहानी में हत्यारों को मुक्त छोड़ देना और यह कहना कि यह नहीं कहा जा सकता कि ये गलत है, कलात्मकता की सृष्टि न करता। इसके विपरीत 'तीसरा गवाह' की मूलस्थिति ही उभयसंभव की है। दो आदमियों के व्यक्तिगत संबंध की, प्रेम की कहानी के बीच आने वाली स्थिति में फैसला देने का अर्थ होता दूसरे पक्ष पर सारा दोष डालना, जो स्थिति का एकदम सरलीकरण होता। उस उभयसंभव की 'एम्बीग्यूटी' को कायम रखना एक तरह की कल्पनात्मक सहानुभूति का विस्तार है जो अपर पक्ष को भी संदेह का लाभ देने के समान है कि कहीं ऐसा न हुआ हो। इस प्रकार मैं कहना यह चाहता हूँ कि सामाजिक संघर्षों में दुश्मन को दुश्मन न कहना, किसी साहित्यकार की सामाजिक दृष्टि की ही असफलता नहीं है, बल्कि उसकी कलात्मक दृष्टि का भी दोष है। नाजुक संबंधों के बीच जहाँ बहुत से परिवर्तन हो रहे हैं और नैतिक समस्याएँ उलझी हुई हैं उनके बीच निर्णय करना कुछ कठिन है कि कौन दुश्मन है ? इसलिए यहाँ नैतिक निर्णय घातक हो सकता है, कलाकृति के लिए भी, और लेखक की सामाजिक दृष्टि के लिए भी। यदि यह बात निर्गुण हो गई तो एक दूसरा ठोस उदाहरण लें। निर्मल की ही 'एक दिन का मेहमान' कहानी में पूरी-पूरी गुंजाइश है कि परित्यक्त पुरुष पात्र नारी को दोषी ठहरा सके या ऐसा चित्रित कर सके। पर ऐसा किया नहीं गया। एक नाजुक संतुलन है। और जो संतुलन कायम रखा गया वो छोटी-सी बच्ची के माध्यम से। उस नाजुक स्थिति को पूरी संवेदनशीलता के साथ सुरक्षित रखकर कहानी ज्यादा कलात्मकता प्राप्त करती है। वो कहानी सपाट हो जाती,

अगर वहाँ पक्ष लिया गया होता, कोई भी पक्ष लिया गया होता, अगर स्त्री का पक्ष लेते तो, पुरुष का पक्ष लेते तो। वहाँ पक्षधरता कहानी का नाश कर देती और कहानी सपाट हो जाती। उस अनुभूति की सांद्रता, सघनता नष्ट हो जाती इसलिए अन्तर्वैयक्तिक संबंधों की कहानियों में तो यह अनिश्चय की स्थिति शायद सह्य है, लेकिन जो कहानीकार जिंदगी के सामाजिक संघर्षों में, दोस्त-दुश्मन का निर्णय करते समय अनिश्चय का सहारा लेते हैं वे समाज को गुमराह तो करते ही हैं कहानी को भी क्षति पहुँचाते हैं। मुक्तिबोध, जिनको हम लोग दाद देते हैं, उनकी कहानियों में दोस्त और दुश्मन की पहचान उनकी कविताओं के समान ही बहुत साफ है वहाँ कोई अनिश्चय नहीं है।

उयदन वाजपेयी : नामवर जी, एक बात मुक्तिबोध की कहानी पर है, 'भूत का उपचार' कहानी पर, जिस नियति की मदन बात कर रहा है, मुझे लग रहा है कि वो एक ऐतिहासिक अनिवार्यता जो अमरकांत जैसे कहानीकारों की कहानियों में भी मुझे लगती है जिसका जिक्र उसने किया है, जहाँ एक पात्र की नियति उसकी नियति न होकर वह नियति एक ऐतिहासिक अनिवार्यता की तरह हो जाती है। 'भूत का उपचार' कहानी में जहाँ कहानीकार अपने इस फार्मूलाइजेशन को, विचारधारात्मक फ्रेम को पात्र पर थोपना चाहता है। पात्र उसके खिलाफ विद्रोह कर रहा है, कि मैं यह सब नहीं हूँ। तुम जो मुझे एक निम्न मध्यवर्गीय कुत्सित आदमी की तरह पेश करना चाह रहे हो, दरअसल मैं हूँ नहीं। मैं ऐसा आदमी भी हूँ गणित में जिसकी दिलचस्पी है, मैं ऐसा आदमी भी हूँ जिसको जीवन की तमाम चीजों में दिलचस्पी है, जिसको तुम नहीं लिखना चाहते, क्योंकि वो तुम्हारे इस ऐतिहासिक नियतिवाद के कटघरे के बाहर की चीज है।

नामवर सिंह : बेहतर है इस कहानी का शीर्षक और अपने इस कथन को जोड़ करके देखो कि वो कौन-सा भूत है जिसका उपचार मुक्तिबोध करना चाहते हैं।

उदयन वाजपेयी : जो वे अंततः नहीं कर पाते।

नामवर सिंह : यदि अंततः भी नहीं कर पाते तो छोड़ दो।

जितेन्द्र कुमार : नहीं-नहीं, यह आपकी दृष्टि हो सकती है, हो सकता है आप अपने ही भूत का उपचार कर रहे हों, ये विशफुल थिंकिंग जो मैं उस पर लादना चाह रहा हूँ वह मेरी सैद्धांतिकता, मेरा आग्रह है, वह सैद्धांतिकता मेरे अंतर में जम गयी है इसलिए मैं हर चीज को उस तरह से देखने का आदी हो गया हूँ। इससे मैं छुटकारा पाना चाह रहा हूँ, यह भी भूत का उपचार हो गया।

नामवर सिंह : मेरा ख्याल नहीं है। यही तो मैं कह रहा हूँ कि मुक्तिबोध के सम्पूर्ण जीवनदर्शन को और उनके और कृतित्व के संदर्भ में भूत का उपचार कहानी···

जितेन्द्र कुमार : आपने ही कहा है कि जो कहानीकार कहते हों उसको न देखो, कहानी को देखो।

नामवर सिंह : मुक्तिबोध की यह कहानी अलग-थलग नहीं है। मोटेतौर से इसकी विषय-वस्तु भी वही है। एक निम्न-मध्यवर्गीय मनुष्य जो अपनी दुर्बलताओं से ग्रस्त है और उससे मुक्त होना चाहता है और विडम्बना यह कि दूसरे लोग उसकी समस्त दुर्बलताओं की भर्त्सना करते हैं, निन्दा करते हैं और एक आरोपित जीवन दर्शन उस पर थोप देना चाहते हैं। मुक्तिबोध बड़ी सहानुभूति के साथ उस निम्न मध्यवर्गीय व्यक्ति को समस्त दुर्बलताओं को आत्मस्वीकृति के रूप में चित्रित करते हैं, सहानुभूति देते हैं। लेकिन यह सब करते हुए भी बताते हैं कि दुर्बलताएँ दुर्बलताएँ ही हैं, मुक्तिबोध उन्हें गौरवान्वित नहीं करते। इसलिए आप जो भूत का उपचार कहानी की व्याख्या कर रहे हैं, मैं उस व्याख्या से सहमत नहीं हो सका। क्योंकि उस कहानी में नियति वगैरह नहीं है।

जितेन्द्र कुमार : नहीं, ऐसे तो, जो भी सर्जनात्मक व्यक्ति होगा उसमें यह वाली बात तो होगी ही कि अगर वह सत्य का प्रतिपादन कर रहा है, चाहे जासूस की तरह कर रहा हो, चाहे एक आत्मसजग प्राणी की तरह कर रहा हो, तो वो जो दुर्बलताएँ हैं उनकी दुर्बलताएँ ही दिखायेगा, लेकिन चूँकि वो साहित्यकार हैं, वो सोशल साइंटिस्ट या कॉमन नहीं हैं, इसलिए वो उसके जो बहुत आत्मीय क्षण हैं उसके प्रति जो विशिष्ट सहानुभूति, जो सामान्य रूप से नहीं होती—सामान्य रूप से हम जल्दी करके एक निर्णय देना चाहते हैं—तो साहित्यकार कहीं भी यह सिद्ध नहीं करना चाहता कि ये दुर्बलताएँ, दुर्बलताएँ नहीं हैं, लेकिन ये भी सहानुभूति की पात्र हैं। वैसे चेखव इतने बड़े लेखक होते नहीं ··· और 'कफ़न' कहानी तो 'मार्वलस' कहानी है ही इसीलिए कि प्रेमचन्द जो उनका बना-बनाया ढाँचा था उसे तोड़कर उन जो···

नामवर सिंह : लेकिन 'कफन' सिनिसिज्म या निहिलिज्म का प्रचार नहीं है, न यह उसका कथ्य ही है, बल्कि ऐसी स्थिति जिसमें घीसू और माधव इस अमानुषिक नियति को प्राप्त हों उस व्यवस्था या उस समाज के प्रति एक विद्रोह का भाव पैदा होता है। वहाँ घीसू और माधव जैसे आदमी हट्टे-कट्टे हैं निकम्मे पड़े हुए हैं। उस निकम्मेपन के दौरान वे इस हद तक अमानुषिक हो जाते हैं कि वे अपनी बुनियादी मनुष्यता भी खो देते हैं। इस कहानी में एक जगह इस आशय का वक्तव्य भी है, खासतौर से जमींदारों के खिलाफ। मुक्तिबोध की रचनाओं में भी जीवन के बारे में 'सिनिकल' दृष्टि का विरोध है। 'भूत का उपचार' कहानी भी यही करती है। दुर्बलताओं को सहानुभूति देना एक बात है और दुर्बलताओं को गौरवान्वित करना बिल्कुल दूसरी बात है। यह एक प्रकार की आत्मछलना है।

जितेन्द्र कुमार : आप ऐसा कोई उदाहरण कहानी का दे सकते हैं जिसमें

किसी ने दुर्बलताओं को इस तरह से महिमामंडित किया हो—खासतौर से हिन्दी साहित्य में ? उनको छोड़ दीजिए जिनको हम गैरसृजनात्मक ही मानते हैं, जैसे अकवितावालों के बारे में बात करने या इस तरह के खासतौर से छुटपुटे तथाकथित प्रयोगवादी किस्म के लोगों को जिन्होंने चौंकाने के लिए कुछ काम किया। उनके बारे में बात करने से तो कोई ज्यादा फायदा होता नहीं, लेकिन मैं नहीं समझता कि एक सृजनात्मक व्यक्ति कभी भी इस तरह का, इतना बड़ा झूठ ··· बल्कि सैद्धांतिक लोग ज्यादा आसानी से झूठ बोलते हैं जैसा कि आप कह रहे हैं कि एक निर्णय देते हैं।

नामवर सिंह : नहीं साहब, झूठ बोलने वाले तो हर क्षेत्र में हो सकते हैं।

जितेन्द्र कुमार : अगर कोई आदमी झूठ को भी उतने ही विश्वास से पेश कर सके तो मैं उसको बहुत बड़ा दोष नहीं मानता, लेकिन यह वैसे सृजनात्मक प्राणी का गुण है कि वो चीजों को नकारता नहीं है। वह सिर्फ यही कहता है कि हम जो बहुत जल्दी निर्णय लेने की स्थिति में हमेशा रहते हैं यह मानव स्वभाव है। उसके विरुद्ध साहित्य है जो उस मानव स्वभाव के उन लोगों के प्रति सहानुभूति जगाता है जो सब तरह से दुर्बल, नाकारा और घृणित होने के बावजूद सहानुभूति योग्य है; क्योंकि वो व्यक्ति के गुण हैं। जिस तरह से समाज का एक ढाँचा बनता है तो उस ढाँचे का दोष हो सकता है, बेहतर यही है जैसा कि आपने कहा उसके बारे में, कि ढाँचे के बारे में हमारी वितृष्णा होती है, व्यक्तियों के बारे में नहीं। शायद, अगर कोई दरअसल प्रगतिशील और सेंसिटव्ह कहानीकार होगा या रचनाकार होगा, तो वो ढाँचे के प्रति आपका वो करेगा, बल्कि इतनी जल्दी निर्णय—यह दुश्मन है, यह मेरा दोस्त है ···

मदन सोनी : उदाहरण के लिए हृदयेश की कहानी का उल्लेख करना चाहता हूँ। वह कहानी है··· मुझे एकदम शीर्षक याद नहीं आ रहा है, लेकिन ···

नामवर सिंह : इसलिए कि वो कवि-कहानीकार नहीं है। लेकिन खुशी है कि चलो कम-से-कम हृदेयश की कहानी का जिक्र तो आया इस संदर्भ में।

मदन सोनी : लीजिए शीर्षक याद आ गया—आर्मी। इस कहानी का संपूर्ण घटना स्थल एक ट्रेन का डिब्बा है, जिसमें एक स्टेशन पर आर्मी के कुछ जवान घुस आते हैं और अत्यंत दुष्टतापूर्क बाकी यात्रियों को बाहर निकाल देते हैं। बाद के स्टेशनों पर भी वे अन्य यात्रियों को उसमें नहीं चढ़ने देते, लेकिन जब एक स्टेशन पर एक युवक अपनी पत्नी और बहन के साथ उस डिब्बे में चढ़ना चाहता है तो वे जवान उन्हें रोकते नहीं हैं और जब ट्रेन चल पड़ती है तो उस युवक को बंधक बनाकर वे उन दोनों स्त्रियों के साथ बलात्कार करते हैं। कहानी इस रिमार्क के साथ समाप्त होती है कि—'सुबह के अखबारों में रात की घटनाओं या उन छह सैनिकों के बारे में काई खबर नहीं थी। वह वहाँ हो भी नहीं सकती

थी। हाँ, सेना के बारे में खबरें थीं कि दक्षिण कोरिया और वियतनाम में अमरीका के लगभग साठ हजार सैनिक पड़े हैं। बर्मा में सैनिक शासन को पन्द्रह वर्ष से अधिक हो गए हैं। पाकिस्तान में फौज के हुकूमत से हटने के अभी कोई इम्कान नहीं है।' इस अंतिम रिमार्क को यदि हम भूल जाएँ तो शेष सारी कहानी एक सत्यकथा के ज्यादा करीब पड़ती है। यदि गौर से देखा जाए तो यह रिमार्क भी विश्व राजनीति में सैन्यशक्तियों के निरंतर बढ़ते दबाव को उतना रेखांकित नहीं करता जितना लेखक की विशेष राजनैतिक प्रतिबद्धता की घोषणा करता है। समग्रतः यह कहानी हमें बताती है कि आर्मी का आदमी कितना बर्बर और अमानवीय होता है। कहानी से उभरता हुआ यह जजमेंट इसीलिए संभव है क्योंकि कहानीकार की दृष्टि में वास्तविक मनुष्य नहीं उसका एक 'टाइप' है—एक सामान्यीकृत मनुष्य है। यहाँ हम विष्णु खरे की—संभवतः, 'दोस्त' शीर्षक—कविता याद कर सकते हैं, जिसमें पुलिस के सामान्यीकृत मनुष्य को, टाइप को तोड़कर कवि उसमें जीते हुए वास्तविक मनुष्य की झलक हमें दिखाता है।

नामवर सिंह : यह तो अच्छी बात है और यह जानकर के किसी भी आदमी को खुशी होगी कि जो उल्लेखनीय या महत्त्वपूर्ण रचनाकार हैं वो कम से कम इस हद तक अमानुषिक नहीं हो गये हैं कि ऐसी विषम स्थितियों में भी वे झूठ का सहारा लें।

'सच' का जिक्र बार-बार आ रहा है इसलिए बेहतर है चर्चा इस पर हो कि आज की सचाई या आज की जिंदगी और हम जिस ऐतिहासिक दौर से गुजर रहे हैं उसमें मनुष्य की चिंता क्या है और इन तमाम चीजों की अभिव्यक्ति हमारी कहानियों में किस हद तक हो रही है। मेरा ख्याल है कि कहानियों की सार्थकता की माप अंततः इसी से होगी, इससे नहीं होगी कि किस तरह की भाषा का प्रयोग किया, कौन-सी उपमाएँ ली हैं या कौन से दिलचस्प चरित्र लिये हैं ? या कुछ प्रयोग किये हैं कि नहीं किये हैं ? अंततः जिंदगी की सचाई और जीते-जागते इन्सान से इनका रिश्ता या सरोकार किस हद तक है यही देखा जाएगा। अगर इस दृष्टि से आपने कुछ सोचा हो तो बताइए।

राजेन्द्र धोड़पकर : नामवर जी, मैं एक बात कहना चाहता हूँ। जो आपने इसके पहले आत्मसजगता की बात की और अभी हम लोग जिसकी बात कर रहे हैं, रघुवीर सहाय की कहानियों की, रघुवीर सहाय की बहुत सारी कहानियाँ मुझे अच्छी लगीं और बहुत सारी काफी खराब। और मुझे लगता है कि जिसे 'सेल्फ कांशसनेस' हम कह रहे हैं, वह रघुवीर सहाय की विचारधारा है, जो उनकी कहानियों को कमजोर करती है। जहाँ वो यह कहते हैं कि वह चरित्र ऐसा ही करेगा। जैसे उनकी एक कहानी—लड़कों वाली, जो अखबार बेचते हैं तो उसमें बड़ा साफ-साफ फार्मूला है कि चूँकि अमुक क्लास का चरित्र है तो उसे ऐसे ही

करना चाहिए। तो मुझे लगता है कि जो आत्मसजगता कमजोर करती है उसका संबंध एक तरह से विचारधारा से भी हो सकता है।

नामवर सिंह : उनकी कौन-सी 'आइडियालॉजी' तुम मानते हो, इस आत्मसजगता की क्या 'आइडियालॉजी' है ?

राजेन्द्र धोड़पकर : यानी हम एक लेखक के लिखे की जाँच कर रहे हैं तो उसके अंदर उसका आइडियालॉजिकल स्टेटमेंट शामिल है। वह यदि उसमें बहुत ज्यादा हावी होता है तो ...

नामवर सिंह : वो 'आइडियालॉजी' क्या है, यही तो मैं जानना चाहता हूँ।

राजेन्द्र धोड़पकर : रघुवीर सहाय का मानना है कि समाज में निम्न वर्ग के जो लोग हैं वे सामान्यतः भले, आत्मसजग और बहुत ही आत्मसम्मान से भरे हुए, बहुत ही श्रेष्ठ किस्म के लोग होते हैं। यदि उनमें कोई घटियापन है तो वह बाहरी कारणों से है। यह विचार कहानियों में बहुत ज्यादा हावी रहता है। इसके चलते, इस सँकरे फ्रेम की वजह से जो यथार्थ है, वह पूरा अँट नहीं पाता, और जीवन का बहुत-सा हिस्सा बाहर छूट जाता है। इससे चरित्र नकली लगने लगते हैं।

नामवर सिंह : ऐसा है कि आत्मसजगता की निहित आइडियालॉजी को यदि परिभाषित ही करना है तो पहली बात यह है कि आत्मसजगता उस आदमी में होती है जो आत्मकेन्द्रित, आत्मग्रस्त होता है। उसके लिए सिर्फ मैं, मैं, मैं मैं है उसके अलावा और कुछ नहीं। रघुवीर सहाय दुर्भाग्य से इसके शिकार हैं अपने समस्त लेखन में। आत्मसजगता का दूसरा दर्शन होता है संदेहवाद। यह दर्शन भी हो तो संदेह से आत्मसजगता पैदा होती है। निश्चय न कर सकने, यानी 'उभयसंभव' की स्थिति; प्रसंगवश यह शब्द भी रघुवीर सहाय का ही है। पुराने लोग सीधे कहेंगे कि 'संशयात्मा विनश्यति'। मैं ऐसा नहीं कहना चाहता। लेकिन यह जो संदेहवाद है उससे ज्यादा खतरनाक है नास्तिवाद। संदेहवाद कभी-कभी सृजनात्मक भी हो सकता है। नास्तिवाद की भूमिका भी कभी-कभी महत्त्वपूर्ण होती है जैसे नीत्शे का नास्तिवाद। 'ट्रांस-वैलुएशन ऑफ वैल्यूज' का उद्घोषक। अब आप चाहें तो इस पृष्ठभूमि में रघुवीर सहाय की विचारधारा का रूप निश्चित कर सकते हैं। राजेन्द्र धोड़पकर उसे निम्न वर्ग अथवा निम्न मध्यवर्ग के प्रति एक विशेष प्रकार की धारणा से जोड़ना चाहते हैं, जो एकदम भिन्न बात है। मेरे सामने तो उनकी समझ में आने वाली वह रुकावट या हिचक है जिसके कारण उनका गद्य लद्धड़ हो जाता है। 'दिनमान' के बहुतेरे सम्पादकीय और इधर अखबारों में यत्र-तत्र प्रकाशित टिप्पणियाँ प्रमाण हैं। निस्संदेह वे अपनी समझ से बड़ी बारीक कताई करते हैं लेकिन लगता यही है कि एक सीधी-सादी बात खामखाह उलझाई जा रही है। यदि पेचीदा मसले को ठोंक-पीटकर अतिसरल बनाना दोष है तो

एक सरल बात को खामखा पेचीदा बनाने की कोशिश, उससे कम बड़ा दोष नहीं। रघुवीर सहाय की अतिशय आत्मसजगता के साथ कठिनाई यह है कि वे अक्सर एक निहायत मामूली-सी बात कहने के लिए लम्बा चक्कर लगाते हैं जिसमें अगर-मगर के साथ दर्जनों पेचोख़म होते हैं। उनके चौकन्नेपन में अक्सर एक प्रकार की दृष्टिगत दुविधा की शंका होती है जिसका वर्गगत आधार भी ढूँढ़ा जा सकता है।

मदन सोनी : क्षमा करें नामवर जी, रघुवीर सहाय के गद्य के बारे में आपकी इस धारणा से मैं सहमत नहीं हूँ।

नामवर सिंह : आप न सहमत हों, आप स्वतंत्र हैं अपना विचार रखने के लिए। लेकिन रघुवीर सहाय के समस्त गद्य की मैं भर्त्सना नहीं कर रहा हूँ। मैं रघुवीर सहाय के उन स्थलों की बात कर रहा हूँ जहाँ पूरी चीज पढ़ने के बाद लगता है कि इत्ती सी बात है, लेकिन इसके लिए इतना चक्कर लगाना पड़ा। राजनैतिक घटनाओं के बारे में आप पढ़ लीजिए। अभी उन्होंने पंजाब की समस्याओं पर एक टिप्पणी लिखी है। आप निकाल लीजिए मतलब ! लगता है, वह कहीं पकड़ में आना नहीं चाहते। यह पकड़ में कहीं न आ सकने की और एक बचने वाली स्थिति है जो नैतिक दुर्बलता और दोष है।

जितेन्द्र कुमार : मैं कहना चाहूँगा कि यह कविदृष्टि का दोष है, क्योंकि यह खेल खेलने की जो प्रवृत्ति कविदृष्टि में होती है, उसमें प्रोज का··· मुझे पॉल वेलरी का वक्तव्य सबसे अच्छा लगता है कि प्रोज़ को जल्दी से जल्दी कहीं पहुँचना है जबकि कविता मूवमेंट में आनंद लेती है।

मदन सोनी : आप तो इसे कविदृष्टि का दोष कह रहे हैं, नामवर जी यह नहीं कह रहे थे।

नामवर सिंह : मैं चाहूँगा कि आप मेरी बात न कहें।

जितेन्द्र कुमार : मैं कह रहा था कि रघुवीर सहाय में जो दोष आता है वह मुख्य रूप से तथाकथित कविदृष्टि होने का दोष है, जो कि हम लोग बहुत बढ़ा-चढ़ा कर कह रहे हैं, कि कविदृष्टि से हम ज्यादा गहरे चीजों में जाते हैं। संभवतः कभी-कभी खिलवाड़ करने की अपनी प्रवृत्ति से हम किसी गड्ढे में भी पड़ जाते हैं, यानी जहाँ यह प्रोज का मुख्य तत्त्व है कि बात को जल्दी से जल्दी दूसरे तक पहुँचाएँ वहाँ कविता में यह जरूरी नहीं है। सजेस्टिविटी कविता का ज्यादा बड़ा गुण है। यहाँ से भारतभवन दो मील है या दो किलोमीटर है—वाली बात को घुमाफिराकर कहना यह कभी-कभी कविदृष्टि का दोष भी है—बल्कि कविदृष्टि की चतुराई कहना चाहिए।

नामवर सिंह : बिल्कुल सही, लेकिन मैं इसे हर जगह दोष नहीं मानता। कभी-कभी कविता में खिलवाड़ या खिलंदड़ापन अच्छा लगता है। कविता ही क्यों, कहानी और उपन्यास में भी बहुत अच्छा लगता है। यह कला का एक गुण है।

जितेन्द्र कुमार : नहीं, यह तो जहाँ विटिसिज्म हो वहाँ तक तो ठीक है···

उदयन वाजपेयी : विनोद कुमार शुक्ल जिसके बहुत सुन्दर उदाहरण हैं···

नामवर सिंह : मनोहरश्याम जोशी इसके श्रेष्ठ उदाहरण हैं। यह खिलंदड़ापन या खिलवाड़–स्वयं रघुवीर सहाय में है। 'पढ़िए गीता, बनिए सीता' वाली जो कविता है, 'खड़ी किसी को लुभा रही थी चालीस के ऊपर की औरत' वाली कविता। कुछ कहानियों में भी ऐसा है। यह एक कलात्मक प्रविधि ही नहीं है, बल्कि एक झूठी गंभीरता के माहौल को तोड़कर सचाई को प्रकट करने की अचूक दृष्टि भी है। लेकिन कुछ ऐसी स्थितियाँ होती हैं जहाँ यह खिलंदड़ापन या मसखरापन दोष बन जाता है। और ऐसे अवसर कम नहीं हैं, जब रघुवीर सहाय अनावश्यक वाग्जाल बुनते हैं। और वाग्जाल उतना ही बड़ा दोष है जितना कि वागाडम्बर। रघुवीर सहाय में वागाडम्बर नहीं है पर वाग्जाल है। किसी समय जैनेन्द्र में वो बहुत पाया जाता था। आपको जैनेन्द्र के बारे में परसाई का वह लेख याद होगा जिसमें एक आदमी जैनेन्द्र से स्टेशन का रास्ता पूछता है और वे सीधे-सीधे जवाब न देकर दिक्-काल का दर्शन बघारने लगते हैं।

ध्रुव शुक्ल : रघुवीर सहाय के बारे में यह बात ठीक नहीं है। वे तो अपनी कविताओं, कहानियों बल्कि अपने समूचे लेखन में उसी डर, असुरक्षा और कायरता के खिलाफ लगातार लड़ रहे हैं जो समाज में ऐसे व्याप्त हैं कि–'लोग भूल गये हैं एक तरह के डर को।' हिंसा के खिलाफ उन्होंने कोई वक्तव्य नहीं दिया, कविता तो रची है, आप किसे प्रमाण मानेंगे ?

नामवर सिंह : रघुवीर सहाय के सारे साहित्य को मैंने कब नकारा है ? इस विषय में तो मेरे विचार प्रकाशित हैं और सर्वविदित भी। लेकिन इसका अर्थ यह नहीं कि उनके कमजोर पहलू की चर्चा की ही न जाय। यह बात इसलिए भी जरूरी है कि इधर की कहानियों में 'मैनरिज्म' बहुत ज्यादा आया है जिससे मूल कथ्य कमजोर पड़ा है। श्रीकांत में ऐसा नहीं है। श्रीकांत ने कहानियाँ कम लिखी हैं, लेकिन एक स्तर कायम रखा है और कोई मैनरिज्म भी नहीं बनने दिया है।

राजेन्द्र धोड़पकर : मेरा तो यह भी कहना है कि इसी भय के कारण वे एक खास तरह की विशफुल थिंकिंग में जाते हैं। यथार्थ की जो एक पूरी ब्रॉडनेस है उससे बचने के लिए ···

जितेन्द्र कुमार : जो भय से सामना न कर पाया···

राजेन्द्र धोड़पकर : मुश्किल थी उस आदमी की, यथार्थ तो ऐसा है, वैसा नहीं, जैसा वह सोचता है।

नामवर सिंह : अब यदि कुँवरनारायण का कोई कहानी संग्रह सामने आये तो देखा जाय कि उनकी क्या स्थिति है। वैसे यह एक अजीब बात है कि अधिकांश कदि-कहानीकारों की कहानी यात्रा में प्रायः विकास के स्थान पर ह्रास या स्थिरता दिखाई पड़ती है। अज्ञेय ने शुरू में अच्छी कहानियाँ लिखीं लेकिन फिर यह देश ही छोड़ दिया। 'कलाकार की मुक्ति' कदाचित उनका अंतिम कहानी-संग्रह है जो तीस-बत्तीस साल पहले छपा था। उस संग्रह की कहानियाँ भी काफी कमजोर हैं। वे एक लेखक के चुक जाने का एहसास कराती हैं। यानी कहानी के क्षेत्र में तो अज्ञेय का निश्चित रूप से अधःपतन हुआ है। शायद कुछ लोग कहें कि यह तो उनकी कविता में भी हुआ है।

मदन सोनी : आप नहीं कहेंगे ?

नामवर सिंह : नहीं, मैंने सिर्फ इतना ही कहा कि लोग कहेंगे। और कहेंगे तो मैं विरोध न करूँगा। उदाहरण और भी हैं और इनमें से प्रत्येक की जाँच होनी चाहिए। श्रीकांत ने एक तो कम लिखा, फिर बहुत दिनों से कहानी लिखना बन्द भी कर रखा है। मुक्तिबोध के कहानी लिखने का दौर भी शायद चार-पाँच साल का ही रहा। कई कहानियाँ अधूरी ही रह गईं। कुछ कवि-कहानीकार ऐसे भी होंगे जिन्होंने थोड़ी पूँजी से ही धन्धा शुरू किया और पूँजी खत्म होने पर कविता की दुनिया में लौट गए। लेकिन हैं ये सब अनुमान ही।

उदयन वाजपेयी : यह तो ज्ञानरंजन और उन जैसे कहानीकारों के साथ भी हुआ।

नामवर सिंह : संभव है।

राजेन्द्र धोड़पकर : मैं कह रहा था कि आठवें दशक में जो कहानियाँ हिन्दी में लिखी गईं उनके साथ यह समस्या है कि कहानीकार यथार्थ से बचने के लिए, उसके बहुआयामी स्वरूप से बचने के लिए एक 'विशफुल थिंकिंग' में शरण लेते हैं। जैसे असगर वजाहत की शुरुआत की कहानियाँ बहुत अच्छी हैं—मुर्दाबाद, केक आदि। लेकिन बाद में 'दिल्ली पहुँचना है' जैसी कहानियाँ वे लिखने लगे।

उदयन वाजपेयी : इसमें वे यथार्थ को फार्मूलाइज्ड करने की कोशिश करते हैं और यह बात आठवें दशक के लगभग सारे कहानीकारों के साथ नहीं है।

नामवर सिंह : जो बड़े कहानीकार हैं उन्हें पढ़ने पर ऐसा लगता है कि कहीं उनके सम्मुख एक योजना या कि एक महत्त्वाकांक्षा रही है कि हम छोटी-छोटी कहानियों में छोटी-छोटी स्थितियों और कुछ चरित्रों के माध्यम से ही अपने पूरे युग को प्रक्षेपित करेंगे। जैसे—चेखव, प्रेमचन्द या फिर यशपाल। इनमें से प्रत्येक की कहानी की एक दुनिया है जिससे एक जमाने का एहसास होता है, उनके सामने पूरे युग का व्यापक परिप्रेक्ष्य है और उनकी हर कहानी अन्ततः जैसे उस परिप्रेक्ष्य को निर्मित करने में योग देती है। वे नावल न लिखकर भी सिर्फ कहानियों

से पूरे युग का मानचित्र निर्मित करने में सफल हो सके हैं। देखना यह है कि आज कितने कहानीकार ऐसे हैं जो इस दिशा में सक्रिय हैं। प्रेमचन्द का बड़प्पन इसमें है कि वे कोई नुस्खा या फार्मूला लेकर नहीं चले। कभी एकाध नुस्खा लिया भी तो कुछ दिनों बाद उसे छोड़ दिया, क्योंकि उनकी नजर ठेठ जिंदगी पर थी। जैसे राष्ट्रीयता आन्दोलन के दौरान हृदयपरिवर्तन वाली कहानियाँ उन्होंने लिखीं। लेकिन उसी दौर में हृदयपरिवर्तन वाला नुस्खा छोड़कर भी अनेक कहानियाँ लिखीं। जिंदगी और जीवित मनुष्यों ने उनको इतनी दूर तक प्रभावित किया कि वह नुस्खा भूल गए और ऐसी कहानियाँ चमक उठीं। उस सचाई का, जिसका जिक्र धोड़पकर कर रहे थे, उसका सामना करने का खुलापन और हौसला बराबर उस आदमी में बना रहा। इसलिए किसी एक फार्मूले या नुस्खे पर प्रेमचन्द नहीं चले। यशपाल के पास भी एक नुस्खा था और नुस्खे वाली कहानियाँ उन्होंने भी लिखीं लेकिन यशपाल ने 'पराया सुख' जैसी कहानी भी लिखी। कौन-सा नुस्खा है 'पराया सुख' में ? एक दृष्टि से देखा जाय तो आजादी के बाद के जो तीन-चार दशक बीते हैं उस दौर को कितने कहानीकारों ने अपनी इन कहानियों के माध्यम से प्रक्षेपित किया है। मुक्तिबोध अवश्य ऐसे हैं जो फकत तीन-चार कहानियों से ही इस युग का परिप्रेक्ष्य प्रस्तुत कर देते हैं। चाहे वह 'क्लॉड इथरली' हो या 'पक्षी और दीपक' या फिर 'सतह से उठता आदमी' इन कहानियों से पूरा युग हमारे सामने आ जाता है। अपनी तीव्रता और सघनता के साथ। इनके समानान्तर, इतनी अच्छी कहानियाँ लिखने वाले निर्मल वर्मा को ही लें तो वे जैसे जिन्दगी के हाशिये की स्थितियों और अनुभूतियों को ही स्पर्श करके रह जाते हैं। जो मुख्य चिन्ता इस दौर में मनुष्य की रही है वह जैसे उनकी कहानियों से गायब हैं।

मदन सोनी : अगर आप व्यापकता को ही रचना का सबसे बड़ा प्रतिमान मानेंगे तो ...

नामवर सिंह : मैं व्यापकता की बात नहीं कह रहा हूँ। मेरा संकेत जिंदगी की ज्वलंत समस्या की ओर है। आज के मनुष्य की ज्वलंत समस्या। निर्मल जी बहुत अच्छे कहानीकार हैं, लेकिन निर्मल जी जैसे उस ज्वलंत समस्या के हाशिये पर स्थित हैं। उस ज्वलंत समस्या से जूझने का कार्य तो उनसे ज्यादा उनके कुछ समकालीन कवियों ने किया है।

जितेन्द्र कुमार : इसीलिए तो ये कवि ही कहानीकार हुए हैं। यह भी महत्त्वपूर्ण चीज है कि ऐसे वक्त में जब कहानी बिल्कुल किस्सागोई पर उतर आयी है, खासतौर से कमलेश्वर आंदोलन की वजह से, तो ऐसे वक्त में नयी जमीन तोड़ने का काम–जिसकी वजह से यह कवि-कहानीकार महत्त्वपूर्ण हैं–वह यह है कि केवल उन्होंने किया है, इससे पहले जैसे प्रबोध थे, या विजय चौहान थे या फणीश्वरनाथ रेणु थे। यह काम कहानीकारों ने स्वयं कर दिया–निरंतर आत्मसजगता और निरन्तर

ट्रेडिशन को बनाये रखकर उसके अंदर से आगे बढ़ने की कोशिश की, लेकिन मौजूदा वक्त में मुझको ऐसा लगता है ···

नामवर सिंह : इससे यह कहाँ प्रमाणित हो रहा है कि कवि-कहानीकारों ने यह कार्य सम्पन्न किया ?

जितेन्द्र कुमार : नहीं, रघुवीर सहाय अकेले की बात मत कीजिए।

नामवर सिंह : मैं तो सिर्फ मुक्तिबोध की कहानियों की बात कर रहा था।

जितेन्द्र कुमार : आपने मुक्तिबोध का नाम अभी लिया है। बाकी का नाम मैं लूँगा तो आप कहेंगे कि आपने पढ़ी ही नहीं हैं।

नामवर सिंह : मुक्तिबोध तो ऐसे रचनाकार हैं जो वर्गीकृत नहीं हो सकते—उन्हें किसी एक विधा के साथ बाँधना मुश्किल है। कविता, कहानी, लघु उपन्यास, डायरी आदि सबमें एक ही मुसल्सल रचनात्मक व्यक्तित्व है, एक ही जीवन-जगत की समीक्षा और एक ही चिन्ता। इसलिए उनके यहाँ कविता कहानी का विस्तार है तो कहानी कविता की व्याख्या।

जितेन्द्र कुमार : आप उपन्यास की दृष्टि से कहें तो विनोदकुमार शुक्ल का उपन्यास तो है, उन्होंने हमारे वक्त के, सिर्फ उस बने बनाये ढाँचे को हलका-सा तोड़ा, क्योंकि उपन्यास को बहुत ज्यादा तोड़ा ही नहीं जा सकता लेकिन जितना जरूरी था उतना तो···

नामवर सिंह : निश्चय ही कहानियों के बरक्स इधर के कुछ उपन्यासों ने जरूर सार्थक भूमिका निभाई है। यहाँ 'नौकर की कमीज' अकेला नहीं है। इस प्रसंग में मनोहरश्याम जोशी के 'कुरु-कुरु स्वाहा' और 'कसप' का भी नाम लेना चाहिए। अपेक्षाकृत कम चर्चित हृदयेश के कुछ उपन्यास भी उल्लेखनीय हैं। वैसे कुछ कहानियाँ भी इस दृष्टि से अविस्मरणीय हैं। अमरकांत की 'डिप्टी कलेक्टरी' ने एक समय अपने जमाने के प्रतीक्षारत मिजाज को बड़ी मार्मिकता के साथ व्यंजित किया था। इधर की कहानियों में मनोहरश्याम जोशी की 'सिल्वर वेडिंग' ऐसी ही कहानी है, जो एक ही परिवार की दो पीढ़ियों के माध्यम से परम्परा और आधुनिकता दोनों की विसंगतियों का उद्घाटन करती है। उसका एक फिकरा 'समहाउ इम्प्रापर' जैसे इस संक्रमण-काल पर सटीक टिप्पणी है। किसी समय निर्मल की 'परिन्दे' कहानी के बारे में भी मैंने ऐसी व्यापक गूँज का जिक्र किया था। मेरे लिए कहानी या उपन्यास की यह 'टोन' कहीं ज्यादा महत्त्वपूर्ण है न कि वह विषय-वस्तु जिसका विस्तार से वर्णन किया जाता है। देखना यह है कि आज कोई कहानी अपने युग की उस 'टोन' को किस हद तक पकड़ती है। इस 'टोन' के कारण ही कोई कहानी अपने युग की वाणी बनती है या कि अन्तरात्मा की आवाज।

जितेन्द्र कुमार : हम लोगों ने तय किया है, कि कृष्णा सोबती का नाम

नहीं लेंगे ? जैसे 'यारों के यार' या 'मित्रो मरजानी' दो अलग-अलग किस्म के हैं। यानी मैं यह नहीं कहूँगा कि स्त्री कथाकार की दृष्टि से··· लेकिन उस वक्त में जो भी कहानियाँ लिखी गयीं उनमें जो एक चिंता है–नॉन आइडियोलॉजिकल किस्म के लेखकों की ··· या यह बात महत्त्वपूर्ण नहीं है।

नामवर सिंह : यानी आपने 'औरत-मर्द' नाम का नॉवल लिखा है, तो चूँकि मर्दों की चर्चा ज्यादा हुई, इसलिए औरत का जिक्र आप न करेंगे तो और कौन करेगा ?

जितेन्द्र कुमार : घर के अंदर जहाँ बहुत अनगढ़ताएँ हैं, जहाँ बहुत पशोपेश है इसके बीच में एक खास तरह की मुक्त और आत्मीयता का–मैं समझता हूँ कि वो कृष्णा सोबती का अपना एक नैतिक कोण है, हालाँकि इन कहानियों को कभी-कभी अनैतिक भी कहा जाता है, इन्हें अश्लील कहा जाता है।

नामवर सिंह : ऐसा कहने वाले बेवकूफ हैं। वैसे आरोप अश्लीलता का ही लगाया गया है, अनैतिकता का नहीं।

मदन सोनी : खैर··· नामवर जी तो ऐसा कह ही नहीं सकते··· उन्होंने तो कृष्णा अग्निहोत्री को भी पढ़ा है··· मुझे अचरज है कि नामवर जी कैसे-कैसे लेखकों को पढ़ लेते है ···

नामवर सिंह : रचनाकार तो अपनी पसंद का अच्छा पढ़ने के लिए स्वतंत्र है लेकिन आलोचना कर्म में लगा आदमी खराब पढ़ने के लिए भी अभिशप्त है।

राजेन्द्र धोड़पकर : नामवर जी अभी आपने कहा कि मोटेतौर पर यह कहा जा सकता है कि हिन्दी की कहानी जो है वह अपने वक्त की सारी स्थितियों को व्यक्त करने में कविता से थोड़ी पीछे रही···। आपने समवेत में एक बात कही है, कि नई कविता के बाद हिन्दी कविता में कोई आंदोलन नहीं। अच्छा, नई कविता और नई कहानी दोनों के आन्दोलन लगभग एक साथ हुए हालाँकि उनके संबंध भी हैं। तो क्या आपको लगता है कि कहानी में भी ऐसा ही हुआ है, कि कोई आन्दोलन नई कहानी के बाद नहीं है और उसी का एक्सटेंशन हुआ जा रहा है···। और इन दोनों बातों का कुछ आपसी सम्बन्ध है ?

नामवर सिंह : ऐसा है कि नई कविता के बाद कविता की दुनिया में भी तरह-तरह के नामों से आंदोलन चलाने की कोशिशें हुईं, मसलन अकविता; सहज कविता, युयुत्सावादी, श्मशानी आदि, पर सौभाग्य से वे चले नहीं। दो-चार दोस्तों का शोरगुल बनकर रह गया, न ढंग की कविताएँ आयीं, न उन कविताओं की अपनी विशिष्टता ही उभरकर आ सकी। नयी कहानी के बाद भी सचेतन कहानी, अकहानी, समानान्तर कहानी, सहज कहानी आदि नामों से आन्दोलन चलाने की कोशिशें की गयीं। लेकिन लगा यही है कि यह सब केवल कुछ उपेक्षित लेखकों का अपने आपको जमाने का सामूहिक प्रयास मात्र है। इनके पीछे समझ यह थी

कि सामूहिक संगठन से ही प्रतिष्ठित हुआ जा सकता है। अब सामूहिक संगठन होगा तो उसके लिए अपना झण्डा होना चाहिए, अपना डंडा होना चाहिए, अपना नारा होना चाहिए, अपना नाम होना चाहिए। ये सारे प्रयास ऐसे ही हैं जैसे भारतीय राजनीति में तरह-तरह की पार्टियों का निर्माण। यह हमारे जीवन के 'खण्ड-खण्ड पाखण्ड' का प्रमाण है। वैसे विखंडन की यह प्रवृत्ति विश्वव्यापी है। तथाकथित मॉडर्निज्म या आधुनिकतावादी दौर में भी पश्चिम में किसिम-किसिम के कला-आन्दोलन चले। उत्तर आधुनिकता के दौर में भी कांक्रीट पोएट्री, बीट पोएट्री, आदि आन्दोलन पैदा हुए और जल्द ही काल-कवलित भी हो गए। इसमें 'विचारधारा के अंत' की पुष्टि हो या नहीं, लेकिन साहित्य में इसे वादों के अंत का युग कहा ही जा सकता है।

अब यह अच्छा हुआ या बुरा–इसका निर्णय रचनाकार स्वयं करें। लेकिन वादों के अशुभ प्रभाव को अतिरंजित करते समय यह याद रखें कि हिन्दी में उपन्यासों के क्षेत्र में तो कोई 'वाद' न चला, इस वजह से वहाँ क्या बड़ी उपलब्धि हो गई ! मुझे तो लगता है कि बड़े सृजन के लिए 'विज़न' जरूरी है, चाहे उसे किसी वाद की संज्ञा दें या न दें। रॉल्फ फॉक्स की इस बात में सचाई है कि बिना जीवनदर्शन के उपन्यास नहीं लिखा जा सकता।

उदयन वाजपेयी : एक प्रश्न पूछें। आपने कहा कि एक 'केऑस' उस वक्त था और कोई वाद नहीं चला तब किसी सौन्दर्यदृष्टि या एक सौंदर्यशास्त्र को मान्यता नहीं मिली उससे एक लाभ हुआ, एक नुकसान हुआ। फायदा यह हुआ कि जीवन और लेखक आमने-सामने थे और उन्होंने कई प्रकार की रचनाएँ कीं। दूसरे नुकसान यह हुआ कि बहुत विकास नहीं हुआ। उसका कारण आपने कहा, क्योंकि उन 'केऑस' का सामना करने के लिए एक बहुत समर्थ रचनाकार होना चाहिए। यानी एक बड़ी रचना न हो पायी इसका कारण यह नहीं है कि 'केऑस' था, उसका कारण यह है कि वहाँ एक समर्थ रचनाकार नहीं है कोई भी सौंदर्यशास्त्र वहाँ होता या नहीं होता, उसमे कोई फर्क नहीं पड़ता।

नामवर सिंह : लेखक जीवन का सीधे सामना करे इस पर क्या आपत्ति हो सकती है, लेकिन उस जीवन को गहराई में जाकर समझने के लिए एक जीवन-दृष्टि तो चाहिए ही–भले ही लेखक उसे कहीं से न लेकर स्वयं ही निर्मित करे। जैसे तोल्सतोय। 'युद्ध और शांति' जैसे उपन्यास किसी जीवन-दृष्टि के बिना संभव न थे। इसाया बर्लिन ने 'दि हेजहॉग एण्ड दि फॉक्स' नामक पुस्तक में दिखाया है कि तोल्सतोय में साही और लोमड़ी दोनों के गुणों का अद्भुत सामंजस्य था। साही के समान उनमें एक बड़ी बात को देखने की भी क्षमता थी और लोमड़ी के समान छोटे से छोटे ब्यौरे पर भी दृष्टि थी।

उदयन वाजपेयी : ये बड़े उपन्यास लिखकर उन्होंने शायद यह भी साबित

किया है कि उनकी जीवन-दृष्टि ठीक थी।

नामवर सिंह : जरूरी नहीं कि वह जीवन-दृष्टि हमेशा बिल्कुल ठीक हो ही, जरूरी है जीवन-दृष्टि का होना।

उदयन वाजपेयी : होना जरूरी है आपने कहा, गलत या सही इस पर मैं नहीं कह रहा··· कहीं-न-कहीं उनकी एक महान रचना ने उस जीवन-दृष्टि को पुख्ता भी किया।

नामवर सिंह : बात इतनी सीधी सरल नहीं है। जरूरी नहीं कि हर हालत में रचना लेखक की जीवन-दृष्टि को पुष्ट करे ही। रचना में व्यक्त जिंदगी जीवन-दृष्टि के चौखट को तोड़ भी सकती है। तोल्सतोय के यहाँ कई बार ऐसा ही हुआ है। फिर भी उस जीवन-दृष्टि का महत्त्व है, क्योंकि उसके बिना आप जीवन की समग्रता में, उसके उत्थान-पतन को, उसके 'डायनेमिक्स' को नहीं देख सकते। एक विज़न तो होना ही चाहिए। यह विज़न, हिन्दी में मुझे मुक्तिबोध में दिखाई पड़ता है, जो व्यक्त हुआ है उनकी कविताओं में, उनकी कहानियों में। भले ही आप उससे असहमत हों। विनोदकुमार शुक्ल के बारे में यह बात अभी मैं नहीं कह सकता।

जितेन्द्र कुमार : नहीं, वो एक उपन्यास के लिए कुछ कहा भी नहीं जा सकता।

उदयन वाजपेयी : लेकिन विनोद जी में उस विराट विज़न के होने की पूरी संभावनाएँ हैं। मैं यह नहीं कह रहा हूँ कि विराट विज़न मुक्तिबोध की रचनाओं में नहीं है।

मदन सोनी : नामवर जी की बात इससे भी पुष्ट होती है कि शाह साहब ने कहीं लिखा है कि मुक्तिबोध की रचना का केन्द्रीय विज़न औपन्यासिक था···

नामवर सिंह : शायद इसीलिए उन्हें लम्बी कविताएँ लिखना जरूरी लगा। आज जरूरत है ऐसी दृष्टि की जो जीवन को समग्रता में देखती हो, दूर तक देखती हो जिसमें इतिहास की चिन्ता और मनुष्य की नियति बड़े पैमाने पर व्यक्त होती हो। कदाचित् उसका अभाव है आज के अधिकांश कहानीकारों में जो इक्की-दुक्की अच्छी सफल कहानी तो लिख लेते हैं, लेकिन ···

राजेन्द्र धोड़पकर : मेरा एक सवाल है। जो हम वादों की बात कर रहे थे, कहीं ऐसा तो नहीं है ··· मैं एक उदाहरण देकर कहूँ जैसे आज हम मार्क्वेज और बोर्खेज को पढ़ते हैं उनके बारे में मैजिकल रियलिज्म की या सर्रियलिज्म के संदर्भ में बात करते हैं। अब हम देखते हैं 'कफन' कहानी को, हम रेणु को देखते हैं या यहाँ तक की 'राजा भोज का सपना' राजा शिवप्रसाद सितारे हिंद की कहानी है, तो अब हम उनमें ये सारे तत्त्व पाते हैं। मैजिकल रियलिज्म हमें

लगता है कि हिन्दुस्तान में तो हमेशा से था। प्रेमचन्द की 'आत्माराम' कहानी है, 'कफन' कहानी है। फिर जैसे हम कविता में देखते हैं कि नयी कविता हालाँकि छायावादियों के खिलाफ खड़ी है, लेकिन अभी तक के जो कवि हैं उनमें भी छायावाद के असर दिख सकते हैं। अज्ञेय सबसे बड़े विरोधी हैं छायावाद के, लेकिन छायावाद के बहुत असर उन पर हैं। तो क्या वादों का विरोध होने या वाद न आने का एक कारण यह तो नहीं है ? यह स्पष्ट हो गया है कि वादों का कोई खास मतलब नहीं होता।

नामवर सिंह : मार्क्वेस, बोर्खेस, प्रेमचन्द आदि जिन लेखकों के नाम आपने गिनाए उन सबकी रचनाओं से एक 'विज़न' का आभास होता है-'मैजिकल रियलिज्म' आदि तो उस विज़न की साहित्यिक अभिव्यक्तियाँ हैं। लेकिन इससे वादों की निरर्थकता कैसे सिद्ध होती है ?

जितेन्द्र कुमार : यह रचना से उत्पन्न हुआ लगता है।

नामवर सिंह : यह तो आप निकालें। मैंने तो उनकी, जीवन-दर्शन पर, न कोई किताब देखी है और न मैं जानता हूँ कि उन्होंने लिखी है। रचना के आधार पर लगता है कि एक 'विज़न' है। प्रेमचन्द ने भी तो ऐसी कोई किताब नहीं लिखी। एक विज़न में निहित एक चीज है और वो है समूची लैटिन अमेरिकी जाति। मार्क्वेस के संदर्भ में विशेषतः कोलम्बिया की नियति, उसके भविष्य की गहरी चिन्ता। उसका 'विज़न' कोई निजी, आन्तरिक इलहाम नहीं है, उसका संबंध जातीय जीवन की ऐतिहासिक नियति से होता है। जैसे प्रेमचंद के विज़न का संबंध भारत की स्वाधीनता और उसमें भी गरीब किसानों की मुक्ति से था।

उदयन वाजपेयी : और जो बोर्खेस ने भी।

नामवर सिंह : बोर्खेस और मार्क्वेस के विजन में, मुझे फर्क दिखाई पड़ता है। दोनों में बड़ा फर्क है। बोर्खेस में एक गहरा 'सिनिसिज्म' शायद नितान्त निजी है जो मार्क्वेस में नहीं है। शैलियाँ भी दोनों की अलग-अलग हैं। मार्क्वेस में एक व्यापक जातीय चिन्ता है। शायद इसीलिए जहाँ बोर्खेस छोटी-छोटी कहानियाँ लिखकर ही संतुष्ट हो गए, मार्क्वेस ने उपन्यास जैसी बड़े फलक वाली विधा को चुना। रहे वाद। जैसे 'रियलिज्म' और 'मैजिकल रियलिज्म' आदि। ये किसी कृति की विशिष्टता के वर्णन के लिए गढ़े गए आलोचनात्मक प्रत्यय हैं। इनसे आतंकित होने की जरूरत नहीं है। इनकी निश्चित उपयोगिता है। यह उपयोगिता किसी कृति की विशिष्टता के निरूपण तक सीमित है। इन्हें साहित्य सृजन का घोषणा पत्र या कार्यक्रम समझना गलत है। हिंदी में 'वाद' शब्द का अर्थ प्रायः गलत लगाया गया है और अक्सर 'वाद' का विरोध इसलिए किया गया है कि वह एकांगी होता है। 'वाद' वस्तुतः चिन्तन की एक प्रणाली है, जो विचारों को व्यवस्थित करती है। इस व्यवस्थापन की प्रक्रिया में चिन्तन के सीमित होने का भी खतरा रहता

है, लेकिन इसी की क्या गारंटी है कि जो चिंतन व्यवस्थित नहीं है वह एकांगी न होकर सम्पूर्ण या सर्व-समावेशी होगा ?

जितेन्द्र कुमार : मूवमेंट नहीं होगा ?

नामवर सिंह : नहीं, मूवमेंट तो एक अलग चीज है, मूवमेंट तो होता है···

मदन सोनी : उस दर्शन की अभिव्यक्ति ···

नामवर सिंह : किसकी अभिव्यक्ति ? ··· किसी 'वाद' या चिन्तन प्रणाली की ? फिर वह प्रणाली चाहे कलाशास्त्र के रूप में हो, सौंदर्यशास्त्र के रूप में हो, काव्यशास्त्र के रूप में हो या किसी अन्य रूप में हो। उदाहरण के लिए 'रोमैण्टिसिज्म' जैसे सुपरिचित वाद को ही लें। विद्वानों का कहना है 'रौमैण्टिसिज्मस' कहना चाहिए। यानी एक वचन नहीं, बहुवचन। क्योंकि कोई एक रोमैण्टिसिज्म था नहीं। हिंदी में ही देखें तो पंत और निराला में बड़ा फर्क है। प्रसाद, महादेवी, पंत, निराला सब अलग-अलग हैं। देखा जाय तो निराला का सौंदर्यशास्त्र वही नहीं है जो पंत का था। कुछ बातें जरूर सामान्य हैं, लेकिन बहुत सी अलग भी हैं। 'रियलिज्म' की स्थिति भी ऐसी ही है। यथार्थवाद भी अनेक हैं। इसीलिए जब निर्मल जी, जिन्हें मैं पाश्चात्य साहित्य का अपने से ज्यादा बड़ा अध्येता मानता हूँ, 'उन्नीसवीं सदी का यथार्थवाद' कहकर यथार्थवाद मात्र को खारिज करते हैं तो आश्चर्य होता है। क्या 'उन्नीसवीं सदी का यथार्थवाद' जैसा कोई एक यथार्थवाद था ? उन्नीसवीं सदी के फ्रांस से ही उदाहरण लें तो स्तेंढाल, बाल्जाक, फ्लोबेयर इन तीनों कथाकारों के यथार्थवाद क्या एक ही थे ? फिर रूस के दॉस्तावस्की और तोल्सतॉय भी उन्नीसवीं सदी के ही हैं और तुर्गनेव, गोगोल तथा चेखव भी। अंग्रेजी में डिकेंस और जार्ज इलियट का काल भी यही है। क्या ये सभी उस तिरस्कृत 'यथार्थवाद' के एक ही बड़े शामियाने के नीचे आ सकते हैं ? इसलिए बेहतर है कि हम रियलिटी प्रिंसिपल अर्थात् 'वास्तविकता-सिद्धांत' की बात करें। इसमें संभव है कुछ पूर्वग्रहों से मुक्ति मिल जाय। 'यथार्थवाद' और 'यथार्थ' शब्द में कुछ लोगों को एक विशेष प्रकार की विचारधारा की गंध मिलती है, इसलिए आप इसे 'वास्तविकता', जिंदगी, जीवन की सचाई आदि किसी और नाम से पुकारिए।

उदयन वाजपेयी : 'सत्य' ···

नामवर सिंह : 'सत्य' पर भी ठप्पा लगा हुआ है–न जाने कितने दर्शनों और विचारधाराओं का। इसीलिए मैंने 'रियलिटी प्रिंसिपल' जैसे अपेक्षाकृत एक खुले हुए प्रत्यय का प्रस्ताव किया। वैसे 'वास्तविकता' भी निर्विवाद नहीं है, लेकिन निरपेक्ष है और शायद इसीलिए हर लेखक के लिए एक चुनौती भी। वास्तविकता क्या है इस पर तो बहस हो सकती है लेकिन उसकी सत्ता से इनकार नहीं किया जा सकता क्योंकि उसके बिना साहित्य-सर्जन का कोई कारोबार नहीं चल सकता।

इस वास्तविकता को जानने, समझने, अधिगत करने, व्यक्त करने यहाँ तक कि बदलने के तरीके अलग-अलग हो सकते हैं, लेकिन उससे एकदम आँख मूँद लेना दुर्भाग्यपूर्ण है। दुर्भाग्य से कुछ लेखक 'यथार्थवाद' के नाम पर आज इस 'वास्तविकता सिद्धांत' को ही नकारने की कोशिश कर रहे हैं और इस कोशिश में कभी-कभी वे 'वाद' मात्र के विरोध की सीमा तक चले जाते हैं।

मदन सोनी : हालाँकि नामवर जी, कुँवरनारायण तो पहले ही कह चुके हैं--'सब कुछ असृष्ट सब कुछ प्रतीक्ष/ संदर्भहीन/ संपूर्ण परिस्थिति एक चेतना से विकीर्ण ...'

नामवर सिंह : यह अद्वैत वेदान्त भी हो सकता है इस कथन के रूप में ...

उदयन वाजपेयी : कामू ने अपनी एक किताब 'रिबेल' में नीत्शे को उद्धृत किया है–'नो आर्टिस्ट केन टॉलरेट रियेलिटी, बट नो आर्टिस्ट केन इस्केप रियेलिटी ...'।

नामवर सिंह : हाँ ठीक है, दोनों के अर्थ समझने की जरूरत है। पहला कदम तो सही है कि कोई कलाकार रियेलिटी से जान नहीं बचा सकता, भाग नहीं सकता, वह आपके चारों ओर है। लेकिन जब कहता है कि कोई कलाकार रियेलिटी को सह नहीं सकता, तो वहाँ मैं समझता हूँ कि 'डॉमिनेंट रियेलिटी', व्यवस्था द्वारा निर्मित-निर्धारित, दी हुई रियेलिटी, यह अर्थ लेना चाहिए। अगर यह अर्थ न लेंगे तो परिणति पलायन में ही होगी। वैसे, यह नहीं भूलना चाहिए कि जो वास्तविकता असह्य है, लेखक भी उसी का एक हिस्सा है, उससे घिरा हुआ है। इसलिए अगर हम मान भी लें कि रियेलिटी केवल ऐसी है, जो झेली नहीं जा सकती, सही नहीं जा सकती, तो फिर उसे बदलना होगा। इसके लिए उसी वास्तविकता में निहित उन तत्त्वों को जो उसे तोड़ने वाले हैं, बदलने वाले हैं और मौजूद हैं कभी वह सुप्त अवस्था में रहते हैं, कभी क्षीण होते हैं, कभी दुर्बल होते हैं, उनके साथ अपने आपको जोड़ना होगा। मुक्तिबोध की कविताओं में ऐसे तत्त्वों से मिलने की तड़प दिखाई पड़ती है। वो जो अपने लोग हैं वो भी तो रियेलिटी ही हैं जिनसे मिलते हैं आप। तो असल चीज है 'रियेलिटी प्रिंसिपल'। उस रियेलिटी को व्यक्त करने के तरीके और कारगर तरीके कई हो सकते हैं, जिनका कोई अन्त नहीं है, अनन्त संभावनाओं से भरा हुआ है वह। अब उसको एक आदमी फैन्टेसी के रूप में व्यक्त करता है जैसे गार्सिया मार्क्वेस। गार्सिया मार्क्वेस में आपको फैंटेसी और यथार्थवाद का एक अजीब मिश्रण मिलेगा। कभी नैचुरलिज्म की हद तक ब्यौरे मिलेंगे और अविश्वसनीयता की हद तक फैंटेसी, कभी वे ब्यौरे अपनी तथ्यात्मकता में ही फैंटेसी बन जाते हैं। कहने वाले तो यहाँ तक कहते हैं कि आज की वास्तविकता स्वयं ही फैंटास्टिक है। इसी को कुछ

लोग 'मैजिकल रियलिज्म' कहते हैं। लेकिन यह एक फार्म हो सकता है। दूसरे और फार्म भी हो सकते हैं। यह रचनाकार और उसकी रचना का क्षेत्र है। आलोचक उसके लिए न तो कोई सिद्धांत बना सकता है और न ही सौंदर्यशास्त्र दे सकता है। देना भी नहीं चाहिए, उसको।

राजेन्द्र धोड़पकर : नहीं, जब इतने सारे स्तर हैं तो यह सहज शंका होती है कि क्या रियेलिज्म शब्द का कोई अर्थ है ! जैसे 'मैजिकल रियेलिज्म' शब्द आया, मैजिकल रियेलिज्म अपने आप में कंट्राडिक्टरी टर्म है। अब क्या, ऐसा नहीं सोचना चाहिए कि रियेलिज्म शब्द ही कितना अर्थपूर्ण है ?

नामवर सिंह : हे तात, ऐसी बहुत-सी चीजें हैं जो आपको कभी-कभी निरर्थक लगने लगेंगी अतिशय प्रयोग से अथवा दुष्प्रयोग से। आप किस किसको छोड़ेंगे।

मदन सोनी : शायद आप यह कह रहे हैं कि रियलिज्म ज्यादा समावेशी शब्द है ?

उदयन वाजपेयी : नहीं, नहीं ! रियेलिटी प्रिंसिपल।

नामवर सिंह : 'रियलिज्म' समावेशी है या नहीं, यह देखने के लिए इतिहास में जाना होगा। उन्नीसवीं सदी में रोमेंटिसिज्म-रियलिज्म दोनों शब्द चले थे। और दोनों जब चले थे तो रचना के स्तर पर परस्पर-अनुप्रवेश था। रोमेण्टिसिज्म के अंदर रियेलिज्म और रियेलिज्म के अंदर रोमेण्टिसिज्म। लेकिन प्रधानता को ध्यान में रखते हुए लोगों ने एक को रोमेण्टिसिज्म कहा, दूसरे को रियलिज्म। जोला को नहीं सन्तोष हुआ तो उसने नैचुरलिज्म चलाया। गरज कि सबके सामने चुनौती के रूप में 'रियेलिटी' ही थी। क्या आप समझते हैं कि जो सिम्बोलिस्ट थे, वो रियेलिटी को नहीं मानते थे ? यह अलग बात है कि उनकी 'रियेलिटी' की धारणा और थी। बराबर बुनियादी चीज वह रियेलिटी ही रही है जिस पर हर रचनाकार अपनी-अपनी समझ के फंदे डाल-डालकर पकड़ने की कोशिश करता रहा है जैसे हाथी को पकड़ने के लिए लोग रस्सियाँ फेंकते रहते हैं। तो सारा साहित्यिक प्रयत्न उस हाथी को पकड़ने की ही कोशिश है और तरह-तरह के फंदे हम डालते हैं। देखना यह है कि आप कितना पकड़ पाये हैं। बहस हमारी आपकी डोरी से नहीं है। आप चाहें तो कच्चे धागे से सरकार को बाँध लाइए, चाहे लोहे की जंजीर इस्तेमाल कीजिए कोई मुजायका नहीं। आपको पता ही है कि सरकार कभी कच्चे धागे से भी बँधे चले आते हैं और कभी पुलिस का वारण्ट भेजने पर भी नहीं आते।

उदयन वाजपेयी : यहाँ एक मुश्किल है कि रियेलिटी के नाम पर फंदा तो फेंकते हैं, लेकिन जिस हाथी को खींचने की कोशिश कर रहे हैं वो सचमुच का नहीं है, प्लास्टिक का है। यानी उसकी भी तरफ शायद ये इशारा कर रहे हैं कि जिस रियेलिटी को पकड़ने की चेष्टा तमाम तरह से हम करते हैं, कई बार रियेलिटी

के नाम पर हाथी असली होते ही नहीं हैं, रियेलिटी जो है वो तो ···

नामवर सिंह : आप लोग तो कवि हैं, इसलिए आपको अलंकृत भाषा शोभती है, फिर भी सादृश्य को इतनी दूर तक न खींचिए कि टूट जाय। वैसे यह जरूर देखिए कि वो हाथी है कौन ? किस चीज का है ? इसके लिए समझ और दृष्टि चाहिए। केवल नंगी आँखों से और नंगे बदन से ही यथार्थ को देखकर यदि समझा जा सकता तो साहित्य-सृजन बड़ा आसान होता। वास्तविकता का बोध स्वतः स्फूर्त नहीं होता। कोई गाँव में पैदा होने से ही भारत के गाँवों को जानने का हकदार नहीं हो जाता। चाहे आप जहाँ पैदा हुए हों···

उदयन वाजपेयी : या उन्नीसवीं शताब्दी के बाद पैदा हुए हों···

नामवर सिंह : हाँ, चाहे जब हों···। मेरा संकेत उस रुझान की ओर है जहाँ यह मान लिया गया है कि अर्जित कुछ नहीं करना है, यह अर्जित करने की वस्तु नहीं है बल्कि स्वतः स्फूर्त सहज सुलभ होती है। गाँव से अनेक-अनेक लेखक आते हैं और बड़े दमखम से कहते हैं कि मैं तो गाँव में किसान के घर पैदा हुआ हूँ इसलिए मुझे सहज सुविधा है कि मैं गाँव को जान लूँ। और शहर वाले बेचारे कभी-कभी हीनता ग्रंथि अनुभव करते हैं। कुछ लोग इसी आधार पर कि मैं मजदूर के घर पैदा हुआ हूँ या मैं निम्न-मध्य वर्ग में पैदा हुआ हूँ, दावा करते हैं कि वे इन निम्न वर्गों को ज्यादा जानते हैं। कठिनाई इस बीच यह हुई है कि हम लोगों ने मान लिया है कि एक विशेष स्थिति में, विशेष वर्ग में पैदा होने मात्र से हमें उस वास्तविकता को जानने का जन्मसिद्ध अधिकार प्राप्त है और इसके लिए किसी भी तरह के प्रयत्न की आवश्यकता नहीं है। इधर एक अनुभववाद खूब पनपा है, पल रहा है, पाला जा रहा है जिसके कारण साहित्य बहुत ज्यादा आगे नहीं बढ़ पाया।

माओ ने 'ऑन प्रेक्टिस' नाम की छोटी-सी किताब में अंधे और लँगड़े की मशहूर कहानी के उदाहरण से अनुभववाद की सीमाएँ बड़े सुन्दर ढंग से बताई हैं। अनुभववाद अंधा है, सिद्धांत लँगड़ा है। आगे चलने के लिए दोनों का आपसी सहयोग जरूरी है। यद्यपि उदाहरण पुराना है और हर सादृश्य की एक सीमा होती है, कुछ दूर चलने के बाद वह लँगड़ाने लगती है। रचना की दुनिया में ऐसा नहीं होता कि उदयन वाजपेयी के पास थ्योरी है और राजेन्द्र धोड़पकर के पास अनुभव है तो दोनों जन मिलकर जुगलबंदी कर लें। जब तक कि एक ही रचनाकार के भीतर अनुभव और दृष्टि दोनों नहीं जुड़तीं, सार्थक सृजन नहीं होता। हमारे साहित्य में आज, बल्कि एक अरसे से अनुभववाद अधिक प्रबल हो गया है। क्यों हुआ है ? किन परिस्थितियों में हुआ है ? यह अलग से विचार की समस्या है। वस्तुस्थिति यह है कि यथार्थवाद के बहुत से तथाकथित हिमायती और यथार्थवाद के कट्टर विरोधी—दोनों ही मूलतः अनुभववादी हैं। आज यथार्थवाद का विरोध और यथार्थवाद

की हिमायत दोनों एक ही सिक्के के दो पहलू हैं।

मदन सोनी : 'कव्वे और काला पानी' कहानी के बारे में आपने अभी तीन-चार दिन पहले एक निजी बातचीत में कहा था कि उस कहानी का कुल लुब्बोलुवाब यह है कि वो जो छोटा भाई है वह बड़े भाई से दस्तखत कराने के लिए जाता है जायदाद के कागजों पर··· और इसी छोटी-सी चीज के इर्द-गिर्द जबरन पूरी कहानी बुनी गई है··· व्यर्थ का रहस्यवाद खड़ा किया गया है··· इत्यादि। मुझे आश्चर्य है, यदि वह कहानी वाकई आप पर ऐसा प्रभाव छोड़ती है···

नामवर सिंह : 'कव्वे और काला पानी' धारावाहिक रूप से जब 'धर्मयुग' में छप रही थी तभी मैंने पढ़ी थी। पुस्तक में जब से छपी है तब से एक साथ बैठकर मैंने पूरी कहानी नहीं पढ़ी है। यह मैंने निर्मल जी से भी कहा था, जिस पर उन्होंने कहा कि पुस्तक में आप उसे पढ़िये, क्योंकि 'धर्मयुग' में कुछ चीजें बीच-बीच में नहीं भी हैं शायद। ऐसा कुछ उन्होंने कहा था। इसलिए उस कहानी के साथ और निर्मल जी के साथ अन्याय होगा यदि मैं अपने उस प्रभाव के आधार पर टिप्पणी करूँ। लेकिन जो प्रथम प्रभाव था उसका जिक्र मैं कर रहा हूँ कि निर्मल जी की अन्य कहानियों में जो तत्त्व होता है उस कहानी में भी वो तत्त्व मौजूद हैं और वह है एक सामान्य सी स्थिति को रहस्यात्मक मण्डल के साथ प्रस्तुत करना। एक अच्छी बात मुझे जो लगी वह है, इस कहानी की भाषा। अपेक्षाकृत जीवन्त और यथार्थ के निकट। खासतौर से जहाँ तक मास्टर जी वाला प्रसंग है। बाबा वाले प्रकरण में रहस्यात्मकता ज्यादा है, वातावरण का चित्रण भी कवित्वपूर्ण है। मुझे जो बात खटकी वह है इस कहानी का प्रतीकवाद। मैं समझ नहीं पाया कि प्रतीक के रूप में कौओं को लेकर निर्मल जी आखिर कौन-सी बड़ी बात कहना चाहते हैं ? एक जमाना था जब कहानी में प्रतीकों के प्रयोग की बड़ी भारी कथा समझा जाता था। नई कहानी के आरंभ के दिनों में निर्मल के अलावा राकेश, यादव, कमलेश्वर आदि ने खूब प्रतीक इस्तेमाल किए थे। लेकिन मुझे शुरू से ऐसा लगता रहा कि प्रतीकों का सहारा लेना किसी कहानी के लिए, उपन्यास के लिए भी बड़ा घातक हुआ करता है। मैं आज तक नहीं समझ सका कि कौए के प्रतीक की क्या सार्थकता उस कहानी में है। मैं अपनी समझ की सीमा स्वीकार करता हूँ। आपकी समझ में आयी हो तो आप ही बतायें ताकि मुझे उससे कुछ प्रकाश मिले। खटकने वाली, दूसरी चीज है निर्मल जी का नवीनतम बाबावाद ! भाइयों के आपसी रिश्ते इस तरह के होते हैं कि ठण्डापन भी आता है, गर्माहट भी होती है। इस पर रामकुमार और निर्मल जी दोनों ने कहानियाँ लिखीं और बहुत अच्छी कहानियाँ लिखीं हैं। मुझे वे पसन्द हैं। किस तरह एक परिवार के भीतर रिश्तों में एक छिपी हुई गरमाई भी होती है, जो अक्सर कही नहीं जाती। बड़ी नाजुक मानवीय स्थिति है। उसके लिए बाबावाद का सहारा

लेने की कोई जरूरत नहीं है। वो मन्दिर-वन्दिर और पहाड़-झरने आदि जो बाकी चीजें हैं उनसे अनावश्यक रहस्यवाद की सृष्टि की गयी है इस कहानी में। उस रहस्यात्मकता से अगर जीवन की कोई बड़ी गहरी सच्चाई हासिल होती हो तो कोई आपत्ति नहीं। इसलिए उस कहानी में बाबा से ज्यादा 'रियल' मुझे मास्टर जी लगे। और मुझे ऐसा लगा कि कहानी जब तक घाटी में है जीवन्त है, लेकिन जैसे ही कहानी घाटी से ऊपर शिखर की ओर बढ़ने लगती है तो कहानी ऊँचाई को नहीं छूती, बल्कि खड्ड में गिर जाती है। कौओं के साथ तो कहानी जमीन छोड़कर आसमान पर ही पहुँच जाती है। स्थिति लगभग वैसी ही है जैसी प्रसाद जी की कामायनी में होता है। कामायनी के मनु और श्रद्धा जब तक नीचे हैं तब तक बड़े जीवन्त हैं, वास्तविक हैं, संवेदनशील हैं। जिस घड़ी मनु समरसता की खोज में ऊपर चढ़ते हैं और श्रद्धा भी उनसे मिलने के लिए खच्चरों आदि का काफिला लेकर ऊपर की यात्रा करती है, कामायनी नीरस हो जाती है। कामायनी के अंतिम तीन सर्ग काव्य न होकर दर्शन हो जाते हैं। वहाँ प्रसाद विचारों की चाहे जितनी ऊँचाइयाँ छूते हों, कविता तो गिर ही जाती है। निर्मल जी की इस 'कव्वे और काला पानी' कहानी का भी ठीक यही हश्र होता है। 'कव्वे और काला पानी' का मेरे ऊपर यह प्रथम प्रभाव है। इसलिए मैं इसके आधार पर 'कव्वे और काला पानी' के बारे में कोई मूल्य निर्णय देने की स्थिति में नहीं हूँ। मैं नहीं जानता कि इस कहानी की चर्चा के साथ हम लोगों की आज की यह बातचीत भी ऊपर उठी है या नीचे गिरी है ! बेहतर है, चर्चा यहीं खत्म करें।

(पूर्वग्रह, संयुक्तांक 61-62, मार्च-जून, 1984 में प्रकाशित।)

6

इब्तिदा फिर वही कहानी की···

अवधनारायण मुद्‌गल और महेश दर्पण के साथ बातचीत

प्रश्न : पिछले बीस वर्षों से आपने कहानी पर जो चुप्पी साध रखी है ... इसका मूल कारण क्या रहा है ...?

उत्तर : कायदे से आज भी मैं चुप ही रहना चाहता हूँ··· कहानी की दुनिया में मैं आया भी था तो अनिच्छा के साथ। मेरे लेखों से यह स्पष्ट है कि मुझमें एक हिचक थी। फिर भी हमारे साथी नये लेखक कहानी की दुनिया में नया कुछ करना चाहते थे। मुझे लगा कि कहानी पर बातचीत करके, कविता तक ही सीमित हिंदी आलोचना का दायरा बढ़ाया जा सकता है। लेकिन जल्द ही पता चला कि उन कहानीकारों की दिलचस्पी आत्म प्रचार में ज्यादा है··· और उनके उद्देश्य भी गैर-साहित्यिक होने लगे। यही नहीं, वे किसी सार्थक संवाद के लिए तैयार भी नहीं दिखाई पड़ रहे थे··· इसलिए मुझे अधिक देर तक टिकने का कोई तुक नहीं दिखाई पड़ा। मैंने अपना आखिरी लेख सन् 1964 में 'माया' में लिखा था। इसमें मैंने उस खतरे की ओर संकेत किया था जो कहानी में व्यावसायिकता का था। यह व्यावसायिकता इसलिए और ज्यादा खतरनाक थी कि प्रगतिशीलता का मुखौटा लेकर सामने आयी थी। उसमें व्यवस्था के विद्रोह का तेवर था पर असली मकसद व्यवसाय था··· जिसकी परिणति कलकत्ता में सेठों द्वारा आयोजित एक विराट 'कथा-समारोह' में हुई। दुर्भाग्य से नये कहानीकारों की इस महत्त्वाकांक्षा में आलोचना यशःप्रार्थी आलोचक भी मिल गये। तब मुझे लगा कि···

··· वैसे आज भी मुझे चुप्पी तोड़ने का कोई ठोस कारण नजर आता नहीं, अनिच्छा आज भी है ··· बल्कि कुछ ज्यादा ही ··· और आरंभिक उत्साह का अभाव तो है ही। यह बातचीत 'सारिका' में प्रकाशित होगी ··· यह तो मेरे लिए और भी बड़ा धर्म-संकट है। क्योंकि पिछले दिनों में 'सारिका' की जो सार्वजनिक तस्वीर बनी है, वह नितांत व्यावसायिकता की है ··· जिसका साहित्य की सृजनशीलता से दूर-दूर का भी रिश्ता नहीं है। फिर भी यह बातचीत इस उम्मीद में कर रहा

हूँ कि शायद 'सारिका' नये साल से अपना तौर-तरीका बदलने का विचार कर रही है। इसीलिए जिस तरह पहले दोस्तों के लिहाज के कारण मैंने कहानी पर लिखा, आज भी उसी लिहाज का निर्वाह करने के लिए अपने को तैयार कर रहा हूँ।

प्रश्न : इस बीच जो कहानी-आंदोलन हुए ... उन्हें आप किस रूप में लेते हैं ? 'नयी कहानी' के बाद ही बहुत से रचनाकारों ने अपने लिए नये रास्ते चुन लिये थे ...

उत्तर : कहानी के बारे में एक नयी शुरुआत अंतिम लेख लिखा था। उसमें इस बात का आभास था कि तथाकथित नयी कहानी की सीमाओं को पहचानकर, और उस सीमा से बाहर निकलकर नये रास्ते तलाश करनेवालों की एक अच्छी-खासी नयी पीढ़ी आ गई है। मैंने इस पीढ़ी के कुछ लेखकों का नाम भी लिया था ... ज्ञानरंजन, काशीनाथ सिंह, दूधनाथ सिंह, रवींद्र कालिया आदि ... जो आगे चलकर यशस्वी कहानीकार हुए। यह वही समय था जब एक ओर अकहानी आंदोलन चला और दूसरी ओर सचेतन कहानी आंदोलन। इसके बाद तो कुछ लोगों ने आंदोलन के नाम पर बहुप्रचारित समांतर कहानी आंदोलन बड़े संगठित रूप से चलाया... और अब, इधर कहीं-कहीं से जनवादी कहानी की भी आवाज उठने लगी है। लेकिन जिस तरह नयी कविता की प्रतिक्रिया में पिछले दो दशकों में किसिम-किसिम के कविता-आंदोलन चले ... और उन आंदोलनों के बीच कविता का जो हश्र हुआ, वही दुर्घटना कहानी के साथ भी हुई ... बल्कि कविता से ज्यादा घातक रूप में। और अब यह प्रमाणित हो गया है कि इन आंदोलनों से कहानी-रचना की दिशा में कोई विशेष लाभ नहीं हुआ। लेकिन आश्चर्य की बात यह नहीं, आश्चर्य की बात यह है कि इन आंदोलनों के बावजूद इस बीच कुछ महत्त्वपूर्ण कहानियाँ लिखी गयीं ... और इनके रचनाकार ज्यादातर वे हैं जो इन आंदोलनों से बाहर रहते आये हैं। शायद यही वह तथ्य है जो आज भी कहानी पर कुछ कहने के लिए उत्साहित कर सकता है।

सबसे पहले अकहानी आंदोलन को लो ! याद करें तो यह आंदोलन नयी कहानी की रूमानियत के खिलाफ घोषणा करता हुआ उठा। किंतु इस पर अस्तित्ववादी दृष्टि का बहुत साफ असर था। कहानियों के नायक आमतौर से शहरों में आये हुए निम्न मध्य-वर्ग के पढ़े-लिखे युवक थे। सबसे बड़ी समस्या अकेलेपन और अजनबीपन की थी। हर क्षण ये संत्रास का अनुभव कर रहे थे। एक तरह से ये कहानियाँ मानव-संबंधों और रिश्तों के टूटने की कहानियाँ थीं ... किंतु व्यवहार में ये मानव-संबंध सिकुड़कर केवल स्त्री-पुरुष के संबंध रह गये थे। और स्त्री-पुरुष के भी समस्त संबंध नहीं, बल्कि केवल यौन-संबंध। इस तरह सारा संत्रास स्त्री-पुरुष के यौन-संबंध पर आधारित था। यह सब घनघोर व्यक्तिवादी,

अंतर्मुखी तथा अराजकतावादी उद्‌गारों का अपठनीय आलेख था। ये कहानियाँ; अपठनीय न केवल विषय वस्तु की दृष्टि से थीं ··· बल्कि भाषा और शिल्प की दृष्टि से भी ···

इस आंदोलन से हिंदी कहानी को कुछ भी उपलब्धि हुई हो, इसे आज याद करना भी कठिन है। इसके बाद आयी आम आदमी का ऐलान करती हुई समांतर कहानी ··· और अब तो यह पूरी तरह जाहिर हो चुका है कि उस कहानी में न कोई आम आदमी था ··· न वह सही अर्थों में सृजन के स्तर पर चालू कहानियों के विपरीत किसी समांतर लीक का निर्माण ही कर सकी। वैसे इस आंदोलन के घोषणा-पत्र के बावजूद, इस आंदोलन से जुड़े लेखकों में से इब्राहीम शरीफ और कामतानाथ ने कुछेक जानदार कहानियाँ लिखीं।

अब इधर जनवादी कहानी बनाने की जो घोषणा की जा रही है, उसे भी इतिहास के इसी परिप्रेक्ष्य में देखना होगा। फिलहाल उसके बारे में कुछ ज्यादा कहना ठीक नहीं है। फिर भी एक आशंका तो व्यक्त की ही जा सकती है··· और वो ये कि यहाँ भी चिंता कहानी की 'विषयवस्तु' अथवा 'सब्जेक्ट मैटर' को लेकर ही है। और चिरपरिचित यथार्थवाद के आग्रह के बावजूद कहानी रचना की बुनियादी कला-दृष्टि संबंधी चिंता का सर्वथा अभाव है।

प्रश्न : यह जो बुनियादी कला-दृष्टि संबंधी चिंता का मसला आपने उठाया है ··· इसे कुछ स्पष्ट करेंगे आप !

उत्तर : यह सही है कि एक उपन्यासकार या एक नाटककार के समान कहानीकार को भी सार्थक लेखन के लिए आज की वास्तविकता, आज के यथार्थ; आज के जीवन और आज के मनुष्य की असंगतियों और विडंबनाओं को पहचानने पर जोर देना चाहिए ··· और पहचानने के साथ ही उसे बदलने के लिए सक्रिय और आलोचनात्मक हस्तक्षेप करने का प्रयत्न भी करना चाहिए, किंतु एक कहानीकार जब ऐसा प्रयत्न करता है तो उसके सामने 'कहानी' जैसी विधा की शक्ति, संभावना और सीमा का भी एहसास होना चाहिए। तो, यदि लड़ाई का ही सादृश्य लें··· तो कहानी की भूमिका बहुत-कुछ एक छापामार दस्ते की-सी होती है ··· न कि उपन्यास के समान खुली मैदानी लड़ाई की सी। इसीलिए कुछ लेखकों ने कहानी की प्रकृति को बहुत-कुछ प्रगीतात्मक भी कहा है। चेखव की प्रसिद्ध कहानी 'दुख' को मद्देनजर रखते हुए एक लेखक ने तो इसीलिए कहानी को 'अकेली चीख' (लोनली क्राइ) कहा है। और जरूरी नहीं कि यह चीख हमेशा एक असहाय हाय ही हो। यह 'गुस्से का विस्फोट' भी हो सकती है और 'विरोध की चीत्कार' भी। कहानी में एक चीत्कार किसी भी मानवीय स्थिति के एक छोटे से टुकड़े के सहारे पैदा की जा सकती है। उस मानवीय स्थिति के लिए गाँव, शहर, कस्बा, खेत, मिल, दफ्तर, चुनाव, हड़ताल, जुलूस, उच्च वर्ग, मध्य वर्ग, निम्न-मध्य वर्ग, मजदूर

वर्ग, हरिजन, मुसलमान, जलाई जाने वाली नयी बहू वगैरह की कोई कैद नहीं। इसके लिए किसी बने-बनाये कथानक या भाषा के किसी रीतिबद्ध (स्टाइलाइज्ड) या आमफहम भाषा की भी कैद नहीं है। मुख्य वस्तु है, प्रतिरोध या विरोध की चीत्कार को ज्यादा से ज्यादा मार्मिक और प्रभावशाली ढंग से व्यक्त करना। यहाँ यह जोड़ना जरूरी मालूम होता है कि यह निहायत ठंडे और मद्धम ढंग से भी हो सकता है ··· यहाँ तक कि एक बोलती हुई खामोशी के जरिए भी ··· जैसा कि इधर की कुछ सार्थक और सशक्त फिल्मों में दिखाई पड़ता है। क्या यह जिज्ञासा अप्रासंगिक होगी कि फिल्म की दुनिया में यह कैसे संभव हो सका ! ··· और इतना ढोल पीटने के बाद भी समांतर कहानी में यह संभव नहीं हो सका।

प्रश्न : यह जो संभव न हो सकने की बात आप कर रहे हैं ··· इसकी कुछ वजह भी तो होगी ···!

उत्तर : इसका सबसे बड़ा कारण है ··· कहानी की दुनिया में, व्यावसायिकता के विरुद्ध जैसा संघर्ष होना चाहिए था, नहीं किया गया। सच्चाई तो यह है कि कहानी-पत्रिकाओं ने इस बीच डटकर कहानी को व्यावसायिक बनाया। इन दो दशकों की सबसे बड़ी दुर्घटना है ··· कहानी को 'उपभोग का माल' बनाना। खास तौर से उस वर्ग की महिलाओं और पुरुषों के लिए ··· जिसके पास फालतू वक्त है और जो अपनी समूची जीवन चर्या में सर्वथा परजीवी हैं।

विडंबना तो यह है कि व्यावसायिक पत्रिकाओं के विरुद्ध विद्रोह के तेवर के साथ निकलने वाली क्षणजीवी लघु-पत्रिकाएँ भी अंततः व्यावसायिक पत्रिकाओं में कुछ लेखकों के छपने का सोपान साबित हुईं। इस प्रकार व्यावसायिक पत्रिकाओं ने अपने विरोध के दायरे को भी व्यावसायिक बनने के लिए बाध्य किया। कहते हैं, नमक की खान में जाकर हर चीज नमक बन जाती है ··· और आश्चर्य नहीं होना चाहिए कि व्यावसायिक पत्रिकाओं में छपकर इस बीच की कुछ जीवंत और सार्थक कहानियाँ भी अपना वास्तविक प्रभाव खो बैठी हैं ··· और अनजाने ही, उसी व्यावसायिक मनोवृत्ति को बढ़ावा देने का निमित्त बनीं। एक बात और है ··· कहानी की दुनिया में ऐसा मालूम होता है, ज्यादातर ऐसे यशःप्रार्थी युवा आये, जिनके सामने गोया कहानी लिखने के अलावा और कोई रास्ता ही नहीं था। दूसरे शब्दों में ··· कहानी लिखना हिंदी में सबसे आसान काम रह गया है। पत्रिकाओं में, माँग और पूर्ति के सिद्धांत को देखते हुए कहानी के नाम पर लिखी जाने वाली किसी भी गद्य-रचना का छप जाना भी उतना ही आसान है। यह कड़वी सच्चाई है कि हिंदी की प्रथम श्रेणी की प्रतिभा कहानी के क्षेत्र में कम ही आयी। अच्छी कहानियाँ ज्यादातर उन्हीं लोगों ने लिखीं जो उपन्यास, नाटक और कविता के माध्यमों पर हाथ आजमा चुके थे ··· और उन्होंने कुछ सार्थक कहा भी।

यदि फिल्मी-दुनिया से तुलना करें तो नये तेवर की फिल्में बनाने वाले निर्देशक

और कलाकार अधिकांशतः वे हैं जो फिल्म की व्यावसायिक दुनिया से बाहर के हैं और रंग-कर्म में अपने नये प्रयोगों का अभ्यास कर चुके हैं। क्या कहानी की दुनिया में आपको ऐसे लेखक दिखाई पड़ते हैं ? ... यदि हैं भी, तो कितने !

प्रश्न : नयी कहानी के साथ ही कहानीकारों ने कहानी की वकालत का काम भी अपने हाथों में ले लिया था ... यही सिलसिला छोटे-छोटे गुटों में बँटकर कमोबेश आज भी जारी है ... रचनाकार जब आलोचना-कर्म पर उतरता है तो इससे उसकी मौलिक सृजनात्मकता कितनी अप्रभावित रह पाती है ? साथ ही विनिमय-आधार पर होने वाली आलोचना को लेकर क्या कहना चाहेंगे ?

उत्तर : निश्चय ही इसमें कुछ जिम्मेदारी इस बीच लिखी गई कहानी की आलोचना की भी है। उल्लेखनीय है कि कहानी पर ज्यादातर आलोचनाएँ स्वयं कहानीकारों ने ही लिखीं और सिद्धांततः मैं इसमें कोई बुराई भी नहीं देखता। अब कविता संबंधी आलोचना को ही लो ... तो वहाँ ज्यादातर सार्थक लेखन स्वयं कवियों के द्वारा ही हुआ है। फिर भी यदि कहानीकारों ने कहानी के बारे में किसी सार्थक चर्चा का आभास नहीं दिया तो इसके दो ही कारण हो सकते हैं। या तो वहाँ कहानी की रचना-प्रक्रिया के बारे में सच्ची सर्जनात्मक चिंता का अभाव है और साथ ही बौद्धिक दरिद्रता (इंटेलैक्चुअल बैंकरप्टसी) भी है ... अथवा उनकी दिलचस्पी केवल आत्मप्रचार में है। लगता है कि 'मेरा हमदम मेरा दोस्त' आज भी कहानी-आलोचना की दुनिया में आलोचना का अकेला सूत्रवाक्य है। इसलिए यह पुस्तक-समीक्षा और वक्तव्यबाजी से आगे नहीं बढ़ सकी। जमकर किसी कहानी के विश्लेषण की कोशिश की ही नहीं जाती। अक्सर वर्षों और दशकों के सर्वेक्षण पेश किये जाते हैं ... जिनमें सबसे ज्यादा ध्यान कहानीकारों की फेहरिस्त बनाने पर होता है। अतिशयोक्ति नहीं होगी यदि कहें कि कहानी समीक्षा अधिकांशतः 'वोटर-लिस्ट' होती है। होड़ भी सबसे ज्यादा 'वोटर लिस्ट' को ही बनाने-बिगाड़ने में लगी रहती है। नक्कारखाने में तूती की तरह निश्चय ही यहाँ भी कुछ आवाजें हैं ... लेकिन वह 'तूती' 'सारिका' नहीं है। नाम लेने का खतरा उठाकर भी मैं अपवाद के रूप में यहाँ विजयमोहन सिंह के कहानी-संबंधी लेखों और पुस्तक समीक्षाओं का जिक्र करना चाहूँगा। उन्होंने इन दो दशकों के दौरान सार्थक लिखने वाले सभी कहानीकारों और उनकी कहानियों पर सिलसिलेवार ढंग से बड़ी सतर्कता के साथ लिखा है ... अगर उनके साथ संवाद में शामिल होने वाले दो-चार रचनाकार और आलोचक और होते तो शायद कहानी की दुनिया के गलत रुझानों में कुछ कमी आती।

वैसे व्यावसायिकता का असर कहानी की समीक्षा पर एक और तरह से पड़ा है। और वह है, विश्वविद्यालयों में कहानी-संबंधी शोध-प्रबंधों की बाढ़। अनुभव से कह सकता हूँ कि पिछले दो दशकों में सबसे ज्यादा एम. फिल. और

पी-एच. डी. के शोध-प्रबंध आज की कहानी और कहानीकारों पर ही लिखे गये हैं। यहाँ तक कि विषय-चयन में अनुदार कहे जाने वाले विश्वविद्यालय ··· जो एक समय शोध के लिए किसी मृत लेखक को ही चुनने की अनुमति देते थे ··· वे इस बीच सहसा इतने उदार हो गये कि साठोत्तरी-सत्तरोत्तरी की तो बात ही क्या ··· किसी ऐसे युवा-लेखक पर भी शोध-प्रबंध लिखना लाभदायक समझते हैं ··· उपयोगी समझते हैं जिसने अभी तीन वर्षों से ही लिखना शुरू किया है और उसकी डेढ़ दर्जन कहानियाँ भी नहीं छपी हैं। अब आप देख सकते हैं कि विश्वविद्यालय के कारखाने से निकले ये 'आलोचनात्मक माल' कहानी सृजन और आलोचना को कितना फायदा पहुँचा सकते हैं।

प्रश्न : ··· और जो महिला-लेखन की स्थिति है कहानी की दिशा में ··· उसे किस तरह लेते हैं आप ?

उत्तर : ऐसा ही सवाल एक बार किसी ने तोल्सतोय से भी किया था। और उनका जवाब था कि इसका जवाब मैं कफन से मुँह उठाकर ही दे सकूँगा। कुछ-कुछ यही मैं भी कहना चाहता हूँ।

प्रश्न : मुझे याद आ रहा है, एक बार आपने लिखा था कि कहानी का रूप कहानी के भीतर ही बदला जा सकता है ··· कविता में जो स्थान लय का है, कहानी में वही स्थान कहानीपन का है। यह कहानीपन आज धीरे-धीरे जिस स्थिति तक आ पहुँचा है ··· उसके कारणों पर आपकी क्या टिप्पणी है ?

उत्तर : किसी कहानी के जरिए ही इसे ठीक तरह से समझाया जा सकता है ··· और मैं इस वक्त नहीं ··· फिर कभी लिखूँगा इस पर भी।

प्रश्न : अपनी कहानी-आलोचना के दौरान आपने जिन महत्त्वपूर्ण रचनाकारों का उल्लेख किया था ··· उनमें से कुछ आज भी कहानियाँ लिख रहे हैं। तब और अब में आप क्या कुछ फर्क महसूस करते हैं ?

उत्तर : मैंने मुख्यतः छठे दशक के कहानीकारों पर लिखा है ··· जिनका संबंध 'नयी कहानी' से था। उस दौर के मुख्य कहानीकार तीन ही थे—फणीश्वरनाथ रेणु, अमरकांत और निर्मल वर्मा। महत्त्व मैंने इन तीनों का स्वीकार किया लेकिन मुझे पछतावा है कि रेणु और अमरकांत पर जैसा लिखना चाहिए, मैं न लिख सका। रेणु तो खैर दिवंगत ही हो गये और अंतिम दिनों में उन्होंने कोई उल्लेखनीय कहानी लिखी भी नहीं। फिर भी जो कुछ उन्होंने लिखा वह सच्चे अर्थों में 'नयी कहानी' को परिभाषित तो करता ही है ··· उपलब्धि भी है। अमरकांत आज भी लिख रहे हैं। 'डिप्टी कलक्टरी' और 'हत्यारे' जैसी कहानियों के अतिरिक्त इन्होंने पिछले दो दशकों में भी काफी उल्लेखनीय कहानियाँ लिखी हैं ··· जिन पर विस्तार से लिखकर मुझे खुशी होगी। निर्मल वर्मा अपनी बहुत सहज गति के अनुसार इस बीच लगातार कहानियाँ लिखते रहे हैं ··· जिनके कारण उनकी आलोचना भी

हुई है ··· जो अंशतः सही भी है।

यहाँ संक्षेप में उनके विषय में कुछ कहने से गलतफहमी की आशंका है। इसलिए, मैं कभी फुरसत से इस पर जरूर लिखना चाहूँगा। किंतु विडंबना तो देखिए कि छठे दशक में उभरने वाले ये तीनों महत्त्वपूर्ण कहानीकार 'नयी कहानी आंदोलन' से सीधे जुड़े न रहकर भी अंततः सच्चे अर्थों में 'नयी कहानी' के निर्माता साबित हुए। बाद के कहानीकारों में ज्ञानरंजन और काशीनाथ सिंह की कहानियों पर भी विस्तार से लिखने की आवश्यकता अनुभव करता हूँ।

एक बात और जो मैं बड़ी शिद्दत से महसूस करता हूँ कि कहानी आंदोलनों के हो-हल्ले में कुछ ऐसे कहानीकारों की उपेक्षा हो गई है जो अन्य विधाओं के साथ कहानी में भी सार्थक सृजन करते हैं। जैसे रघुवीर सहाय, कुँवरनारायण और मनोहर श्याम जोशी आदि। यह सही है कि इन्होंने कम कहानियाँ लिखीं। लेकिन सिर्फ इसी कारण ये उपेक्षित रहें यह उचित नहीं।

और कामों से फुरसत मिलने पर कभी मैं इन पर भी लिखना पसंद करूंगा।

इनके अलावा भी समकालीन कहानी में ऐसा काफी-कुछ है जो कहानी संबंधी चिंतन के लिए चुनौती है। किंतु ऐसा लगता है कि इस बीच जितनी उल्लेखनीय कहानियाँ सामने आयी हैं, उतने कहानीकार नहीं। दूसरे शब्दों में, कहानियाँ तो हैं लेकिन कहानीकार नहीं।

प्रश्न : आपने ही एक बार कहा था कि आज प्रेमचंद होते तो उनका पहला वाक्य यह होता कि मनुष्य जीवन की सबसे बड़ी लालसा यही है कि वह आलोचक बन जाये ··· हालाँकि काफी वक्त हो चुका है कहे हुए ... पर अब क्या सोचते हैं आप ?

उत्तर : कहानीकारों की चिंता का इससे पता लगता है कि प्रेमचंद की शताब्दी के अवसर का लाभ उठाकर, कहानी पर प्रेमचंद के संदर्भ में सार्थक चर्चा कर सकते थे ··· यानि प्रेमचंद ने कहानी को कहाँ छोड़ा था और आज कहाँ खड़ी है हिंदी कहानी ··· ? ··· पर सभी आयोजन उपन्यासों पर केंद्रित होकर ही रह गये। कहानी पर सतर्क और जागरूक चर्चा हो, यह एक खोया हुआ अवसर था। मैं कहानी पर लिखते हुए अब भी संकोच का अनुभव करता हूँ ··· डर भी है ··· संकोच भी होता है ···

जिससे खोई थी नींद मीर ने कल,
इब्तिदा फिर वही कहानी की ···।

(सारिका, 1-15 जनवरी, 1984)

7

कहानी कहाँ बनती है

विजयमोहन सिंह के साथ बातचीत

विजयमोहन सिंह : नामवर जी, हमारी बातचीत ··· मैं चाहता हूँ कहानी की जो स्थिति है ··· उस पर मुख्य रूप से केंद्रित हो। लेकिन उस पर मुख्य रूप से केंद्रित होने के लिए यह जरूरी है कि पहले जो कहानी थी और इसके बारे में आपने लिखा था ··· काफी लिखा है ··· उस पर भी थोड़ी बातचीत कर ली जाये।

नामवर सिंह : आपने भी लिखा है ···

विजयमोहन सिंह : मैंने भी-लिखा है। लेकिन आपने शुरुआत की थी। एक तरह से। जैसा आप जानते हैं कि मैं लिख भी चुका हूँ ··· मैं मानता हूँ। सारा हिंदी-साहित्य मानता है कि आप हिंदी के प्रथम कहानी-समीक्षक हैं ··· और आपने कहानी की ओर गंभीरतापूर्वक लोगों का ध्यान आकर्षित किया था और एक गंभीर किस्म की कहानी-आलोचना की शुरुआत की थी। तो, अब जो कहानियाँ लिखी जा रही हैं, उनकी स्थिति क्या है ··· और जो कहानी संबंधी आलोचना लिखी जा रही है उसकी स्थिति क्या है ? इसके अंतर पर भी बात करना जरूरी है ··· और जैसे यह पूरी प्रक्रिया इस बीच घटित हुई ··· उससे अगर कोई अंतर इधर आया है तो (और अंतर है) तो इस प्रक्रिया पर भी बातचीत करना जरूरी है। जैसे मैं अभी बात कर रहा था महेश से ··· तो मैंने कहा कि मुझे इधर लगा है कि हालाँकि कहानी-संग्रह छपते बहुत हैं ··· लेकिन कहानी-संग्रह की अपेक्षा कविता-संग्रह और ज्यादा बेहतर ढंग से 'रिसीव' भी किये जा रहे हैं। कहानी-संग्रह उस तरह से 'रिसीव' नहीं किये जा रहे हैं ··· इसकी वजह क्या हो सकती है ? इसकी वजह ··· कहानीकारों में ढूँढ़नी चाहिए ··· या एक खास तरह की बन गई है स्थिति ··· प्रकाशन की, और बिक्री की, एक तो इस पर सोचना जरूरी है। क्योंकि हम कहानी में, खुद के 'स्ट्रक्चर' में जो गुणात्मक परिवर्तन आये हैं, उनके बारे में भी सोच सकते हैं। पहले तो मैं यह जानना चाहूँगा आपसे कि क्या आप यह मानते हैं कि इस तरह से कोई अंतर आया है ?

नामवर सिंह : मैंने इस तरह का कोई अध्ययन तो किया नहीं है, कि कविता-संग्रहों की तुलना में कहानी-संग्रहों के ग्रहण की क्या स्थिति है ! सांख्यिकी के आधार पर ही कोई आदमी बड़े विश्वास के साथ कह सकता है। एक कारण तो मुझे साफ दिखाई पड़ता है जो साहित्यिक नहीं है ··· वो ये कि कम पैसे में औसत पाठक को पत्रिकाओं के माध्यम से इतने लेखकों की इतनी ज्यादा कहानियाँ एक जगह मिल जाती हैं··· कि उतनी ही कहानियाँ एक ही लेखक की पंद्रह-बीस रुपये में कोई क्यों लेना चाहेगा ? मेरा ख्याल है, शुरू से ही यह स्थिति रही है···

विजयमोहन सिंह : ··· लेकिन पत्रिकाओं में तो कविताएँ भी छपती हैं।

नामवर सिंह : जिन पत्रिकाओं में कविताएँ छपती हैं, उन पत्रिकाओं की स्थिति बिक्री की दृष्टि से बहुत ही दयनीय और शोचनीय है। इसलिए कहानी-संग्रहों के प्रकाशन और बिक्री का जहाँ तक सवाल है ··· उससे कहानियों की स्थिति पर प्रकाश पड़ने की उम्मीद मुझे तो नहीं दिखाई पड़ती। एक दूसरी स्थिति जिसका संबंध बिक्री से नहीं है, वह यह है कि जो साहित्यिक पाठक है, और जो साहित्यिक समाज है, उस समाज में ··· जो लोग कविताएँ भी पढ़ते हैं ··· उस समाज में कदाचित कहानियों और कहानी-संग्रहों में दिलचस्पी उतनी नहीं है जितनी कि कविता-संग्रहों में दिखाई पडती है। इस समाज में यह ललक ··· कि कहानी की दुनिया से कोई नयी चीज आयी है ··· नहीं है, यह बात अगर आप कहना चाहें, तो अंशतः सही है। पर इसके कारणों की खोज होनी चाहिए।

विजयमोहन सिंह : ··· वही मैं भी कहना चाहता था कि जैसी कहानियाँ इन दिनों प्रकाशित हो रही हैं, वे उस तरह से पाठक को अपनी तरफ आकर्षित नहीं कर पा रही हैं। जिस तरह से एक जमाने में जब कहानी पत्रिका निकलती थी, नयी कहानियाँ निकलती थीं, यही नहीं ज्ञानोदय निकलता था और कल्पना निकलती थी ···

नामवर सिंह : मेरा खयाल है आप 'नॉस्टेल्जिक' हो रहे हैं ··· उन युगों की याद करते हुए मुझे लगता है, हम लोग उस उमर की ओर बढ़ रहे हैं जिसमें वर्तमान से ज्यादा आकर्षक अतीत हुआ करता है।

विजयमोहन सिंह : नहीं, आकर्षण की बात मैं नहीं कर रहा हूँ। मैं केवल उस 'अतीत' की बात कर रहा हूँ जो 'वर्तमान' था ··· जैसा कि टी. एस. इलियट ने कहा है कि अतीत का एक हिस्सा वर्तमान में रहा करता है।

नामवर सिंह : हाँ ··· वैसे हर अतीत कभी-न-कभी वर्तमान ही रहता है।

विजयमोहन सिंह : ··· इसलिए मैं उस 'एलिमेंट' को जोड़ने की कोशिश कर रहा हूँ वर्तमान से··· शायद इसका एक कारण यह भी हो सकता है कि इस वक्त जो कहानियाँ लिखी जा रही हैं वे कहीं गुणात्मक दृष्टि से ··· या अपने दूसरे रूपों

में, उन कहानियों की अपेक्षा (मैं यह नहीं कहूँगा कि वे कमजोर हैं ···) शायद कुछ ऐसा बहुत ज्यादा 'नया' नहीं दे पा रही हैं जो नयापन पाठक में वह ललक पैदा कर सके जो उस वक्त कर सका था ··· चाहे वो 'फार्म' के स्तर पर हो, 'टेकनीक' के स्तर पर हो ··· चाहे वो 'सेंसिबिल्टी' के स्तर पर हो ··· लगता है कि मैं इन दिनों कहानी पढ़ता हूँ ··· तो कहानी में जो एक 'प्लेजर ऑफ रीडिंग' होता है वह न्यूनतम होता जा रहा है।

नामवर सिंह : आपने तो समकालीन कहानियाँ ज्यादा पढ़ी हैं मुझसे ··· मैं इस मामले में बहुत पिछड़ा हुआ आदमी हूँ।

विजयमोहन सिंह : नहीं ··· नहीं, आप तो हिंदी जगत में भयानक पढ़ाकू विख्यात है ··· बहुत पहले आपके लिए त्रिलोचन जी ने कहा था ··· पुस्तक पकी आँखें।

नामवर सिंह : वह ठीक है, पर इतनी-सी बात कहने के लिए इतना लंबा सफर तय करने की जरूरत नहीं है कि कहानी की दुनिया में पिछले पाँच-छः वर्षों में (अगर एक दशक में नहीं तो ···) कोई ऐसा सार्थक नया प्रयास नहीं हो रहा है जिसकी ओर साहित्यिक दुनिया आकृष्ट हो। यह बात कहने के लिए हम लोग यदि कहानी-संग्रहों की बिक्री आदि के ब्यौरे में न जाएँ तो एक औसत असर के आधार पर कह सकते हैं। इसके लिए हम लोग कारणों के रास्ते बहुत लंबा सफर न करें। खुद अपने अनुभव से कह सकते हैं आप, कि वैसी उत्सुकता नहीं रही है। मैं भी अपने अनुभव के आधार पर कह सकता हूँ। बाकी तो सारी दुनिया किसने देखी है ! एक हद तक यह सच्चाई है। लेकिन इस सच्चाई के साथ मैं एक बात और जोड़ना चाहूँगा। पहले के वर्षों से इधर के वर्षों की तुलना करें तो उसमें एक सहायक कारण यह भी है कि साहित्यिक रचनाओं में दिलचस्पी, उन रचनाओं की चर्चा के कारण हुई है ··· चाहे वह चर्चा बहस का रूप ले, चाहे वह समीक्षाओं-आलोचनाओं का रूप ले ··· उससे एक वातावरण तैयार होता है ··· फिर लोगों में दिलचस्पी पैदा होती है ··· यह सच्चाई है कि पिछले सात-आठ वर्षों में कहानी को लेकर कोई ऐसी उत्तेजक बहस नहीं हुई। ये दोनों चीजें परस्पर संवद्ध हैं। सच्चाई यही है कि कहानी की दुनिया में कोई इस तरह का ('क्रांतिकारी' तो बड़ा शब्द है) विचारोत्तेजक नया प्रयोग या नया प्रयास हुआ ही नहीं, इसलिए सहृदयों की दिलचस्पी भी नहीं हुई।

विजयमोहन सिंह : एक चीज, जो मुझे लगती है ··· क्योंकि मेरे कवि मित्र भी हैं और नये कहानीकार मित्र भी हैं। यह देखता हूँ कि जो कवि मित्र हैं, वे अपने 'फार्म' को लेकर ··· यानि अपने माध्यम को लेकर जिस हद तक गंभीर हैं ··· जिस हद तक संघर्षशील हैं, उस हद तक कहानीकार मित्र नहीं हैं।

नामवर सिंह : कला माध्यम के रूप में कहानी के प्रति एक कलाकार को

जितना आत्मसजग होना चाहिए सामान्यतः कहानीकार उतने नहीं हैं।

विजयमोहन सिंह : हाँ, एक यह भी कारण हो सकता है ··· क्योंकि जब हम इतने सजग नहीं होंगे और इतने ज्यादा गंभीर नहीं होंगे और हम उस विधा के माध्यम से जो कुछ कहना चाहते हैं उसे खूब सही तौर पर, बहुत सार्थक तौर पर कहने के लिए प्रयत्नशील नहीं होंगे तो निश्चित रूप से हम अपनी बात को भी और उस विधा को भी कमजोर करेंगे। पहले के कहानीकार कहीं ज्यादा गंभीर और सजग रहते थे···

नामवर सिंह : हम लोग बहुत सामान्यीकरण ··· 'स्वीपिंग जनरलाइजेशन' कर रहे हैं। नये लोगों में ··· अच्छी-खासी युवा-पीढ़ी आयी है ··· इन लोगों के बारे में आप क्या कहना चाहते हैं ··· इन लोगों के पास भी अपने कुछ अनुभव हैं, जिनको ये लिख लेना चाहते होंगे। क्या ये कहानी की एक बनी-बनाई लीक पर ही चले जा रहे हैं ? क्या ये उसमें कुछ नया नहीं कर रहे हैं ?

विजयमोहन सिंह : सामान्यतः मुझे तो यही लगता है। इसके अपवाद हैं, और हो सकते हैं ··· लेकिन जो बहुसंख्यक हैं, उनमें यही चीज है।

नामवर सिंह : वैसे देखिए तो कहानी के पारंपरिक ढाँचे में भी आज अच्छी और महत्त्वपूर्ण कहानियाँ लिखी जा रही हैं। उस ढाँचे में कहानी लिखने वाले पहले भी रहे हैं। और अच्छी कहानियाँ भी उन लोगों ने लिखी हैं जैसे भीष्म साहनी, अमरकांत ··· इधर का एक नाम ले लूँ तो मिथिलेश्वर ··· जिसमें कहानी के 'फॉर्म' की कोई सजगता नहीं दिखाई पड़ती। कुछ दिनों पहले उनकी मैंने 'साप्ताहिक हिंदुस्तान' में 'हरिहर काका' नाम की लंबी कहानी पढ़ी जो सशक्त कहानी थी, बावजूद इसके कि उसका ढाँचा बना-बनाया ही है। कहना यह चाहता हूँ कि कहानी के 'फॉर्म' में कोई नया प्रयोग किये बिना भी कोई लेखक अपने गहरे यथार्थबोध के आधार पर आज सार्थक कहानी रच सकता है, बल्कि रच रहा है। आप क्या टिप्पणी करना चाहेंगे ?

विजयमोहन सिंह : मेरा मतलब ··· यह नहीं था। जब मैं ढाँचे की बात कर रहा था तो मैं दरअसल, उस रूप में ढाँचे की बात नहीं कर रहा था। मैं उस माध्यम के प्रति उनकी गंभीरता, उनकी ईमानदारी और उनके अपने लगाव के बारे में बात कर रहा था, कभी-कभी एक रचनाकार फॉर्म के प्रति नितांत असजग होता है ··· तो उसका असजग होना उसके लिए बहुत बड़ा गुण बन जाता है और उसकी कहानी को बहुत बड़ी ताकत देता है। कहानी बड़ी महत्त्वपूर्ण बनकर सामने आती है ··· जरूरी नहीं कि वह जान-बूझकर कोई प्रयोग करे ··· यह तो बहुत ही एक कृत्रिम तरीका है और बहुत ही 'फॉर्मुलिस्टिक एप्रोच' हो जायेगा कहानी के प्रति भी।

नामवर सिंह : फिर तो उस गंभीरता को परिभाषित करने की जरूरत होगी।

एक उदाहरण से बात ज्यादा साफ होती। असगर वजाहत के 'दिल्ली पहुँचना है' कहानी संग्रह की इसी शीर्षक वाली कहानी लें। यह नितांत नारेबाजी की कहानी है। इसमें प्रदर्शन करने के लिए दिल्ली जानेवाली जनता की भीड़ और पुलिस की मुठभेड़ का वर्णन है ··· यह कहानी बन ही नहीं सकी। वह रिपोर्ताज भी नहीं है। जो भी है कमजोर है। और मुझे आश्चर्य हुआ कि जो असगर वजाहत कहानी के फार्म के बारे में बड़े सतर्क हैं और उन्होंने अच्छी लघुकथाएँ भी लिखी हैं और खासी कहानियाँ भी, उन्होंने ऐसी सपाट कहानी कैसे लिखी ? अब आप क्या कहेंगे कि असगर वजाहत उस 'फॉर्म' के प्रति गंभीर हैं कि नहीं ?

विजयमोहन सिंह : नहीं देखिए, इसको मैं कहूँगा कि ··· इसके पीछे नितांत साहित्येतर कारण होंगे ···

नामवर सिंह : आप कह सकते हैं, लेकिन मैं लेखक के दिमाग में सेंध मारकर तो नहीं घुस सकता ···

विजयमोहन सिंह : कुछ चीजें सेंध मारे बगैर भी जानी जा सकती हैं। तो इसके कारण साहित्येतर भी हो सकते हैं।

नामवर सिंह : आपके कहने से मैंने 'करौंदे का पेड़' पढ़ा। मैं तो उसके लेखक को जानता नहीं था ··· यह नहीं कह सकता कि यह लेखक 'फॉर्म' के बारे में सचेत नहीं है। सचेत तो है ··· सतर्क है भाषा के प्रति, कहानी के विन्यास के प्रति भी, और ऐसा लगता है कि वह कहानी लेखन के प्रति गंभीर है। बावजूद, वे कहानियाँ मुझे सामान्य लगीं। और ऐसा लगा कि इस लेखक के पास कहने के लिए कुछ बहुत सार्थक नहीं है। इसलिए जब मैं कह रहा था कि इस दौरान नये लेखक कुछ ऐसे हैं जो कहानी को गंभीरता से लेते हैं पर उनके पास पूँजी नहीं है या कोई और कमी है जिससे उनकी कहानियाँ औसत से ऊपर नहीं उठतीं।

विजयमोहन सिंह : ये दो बातें हुईं। एक तो ··· एक कहानीकार है जो 'फॉर्म' के प्रति सजग है लेकिन उसके पास जो पूँजी है, वह बहुत कम है या उसके पास जो अपना कथ्य है, वह इतना सीमित है कि वह फॉर्म पर सजगता के बावजूद कहानियाँ नहीं लिख पा रहा है। दूसरा कहानीकार वह है–जो फॉर्म के प्रति तो सजग है ही नहीं, पर पूँजी बहुत है उसके पास ··· क्योंकि इस बीच चीजें जिस तरह बदल रही हैं या बदली हैं, वास्तविकता के जो-जो रूप हमारे सामने आ रहे हैं ··· जिंदगी की वास्तविकता के ··· चाहे वे सामाजिक स्तर पर हों या राजनैतिक स्तर पर हों ··· तो कहानीकार के पास आमतौर पर मैं समझता हूँ जो सामग्री है कहने की, उसकी कमी तो होनी नहीं चाहिए। है ही नहीं। पर वह उस सामग्री को शायद किसी हड़बड़ी में, शायद किसी जल्दबाजी में या शायद उसे लगता है कि जो जैसा कुछ है उसे रिपोर्ताज की शैली में यथावत विवरण के साथ प्रस्तुत कर दे।

नामवर सिंह : नहीं-नहीं विजयमोहन जी, यह मामला केवल हड़बड़ी का ही नहीं है। जिसे आपने जीवन-सामग्री कहा, वह वस्तुतः बहुप्रचलित और प्रदत्त औसत जिंदगी की समझ है। इससे हटकर जिंदगी की सच्चाई के किसी नये पहलू को सामने लाने के लिए जिंदगी की ज्यादा गहरी पहचान और अंतर्दृष्टि चाहिए। आज उसकी कमी है। यह पूँजी की, माल की या सामग्री की कमी भर नहीं ··· और इसलिए आज की चालू कहानी समीक्षा के मुहावरे इस कमी पर परदा डालते हैं। जैसे अमुक जीवन से जुड़े हुए कितने हैं। या जीवन से कटे हुए कितने हैं !

विजयमोहन सिंह : ये मुहावरे निरर्थक हो गये हैं। लेकिन मेरा खयाल है कि एक जमाना था जब हम भी और आप भी इन शब्दों का प्रयोग करते रहे हैं ···

नामवर सिंह : हम तो नहीं करते थे। अपनी बात आप जानें।

विजयमोहन सिंह : लेकिन यह जरूर है, कि ये बिल्कुल गैरजरूरी मुहावरा है और अब इसका अर्थ नहीं रह गया है। यहाँ आकर हम कहानी की उस आलोचना की भी बात कर सकते हैं ··· जिसके पास यही दो शब्द हैं। एक तो जीवन से जुड़ा रहना, दूसरा जीवन से कटा रहना। इस वक्त से जुड़े रहने का अर्थ सामान्य तौर पर तो यह होना चाहिए ··· कि खास तरह की एक सामाजिक चेतना ··· तो अगर किसी लेखक में 'सामाजिक चेतना' है तो उसमें अंतर्दृष्टि का अभाव तो नहीं होना चाहिए ··· सही अर्थों में अगर वह सामाजिक चेतना से संपन्न है तो दृष्टिसंपन्न भी उसको होना चाहिए।

नामवर सिंह : दृष्टिसंपन्न तो बहुत से लोग होते हैं ··· आज की राजनीति को और आज की जिंदगी को बखूबी समझते हैं। लेकिन वे कहानीकार नहीं होते। इसलिए वह दृष्टि, जो जिंदगी की किसी घटना या स्थिति को कहानी बनाती है, वह 'चितवन औरै कछू' होना चाहिए ··· लेकिन कहानीकार की वह दृष्टि जो एक छोटी-सी जीवन-घटना में खास चीज ढूँढ़ लेती है ··· फिर उसे कहानी का रूप देती है, मैं उसकी बात करना चाहता हूँ।

विजयमोहन सिंह : उसे रचनादृष्टि कहिए।

नामवर सिंह : बिल्कुल ··· गरज कि आज कहानी में उस 'रचना-दृष्टि' की कमी है जिसकी बात हम लोग कर रहे थे। वैसे तो यह हमेशा दुर्लभ रही है लेकिन आज के जमाने में वह ज्यादा ही दुर्लभ है।

विजयमोहन सिंह : मैं इसके साथ इतना और जोड़ना चाहूँगा कि सामान्यतः रचनाओं में ··· एक खास तरह की मानसिकता (मैं उसे 'सामाजिक चेतना' मानने को अभी तैयार नहीं हूँ) जो शायद गहरे अर्थों में सामाजिकता नहीं है ··· उस सामाजिकता के तहत या उस सामाजिकता के नाम पर मुझे कभी-कभी बहुत ही

निष्ठुर और क्रूर किस्म की रचनाएँ पढ़ने को मिलती हैं।

नामवर सिंह : उदाहरण देकर समझाएँ तो ज्यादा अच्छा हो।

विजयमोहन सिंह : ज्यादातर कहानियाँ ··· जिनमें एक आदमी है जो एक खास वर्ग का है और एक स्थिति में है और एक आदमी दूसरे वर्ग का है ··· दूसरी स्थिति में है। इसलिए वो एक फार्मूले की तरह हम दिखाएँगें ही कि वह बड़ा ही क्रूर है, बड़ा ही निर्दयी है ··· और दूसरा आदमी हमेशा ··· उसके प्रति हमारी एक बड़ी फार्मूला-बद्ध कहानी होती है ··· मुझे ऐसा लगता है ··· शब्द चूँकि आप ही के हैं—एक खास तरह की सामाजिकता के नाम पर अमानवीयता भी रचनाओं में आती जा रही है।

नामवर सिंह : इसको यों भी कह सकते हैं कि इधर कहानी पूरी तरह 'सामाजिक' हो गई है। और इस हद तक सामाजिक हुई है कि अमानवीय हो उठी है। पर कहानी जहाँ बनती है, वह सामाजिक यथार्थ का चित्रण नहीं, बल्कि उसमें निहित मानवीय संवेदना है। यथार्थवाद के आग्रह के कारण हम लोग कहानी में वातावरण बनाने के लिए बहुत-सी कड़वी, अप्रिय, भयानक स्थितियों का चित्रण करते हैं। और इस तरह परिवेश तो बड़ा यथार्थ हो जाता है लेकिन कहानी इस परिवेश से तो बनती नहीं है। उस परिवेश में भाग लेने वाला मनुष्य कहाँ टूटता है, कहाँ खड़ा होता है, मार खाता है ··· कहाँ लड़ता है, मुनष्य की उस स्थिति में ··· या उसके मानवीय तेवर में कहानी होती है ··· कहानी वहाँ बनती है। और मुझे लगता है उस मनुष्य की पहचान एक विशेष स्थिति में करने के लिए जिस रचनात्मक दृष्टि की आवश्यकता है ··· कहीं-न-कहीं चूक वहीं दिखाई पड़ती है। इसीलिए कहानियाँ सारे यथार्थ चित्रण के बावजूद उस मानवीय स्पर्श के अभाव में मन को छू नहीं पातीं। ऐसी कहानी नहीं वन पाती, जो झकझोर दे, आपके मन को तिलमिला दे।

विजयमोहन सिंह : निर्मल वर्मा पिछले तीस वर्षों से लगातार कहानियाँ लिख रहे हैं ··· और अभी उनका ताजा कहानी-संग्रह आया है—'कव्वे और काला पानी'। मैं समझता हूँ (हालाँकि मैंने निर्मल वर्मा के बारे में काफी लिखा है ··· और हमेशा अनुकूल ही नहीं लिखा है।) कि जितने कहानीकारों के हमने नाम लिये इनमें निर्मल वर्मा एक ऐसे कहानीकार हैं जो कहानी के 'फार्म' के प्रति कहानी की जो बहुत ही संवेदनशील और अत्यंत निजी भाषा, जो हमको मिलती है सन् पचास के बाद के कहानीकारों में ··· और अब तक, वह निर्मल की कहानियों में है। निर्मल ने अपनी कहानियों में कई तरह के प्रयोग भी किए हैं। यह एक अलग बात है कि सिवा 'परिंदे' कहानी के ··· निर्मल वर्मा की सबसे ताकतवर, मजबूत और रचना की दृष्टि से महत्त्वपूर्ण कहानियाँ वे हैं जो विदेशी परिवेश को लेकर लिखी गई हैं। वह चाहे 'लंदन की एक रात' हो ··· वह चाहे 'डेढ़ इंच ऊपर हो' वह चाहे

'जलती झाड़ी' हो और वह चाहे 'कव्वे और काला पानी' हो ...

दूसरी ओर एक और कहानीकार हैं। हम सभी लेखक अच्छी तरह परिचित हैं। वह हैं–विजयदान देथा, हम उन्हें हिंदी के क्षेत्र से बाहर नहीं मान रहे हैं, विजयदान देथा ने भी लगभग कहानियाँ ही कहानियाँ लिखी हैं ... और काफी लिखी हैं। मेरे सामने तो उनके संग्रह 'उलझन' और 'दुविधा' ही आये हैं ... विजयदान देथा को मैं निश्चित रूप से इस वक्त का कहानीकार मानता हूँ ... कई दृष्टियों से। एक तो यह है कि जिस ढाँचे और भारतीयता की बात दूसरे लोग करते हैं वह भारतीय संस्कृति और भारतीयता अपने ठेठ मौलिक और अविकल रूप में जितनी ज्यादा वियजदान देथा में दिखाई पड़ती है उतनी और कहीं नजर नहीं आती ...

नामवर सिंह : निर्मल के बारे में आपका बदला हुआ रुख देखकर एक तो बड़ा अच्छा लगा मुझे ... निर्मल वर्मा की कहानियों के प्रति आपका रुख कड़ा रहा है ... आपके मुख से उनकी प्रशंसा सुनकर बड़ा अच्छा लगा। और यदि आप आगे कहते तो कदाचित यही मानते कि कुल मिलाकर ... इन तीस वर्षों के .. सबसे महत्त्वपूर्ण और सार्थक कहानीकार शायद आज निर्मल वर्मा हैं। उनके नवीनतम कहानी-संग्रह को देखते हुए भी। क्योंकि यह एक आदमी है जिसने लगातार अच्छी कहानियाँ लिखी हैं। नये संग्रह में भी उनकी दो-तीन ... अत्यंत महत्त्वपूर्ण कहानियाँ हैं। अब यह बात मैंने कह दी है तो शायद आप आपत्ति करेंगे लेकिन जो बात आप कह रहे थे, उसका तर्क आपको यहीं ले जा रहा था। पर मैं दूसरी बात कह रहा हूँ ... महत्त्व की बात वही है ... आपने कहा कि उन्होंने महत्त्वपूर्ण कहानियाँ लिखी हैं विदेशी परिवेश को लेकर। मैं फिर कहूँगा कि परिवेश महत्त्वपूर्ण नहीं है, महत्त्वपूर्ण वह मानवीय संवेदना है। हेमिंग्वे ने अमेरिका के जीवन के बारे में कहानियाँ कितनी लिखी हैं! शेक्सपियर ने अपने नाटकों में जो परिवेश लिये हैं वे इंग्लैंड के कम और यूरोप के ज्यादा हैं। ओथेलो खुद यूरोपियन आदमी नहीं है जिसके आधार पर इतनी बड़ी 'ट्रेजेडी' लिखी गई है। लेकिन मैं उस ब्यौरे में नहीं जाना चाहता। मुख्य वस्तु यह नहीं है। न विजयदान देथा की शक्ति राजस्थानी परिवेश में है और न निर्मल वर्मा की कमजोरी विदेशी परिवेश में। मूल वस्तु है 'ह्यूमेन कंसर्न' ... (मानवीय संवेदना) ... फिर यह मानवीय संवेदना ... चाहे जहाँ से भी आये। यह विडंबनापूर्ण स्थिति नहीं है कि निर्मल अपने लेखों में भारतीयता का जिक्र करते हैं और कहानियों में विदेशी परिवेश होता है। प्रश्न यह है कि कहानी के केंद्र में कौन मनुष्य है। भारतीय या अभारतीय। परिवेश कहीं का भी हो, वह मन कौन-सा है। वह मन यदि सचमुच आज के भारतीय मनुष्य की चिंताओं से, प्यार से, विसंगति से, विडंबना से ... बिंधा हुआ है ... और वह कहानी में व्यक्त होता है तो मेरे निकट वही महत्त्वपूर्ण है। नितांत भारतीय परिवेश को

लेकर लिखी और रची कहानी अभारतीय हो सकती है ··· यहाँ विजयदान देथा का उल्लेख बहुत महत्त्वपूर्ण है। जोधपुर में मैं रहा हूँ, चार साल। हमारा उनका साथ रहा है। विज्जी, बोर्खेस और काफ्का के ही नहीं और भी तमाम विदेशी लेखकों के घनघोर पाठक हैं। निर्मल से कम नहीं। संवेदना में वे अत्यंत आधुनिक हैं ··· राजस्थानी लोक-कथाओं को 'ट्विस्ट' और 'टर्न' देकर उन्होंने ··· अत्यंत मानवीय संवेदना की कहानी बनायी जो स्वयं उन लोक-कथाओं में नहीं है। विजयदान देथा का गद्य भी पारंपरिक राजस्थानी गद्य नहीं है। उनका गद्य राजस्थानी में भी नितांत आधुनिक गद्य है। आपको उसमें कहीं हेमिंग्वे के गद्य की खूबियाँ दिखाई देंगी। कहीं काफ्का के गद्य की। कथाओं का परिवेश राजस्थानी है पर संवेदना आधुनिक कथाकार की है। लेकिन इस आधार पर मैं उन्हें निरस्त नहीं कर रहा हूँ। यह उनका दोष नहीं है। मान ये रहा हूँ कि देथा राजस्थान की पुरानी लोक-कथाओं के लोक-गाथाकार नहीं बल्कि आधुनिक भारतीय मन, संवेदना के रचनाकार हैं। निर्मल पर गलत कारणों से प्रहार किया गया है ··· उनकी जो ठीक कमजोरी बतायी जानी चाहिए वह न बताकर केवल इसलिए उनकी आलोचना हुई है कि वे अभारतीय परिवेश के अभारतीय लेखक हैं।

विजयमोहन सिंह : देखिए नामवरजी, मेरा मतलब दूसरा था। पहली चीज तो, यह कि परिवेश की बात तो मैं नहीं कर रहा था। मैं संस्कृति की बात कर रहा था और उस 'डाइकाटेमी' की ओर संकेत करना चाह रहा था ··· उसके कारण कुछ भी हो सकते हैं, मैं उसके प्रति असहानुभूतिपूर्ण रुख नहीं अख्तियार कर रहा हूँ। लेकिन मुझे 'डाइकाटेमी' नजर आती है निर्मल में ··· जब वो चिंतक की हैसियत से बात करते हैं तो उन्हें अपनी संस्कृति इतना सताती है, इतना 'हांट' करती है ··· वे उसके भीतर इतना घुसना चाहते हैं ··· और तमाम चीजें नजर आती हैं हमको। और वे अपनी रचना में आते हैं, कहानी में आते हैं तब अपनी संस्कृति संबंधी चिंताएँ अचानक गायब हो जाती हैं।

नामवर सिंह : नहीं, ऐसा नहीं है। अपनी संस्कृति को जानने, समझने और उससे जुड़ने की इतनी तड़प है, बेचैनी है उनमें और उनकी कहानियों में (चाहे वे विदेशी परिवेश की ही क्यों न हों) कि जो लोग भारतीय संस्कृति को एक स्वतः प्राप्त वस्तु मानकर आत्मतुष्ट बने हुए हैं ··· उनकी अपेक्षा निर्मल की तड़प को मैं ज्यादा सर्जनात्मक समझता हूँ ··· जिन लोगों ने यह समझ रखा है कि भारत में निरंतर रहने के कारण अपनी संस्कृति हमको अपने बाप-दादाओं से, अपने आप विरासत में प्राप्त हो गई है ··· उन्हें न उसे प्राप्त करने की चिंता है न उसकी विशेषताएँ जानने की जरूरत महसूस होती है। यूरोप की विरोधी पृष्ठभूमि में कभी-कभी निर्मल, इन स्थितियों को ज्यादा समझते हैं। उनकी सीमा यह जरूर हो सकती है कि इस समझ और सोच के पीछे उनकी दृष्टि नितांत अभिजनवर्गीय

होती है ··· यानी एलीटिस्ट।

विजयमोहन सिंह : यह सीमा तो है नहीं ···

नामवर सिंह : तब आलोचना उस दृष्टि से की जानी चाहिए। विदेशीपन के लिए नहीं।

विजयमोहन सिंह : विदेशीपन की बात नहीं है ··· मैं यह समझने में अपने को असमर्थ पाता हूँ। वैसे, ये चिंताएँ उस परिवेश में जाकर सहसा खत्म हो जाती हैं।

नामवर सिंह : हाँ, लेकिन 'एलीटिस्ट' अनिवार्यतः अभारतीय नहीं है।

विजयमोहन सिंह : और 'एलीटिस्ट' बहुत बढ़िया शब्द नहीं है।

नामवर सिंह : 'एलीटिस्ट' होने के साथ एक और जो चीज जुड़ी हुई है कि जिंदगी को देखने का उनका रुख सौंदर्यवादी है। जिसे मुक्तिबोध 'जड़ीभूत सौंदर्याभिरुचि' कहते हैं। जो एक विशेष प्रकार का वातावरण ही नहीं रचती है, जो विशेष प्रकार की संवेदना भी उत्पन्न करती है ··· यह उनकी सीमा हो सकती है। लेकिन मैं फिर कहूँगा कि वह अभारतीयता की सीमा नहीं है। एक बात और मैं यहाँ जोड़ दूँ, पाकिस्तान के लेखक हैं इंतजार हुसैन ··· उन्होंने बौद्ध जातकों का रूप अपनाकर उर्दू में कहानियाँ लिखी हैं। अब कोई आदमी, यह कहे कि तुम मुसलमान होकर बौद्ध जातकों की शैली में कहानियाँ लिख रहे हो ··· और तुम गैरपाकिस्तानी या गैर-इस्लामिक काम कर रहे हो ··· तो मैं समझता हूँ कि यह धनघोर संकीर्णता का सूचक होगा। स्वयं तोल्सतोय की कई कहानियों पर भारत जैसी पूर्वी देशों की नीति-कथाओं की गहरी छाप है। संवेदना में भी। शैली में भी। पर उन्हें कोई गैर-रूसी नहीं कहता। उन पर फेबल स्टाइल का गहरा असर था। वैसे इधर काशीनाथ सिंह ने भी जातक-शैली में कई अच्छी कहानियाँ लिखी हैं।

विजयमोहन सिंह : काशी ने जिस तरह के 'फेबल्स' लिये हैं ··· वह एक तरह से 'बॉटल नेक' से गुजर रही हिंदी कहानी को बाहर निकालने का भी एक जरिया हो सकता है ··· 'फार्म' के स्तर पर भी और 'क्राफ्ट' के स्तर पर भी और सेंसिबिल्टी के स्तर पर भी। और कोई ऐसी चीज, जिसका रचनात्मकता के स्तर पर सार्थक उपयोग हो सके ··· और जैसा काशीनाथ सिंह ने 'आदमीनामा' की एक-दो कहानियों में किया भी है। दूसरी चीज यह कि इंतजार हुसैन का उदाहरण आपने बहुत गलत दिया है।

नामवर सिंह : क्यों ?

विजय मोहन सिंह : इस उदाहरण में कहीं संकीर्णता की ध्वनि न मिले लोगों को।

नामवर सिंह : क्यों ?

विजयमोहन सिंह : क्योंकि इंतजार हुसैन को पाकिस्तानी लेखक मानकर गैरभारतीय लेखक मानने की ही बात है। यह अपने आप में गलत है।

नामवर सिंह : मैं पाकिस्तानी प्रतिक्रिया की बात कर रहा हूँ, अपनी नहीं, कि साहित्यिक कृतियों के बारे में देश की कैद नहीं लगाई जानी चाहिए।

विजयमोहन सिंह : नहीं-नहीं, हिंदुस्तान-पाकिस्तान के बारे में तो संदर्भ ही अलग हैं, इंतजार हुसैन तो उतने ही भारतीय हैं जितने दूसरे हिंदी के लेखक हो सकते हैं।

नामवर सिंह : यह बात बहस-तलब है इसलिए बेहतर है हम हिंदी कहानी के उस 'बाटल नेक' या गतिरोध पर चर्चा करें जिससे निकलने की कोशिशें हो रही हैं। कहानी को इस अंधी गली से निकालने के रास्ते जब ढूँढ़े गये तो कुछ लोगों ने 'फेबल' का ··· और अमूर्तन का सहारा लिया। जिसका एक ज्वलंत उदाहरण बोर्खेस है। जो गैर-यथार्थवादी है। कविता की दुनिया में ऐसा बहुत हुआ। नितांत वर्णनात्मक, विवरणात्मक और कथात्मक कविताओं से मुक्त होने के लिए कविता ने ऐसे रूप लिए जिन्हें 'अमूर्तन' की संज्ञा दी जा सकती है। यद्यपि उस 'अर्मूतन' में कविता ने बिंबों का भी सहारा लिया। हिंदी कहानी के बारे में मुझे कहना है कि उस अर्थ में निर्मल यथार्थवादी कहानीकार नहीं हैं। लेकिन कहानी की जो विधा है उसकी अपनी सीमा है। वह उपन्यास नहीं है कि यथार्थवाद का दामन न छोड़ने के लिए मजबूर हो। सारे यथार्थवादी आडंबर के बावजूद कहानी यदि मन को नहीं छू पाती, तो इस आडंबर से मुक्ति के बारे में आपकी क्या राय है ? यदि यह स्थापना करूँ कि 'हिंदी कहानी स्थूल यथार्थवाद के आतंक की छाया में विकास नहीं कर पा रही है और इसलिए वह जो मानवीय संवेदना है उसका उन्मोचन कहानी नहीं कर रही है' तो इस पर आपकी क्या प्रतिक्रिया होगी ?

विजयमोहन सिंह : पहली बात तो यह कि मेरा मतलब यह नहीं था कि जिसे आप 'स्थूल यथार्थ' कहते हैं वह उसी रूप में रचना में आये। मेरा मतलब यह कतई नहीं है। लेकिन सूखे गालों वाले बच्चों से जुड़ी हुई जो वास्तविकता है उसकी नितांत लगातार उपेक्षा करते हुए अगर आप ऐसी रचनाएँ कर रहे हैं जो फिर उसी 'एलीटिस्ट' टेंडेंसी' का परिणाम हैं, तो निश्चित रूप से वह हमें 'डिस्टर्ब' करेंगी। हम उस पर उंगली उठाएंगे। कहेंगे कि इस रचनाकार में कहीं एक बहुत बड़ा (हम यह मानकर चलते हैं कि निर्मल हमारे 'मेजर राइटर' हैं) ··· यानी यह ऐसी चीज है, जो उस आदमी को 'एलीटिस्ट' बनाकर ··· सौंदर्यवादी बनाकर छोड़ देती है।

नामवर सिंह : लेकिन यहाँ बातचीत का हमारा मुद्दा निर्मल वर्मा नहीं हैं ···

विजयमोहन सिंह : हाँ, हम 'नैरेशन' वाली बात कर रहे थे। मार्क्वेस में

बहुत ही 'पावरफुल' नैरेशन मिलता है ··· यदि उसका 'नैरेशन' आप बाहर कर दीजिए तो निश्चित रूप से उसकी रचनाएँ काफी निचले स्तर की हो जाएंगी।

नामवर सिंह : हाँ, लेकिन ध्यान रखें कि वर्णन के धरातल पर अत्यंत यथार्थवादी होते हुए वह जिस लोक में ले जाता है वह 'फेंटेसी' का है।

विजयमोहन सिंह : वह एक ऐसा 'टिपिकल कंबीनेशन' पैदा करता है जो बहुत ही पावरफुल है, जो बहुत ही क्रियेटिव है। तो मैं जिस 'बॉटल नेक' की चर्चा कर रहा था वो इन चीजों की ओर मेरा ध्यान ले जाता है कि ऐसा रचना के स्तर पर संभव है। और मैं उन लोगों में से नहीं हूँ जो मानते हैं कि आज की कहानी किसी 'डेड एंड' में पहुँच गई है या इसके लिए आगे कोई राह नहीं है।

नामवर सिंह : बिल्कुल ठीक। पर आप एक बात और कह रहे थे ··· यह सही है कि वह हमारी जिंदगी का एक बहुत बड़ा हिस्सा नब्बे फीसदी से ज्यादा जो जीवन है विपन्नता का और उत्पीड़न का शिकार है। उसका प्रतिबिंबन यदि हमारा कथा-साहित्य नहीं करता है ··· तो यह दुर्भाग्यपूर्ण माना जाएगा। लेकिन जरूरी नहीं कि कहानी उसके साथ न्याय तभी करेगी जब पूरी कहानी उसी एक गाँव के गरीब घर और झोंपड़े या लड़के को लेकर लिखी गई हो। हो सकता है कि पूरी-की-पूरी कहानी एक दूसरे 'लोकेल' में रखी जाये और वह दृश्य ··· एक पैराग्राफ में आये, या सिर्फ एक वाक्य में आये ··· फिर भी उस जीवन की सच्चाई की ओर ज्यादा गहराई से इशारा करे। बजाय उस कहानी के जो केवल एक गाँव के हरिजन परिवार पर लिखी गई हो। जैसे आजकल हरिजनों के शोषण, अत्याचार पर, दहेज ··· पर धुआँधार कहानियाँ लोग लिख रहे हैं। हालत यह हो गई है कि जो समस्या अखबारों में ज्वलंत बनकर आती है उसी ओर कहानीकार तुरंत लपकते हैं ··· और होता यह है कि एक रद्दी किसिम का अखबारी लेखन पैदा होता है जिससे कथा-साहित्य अटा हुआ है। इस तरह न वह कहानी बनती है न उसका यथार्थ मर्मस्पर्शी होता है। कहने के लिए संतोष भले हो जाए कि चलो हमने एक ज्वलंत समस्या पर कहानी लिख दी।

विजयमोहन सिंह : नहीं देखिए, ये तो ··· ऐसी बात आप कह रहे हैं जिससे मैं शतप्रतिशत सहमत हूँ ··· मैं तो एक दूसरी चीज की ओर संकेत कर रहा था–(एक बहुत बड़ी वास्तविकता) एक बहुत बड़े पक्ष ··· की लगातार उपेक्षा रचनाकार को किस संवेदना में डाल देती है।

नामवर सिंह : कहानीकार के लिए वास्तविकता के उस बड़े पक्ष के होने की चिंता का अर्थ है उसकी पक्षधरता, सहानुभूति आदि न कि उसका ब्यौरा जैसे तोल्सतोय की 'जमींदार की सुबह' जैसी कहानी में अधिकांश ब्यौरा जमींदार का है, लेकिन जो सच्चाई व्यक्त होती है, वह ठीक जमींदारी के खिलाफ एक मामूली

किसान की दृष्टि से। कहानी का सच यही है।

विजयमोहन सिंह : मैं नहीं मानता कि 'कहानी' विधा में कोई संभावना नहीं है। लेकिन मैं यह जरूर मानता हूँ कि आज की कहानी कहीं-न-कहीं 'बॉटल नेक' में है।

नामवर सिंह : कहानी नहीं, कहानीकार।

विजयमोहन सिंह : अगर हम 'कहानी' कहते हैं तो कहानीकार तो उसमें है ही ··· खैर, तो कहानीकार इस दौर से गुजर रहे हैं ··· और इसके विकल्प के रूप में जाहिर है कि हम कोई फार्मूला नहीं दे सकते हैं। देना भी नहीं चाहिए। आलोचक को तो बिल्कुल ही अधिकार नहीं है। वैसे थोड़ा संकेत किया था हमने जब मार्क्वेस और बोर्खेस की बात की थी ···

नामवर सिंह : विदेशी लेखकों की सूची से कहीं यह भ्रम न हो कि हम विदेशी मॉडल ही स्वीकार कर रहे हैं, इसलिए यहाँ प्रेमचंद का नाम लेना जरूरी है। इस चीज की अपार संभावनाएँ स्वयं प्रेमचंद के कहानी-साहित्य में हैं ··· इतनी ज्यादा सर्जनात्मक संभावनाएँ हैं प्रेमचंद में कि आज भी एक कहानीकार उनसे बहुत से नये रास्ते निकाल सकता है। वह सिर्फ तथाकथित 'यथार्थवाद' नहीं है। जब मैंने विजयदान देथा का नाम लिया था तो इसलिए कि देथा की कहानियों का यह बड़ा गुण है कि वे यह आभास नहीं देतीं कि यह आदमी काफ्का भी पढ़ चुका है, मार्क्वेस भी पढ़ चुका है, बोर्खेस भी पढ़ चुका है ··· पूरा अस्तित्ववाद पढ़ चुका है ··· यानी जहाँ तक पढ़ने-लिखने का प्रश्न है विज्जी निर्मल वर्मा से किसी मामले में कम नहीं हैं ··· लेकिन उनकी कहानियाँ देखिए तो ···

विजयमोहन सिंह : इससे मेरी बात की पुष्टि होती है। इसके बावजूद उनकी कहानियाँ रचना के स्तर पर ··· पहली बात तो यह कि उसमें कहीं इस तरह की कोई जुमलेबाजी नहीं मिलेगी ···

नामवर सिंह : अच्छा तो यह था कि हम कुछ ठोस कहानियों पर बात करते। हो यह रहा है कि ज्यादातर बहस सामाजिक यथार्थ और जीवन पर होती है, कहानी की रचना-प्रक्रिया पर कम।

विजयमोहन सिंह : शायद इसी की आड़ लेकर गलत आलोचक उन रचनाओं को 'प्रोमोट' कर रहे हैं जो अच्छी कहानियाँ नहीं हैं।

नामवर सिंह : शायद ···।

(सारिका, 16-30 अप्रैल, 1984)

8

अब तक क्या किया, जीवन क्या जिया

असद ज़ैदी और मंगलेश डबराल के साथ बातचीत

प्रश्न : साठ साल पूरा करने पर आप कैसा अनुभव करते हैं ?

नामवर सिंह : पहला अनुभव तो एक सुखद आश्चर्य जैसा है कि अरे ! मैं साठ का हो गया। फिर पश्चात्ताप भी होता है। मन में मुक्तिबोध की एक पंक्ति आती है कि 'अब तक क्या किया, जीवन क्या जिया।' मेरा अधिकांश समय गोष्ठियों, सेमिनारों और भाषणों में व्यतीत हुआ। शुभचिंतक कहते रहे कि बकवास बहुत कर ली, कुछ लिख के दिखाओ तो बात बने। मैं भी महसूस करता हूँ कि मैंने कितना कम लिखा है और इसके बावजूद हिन्दी जगत ने मुझे कितना मान दिया। सोचता हूँ, अब बैठकर कुछ लिखने का काम करूँ। साठ वर्ष एक तरह से चेतावनी भी है कि समय बहुत कम बचा है।

सबसे पहले तो मेरी इच्छा 'कविता के नए प्रतिमान' का एक पूरक ग्रंथ लिखने की है, पिछले पन्द्रह वर्षों की जो कविता है उसे केन्द्र में रखकर इतिहास के परिप्रेक्ष्य में देखना चाहता हूँ। 'कविता के नए प्रतिमान' मुक्तिबोध को केन्द्र में रखकर लिखा गया था। आज मुझे लग रहा है कि मुक्तिबोध की कविता को, उनके महत्त्व को फिर से कम करके दिखाया जा रहा है। दूसरे कवियों को उनके बरक्स इस तरह खड़ा किया जा रहा है कि जैसे वे उपेक्षित रहे हों और मुक्तिबोध को अनावश्यक महत्त्व दिया गया हो। ये हमले दोनों ओर से हो रहे हैं। प्रगतिशील पक्ष से भी और गैर-प्रगतिशील पक्ष से भी। यह तो तात्कालिक आवश्यकता है। इससे बड़ी आवश्यकता यह है कि रघुवीर सहाय की पीढ़ी के बाद या कहें धूमिल के बाद के कवियों ने जो सार्थक कविता लिखी है उस पर विचार करना जरूरी है। मुझे उम्मीद थी कि नए कवियों की पीढ़ी से ही उनके आलोचक भी पैदा होंगे। अब भी मैंने उम्मीद नहीं छोड़ी है। इस कविता पर सार्थक आलोचना लिखने वाला तो इसी पीढ़ी से निकलेगा। अपनी ओर से मैं भी एक प्रयत्न करना चाहता हूँ।

प्रश्न : क्या आपको ऐसा कोई आलोचक इस पीढ़ी से निकलता नजर आता है ?

नामवर सिंह : मुझे दो आलोचकों से उम्मीद थी। एक तो मलयज थे जो अकाल ही दिवंगत हो गए। उनमें पूरी क्षमता थी। दूसरी मुझे विष्णु खरे से है अभी भी। हालाँकि उनकी पसन्द-नापसन्द बहुत सख्त किस्म की है, और उनकी रुचियों में मनमानापन भी दिखाई पड़ता है। लेकिन हर अच्छे आलोचक में इतनी खब्तें तो होती ही हैं। मेरा ख्याल है उनमें अब भी पहचान है और वे लिख सकते हैं।

प्रश्न : लेकिन नई पढ़ी को जैसे यह विश्वास हो चला है कि आलोचना का रचना से कोई रिश्ता नहीं रह गया है। उसे लगता हैं, उसकी कविता को समझने वाला कोई आलोचक नहीं है।

नामवर सिंह : यदि ऐसा है तो यह आज की आलोचना पर बड़ी कड़ी टिप्पणी है। आलोचकों ने इस पीढ़ी को निराश किया है तो मैं इसे आलोचना की असफलता कहूँगा। लेकिन इसका एक और पहलू है। पिछली पीढ़ी के कवियों को देखें तो उन्होंने स्वयं पहल करके आपद्धर्म के रूप में कविता के समझे जाने के लिए अपनी ओर से आलोचनाएँ लिखी हैं। वे मुकम्मिल भले ही न हों, लेकिन हर कवि-वक्तव्य महत्त्वपूर्ण होता है जिसके आधार पर आलोचनाएँ बनती हैं। नये कवि थोड़ा उत्तरदायित्व निभाएँ तो उन्हीं के बीच आलोचक पैदा हो सकते हैं। इससे शायद हम पिछली पीढ़ी के लोगां को इस कविता में अन्तःप्रवेश में थोड़ी मदद मिल सकती है।

प्रश्न : धूमिल के बाद की कविता पर लिखने में आपने अभी तक जो संकोच किया उसकी क्या वजह है ?

नामवर सिंह : 'कविता के नए प्रतिमान' सैद्धान्तिक पुस्तक थी। उसमें कवियों पर अलग से विचार नहीं है। कविता के प्रश्नों को ऐतिहासिक सन्दर्भ में रखकर कविता के मूल्यांकन पर एक पुस्तक लिखने की तत्काल जरूरत थी। उसके बाद मुझे एक और पुस्तक लिखनी थी, लेकिन यह उस समय कई कारणों से संभव नहीं हो पाया।

एक और कठिनाई यह रही कि मेरी संवेदना का निर्माण एक निश्चित ऐतिहासिक दौर में हुआ। बदलती हुई सामाजिक परिस्थितियों और सृजनात्मक प्रयत्नों के सन्दर्भ में मैं स्वीकार करता हूँ कि मेरी संवेदना एक हद तक रूढ़ और जड़ हुई है। अगर मुझे एक-एक कवि पर फुटकर लिखना होता तो यह कोई कठिन कार्य न था। पर एक ऐसा ढाँचा, जो कि नई कविता के सौंदर्यशास्त्र से अलग हो, जब तक नहीं बन जाता तब तक इन कवियों पर लिखना मुझे सम्भव नहीं लगा। दरअसल पिछले पचास वर्षों की कविता का एक मानचित्र बनाने की

जरूरत है, क्योंकि इस कविता की विभाजक रेखा अभी भी मोटेतौर पर सन् 1940 के आसपास है। यानी छायावाद के ठीक बाद। इसके बिना जो भी मूल्यांकन होगा वह अधूरा और इतिहास-विरुद्ध होगा।

प्रश्न : कविता के अलावा साहित्य आलोचना और इतिहास के सवाल भी आपकी चिन्ता के विषय रहे हैं। क्या इस क्षेत्र में कुछ काम करने की योजना है ?

नामवर सिंह : कुछ दिनों से मैं आचार्य रामचन्द्र शुक्ल की ग्रन्थावली पर काम कर रहा था। सम्पादन कार्य हो गया था, पर कुछ कानूनी अड़चनों के कारण उसे स्थगित कर देना पड़ा। आचार्य शुक्ल पर एक पुस्तक भी लिख रहा हूँ क्योंकि उन पर बहुत सारी किताबों के बावजूद यह मुझे जरूरी लगती है। दरअसल मैंने आचार्य शुक्ल, आचार्य हजारीप्रसाद द्विवेदी और डा. रामविलास शर्मा पर हिन्दी आलोचना की प्रस्थान-त्रयी के रूप में लिखने की योजना बनाई है जिसमें साहित्येतिहास के कुछ प्रश्नों पर भी विचार होगा। आचार्य रामचन्द्र शुक्ल संबंधी पुस्तक के आधार पर मैं अपने लिए आलोचना-कर्म को परिभाषित करना चाहता हूँ। इस बहाने हिन्दी आलोचना की बुनियाद भी स्पष्ट हो सकेगी। इसके अलावा जवाहरलाल नेहरू विश्वविद्यालय में मार्क्सवादी सौंदर्यशास्त्र को मैंने पाठ्यक्रम में रखा है। उस सिलसिले में पश्चिम के पाँच मार्क्सवादी विचारकों के निबन्धों का एक संग्रह हिन्दी में सम्पादित करने की योजना है। पिछले 20-25 वर्षों में मार्क्सवादी सौन्दर्यशास्त्र में ऐसे अनेक प्रश्नों पर विचार हुआ है जिनमें से बहुतों की जानकारी हमारे प्रगतिशील आलोचकों को भी नहीं है। यह पुस्तक इस अभाव को पूरा करेगी।

प्रश्न : हिन्दी की मार्क्सवादी आलोचना परम्परा के बारे में आप क्या सोचते है ? मार्क्सवादी सौन्दर्यशास्त्र में भारतीय योगदान कितना है ?

नामवर सिंह : इसका सम्बन्ध तो इस बड़े सवाल से है कि मार्क्सवादी समाज विज्ञानों में भारत का क्या योगदान है ? मार्क्स यूरोप की चिन्तन परम्परा के अभिन्न अंग हैं। मार्क्सवाद पश्चिम के विचारकों के लिए उनकी अपनी परंपरा है। भारत में दर्शन या संस्कृत काव्यशास्त्र की जो परम्परा है मार्क्स उसके अन्तर्गत नहीं आते। इसलिए मार्क्स के दर्शन में भारत का योगदान यही हो सकता है कि मार्क्सवादी दृष्टि से भारतीय इतिहास, दर्शन और समाज की पुनर्व्याख्या हो। कुछ अर्थशास्त्रियों और इतिहासकारों ने तो इस पर काम किया है। भारतीय साहित्य और हिन्दी साहित्य में स्वयं मार्क्सवादी समालोचकों के योगदान के बारे में मुझे लगता है कि इससे पहले के जो समर्थ समालोचक रहे हैं–शिवदान सिंह चौहान, अमृतराय, प्रकाशचन्द्र गुप्त–इन लोगों ने जिस मार्क्सवाद के प्रभाव में साहित्य का मूल्यांकन किया वह स्तालिनकालीन मार्क्सवादी दृष्टि रही है। उस समय के डा. रामविलास शर्मा के लेखन पर भी स्तालिनकाल की गहरी छाप है। डा. रामविलास शर्मा ने

इतिहास, साहित्य और भाषा विज्ञान के क्षेत्र में जो काम किया उसकी उपेक्षा नहीं की जा सकती। भारतीय इतिहास के बारे में उनकी स्थापनाएँ विवादास्पद हो सकती हैं। लेकिन उनमें वे मार्क्स, एंगेल्स और लेनिन की मूल स्थापनाओं पर पुनर्विचार करते दिखाई देते हैं। उन पर गम्भीरता से विचार की जरूरत है।

प्रश्न : प्रगतिशील आलोचना की सार्थकता और उसके अन्तर्विरोधों के बारे में आप क्या सोचते हैं ? उसके संकट क्या हैं ?

नामवर सिंह : पहले साहित्य और जनता के सम्बधों पर बहस होती थी। साहित्य को वर्ग-संघर्ष का हथियार माना जाता था। प्रगतिशील आलोचना मोटे तौर पर साहित्य को साधन मानकर चलती थी और उसकी स्थूल परिणति इस हद तक होती थी कि इससे प्रगतिशील रचनाकार भी असंतुष्ट होते थे। उनकी रचनाओं को अपने में साध्य नहीं, बल्कि साधन माना जाता है। समाजवादी आलोचना रचनाकारों को यह विश्वास नहीं दिला सकी कि उनके साहित्य का सहायक मूल्य नहीं है, बल्कि तात्त्विक मूल्य है। मार्क्स ने यह कहीं नहीं कहा कि साहित्य और कला इस्तेमाल की चीज हैं। मार्क्स की दृष्टि में उनका कला-मूल्य है। पहले यह बात भी स्पष्ट नहीं थी कि विचारधारा और साहित्य का सम्बन्ध ठीक-ठीक क्या है। सही अर्थों में विचारधारा क्या है–पिछले 20-25 वर्षों में इस पर विचार हुआ है और यह भी सवाल उठा है कि साहित्य और कला को विचारधारा के अंतर्गत मानना चाहिए या नहीं। अनेक मार्क्सवादी लोगों ने कहा कि साहित्य और कला को विचारधारा के अन्तर्गत मानना उचित नहीं है। खुद मार्क्स और लेनिन मानते थे कि बालजाक और तोलस्तोय की विचारधारा जो भी हो, वे महान लेखक हैं। प्राचीन रचनाकारों को तो हम उनकी विचारधारा के बावजूद बड़ा रचनाकार मानते हैं। लेकिन जब समकालीन लेखकों का सवाल उठता है तो हम उनकी विचारधारा से उनके साहित्य को मापने लगते हैं। हम यह भूल जाते हैं कि कोई अपनी विचारधारा के बावजूद श्रेष्ठ कला की रचना कर सकता है। इसी तरह भाषा की भूमिका पर भी नए सिरे से विचार की जरूरत है। भाषा केवल साहित्य का शरीर नहीं है, एक तरह की संवेदना भी है। इसी तरह, पक्षधरता का सवाल है। इन पर कभी व्यवस्थित विचार नहीं हुआ। मार्क्सवादी आलोचना नितान्त राजनीतिक आलोचना नहीं है, बल्कि वह एक मुकम्मल सौन्दर्यशास्त्र है, आज इसका एहसास कराना जरूरी है।

प्रश्न : मार्क्सवादी आलोचना अपने किसी एक कवि तक को क्यों नहीं खोज और पहचान पाई ?

नामवर सिंह : एक कठिनाई तो शायद मार्क्सवादी सौन्दर्यशास्त्र की गलत समझ से बनी। उदाहरण के लिए डा. रामविलास शर्मा ने अपनी एक किताब में प्रगतिशील कविता के इतिहास को लगभग कम्युनिस्ट पार्टी के इतिहास के समानांतर

रखकर विचार किया है। कम्युनिस्ट पार्टी के दस्तावेजों के आधार पर तो भारत का राजनीतिक इतिहास भी नहीं लिखा जा सकता, कविता का इतिहास कैसे लिखा जाएगा। वामपंथ और कम्युनिस्ट पार्टी की निश्चय ही महत्त्वपूर्ण भूमिका रही, लेकिन वह केंद्रीय भूमिका नहीं थी। पार्टी दस्तावेजों के आधार पर तो केदारनाथ अग्रवाल और नागार्जुन के ही समूचे काव्य का विकास नहीं बताया जा सकता। यही खामी रही है कि कवि की कविता उसके राजनीतिक विश्वासों, पार्टी सदस्यता, पार्टी से दूरी और निकटता के आधार पर जाँची जाती है। पर सोचिए, क्या सोवियत संघ में वहाँ की कम्युनिस्ट पार्टी की कांग्रेसों के आधार पर रूसी कविता का इतिहास लिखा जा सकता है ?

प्रश्न : साहित्य के इतिहास के सवालों में इधर जो सबसे अहम सवाल सामने आया है, वह नवजागरण को लेकर है। आपने 'आलोचना' पत्रिका में इस पर हाल ही में कुछ लिखा भी है। नवजागरण के सही विश्लेषण पर हिन्दी साहित्य के इतिहास की नई भूमिका काफी कुछ निर्भर करती है।

नामवर सिंह : मुझे भी लगता है कि आज की बहुत-सी समस्याओं के समाधान के लिए हमें नवजागरण में जाना पड़ेगा। इसके एक उदाहरण की इस बीच बहुत चर्चा हुई है। वह यह है कि उन्नीसवीं सदी के जिस नवजागरण की तस्वीर पेश की जा रही थी वह दरअसल हिन्दू नवजागरण था। यह बात राष्ट्रकवि मैथिलीशरण गुप्त की जन्मशती के संदर्भ में अनेक विद्वानों द्वारा दोहराई गयी। यह बात मुझे बड़ी विचित्र लगी कि इतने वर्षों बाद आज इस माहौल में लेखकों का एक खासा समुदाय उन्नीसवीं सदी के नवजागरण को हिन्दू नवजागरण के रूप में स्थापित कर रहा है और यह दिखाने की कोशिश कर रहा है कि प्राचीन हिन्दू या वैदिक भारत के पुनरुत्थान के द्वारा ही हम नए युग में प्रवेश कर सकते हैं। पर यह नवजागरण केवल हिन्दी प्रदेश का नहीं, सारे भारत तक व्याप्त था। यह कैसे हुआ कि केवल हिन्दी भाषा-भाषी प्रदेश और उसमें भी उत्तर प्रदेश में यह हिंदुत्व-रंजित हुआ। एक ओर आर्य समाज का उदय हुआ जो मुसलमानों की शुद्धि की बात करता था, और दूसरी ओर अलीगढ़ तहरीक चली जो शुरू में इस्लाम के भीतर सुधार की बात करती हुई आधुनिक शिक्षा पर जोर देती थी, पर उसी ने मुस्लिम लीग को जन्म दिया जिसकी परिणति भारत विभाजन में हुई।

उन्नीसवीं सदी का हिन्दी और उर्दू साहित्य देखें तो वह बड़ी हद तक धर्म-निरपेक्ष है। भारतेन्दु हरिश्चन्द्र 'रसा' नाम से उर्दू में कविता लिखते थे। उनके नाटकों को देखिए तो सांप्रदायिकता उनमें दूर-दूर तक नहीं है। इस काल के सभी हिंदी लेखक धर्म-निरपेक्ष हैं। उर्दू में भी यही परम्परा रही है। गालिब उन्नीसवीं सदी में ही हुए थे। या सरशार या 'आबे-हयात' के लेखक मौलाना मोहम्मद हुसैन आजाद जिनके पिता गदर में शहीद हुए थे। या मुसद्दस के लेखक मौलाना अल्ताफ

हुसैन हाली को लीजिए। लेकिन यह गैर-साम्प्रदायिक धारा भी उस नवजागरण में छिपे सम्प्रदायवाद को नहीं रोक सकी। इस बीच हमारे कुछ प्रतिष्ठित साहित्यकारों ने कहा है कि धर्म और सनातन धर्म ही हमारी वास्तविक परम्परा है और हम तो धर्म-निरपेक्ष हो ही नहीं सकते। यह भी बताया जा रहा है कि सारे एकेश्वरवादी धर्म, जैसे इस्लाम, अपनी प्रकृति से ही संकीर्ण है। अधिकांशतः ये बातें वक्तव्यों और लेखों में आ रही हैं, सर्जनात्मक साहित्य में नहीं। नवजागरण पर विचार करना मुझे इसलिए भी जरूरी लगता है कि अपनी अस्मिता और अपनी जड़ों की खोज करते हुए परम्परा के प्रति आलोचनात्मक रुख से परिचित होना चाहिए।

इस नवजागरण से एक तथ्य यह भी सामने आता है कि अंग्रेजी पढ़े-लिखे आधुनिकता के पक्षधर वर्ग के ही लोग आगे चलकर संप्रदायवादी हुए। वे बुद्धिजीवी जो 'परंपरावादी' कहलाते थे, सांप्रदायिक कम हुए। मेरी निगाह में इसके प्रतीक ईश्वरचंद्र विद्यासागर हैं, जो संस्कृत के विद्वान थे लेकिन अपने समय के सबसे बड़े धर्म-निरपेक्ष व्यक्ति थे, जबकि बंकिमचंद्र आधुनिकतावादी, अंग्रेजी पढ़े-लिखे थे। ऐसा नहीं कि सारे आधुनिकतावादी सांप्रदायिक हों। लेकिन सांप्रदायिकता का एक बड़ा आधार आधुनिकतावाद रहा है। सम्प्रदायवाद आधुनिक बुद्धिजीवी की मानसिक उपज है। आज भी संकट यह है कि पश्चिम की आधुनिकता की गिरफ्त में जो लोग सबसे ज्यादा हैं वही सबसे ज्यादा भारत-व्याकुल हैं। मसलन गिरिलाल जैन के हिंदुत्व की हिमायत करने वाले लेखों को देख लीजिए। ऐसा हिंदी बुद्धिजीवी भी नहीं कर पाएगा। उर्दू के आधुनिकतावादी लेखकों को देखिए। उनमें से ज्यादातर लोग सीधे-सादे गैर-आधुनिक लेखकों से ज्यादा सांप्रदायिक रहे हैं। एक दिलचस्प तथ्य यह भी है कि अंग्रेजों ने ही इस देश में हिंदू-मुसलमानों के अलग-अलग स्वर्णयुग ढूँढ़े। हिंदी और उर्दू में जब तक मध्यकाल के संतों और सूफियों की परंपरा की स्मृति मौजूद रही, तब तक उसका स्वरूप एकदम गैर-सांप्रदायिक रहा। आखिर क्या वजह है कि जो लोक जागरण पंद्रहवीं-सोलहवीं शताब्दी में धार्मिक आधार पर विभाजित नहीं था, वह उन्नीसवीं सदी में विभाजित हो गया। इसलिए कि वह लोक-जागरण था, मध्यवर्ग का नवजागरण नहीं। आज हिंदू धर्म और इस्लाम की बात करने वाला मध्यवर्ग सामान्य जन से कटा हुआ है और अपने भक्ति आंदोलन को भी भूल गया है। इनमें ज्यादातर लोग अपने धर्म के समुद्र के पास जाकर मोती नहीं, खारा जल लेकर लौटते हैं।

प्रश्न : एक शिक्षक के रूप में भी आपकी एक भूमिका रही है। विश्वविद्यालयों में हिंदी साहित्य के शिक्षण की समस्याओं पर आपने क्या सोचा है ?

नामवर सिंह : मेरे शिक्षक जीवन के सबसे सुखी दिन तो वे थे जब मैं काशी हिंदू विश्वविद्यालय में लेक्चरर था। मुझे खासतौर से उन विद्यार्थियों को, जो वाणिज्य और विज्ञान के थे, पढ़ाने में मजा आया। फिर मैं इस स्थिति में

आया कि हिंदी विभाग के अध्यक्ष के रूप में कुछ कर सकूँ। मुझे अक्सर लगता रहा कि साहित्यकारों को हिंदी विभागों को बदलने में दिलचस्पी लेनी चाहिए। देश के करीब 120 विश्वविद्यालयों में हिंदी विभाग हैं और इनमें जो हजारों विद्यार्थी साहित्य पढ़ते हैं, उन्हीं में से नए रचनाकार भी पैदा होते हैं। और वे क्या संस्कार लेकर पैदा होते हैं, इससे साहित्य का क्या लेना-देना है। यहीं उनको सामाजिक-राजनीतिक मान्यताएँ और जीवन की समझ मिलती है। एफ. आर. लीविस 'अंग्रेजी अध्ययन' को केंद्र में रखते थे और उसके जरिए सभ्यता, संस्कृति और समाज के बदलावों की व्याख्या करते थे। मुझे लगा कि कम-से-कम हिंदीभाषी क्षेत्रों में यह काम हिंदी विभागों को करना चाहिए। पाठ्यक्रम बदला जाए, पढ़ाने का तरीका बदला जाए। मुझे संतोष है कि मुझे जवाहरलाल नेहरू जैसे विश्वविद्यालय से जुड़कर हिंदी शिक्षण को बदलने की दिशा में थोड़ी-सी सफलता मिली। एक तो मैंने हिंदी और उर्दू साहित्य को सगोतिया विरासत मानकर पाठ्यक्रम शुरू किया जिसमें सभी का दोनों भाषाओं के साहित्य से परिचित होना जरूरी है। समकालीन कविता वैसे तो अब लगभग सभी विश्वविद्यालयों में पढ़ाई जाने लगी है, लेकिन मैंने सोचा कि सामाजिक बदलाव में हस्तक्षेप करने वाले लेखकों के मूल पाठ विद्यार्थियों को पढ़ाए जाएँ तो उन्हें साहित्य और समाज के बारे में एक दृष्टि मिलेगी। हमने जब यह काम किया तो इसका काफी विरोध हुआ। मिसाल के लिए, दिल्ली विश्वविद्यालय में हमारे विद्यार्थियों को नियुक्त नहीं किया जाता। हमारे हिंदी-उर्दू विद्यार्थियों की बहुज्ञता की सब जगह प्रशंसा होती है। लेकिन दिल्ली विश्वविद्यालय के लोग कहते हैं कि वहाँ तो साहित्य नहीं मार्क्सवाद पढ़ाया जाता है।

प्रश्न : साहित्य की तीन प्रमुख विधाओं—कहानी, उपन्यास और कविता—की मौजूदा स्थिति आपको कैसी लगती है ?

नामवर सिंह : 1956-57 में मैंने कहानी पर लिखना इसलिए शुरू किया, कई नई प्रतिभाएँ दिखायी पड़ी थीं। लेकिन बाद में कहानी व्यावसायिक विधा बन गई। उसके माध्यम से लोग जन संचार के साधनों, फिल्मों और टेलिविजन में जाने लगे तो मुझे लगा कि यह आलोचना का विषय नहीं रह गयी। इस समय सामान्य प्रभाव तो यही है कि कहानी सर्जना के केन्द्र में नहीं है। आधुनिक काल को गद्य का युग कहते हैं। कहानी नहीं है तो उपन्यास को आगे आना चाहिए। लेकिन हालत यह है कि कभी अँधेरे में कोई हल्की-सी रोशनी दिखाई दे जाती है बस। राल्फ फाक्स ने 'उपन्यास और लोक जीवन' में लिखा है कि उपन्यास वही लिख सकता है जिसके पास बड़ी जीवन-दृष्टि हो। यही कहना पड़ेगा कि हिंदी के अधिकांश लेखक अनुभववाद की गिरफ्त में हैं। उन्हें जिंदगी के छिटपुट तीखे अनुभव हैं। लेकिन वे तमाम अनुभवों को एक बड़े फलक पर नहीं रख पाते। जिसे मुक्तिबोध जिंदगी का 'नक्शा' कहते थे, वह नहीं है। इसलिए जीवन

का अन्वेषण भी नहीं है। नक्शा छोड़िए, उनमें सलीके से एक किस्सा या दास्तान कहने का, जीवन के बिखरे तारों को जोड़ने का धीरज भी नहीं है।

जहाँ तक कविता का सवाल है, मैं निश्चय के साथ कह सकता हूँ कि बहुत महत्त्वपूर्ण कविताएँ लिखी जा रही हैं। अन्य अनेक प्रसिद्ध भाषाओं की तुलना में हिंदी की कविता कहीं अधिक जीवंत है।

प्रश्न : भोपाल के भारत भवन से आप कई वर्ष तक सहयोग करते रहे हैं। लेकिन अब आपने उसका बहिष्कार किया है। पहले समर्थन और फिर विरोध की वजहें क्या हैं ?

नामवर सिंह : सहयोग की मोटी वजह यही थी कि अशोक वाजपेयी संवाद चाहते थे। आलोचना और लोकतंत्र की बात कहते थे। और इस बात से इनकार करते थे कि वे नितांत कलावादी हैं। हमारे बीच एक समान भूमि यह भी थी कि वे मुक्तिबोध से लगाव महसूस करते थे। उनका हरिशंकर परसाई से भी कुछ लगाव था। मुझे लगा कि वे भारत भवन जैसे सार्वजनिक संस्थान का लोकतांत्रिक उपयोग करना चाहते हैं तो विचारों के मतभेद को कायम रखते हुए सहयोग किया जा सकता है। लेकिन तीन-चार वर्षों से मैं यह अनुभव कर रहा था कि वे अपनी मुख्य प्रतिज्ञा तोड़ रहे हैं।

आलोचना त्रैवार्षिकी में जाने में मेरे मन में हिचक थी, लेकिन अशोक वाजपेयी ने अपने पत्रों में आश्वासन दिया था कि ऐसा कुछ नहीं है। लेकिन वहाँ स्पष्ट हो गया कि भारत भवन, पूर्वग्रह और वागर्थ जिन विचारों और मूल्यों के लिए प्रयत्न कर रहा है उनसे हम 50 और 60 के दशकों में संघर्ष कर चुके हैं। उन मरे हुए मूल्यों को नए सिरे से जिलाने की कोशिश हो रही है। एक सार्वजनिक संस्थान का उपयोग ऐसे कार्य के लिए हो रहा है जो अलोकतांत्रिक और साहित्य-कला विरोधी है।

प्रश्न : साहित्यिक आलोचना के सामने आज क्या-क्या संकट हैं ?

नामवर सिंह : पुराने आलोचकों को छोड़ दें तो ज्यादातर नए आलोचकों में साहित्य से प्राथमिक लगाव नहीं है। यानी आप साहित्य के सच्चे पाठक हों, उसे सिर्फ आलोचना लिखने के लिए न पढ़ें। अधिकांश नए आलोचक साहित्य का आस्वाद ही नहीं लेना चाहते। वे लिखकर तुरंत समीक्षा के रूप में भुना लेना चाहते हैं। दूसरी बात यह कि नए समालोचक रचना पर नहीं, रचना के बहाने कोई बात कहते हैं। किसी कृति के बहाने समाज, राजनीति, व्यावसायिकता, उपभोक्ता संस्कृति, साम्राज्यवाद की बात। इससे लगता है कि उनको न साम्राज्यवाद की चिंता है न समाज की। यह सतही समाजशास्त्रीय आलोचना है जो न समाजशास्त्र के उपयोग की है और न साहित्य के उपयोग की। उन्हें लगता है कि हम अगर कोरे साहित्य के आलोचक रहेंगे तो बुद्धिजीवी नहीं बन पाएंगे। पिछड़े हुए ही

रहेंगे। अनेक नए लोग आजकल जनसंचार के साधनों पर लिख रहे हैं। हमारे कुछ अच्छे मार्क्सवादी समालोचक भी इसके शिकार हैं। दूसरी ओर कुछ लोग अभिलेखागारों में शोध करने में लगे हैं। शोध बहुत अच्छी चीज है, लेकिन आलोचना कोई पुरातात्त्विक गतिविधि नहीं है। दूसरा एक बड़ा संकट है–हिंदी आलोचना की भाषा का। वह निकृष्ट पत्रकारिता के निकट चली गई है। गंभीरता के नाम पर अधकचरी दार्शनिक शब्दावली और पश्चिम से आयातित पदावली का अनुवाद। तो एक तरह से विरोधी छोरों पर आलोचना चल रही है। एक तरफ घटिया पत्रकारिता और दूसरी तरफ छद्‌म दार्शनिकता। समझते हैं कि 'सरोकार' शब्द लिखकर एक आमफहम आलोचना की भाषा बन रही है। गनीमत है, इस सतह के नीचे अब भी कभी-कभी अच्छे आलोचनात्मक लेख मिल जाते हैं–नए लोगों के लिखे हुए, जिनसे आलोचना और साहित्य दोनों की शक्ति पर भरोसा बँधता है।

(जनसत्ता, 3 मई, 1987)

9

कठघरे में

रवीन्द्र त्रिपाठी के साथ बातचीत

हिंदी आलोचना में नामवर सिंह की अपनी अलग पहचान है। उनकी रचना का केंद्र निस्संदेह हिंदी साहित्य है लेकिन उनके अध्ययन की परिधि बहुत बृहत् है। दुग्ध धवल कुर्ता, धोती और मुँह में पान देखकर किसी मित्र ने नामवर सिंह से एक बार मजाक में कहा था, 'नामवर जी प्रगतिशील आलोचक कम पहलवान ज्यादा लगते हैं।' इस पर नामवर सिंह की प्रतिक्रिया थी, 'क्योंकि पहलवानी करने वाले लोग प्रगतिशील आलोचक बन गये हैं।' नामवर सिंह से बातचीत अपने आप में एक दिलचस्प अनुभव है। आरोपों-प्रत्यारोपों की चिंता न करना नामवर सिंह का स्वभाव-सा बन चुका है, अपने ऊपर तिकड़मी होने का आरोप लगाने वालों के बारे में नामवर सिंह का कहना है, "चलइ जोंक जल वक्र गति यद्यपि सलिल समान।" अर्थात् पानी तो सपाट है जोंक ही टेढ़ी चाल चलती है।

रवीन्द्र त्रिपाठी : पिछले दिनों अपने एक लेख में रघुवीर सहाय ने कहा कि छायावाद के बाद की हिंदी आलोचना कुछ महत्त्वपूर्ण नहीं कर पायी है। इस पर आपकी क्या प्रतिक्रिया है ?

नामवर सिंह : रघुवीर सहाय जी से उलझने का कोई मन तो हमारा है नहीं। उनके पूरे लेख को पढ़कर लगता है कि उनको आलोचना की कोई जानकारी नहीं है, न तो उन्होंने आलोचना की कोई किताब ही पढ़ी है। बहुत से लोगों की यह धारणा है कि वह (सहाय) अपने सिवा किसी की कविताएँ भी नहीं पढ़ते। मेरा खयाल है कि वे अपने बारे में लिखी गयी आलाचनाएँ भी पूरी तरह नहीं पढ़ते। इसलिए उन्हें सिर्फ इतना ही मालूम है कि हिंदी में छायावाद के बारे में कुछ लिखा गया है। उनको यही मालूम है कि हिंदी में रामचंद्र शुक्ल के बाद हिंदी साहित्य का कोई इतिहास लिखा ही नहीं गया है। उन्होंने हजारीप्रसाद द्विवेदी

की हिंदी साहित्य की भूमिका भी नहीं पढ़ी है। उनको यह भी मालूम नहीं है कि डॉ. रामविलास शर्मा ने भारतीय साहित्य का इतिहास लिखा है और इधर उन्होंने हिंदी जाति का इतिहास लिखा है, जिसमें पूरे हिंदी साहित्य का खाका मिलता है। जिसको हिंदी आलोचना के बारे में कोई जानकारी ही नहीं है उस पर क्या टिप्पणी की जाये।

रवीन्द्र त्रिपाठी : रघुवीर सहाय का लेख भले ही बिना पढ़े लिखा गया हो, पर हिंदी आलोचना से आवृत्ति की शिकायत कई लेखकों और पाठकों को रही है। पश्चिम में आलोचना की विधा अब एक स्वायत्त विधा बन गयी है और वह साहित्य की दूसरी विधाओं पर आश्रित नहीं है। परजीवी नहीं है। संरचनावाद में रोलाँ बार्थ जैसा आलोचक हुआ, जिसने साहित्य से लेकर खेल, फोटोग्राफी, फिल्म आदि विविध विषयों पर सृजनात्मक आलोचना की। इस तरह आलोचना अपने आप में एक संपूर्ण सांस्कृतिक प्रकिया बन गयी। इस तरह की स्थिति हिंदी में क्यों नहीं है ?

नामवर सिंह : पश्चिम से हिंदी आलोचना की तुलना करने के साथ ही बेहतर होगा कि भारत में अन्य भाषाओं की आलोचना के साथ भी तुलना की जाये। पता चलेगा कि जो बात हिंदी आलोचना के बारे में की जा रही है, वह शायद पूरी भारतीय आलोचना पर लागू होती है। अमरीका में पूरे एक युग को ही आलोचना का युग कहा गया है, रैंडल जैरल ने बीसवीं शताब्दी को एज ऑफ क्रिटिसिज्म कहा है। यह सही है कि हिंदी में किसी भी युग को हम आलोचना का युग नहीं कह सकते। यह आपके लिए अभिशाप हो सकता है, मेरे लिए यह वरदान है।

हम लोग पश्चिम से बहुत ज्यादा चमत्कृत हैं खासकर रोलाँ बार्थ से। दरअसल रोलाँ बार्थ जैसे लोग आलोचक कम 'सेलिब्रिटी' ज्यादा हैं। साहित्यिक कृतियों की बारीक छानबीन करते हुए एक चमत्कारपूर्ण व्याख्या की कोशिश रोलाँ बार्थ ने की है। विशेषकर बाल्जाक की कहानी 'सेरिसिन' (जो महज पच्चीस पृष्ठों की है) की व्याख्या बार्थ ने 125 पृष्ठों में की है। यह बात वैसी ही है जैसी तुलसीदास की एक चौपाई की व्याख्या कोई सौ पृष्ठों में करे। ऐसे चमत्कार हर जगह होते रहे हैं। इंग्लैंड में 'कुबला खान' पर एक पूरी किताब लिखी गयी है। ऐसी चीजें हिंदी में नहीं हैं तो कोई गम नहीं। कोई देश जिस लायक रहता है उसे उसी तरह की सरकार मिलती है। जिस तरह का साहित्य होता है उसी तरह की आलोचना उसे मिलती है।

रवीन्द्र त्रिपाठी : चिंता की बात यह नहीं है कि किस तरह का साहित्य है ? विश्लेषण का मुद्दा है आलोचना की सांस्कृतिक भूमिका और यह कि आप उससे कितने संतुष्ट हैं।

नामवर सिंह : मैं संतुष्ट हूँ या नहीं, यह महत्त्वपूर्ण नहीं है, आलोचना को

हिंदी में जो करना चाहिए, वह नहीं कर पा रही है, यह एक बात है और यह कहना कि हिंदी में आलोचना है ही नहीं, दूसरी बात है। आलोचना साहित्यशास्त्र है। इसका संस्थानों और प्रतिष्ठानों से बहुत गहरा संबंध होता है। यदि आप ऑक्सफोर्ड और कैंब्रिज को हटा दें तो अंग्रेजी आलोचना का आधार खिसक जायेगा। इंग्लैंड में ऑक्सफोर्ड और कैंब्रिज आलोचना के गढ़ हैं। जिस संरचनावाद का आप नाम ले रहे हैं, यदि 'कालेज द फ्रांस' को हटा दिया जाये तो संरचनावाद का कोई आधार नहीं दिखायी पड़ता। डिकंसट्रक्सन को 'येल स्कूल ऑव क्रिटिसिज्म' कहा जाता है, येल यूनिवर्सिटी आधार है डिकंसट्रक्सन का। आलोचना का विकास बिना संस्थान के नहीं हो सकता है, चाहे वह संस्थान विश्वविद्यालय हो या कोई पत्रिका, क्योंकि आलोचना, जैसा कि एफ. आर. लीविस ने टी. एस. इलियट के शब्दों को उधार लेते हुए कहा है, एक 'कॉमन परसूट' है, सहयोगी प्रयास है।

हिंदी में यह नहीं हुआ तो इसका कारण यह है कि हमारे विश्वविद्यालयों में भले ही हिंदी का शिक्षण-अध्यापन होता हो, परंतु साहित्य-शिक्षा की जैसी स्थिति है उसमें आलोचना का विकास असंभव है। शास्त्र का विकास तभी संभव है जब उसका एक संस्थानगत केंद्र हो। यह बात इतिहास, अर्थशास्त्र, समाजशास्त्र आदि विषयों में बड़ी आसानी से समझ में आती है, साहित्य के बारे में हम यह मानते रहे हैं कि यह एक 'अमेच्योर' किस्म का काम है। कहानीकार या कवि संस्थान से बाहर रहकर साहित्य रचना कर सकता है, आलोचना के लिए यह नहीं होता। यह महज संयोग नहीं है कि आचार्य रामचंद्र शुक्ल की संपूर्ण आलोचना काशी विश्वविद्यालय में विकसित हुई। इसके अतिरिक्त दो-ढाई दशकों में साहित्यिक पत्रकारिता का क्षय हुआ है। साहित्यिक पत्रकारिता भी आलोचना के लिए संस्थान का काम करती है।

रवीन्द्र त्रिपाठी : आप पिछले बीस वर्षों से दोनों तरह के संस्थानों से जुड़े रहे। स्थापनाकाल से ही जवाहरलाल नेहरू विश्वविद्यालय से जुड़े रहे, इसके विभागाध्यक्ष रहे। इसका पाठ्यक्रम बनाया। पिछले बीस वर्षों से आप 'आलोचना' पत्रिका के भी संपादक हैं। आप अपने योगदान के बारे में क्या सोचते हैं ? क्या जितना करना चाहिए था, कर पाये ?

नामवर सिंह : मैं तो यही कहूँगा कि ऐसा कुछ भी नहीं हो सका है। इसे मैं अपनी असफलता मानता हूँ। निराला के शब्दों में कहूँ तो, 'बार बार हार हार मैं गया'। फिर भी जवाहरलाल नेहरू विश्वविद्यालय से कई ऐसे छात्र निकले हैं, जिनमें काफी संभावनाएँ हैं। जहाँ तक 'आलोचना' पत्रिका का सवाल है पिछले बीस वर्षों में हिंदी आलोचना में जो विवाद उठे हैं उसमें इस पत्रिका का हस्तक्षेप बहुत सार्थक रहा है।

रवीन्द्र त्रिपाठी : किन छात्रों से आपको ज्यादा उम्मीद है ?

नामवर सिंह : अब इनमें से किनका नाम लूँ, किनको छोड़ दूँ। विवाद खड़ा हो सकता है। आपके सामने ही पुरुषोत्तम जी हैं, फिर वीर भारत तलवार हैं, मनमोहन हैं। और भी कई लोग हैं।

रवीन्द्र त्रिपाठी : पिछले दिनों आपने एक इंटरव्यू में अपने बाद की पीढ़ी में दो महत्त्वपूर्ण नाम बताये थे--मलयज और विष्णु खरे। क्या आपको अपने बाद की पीढ़ी में सिर्फ यही दो नाम महत्त्वपूर्ण लगते हैं ?

नामवर सिंह : ऐसा नहीं है। एक समय डॉ. विजयमोहन सिंह ने कहानियों की बहुत अच्छी आलोचना की थी। सैद्धांतिक समीक्षा के क्षेत्र में डॉ. मैनेजर पांडेय ने भी बहुत अच्छा काम किया है। और भी कई ऐसे आलोचक हैं जो समय-समय पर अच्छे आलोचनात्मक लेख लिखते हैं। लेकिन चिंता की बात यह है कि सुसंगत रूप से आलोचना लिखने वालों का अभाव है। 'पोलेमिक्स' करने वाले नहीं रह गये हैं। अच्छी आलोचना अंततः आलोचना की आलोचना होती है।

रवीन्द्र त्रिपाठी : आपके ऊपर यह आरोप लगाया जाता है कि पिछले बीस वर्षों में या तो आपने भाषण दिया है या साहित्य में तिकड़में की हैं ? आपका क्या कहना है ?

नामवर सिंह : ऐसा लगता है मैं कठघरे में खड़ा एक मुजरिम हूँ। वास्तविकता यह है कि पिछले बीस वर्षों में मैंने लगातार लेखन किया है। हिंदी में लेखन का मतलब सिर्फ किताब लिखना लगाया जाता है। कई पश्चिमी देशों में, जहाँ आलोचना काफी समृद्ध है, श्रेष्ठ आलोचनात्मक लेखन पहले पत्रिकाओं में होता है। सोवियत संघ में इसकी पुरानी परंपरा है। 1917 के बाद नहीं, पहले की। बेलिंस्की का श्रेष्ठ लेखन पहले पत्रिकाओं में हुआ। पिछले बीस वर्षों में मैंने आलोचना में साठ लेख लिखे हैं जो पुस्तक के रूप में प्रकाशित नहीं हुए हैं। इसके अलावा 'दूसरी परंपरा की खोज' भी इसी बीच लिखी गयी है।

रवीन्द्र त्रिपाठी : भारत में टेलीविजन के दो लक्ष्य रखे गये थे, पहला जनशिक्षण और दूसरा मनोरंजन। क्या टेलीविजन अपनी दोनों भूमिका निभा रहा है ?

नामवर सिंह : एक नव स्वाधीन विकासशील देश में टेलीविजन की वही भूमिका नहीं हो सकती जो पश्चिमी उपभोक्ता समाज में है। लेकिन हमारे यहाँ टेलीविज़न उपभोक्ता संस्कृति की ही रुचियों को विकसित करने में लगा हुआ है। हुआ यह है कि विज्ञापनों की बाढ़ में साहित्यिक-सांस्कृतिक छवि काफी दब गयी है और बच्चों को भी विज्ञापनों के डायलाग ज्यादा याद रहने लगे हैं। शिक्षा तो न जाने कहाँ है, समाचारों में प्रधानमंत्री और शासक वर्ग का धुआँधार प्रचार है।

टेलीविजन के मुकाबले रेडियो ने भारत में कहीं संतोषजनक भूमिका निभायी है। जब डॉ. बी. बी. केसकर भारत के सूचना मंत्री थे उस समय रेडियो पर हारमोनियम

को बंद कर दिया गया था और शास्त्रीय संगीत का एक जागरण रेडियो के माध्यम से संपन्न हुआ। स्वाधीनता संग्राम के समय भातखंडे ने शास्त्रीय संगीत को लोकप्रिय बनाया, उसके बाद दूसरे मराठी डॉ. केसकर को यह श्रेय जाता है। उस जमाने में रेडियो पर विज्ञापन, ऑल इंडिया रेडियो से नहीं, रेडियो सिलोन से आते थे।

रवीन्द्र त्रिपाठी : रामायण सीरियल के बारे में आप क्या सोचते हैं ?

नामवर सिंह : इस पर कई स्तरों पर बातचीत की जा सकती है। पहली बात तो यह कि यह सीरियल उस समय दिखाया जा रहा है जब हिंदू सांप्रदायिकता तथा पुनरुत्थानवाद उभार पर है। हमारी सरकार सभी संप्रदायों को खुश रखना चाहती है। कभी हिंदू संप्रदाय को खुश रखने के लिए कुछ दिखाती है, फिर मुस्लिम तथा अन्य संप्रदायों को खुश करने के लिए कुछ और करती है। यह सीरियल भी हिंदू संप्रदाय को खुश रखने के लिए दिखाया जा रहा है। यह दृष्टि उचित नहीं है।

दूसरी बात यह है कि रामायण एक विवादास्पद तथा विचाराधारा से संपृक्त कृति है। यह 'आइडियोलॉजिकल टेक्स्ट' है। इस संदर्भ में इस सीरियल पर रामानंद सागर से नहीं बल्कि रामायण अथवा वाल्मीकि और तुलसी से बहस की जानी चाहिए।

तीसरे, जब हम किसी क्लासिक को पुनः दिखाते हैं तो दो चुनौतियाँ रहती हैं–प्रामाणिकता की रक्षा और आज के संदर्भ में प्रासंगिकता। इसमें प्रामाणिकता तथा क्लासिकी प्रभामंडल की रक्षा करते हुए भी युग की प्रासंगिकता पर ध्यान देना चाहिए। गोस्वामी तुलसीदास ने जब रामचरित मानस की रचना की तो पारंपरिक रामकथा के दो अंश छोड़ दिये–शंबूक वध तथा सीता वनवास। आज यदि हम ऐसे कुछ प्रसंगों को छोड़ दें तो कोई उँगली नहीं उठायेगा। वैसे भी राम कथा एक नहीं अनेक हैं। तुलसी ने इसे 'सत कोटि अपारा' कहा है।

अंतिम बात यह कि यह एक अत्यंत व्यावसायिक धारावाहिक है। रामायण का काव्य और उसका सांस्कृतिक पक्ष सुप्त है, पूजा बुद्धि ज्यादा है। इसका प्रमाण यह है कि लोग धूप, दीप, नैवेद्य के साथ रामायण देखते हैं। यही निर्माता भी चाहता है। पश्चिमी देशों में बाइबिल पर कई फिल्में बनी हैं, उनसे तुलना करें तो यह सीरियल 'वल्गर' है; फूहड़ है।

रवीन्द्र त्रिपाठी : क्या आप फिल्म देखते हैं ?

नामवर सिंह : इस मामले में मैं प्रागैतिहासिक युग का माना जाता हूँ। पिछले पंद्रह साल में कोई भी व्यावसायिक फिल्म नहीं देख सका, समय और सुविधा के अभाव के कारण। हाँ, दो दशक पहले की अर्धव्यावसायिक फिल्में जरूर देखी हैं–राजकपूर, विमल राय, गुरुदत्त आदि की। पर मैं कला फिल्में लगातार देखता रहा हूँ।

रवीन्द्र त्रिपाठी : हाल में कोई फिल्म देखी है, जो अच्छी लगी हो ?

नामवर सिंह : टेलीविजन पर प्रकाश झा की 'परिणति' देखी, अच्छी लगी। मंथर गति से चलती है, पर यह दोष नहीं है। सिर्फ एक खटकने वाली बात है। भाषा पूरी तरह खड़ी बोली है यदि वह राजस्थानी मिश्रित खड़ी बोली होती तो ज्यादा बेहतर होता। फिर भी जैसी कहानी है फिल्म कुल मिलाकर ठीक है। राजस्थान के प्राकृतिक परिवेश और घरों की कलात्मक सज्जा के कुछ शॉट्स लाजवाब हैं।

रवीन्द्र त्रिपाठी : हिंदी पत्रकारिता की स्थिति के बारे में आपका क्या ख्याल है ?

नामवर सिंह : भारत की असली पत्रकारिता भाषाई पत्रकारिता है। लेकिन यह बहुत खेद की बात है कि स्थानीय भारत में हिंदी पत्रकारिता को शासक वर्ग ने खत्म करने का प्रयास किया है। स्वाधीनता के आरंभिक पंद्रह वर्षों में स्थिति उतनी बुरी न थी, जितनी अब हुई है।

हमारे राष्ट्रीय स्तर के हिंदी अखबार जिन बड़े घरानों से निकलते हैं, वहाँ अंग्रेजी के मुकाबले वह दूसरे दर्जे के नागरिक हैं, परजीवी हैं। मेरी दृष्टि में 'नयी दुनिया', 'आज' और 'राजस्थान पत्रिका' जैसे हिंदी अखबार ही हिंदी पत्रकारिता के मानक अखबार हैं। ये अखबार क्षेत्रीय हैं, फिर भी महत्त्वपूर्ण हैं।

रवीन्द्र त्रिपाठी : डॉ. धर्मवीर भारती लगभग 27 वर्षों तक 'धर्मयुग' के संपादक रहे। पत्रकारिता को उनके योगदान के बारे में आपकी राय ?

नामवर सिंह : भारती जब 'धर्मयुग' के संपादक बने तो शुरू के कुछ वर्षों तक उसमें साहित्यिक माहौल था, कुछ अच्छी कहानियाँ वहाँ छपीं। कविताएँ वहाँ लगातार खराब ही छपती रहीं। कभी-कभी भारती भड़ास निकालने के लिए मेरे खिलाफ भी लिखवाते रहते थे। बाद में धर्मयुग कढ़ाई, बुनाई और सिलाई की पत्रिका होकर रह गयी।

रवीन्द्र त्रिपाठी : क्या खेलों में आपकी रुचि रही है ?

नामवर सिंह : मैं जिस स्कूल में पढ़ता था, वहाँ खेलना ही पड़ता था। रुचि-अरुचि का प्रश्न नहीं था। एक हॉस्टल में एक नहीं कई 'एलेवन' हुआ करते थे। स्कूल में फुटबॉल और हॉकी खेलने में मेरी रुचि रही, बस !

रवीन्द्र त्रिपाठी : क्रिकेट में कोई रुचि ?

नामवर सिंह : मेरी कोई रुचि नहीं है। इसे समय की बर्बादी मानता हूँ।

रवीन्द्र त्रिपाठी : आपके सम्माननीय प्रगतिशील आलोचक डॉ. रामविलास शर्मा तो क्रिकेट के बड़े प्रशंसक हैं ?

नामवर सिंह : रामविलास जी यदि बुलफाइटिंग के प्रशंसक हों तो क्या मैं उसको भी देखूँ ?

रवीन्द्र त्रिपाठी : क्या आप किसी खिलाड़ी के फैन हैं ?

नामवर सिंह : हाँ, हॉकी खिलाड़ी मुहम्मद शाहिद का।

रवीन्द्र त्रिपाठी : अंतिम सवाल। वह सवाल जो पीछे छूट गया था। तिकड़मी होने के आरोप के बारे में आपकी क्या प्रतिक्रिया है ?

नामवर सिंह : मैं यही कहना चाहूँगा कि 'अपनी समझ साधु सुचि को भा'। इसके अतिरिक्त तुलसीदास की एक और पंक्ति याद आती है, 'चलइ जोंक जल वक्र गति जद्यपि सलिल समान।' मैं तो हमेशा सलिल या जल के समान सम भाव से काम करता रहा। किंतु मेरे ऊपर नजर रखने वाले ही जोंक की तरह वक्र गति का अनुसरण करते हुए मुझ पर आरोप लगाते हैं। मैं जो भी काम सहज रूप से करता हूँ, उसमें दूसरों को तिकड़म दिखायी देता है। मैंने अपनी जिंदगी में कोई काम 'स्ट्रेटजी' बनाकर नहीं किया। फिर भी मैं यह जानना चाहता हूँ कि किस तिकड़म का आरोप है।

रवीन्द्र त्रिपाठी : उदाहरण के लिए नयी कहानी के तीन कहानीकारों–मोहन राकेश, राजेंद्र यादव और कमलेश्वर ने आरोप लगाया था कि आप जानबूझकर निर्मल वर्मा को बड़ा कहानीकार सिद्ध करना चाहते थे। कमलेश्वर ने तो 'नयी कहानी की भूमिका' में एक घटना का भी जिक्र किया है ?

नामवर सिंह : वास्तव में तिकड़मी तो ये तीनों थे मैं तो एकड़म था। जिस 'नई कहानी' पत्रिका में मेरे लेख छपे थे (बाद में पुस्तक, 'कहानी : नयी कहानी' के रूप में प्रकाशित) उसके संपादक भैरवप्रसाद गुप्त स्वयं कहानीकार थे। वहीं मार्कंडेय भी थे। दोनों मार्क्सवादी भी थे। मैंने इन पर नहीं लिखा। मैंने निर्मल जी के अतिरिक्त जैनेंद्र, अज्ञेय, रघुवीर सहाय, भीष्म साहनी आदि की कहानियों पर लेख लिखे, फिर मैं तिकड़मी कैसे हुआ।

रवीन्द्र त्रिपाठी : चलते-चलते एक सवाल। प्रगतिशील लेखक संघ, जनवादी लेखक संघ तथा जन संस्कृति मंच के बारे में आपकी राय ?

नामवर सिंह : प्रगतिशील लेखक संघ में लेखक हैं पर संघ नहीं है। वह एक महासंघ है। जनवादी लेखक संघ में तो लेखक हैं नहीं, सिर्फ लफ्फाजी हैं। वहाँ लोग जनवादी भी नहीं हैं, यानी सिर्फ संघ है। जन संस्कृति मंच में प्रतिभाशाली युवक हैं जो आंध्र की विरासत और पूँजी पर पताका फहरा रहे हैं। पर इनमें एक चीज है, जनता के प्रति गहरा लगाव, ऐसे लोगों से कुछ आशा की जा सकती है।

(सारंगा स्वर, 23 मार्च, 1988)

10

समाजवाद का संकट और भारत भवन की संस्कृति बज़रिए कहानी

उदय प्रकाश और सुधीश पचौरी के साथ बातचीत : चार किस्तों में

पहली किस्त

प्रश्न : आपने आज से लगभग 30-32 वर्ष पहले, उस समय की महत्त्वपूर्ण कहानियों पर कुछ लिखा, उनकी व्याख्या की और उन्हें समझने की कोशिश भी की, जाहिर है इससे एक तरफ कहानी आलोचना का विकास हुआ तो दूसरी ओर कहानीकारों को भी इससे ऊर्जा मिली। तब से लेकर अब तक सामाजिक, सांस्कृतिक, राजनीतिक हर स्तर पर परिवर्तन हो चुका है। क्या आपको इन 30-32 वर्षों में कोई बड़ा बदलाव नजर आता है ? कथा आलोचना के पहले वाले अपने उपकरण क्या अब आपको नाकाफी नहीं लगते ? कहानियों पर इतने लंबे समय तक कुछ न लिखने की वजह कहीं यह तो नहीं कि वह आपकी आलोचना की प्राथमिकता नहीं रही ?

नामवर सिंह : कहानी पर आखिरी लेख मैंने 64 या 65 में लिखा था। उस समय कहानी चर्चा जिस मोड़ पर आ गयी थी, उस समय एक पक्ष था व्यावसायिकता। और रहा दूसरा पक्ष, तो आपको याद होगा कि 'धर्मयुग' में 'एक कथा दशक' के नाम से एक लेखमाला एक साल से भी ज्यादा, लगातार प्रकाशित हुई थी, जिसमें अनेक कहानीकारों के वक्तव्यों के साथ उनकी कहानियाँ भी छपी थीं। इनमें से कुछ कहानींकार ऐसे थे जो कहानी की अब तक की उपलब्धियों को अपने हित और फायदे में भुनाने की कोशिश कर रहे थे। मैं इसे न तो कथा आलोचना कहूँगा, न साहित्यिक राजनीति, बल्कि असल में कहानी की व्याख्या गुटबाजी के तहत होने लगी थी।

प्रश्न : ऐसे में अपनी आलोचना के माध्यम से आप इसमें हस्तक्षेप कर सकते थे।

नामवर सिंह : देखिए, मैंने जिस नेक इरादे से, कहानीकारों के साथ संवाद करते हुए, एक सहयोगी प्रयास के रूप में अपनी कथा आलोचना और कहानी चर्चा की शुरुआत की थी, मुझे लगा कि वह अब संभव नहीं रही। मैं तो अपने इन लेखों को कभी छपाता भी नहीं। लेकिन होने यह लगा कि मेरे लेखों के टुकड़े यहाँ-वहाँ, बिना संदर्भ के उद्धृत करके मेरे नाम से तमाम बातें की जाने लगीं। इसीलिए इन लेखों को ज्यों का त्यों, बिना एक भी शब्द बदले, एक दस्तावेज की तरह सबके सामने रखने का मैंने निर्णय लिया।

प्रश्न : उस समय क्या कोई बदलाव कहानियों में भी दिखायी दे रहा था ?

नामवर सिंह : हाँ, मैंने अंतिम लेख 'एक और शुरुआत' में इसका जिक्र किया था। उस समय रवींद्र कालिया, महेंद्र भल्ला, काशीनाथ सिंह, ज्ञानरंजन, दूधनाथ सिंह आदि लिखने लगे थे। कहानीकारों की एक नयी पीढ़ी आ गयी थी। इनकी कहानियों की भाषा और कथा दृष्टि भी, तथाकथित नयी कहानी के उम्मीदवारों के भिन्न थी, मैंने सोचा था कि यह थोड़ी और स्पष्ट होगी तो मैं इस पर लिखूँगा। शायद लिखता भी। लेकिन तभी, आपको याद होगा कि 'समांतर कहानी' नामक एक आंदोलन चला और फिर 'आम आदमी की तलाश' होने लगी···

प्रश्न : कहीं सही क्रम यह तो नहीं है कि 'आम आदमी की तलाश' पहले शुरू हुई और 'समांतर आंदोलन' बाद में चला ?

नामवर सिंह : इससे क्या फर्क पड़ता है कि आगे या पीछे कौन हुआ ? यह कहना भी कठिन है। वैसे, एक ही आदमी और एक ही दल ने यह सब शुरू किया था। फिर यह महसूस हुआ कि एक खास तरह की व्यावसायिकता अब चल रही है, इसलिए लिखने का उत्साह हुआ नहीं। फिर साहित्य संबंधी मेरी दूसरी चिंताएँ भी थीं। मैं उनमें लग गया। यह बात जरूर है कि उसके बाद परिवर्तन बहुत हुए। हमारे राजनीतिक जीवन और सांस्कृतिक जीवन में छोटे-बड़े कई मोड़ आये और फिर संपूर्ण साहित्यिक संवेदना में भी परिवर्तन आया है, कहानियाँ भी बदली हैं, लेकिन जब तक बहुत बड़ी संख्या में और व्यवस्थित ढंग से कहानियों को न पढ़ा जाये, तब तक कुछ छिटपुट कहानियों को देखकर अगर कोई राय बनायी जाये, तो वह राय बड़ी भ्रामक होगी, साहित्य के लिए भी और अपने लिए भी। लेकिन ऐसे व्यवस्थित अध्ययन का मौका मैं निकाल नहीं सका। फिर कुछ हमारे शुभचिंतकों-मित्रों ने कहा कि आपको लिखना चाहिए, मैंने भी सोचा कि इधर की कहानियों को व्यवस्थित ढंग से पढ़ा जाये—लेकिन फिर कुछ विघ्न आ गये। जैसे एक सज्जन ने एक लेख ही लिख डाला कि वे कहानियों पर आखिर क्यों लिखना चाहते हैं··· तो मुझे लगा कि कहानी तो खुराफात की जड़ है···

प्रश्न : आपके लेख देखकर यह लगता है कि आलोचक और रचनाकार

के बीच एक संवाद वहाँ है, मतभेद भी हैं तो एक गहरी चिंता भी है। जाहिर है साहित्य की गहरी चिंताएँ जीवन की गहरी चिंताओं से जुड़ी हुई हैं.... तो ऐसा क्या हो गया इस बीच में, कि साहित्यकारों की वे चिंताएँ बिल्कुल ही समाप्त हो गयीं और एक तलछट, एक छिछलापन और एक तरह की क्षुद्रता उसकी जगह आ गयी और पूरा माहौल गड़बड़ा गया। क्या माहौल में कोई बदलाव आपको नजर आता है। क्या आपके न लिखने का कारण यह माहौल... आप कुछ इस माहौल के बारे में कहें...

नामवर सिंह : भई, माहौल के बारे में मैं क्या कह सकता हूँ। मेरे मन में स्थिति बहुत स्पष्ट नहीं है इसकी। आप **1974-75** से देखें, क्योंकि निकट अतीत यही है। इन पिछले पंद्रह सालों के दौर में कहानियों ही नहीं, बल्कि उपन्यासों और कविता-संग्रहों की भी समीक्षाएँ तो होती रही हैं। शायद ही कोई लेखक ऐसा हो, जिसकी चर्चा न होती हो, नोटिस न ली जाती हो। लेकिन इसके बावजूद कुल मिलाकर एक बड़े परिप्रेक्ष्य में उपन्यास, कविता या कहानी की कोई एक मुकम्मल तस्वीर नहीं बनती दिखाई देती। ये समीक्षाएँ न तो पाठक और न लेखक के मन मस्तिष्क पर कोई असर डालती हैं। दरअसल हमारा चिंतन इस मामले में इतना खंडशः, इतना 'एटॉमिस्टिक' हो गया है कि हम चीजों को समग्रता में देखने की आदत ही छोड़ चुके हैं। अभी पिछले दो सालों से भ्रष्टाचार के जितने विवाद हुए हैं–बोफोर्स, एच. डब्ल्यू. डी. सबमेरिन, फेयरफैक्स आदि। इन पर अलग-अलग खूब चर्चा हुई है। लेकिन भारत का 'राजतंत्र' किस दिशा में जा रहा है, उसकी अर्थनीति और अर्थव्यवस्था किधर जा रही है–इसके समग्र, विश्लेषण का ही एक हिस्सा होना चाहिए, बोफोर्स··· लेकिन ऐसी गंभीर चर्चा राजनीति में भी कहीं दिखाई नहीं देती। ठीक इसी के समानांतर साहित्य में भी देखिए, अलग-अलग कहानियों पर तो चर्चा हुई है लेकिन समग्रता में आज की कहानी के बदलाव को रेखांकित करने या उसका विश्लेषण करने की कोई गंभीर कोशिश मुझे कहीं दिखाई नहीं देती। मैं सिर्फ दूसरों पर दोष नहीं लगा रहा हूँ, शायद मैं भी उतना ही दोषी हूँ···

प्रश्न : आपने कहा कि आपकी कथा आलोचना कहानीकारों के साथ संवाद करते हुए विकसित हो रही थी और जब यह संवाद संभव नहीं रहा तो आपने लिखना बंद कर दिया। लेकिन 'नयी कहानी' के बाद जो कहानीकार आये थे–काशीनाथ सिंह, ज्ञानरंजन, दूधनाथ सिंह आदि उनसे तो आपका संवाद बना रह सकता था। फिर तब तक कहानी आलोचना में आपकी स्थिति केंद्रीय बन चुकी थी। अशोक वाजपेयी ने तो कहानी आलोचना का जनक आपको कहा था। तो ऐसे कई कहानीकार, जैसे–निर्मल वर्मा, श्रीकांत वर्मा आदि आपकी प्रतिक्रिया के मुखापेक्षी तो रहे ही होंगे, फिर अगर संवादहीनता की स्थिति सचमुच थी, तो

वह तो कवियों के साथ भी रही होगी। लेकिन आपने कविताओं पर लिखना जारी रखा। सिर्फ कहानी आलोचना ही क्यों बंद कर दी ?

नामवर सिंह : मुझे ऐसा लगता है कि जब मेरी किताब 'कहानी : नयी कहानी' छपी और जब मैंने अपना लेख 'इत्यलम्' लिखा, तब तक लगभग संवाद बंद होने की स्थिति आ गयी थी। और जहाँ तक ज्ञानरंजन वाली पीढ़ी का सवाल है, तो उनके साथ कहानी को लेकर सचमुच मेरा कोई संवाद नहीं रह गया था। यह एक तथ्य है। मुझे तो ऐसा लगता है कि पिछले बीस वर्षों में संवाद तो खत्म हुआ ही है, विवाद का भी रूप बदल गया है। कीर्ति चौधरी ने बहुत पहले एक कविता लिखी थी, 'कैसा जमाना आ गया है कि किसी को कड़ी बात भी कहो, तो वह बुरा नहीं मानता।' आज मूल्यों, सिद्धांतों, विचारों का दृढ़ता से खंडन-मंडन करने वाले साहित्यिक विवाद खत्म हो गये हैं। विवादों का स्तर और रूप बिल्कुल दूसरा हो गया है। वैयक्तिक तो नहीं कहूँगा लेकिन लोग साहित्यिक मान्यताओं पर नहीं, अनावश्यक और फालूत बातों पर बहस करते हैं। इसके सामाजिक कारण हैं, वातावरण में भी बदलाव हुआ है, लेखकों के बीच जो एक 'कम्यूनिटी लाइफ' होती है, उसमें भी संवादहीनता बढ़ी है। विवादों का संबंध साहित्यिक गोष्ठियों की जीवंतता, पत्र-पत्रिकाओं में चलने वाले विवादों से होता है···

प्रश्न : लेकिन यह भी तो हो सकता है कि आपने कहानी पर लिखना इसलिए बंद किया हो कि आपने एक बार कहीं लिखा था कि आज तक कहानी को आधार बनानेवाला कोई आलोचक बड़ा आलोचक नहीं हुआ। और इसकी वजह आलोचना नहीं, स्वयं कहानी की दरिद्र स्थिति है।

नामवर सिंह : नहीं, यह तो मैंने पूर्वपक्ष के रूप में कहा था। क्योंकि यह मान्यता मेरी नहीं है। यह मत तो परिमलवादियों और प्रयोगवादियों का था जो उन दिनों कहानी और कहानी आलोचना दोनों का विरोध कर रहे थे। मैंने तो इसका खंडन किया था।

प्रश्न : लेकिन उस समय कहानी आलोचना का 'पोस्ट नामवर जेनरेशन' भी तो सामने आने लगा था, जिसमें एक तरफ देवीशंकर अवस्थी थे। उन्होंने गंभीरता के साथ अपने समय की कुछ कहानियों पर लिखा। आपके साथ उनके कुछ मतभेद भी थे, लेकिन उनकी चिंता फिर भी गंभीर थी। फिर सुरेंद्र चौधरी, परमानंद श्रीवास्तव, चंद्रभूषण तिवारी, विजयमोहन सिंह जैसे लोग थे, जो कहानियों पर लगातार लिख रहे थे, इतने लोगों के होने के बावजूद कोई ऐसा माहौल क्यों नहीं बन पाया जो कहानी को आपकी चिंता के केंद्र में या दायरे में ले आता··· ?

नामवर सिंह : ठेठ आलोचना का विकास तब होता है, जब आप किसी ठोस कृति को लेकर यह कहें कि देखिए, मैं इसमें यह देख रहा हूँ, इसमें यह

अच्छा है, यह बुरा है। फिर आप दूसरे की राय पूछें, यानी सवाल 'परसेप्शन' का है, मत-अभिमत का है। मैंने इसीलिए कुछ ठोस कहानियों को लेकर उनसे जुड़े कुछ निश्चित सवाल उठाये थे। लेकिन मैंने देखा कि ऐसी चर्चा अचानक बंद हो गयी। मैं कहानी या साहित्य से बाहर जाकर किसी कृति पर बहस नहीं करना चाहता। लेकिन जब चर्चा यह हो रही हो कि अमुक कहानी में आम आदमी है या नहीं है—बताइए भला इससे फर्क क्या पड़ता है ? यानी चर्चा कहानी की विषयवस्तु पर केंद्रित हो गयी। आज भी हम देखें तो आश्चर्य होता है कि चर्चा ज्यादातर कहानी के उपादान, मैटीरियल्स, स्रोत और सामग्री पर होती है, जबकि कहानी एक कलारूप है और कौन लेखक उसे कैसे साधता है, बहस इस पर होनी चाहिए।

अभी पाँच-छह महीने पहले इलाहाबाद में भैरवप्रसाद गुप्त की सत्तरवीं वर्षगाँठ पर एक आयोजन हुआ। एक गोष्ठी समकालीन कहानी की समस्या पर आयोजित थी। इसमें दूधनाथ सिंह, ममता कालिया, शैलेश मटियानी आदि कहानीकार भी बोले थे। 'हंस' के संपादक राजेंद्र यादव भी मौजूद थे। मैंने उसमें सवाल उठाया कि राजेंद्र यादव ने कुछ दिनों पहले एक विशेष कहानी 'तिरिया चरित्र' को अपनी पत्रिका में सर्वश्रेष्ठ कहानी घोषित किया है। 'हंस' में और भी अच्छी कहानियाँ प्रकाशित हुई हैं, जिन्हें उन्होंने इतना श्रेष्ठ नहीं माना। मैंने कहा कि अगर वे यह बतायें कि यह कहानी उन्हें क्यों सर्वश्रेष्ठ लगी तो हमारी और उनकी कहानी की समझ का जो अंतर है, वह स्पष्ट हो जायेगा। मैं इस पर विचार-विनिमय के लिए तैयार हूँ। तभी यह पता चलेगा कि हममें से कौन आदमी कहाँ पर गलत है। दरअसल दो कहानियों को लेकर यह बात उठी थी—'तिरिया चरित्र' और 'तिरिछ'। लेकिन वे बहस के लिए तैयार नहीं हुए। गोष्ठी के बाद भी तैयार नहीं हुए। उन्होंने 'हंस' में भी इस पर कोई चर्चा नहीं करवायी, भले आदमी ने इसके बदले निर्मल वर्मा की 'सूखा' पर जरूर चर्चा करवा दी।

मैंने इस घटना का उदाहरण इसलिए दिया कि पिछले पंद्रह साल से कुल मिलाकर यही स्थिति रही है। बहस या संवाद के लिए ये लोग कभी तैयार नहीं हुए।

प्रश्न : दिक्कत यह है डॉक्टर साहब कि जिनसे आप बहस चाहते हैं, वे पहले भी कोई बहस नहीं चाहते थे और अब तो उनके लिए बहस और भी मुश्किल है। खैर, आप अपने बाद के कहानी आलोचकों के बारे में कुछ बताइए... देवीशंकर अवस्थी के बाद···

नामवर सिंह : मैं पहले भी कह चुका हूँ, फिर कहूँगा कि कहानी पर थोक के भाव पुस्तकें भी बहुत से लोगों ने लिखी हैं। लेकिन इस बीच कुछ ऐसे लेख मुझे जरूर देखने को मिले, जिनके लिखने वाले कुछ स्वयं कहानीकार भी हैं, उनमें

गहरी अंतर्दृष्टि मुझे दिखाई पड़ी है। अभी 'आलोचना' में रवीन्द्र वर्मा के कुछ लेख मैंने छापे हैं। 'कफन' के बारे में निर्मल वर्मा की जो व्याख्या है, एक लेख में उस पर उन्होंने लिखा है। इससे लगता है कि कुछ लोगों में आज भी कहानी संबंधी ऐसी समझ मौजूद है, जो आलोचकों में नहीं दिखाई देती। विजय मोहन सिंह की तो किताब ही है–'आज की कहानी'। उन्होंने मुक्तिबोध और गुलेरी जी की कहानियों पर भी लिखा है और महेंद्र भल्ला, ज्ञानरंजन की कहानियों पर भी। बल्कि काशीनाथ सिंह की कहानियों की उन्होंने बड़ी सख्त आलोचना की है, और सही आलोचना की है। अभी 'हंस' के अंक में वीरभारत तलवार ने 'सूखा' पर अच्छी टिप्पणी की है। 'दिनमान' में उदयप्रकाश ने इधर की कहानियों पर कुछ समय पहले एक लेख लिखा था। मेरी उसमें आलोचना भी की थी। लेकिन उस लेख में कहानियों के बारे में एक अच्छी अंतर्दृष्टि का आभास मुझे मिला, जो इधर के लोगों में नहीं दिखाई देता। जिस समय मैं लिख रहा था, उस समय कहानी आलोचना की जो दुर्दशा थी, उसकी तुलना में आज के लेखकों में कहानी के बारे में ज्यादा गहरी समझ है।

प्रश्न : क्या आपको नहीं लगता कि इस बीच कहानी का दायरा बहुत विस्तृत हुआ है ?

नामवर सिंह : कुछ लोग इसे विविधता कहकर मुदित जरूर हो सकते हैं लेकिन मुझे लगता है कि कहानी की रचनाधर्मिता के क्षेत्र में बिखराव बहुत ज्यादा है। कुल मिलाकर कोई एक स्वर या कोई प्रमुख स्वर या कोई एक प्रवृत्ति का नाम आप नहीं ले सकते।

प्रश्न : लेकिन कहानियों के लेखन की दृष्टि से आज ज्यादा संख्या में कहानियाँ लिखी जा रही हैं। और ज्यादा कहानीकार हमारे सामने हैं। भले ही वे 'नयी कहानियों' के फ्रेम के भीतर ही कहानियाँ लिख रहे हों।

नामवर सिंह : नहीं, ऐसा मैं नहीं मानता। बल्कि आज की कहानी की यह बहुत बड़ी सफलता है कि इधर के कुछ नये कहानीकारों के आने से 'नयी कहानी' का बचा-खुचा मुलम्मा भी उतर गया है। यह अच्छा ही हुआ।

प्रश्न : लेकिन यह भी सच है कि अभी भी 'नयी कहानी' के फ्रेम को सिर्फ कुछ अच्छे कहानीकार ही तोड़ पाते हैं। वर्ना आज भी ज्यादातर कहानीकार नयी कहानी की सीमाओं को अतिक्रमित नहीं कर पाते।

नामवर सिंह : हाँ, यह सच है कि लेखक बहुत ज्यादा हैं, वैसे एक बात यह भी है कि ऐसा हर दौर में होता है कि कुछ लोग दावे बहुत ज्यादा करते हैं और कहानियाँ बड़ी खराब लिखते हैं और कुछ लोग चुपचाप बहुत अच्छी कहानियाँ लिखते हैं। इस गड़बड़ी का स्रोत कहीं और है। देखिए, पत्रिकाओं और प्रकाशन संस्थानों का सबसे बड़ा दायित्व यह होता है कि वे प्रकाशन में अच्छे और बुरे,

सार्थक और निरर्थक की तमीज रखते हुए रचनाओं को सामने लायें, लेखक तो चाहता है कि उसका लिखा हर कूड़ा-कचरा भी छप जाये। आज पत्रिकाओं की हालत यह है कि एक अंक में अगर कोई एकाध अच्छी कहानी भी हुई तो उसी अंक की दर्जन भर खराब कहानियों में वह खो जाती है। संपादकीय विवेक की हमेशा जरूरत होती है। विवेकवान संपादक हमेशा आलोचकों का मार्गदर्शक होता है। उदाहरण के लिए भैरवप्रसाद गुप्त स्वयं बहुत अच्छे कहानीकार नहीं थे लेकिन वे बहुत विवेकवान संपादक थे। 'कहानी' के अंकों में उन्होंने जिस तरह कहानियों का चयन किया, वह एक मिसाल है।

प्रश्न : इस समय कहानियों की जो दो-तीन प्रमुख पत्रिकाएँ निकल रही हैं··· उनमें···

नामवर सिंह : नहीं, मुझे खेद है कि वह संपादकीय विवेक मुझे कहीं नहीं दिखाई देता, वर्ना कहानी और कथा आलोचना की हालत आज यह न होती, अकेला आलोचक सब कुछ नहीं कर सकता। कहानियों के 'क्लियरिंग हाउस' का काम पत्रिकाएँ करती हैं, और वह नहीं हो पा रहा है।

(सारिका, सितम्बर, 1988)

दूसरी किस्त

प्रश्न : चलिए इस बार शुरुआत फिर निर्मल वर्मा की कहानी 'सूखा' से ही करते हैं, आपने निर्मल वर्मा की ही कहानी 'परिंदे' को पहली नयी कहानी कहा था। अब क्या आपको उन्हीं की कहानी 'सूखा' अंतिम नयी कहानी नहीं लगती ? यानी क्या 'सूखा' नयी कहानी का अंतिम जलार्पण नहीं है ? और चूँकि राजेंद्र यादव ने अपनी कहानी संबंधी रूढ़ समझ के अनुसार उसे एक श्रेष्ठ कहानी माना था, तो क्या 'सूखा' राजेंद्र यादव की भी कथा संबंधी समझ का अंतिम जलार्पण नहीं है ?

नामवर सिंह : देखिए, राजेंद्र यादव ने इस दौरान स्वयंप्रकाश जैसे कई युवा कहानीकारों द्वारा लिखी गयी अच्छी कहानियों पर कोई परिसंवाद आयोजित कराने के बजाय, 'सूखा' पर ही क्यों परिचर्चा आयोजित की। इसके पीछे के उनके इरादे के बारे में मैं कुछ नहीं कहूँगा। यह अवश्य है कि जिस तरह की टिप्पणी के साथ उन्होंने उस कहानी को प्रकाशित किया था उससे साफ था कि उनके मानदंडों में 'सूखा' कहानी श्रेष्ठ ठहरती थी। अब 'हंस' में जो चार टिप्पणियाँ 'सूखा' पर छपी हैं और चारों में जिस तरह आलोचना का तीव्र स्वर है, तो अगर राजेन्द्र यादव सचमुच अपनी मान्यता के प्रति ईमानदार थे तो उनको चाहिए था कि वे

स्वयं अंत में 'सूखा' कहानी पर टिप्पणी लिखते। एक संपादक की हैसियत से नहीं तो एक कहानीकार की हैसियत से। बहरहाल, इन चारों टिप्पणियों ने राजेंद्र यादव की कहानी संबंधी समझ पर प्रश्नचिह्न तो लगाया ही है स्वयं निर्मल वर्मा की कहानी के लटके, फार्मूले और उनकी तथाकथित जादुई भाषा की कलई भी खोली है।

प्रश्न : लेकिन एक ज़माने में तो आप खुद निर्मल वर्मा की इसी जादुई भाषा के बड़े प्रशंसक रहे हैं, यह तब और अब में भेद क्यों ?

नामवर सिंह : ठहरिए, देखिए अब हमारी कहानी संबंधी चर्चा फिर एक गैरज़रूरी चीज पर भटक जायेगी··· एक काम तो राजेंद्र यादव ने कर दिया 'सूखा' पर चर्चा करवाकर, अब वही गलती हम लोग फिर दुहराएँ...

प्रश्न : कुछ अर्सा पहले आपने निर्मल वर्मा की कहानी 'कव्वे और कालापानी' के बारे में कहा था कि एक छोटी-सी बात को कहने के लिए निर्मल वर्मा ने अनावश्यक विस्तार और रहस्यात्मकता का सहारा लिया है।

नामवर सिंह : हाँ, मैंने कहा था, देखिए निर्मल वर्मा की रचनाशीलता, संवदेनशीलता और विचारधारा में सन् 1967-68 से बहुत निर्णायक मोड़ आया है। मुख्यतः चेकोस्लोवाकिया में उनका प्रवास और वहाँ 'प्राग बसंत' (प्राग स्प्रिंग) का उन पर पड़ने वाला प्रभाव इसका कारण है। यह प्रभाव इतना त्रासद, इतना गहरा था कि उसके बाद उनकी जीवनदृष्टि भी बदली और इसका प्रभाव उनकी परवर्ती कहानियों पर पड़ा। उसी असर का परिणाम है कि निर्मल वर्मा तब से अब तक बार-बार वही अनुभव कहानी में दोहराने लगे हैं। अब अगर कोई एक ही जादू बार-बार दोहराये तो वह पहले वाली बात नहीं रहती, कहावत है–'वहि अर्जुन, वहि बाण'। यानी गांडीव धनुष भी वही है, अर्जुन भी वही है, लेकिन वह पहलेवाली बात नहीं रही। चमकीली धूप, नवंबर का कुहासा, कब्रिस्तान और गिरजाघर की घंटियाँ, यह सब बहुत दिन नहीं चल सकता। अज्ञेय के साथ नहीं चला तो निर्मल वर्मा के साथ कैसे चल सकता है।

प्रश्न : क्या इसकी वजह यह है कि अब वक्त बदल गया है और अब यह भाषा पहले की तरह संप्रेषणीय नहीं रही ?

नामवर सिंह : नहीं, सिर्फ वक्त की बात ही नहीं है। एक लेखक जीवन भर अपनी भाषा को गढ़ता है, बनाता है और फिर वह उससे लंबे समय तक काम भी ले सकता है। लेकिन तब होना यह चाहिए कि अपनी अंतर्वस्तु के अनुरूप वह अपनी भाषा में विविधता, संवेदनशीलता और नवीनता लाने की कोशिश करे। वैसे निर्मल वर्मा ने इस दौर में भी कुछ अच्छी कहानियाँ लिखीं हैं, जहाँ उनकी यही भाषा उनका संबल बनती है। मसलन 'एक दिन का मेहमान' बहुत अच्छी कहानी है। 'बीच बहस में' भी एक अच्छी कहानी है। लेकिन यह एक संयोग

या विडंबना ही है कि निर्मल की वही जादुई भाषा 'सूखा' में बिल्कुल निष्प्रभावी हो जाती है। डॉ. देव के चारों ओर एक प्रभामंडल बनाने के लिए वे जितना ज्यादा अपनी जादुई भाषा का इस्तेमाल करते हैं, वहाँ कहानी और भाषा उतनी ही कमजोर होती जाती है। मुझे तो लगता है कि अगर कोई 'डिकांस्ट्रक्शन' वाला लेखक 'सूखा' कहानी को उठा ले तो अकेले इस कहानी के ज़रिये निर्मल वर्मा की समूची जीवन दृष्टि को तार-तार करके रखा जा सकता है। यानी अकेली 'सूखा' कहानी निर्मल वर्मा के विरुद्ध अनेक प्रमाणों से भरा दस्तावेज बन सकती है। अपनी टिप्पणी में वीरभारत तलवार और उदयप्रकाश ने ऐसा किया था। एक प्रवासी भारतीय के जिस चरित्र को कथानक का मुख्य पात्र बनाया गया है, उसकी स्थिति हमारे भारतीय यथार्थ में हमेशा हाशिये पर है। हाशिये के जीवन और चरित्र को लेकर भी बहुत महत्त्वपूर्ण कहानियाँ लिखी गयी हैं। सवाल है 'अप्रोच' का। आपकी सहानुभूति कहाँ है ? आप जो कुछ व्यक्त करना चाहते हैं, उसके लिए 'ऑब्जेक्टिव कोरिलेटिव' कहानी में मौजूद है कि नहीं है ? अंग्रेजी पढ़े-लिखे एक नितांत भद्र आदमी की छद्म चेतना पर चोट करने वाली एक बहुत मार्मिक कहानी भी लिखी जा सकती है। ऐसी चेतनावाले चरित्रों पर कुछ कहानियाँ लिखी भी गयी हैं। असगर वजाहत की कहानी है–'केक'।

प्रश्न : क्या निर्मल वर्मा की इस असफलता के पीछे उनकी जीवन दृष्टि के बदलाव का ही हाथ है ?

नामवर सिंह : हां, जीवन दृष्टि का यह परिवर्तन निर्मल की कहानियों में ही नहीं, उनके निबंधों में भी दिखाई पड़ता है। 'कव्वे और कालापानी' के बारे में तो मैंने कहा भी था कि एक नये तरह का 'बाबावाद' उसमें है। एक प्रकार के नये रहस्यवाद और धार्मिक चेतना का प्रभाव उनके कई निबंधों और कहानियों में है।

प्रश्न : आपने 'प्राग के वसंत' की चर्चा की है। जब निर्मल वर्मा चेकोस्लोवाकिया में थे और जब 'प्राग का वसंत' वहाँ फल फूल रहा था तब चेकोस्लोवाकिया की कम्युनिस्ट पार्टी के अध्यक्ष दुबचेक थे। 1968 में सोवियत संघ के हस्तक्षेप से दुबचेक को हटना पड़ा था और इसी घटना का निर्णायक असर, आपके अनुसार, निर्मल वर्मा पर पड़ा, लेकिन अभी पिछले दिनों सोवियत संघ में गोर्बाचौफ ने जो ग्लासनोस्त और पेरेस्त्रोइका की शुरुआत की है, उसका समर्थन तो चेकोस्लोवाकिया के सत्ताच्युत दुबचेक ने भी किया है। बल्कि दुबचेक ने तो यह कहा है कि 20 साल पहले वे चेकोस्लोवाकिया में वही काम कर रहे थे, जो अब गोर्बाचौफ कर रहे हैं। तो, जो ये नये बदलाव हो रहे हैं, क्या उसमें यह मुमकिन है कि उस समय की घटनाओं से समाजवाद से खिन्न और विक्षुब्ध हो उठे निर्मल वर्मा या मिलान कुंडेरा टाइप के लेखकों में कोई हृदय परिवर्तन होगा ? क्या पेरेस्त्रोइका

और ग्लासनोस्त का कोई असर निर्मल वर्मा जैसे साम्यवाद से मोह भंग वाले लेखकों पर पड़ेगा ? दूसरी तरफ कहीं ऐसा तो नहीं कि इससे 'नीम वामपंथी' लेखकों में समाजवाद के प्रति एक और बड़ा मोहभंग पैदा हो, क्योंकि शीत युद्धवादियों की भाषा में निर्मल वर्मा जैसे लेखक पिछले डेढ़-दो दशकों से समाजवाद के बारे में जो भविष्यवाणियाँ कर रहे थे, उन्हें इस ग्लासनोस्त से बल नहीं मिलता ?

नामवर सिंह : यह तो ठीक है कि निर्मल वर्मा 'आई टोल्ड यू सो' वाली शैली में आज यह कह सकते हैं कि दुबचेक ने चेकोस्लोवाकिया में जिस 'मानवीय चेहरे वाले समाजवाद' की स्थापना की कोशिश की थी और जिसे 1968 में ब्रेझनेव ने कुचल दिया था, आज गोर्बाचौफ वही कर रहे हैं, वे तो यह भी कह सकते हैं कि अफगानिस्तान में रूस के हस्तक्षेप का मैंने विरोध किया था, उसके विरुद्ध लेख भी लिखा था, जिसमें मैंने कहा था कि खुद रूसी समाज में इसके विरुद्ध गहरी प्रतिक्रिया है। उस समय भारत के कम्युनिस्ट, जनवादी या प्रगतिशील लेखक मेरी आलोचना करते थे, लेकिन आज उन्हीं बातों को खुद सोवियत संघ ने मान लिया है। यानी इस तरह निर्मल वर्मा कह सकते हैं कि मेरी आलोचनाएं सही थीं। सवाल यह है कि समाजवाद की आलोचना करते हुए निर्मल वर्मा ने रास्ता कौन-सा अपनाया ? आज जब गोर्बाचौफ ग्लासनोस्त और पेरेस्त्रोइका की बात करते हैं तो वे स्वयं और सोवियत समाज भी समाजवाद को तिलांजलि नहीं दे रहा है। गोर्बाचौफ तो स्पष्ट कहते हैं कि हम दरअसल 'ज्यादा समाजवाद' चाहते हैं, 'ज्यादा लोकतंत्र' चाहते हैं। यानी ऐसा कोई नहीं कहता कि समाजवाद अपने आप में बुरा है और उसमें अंतर्निहित खामियां ही ऐसी हैं कि उसमें लोकतंत्र आ ही नहीं सकता, मानवीय समाज बन ही नहीं सकता। निर्मल जी की प्रतिक्रिया यही थी। वे समाजवाद और मार्क्सवाद की बुनियादी मान्यताओं को ही गलत ठहराते हुए आध्यात्मिकता की, एक विशेष प्रकार के रहस्यवाद की, धार्मिकता की, व्यक्तिवादिता की, अंतर्मुखी प्रवृत्ति की तरफदारी करने लगे थे। यही नहीं एक छद्म और प्रतिक्रियावादी तथाकथित भारतीयता की वकालत भी उन्होंने शुरू की और इस छद्म भारतीयता की नींव उन्होंने गांधीवाद के एक नितांत लोकविरोधी तत्त्व पर रखी। गांधीवाद का जो क्रांतिकारी चरित्र था, उससे बचते हुए वे 'गांधी शांति प्रतिष्ठान' वाले गांधीवाद के प्रवक्ता बने। इसीलिए गोर्बाचौफ द्वारा स्तालिनकाल की समाजवादी व्यवस्था की आलोचना की दिशा कुछ और है और निर्मल जी की दिशा शीतयुद्ध की, कम्युनिस्ट-विरोध की प्रतिक्रियावादी दिशा है।

प्रश्न : खैर, निर्मल जी को छोड़िए। लेकिन रूस में आज जो बदलाव हो रहे हैं, उनका असर हमारे यहाँ की परंपरागत प्रगतिशीलता पर कुछ न कुछ तो पड़ेगा ? पिछले बीस सालों से जनवाद-विरोधी या प्रगतिवाद-विरोधी खेमा समाजवाद के विरुद्ध यही तर्क तो दे रहा था कि समाजवाद एक लोकतंत्र विरोधी तानाशाही

व्यवस्था है, कि स्तालिन काल में सोवियत जनता और बुद्धिजीवियों का भयावह दमन हुआ। डॉ. धर्मवीर भारती की किताब 'मानव मूल्य और साहित्य' तो ऐसे कथनों से भरी पड़ी है। ऐसे दौर में डॉ. रामविलास शर्मा और स्वयं आपकी जो स्थिति और भूमिका थी, क्या आज वह संदिग्ध और भ्रामक नहीं हो उठी है ? क्योंकि आज तो पश्चिम का पूँजीवादी प्रचारतंत्र ही नहीं, स्वयं सोवियत रूस का प्रेस कह रहा है स्तालिन युग में दमन हुआ, लोग मारे गये, तानाशाही पनपी। क्या नहीं लगता कि एक विभ्रम की स्थिति, एक 'कनफ्यूजन' की स्थिति आज तीसरी दुनिया के तमाम वामपंथी संगठनों और लेखकों-बुद्धिजीवियों के बीच फैल सकती है ?

नामवर सिंह : जून के अंत में जब सोवियत कम्युनिस्ट पार्टी की 19वीं कांग्रेस मास्को में हुई, संयोग से 10-15 दिन पहले मैं मास्को में मौजूद था। वहाँ के लेखकों, साहित्यकारों, बुद्धिजीवियों से बातचीत करके, वहाँ वे जिस अनुभव से गुजर रहे हैं, उसकी एक झलक मुझे भी मिली। उसके आधार पर मैं कह सकता हूँ कि स्तालिनवाद और स्तालिन पर बहस तो पेरेस्त्रोइका का सिर्फ एक अंग है। वह लक्ष्य नहीं है, साधन है, उसके द्वारा मानसिक मुक्ति का जो एहसास आया है···

प्रश्न : यानी इसके पहले सोवियत समाज में 'मानसिक मुक्ति' नहीं थी ? यानी वे आरोप जो लगाये जा रहे थे, वे सही थे ?

नामवर सिंह : हाँ, वे आरोप सही थे। उस समाज में लोकतंत्र की कमी थी। उस समाज में व्यवस्था की मुक्त आलोचना के प्रति एक झिझक थी··· दबाव थे····

प्रश्न : लेकिन प्रगतिशील चिंतकों, लेखकों, आलोचकों ने तो पिछले कई दशकों से लगातार ऐसे आरोपों के विरुद्ध सोवियत संघ को 'डिफेंड' ही किया था, क्या वे सब गलत थे ?

नामवर सिंह : यह एक अलग ब्यौरा है। मैं उस पर भी बात करूँगा। लेकिन आप सोचिए कि जिस देश में इतनी बड़ी समाजवादी क्रांति हुई हो, जहाँ शिक्षा और साक्षरता शत-प्रतिशत हो, जहाँ राजनैतिक चेतना अत्यधिक हो··· यह आप मत भूलिए कि सोवियत जनता के पास सूचनाओं की कमी नहीं थी···

प्रश्न : सूचनाओं की कमी क्यों नहीं थीं ? उसे तो एक लोहे के पर्दों वाला बंद समाज कहा जाता था ?

नामवर सिंह : नहीं, सोवियत समाज व्यवस्था कोई ऐसी 'टोटैलिटेरियन' व्यवस्था नहीं थी, जहाँ सारी जनता को कैद में रखा गया हो ? लोगों के पास सूचना हासिल करने के अनेक स्रोत और माध्यम तब भी थे।

प्रश्न : यानी कम-से-कम विरोधियों का यह आरोप तो गलत था···

नामवर सिंह : लेकिन जिस तरीके से वे ये सूचनाएँ हासिल करते थे, वह बहुत खुला तरीका नहीं था। इसके बावजूद विदेशी पुस्तकें पहुँचती थीं उनके पास। लोगों का बाहर आना-जाना लगा रहता था। विश्व साहित्य से भी उनका संपर्क था। लोहे की वह दीवार इतनी सख्त और अभेद्य नहीं थी, जैसा कि प्रचारित किया जाता है। मैं सिर्फ यह कहना चाहता हूँ कि एक ऐसी समाज व्यवस्था, जो क्रांति के बाद 70 वर्षों में परिपक्व हुई हो, उसमें ऐसी चेतना और संवेदनशीलता थी जो किसी दूसरे गैर-समाजवादी समाज से कम नहीं थी। इसका प्रमाण तो वहाँ का साहित्य ही है जो इन 70 वर्षों में रचा गया, तमाम दबावों के बीच। मेरा तो मानना है कि जब राष्ट्र, जाति या देश में एक गहरा आत्मविश्वास पैदा होता है, तभी आत्मालोचना और आत्मसमीक्षा की शक्ति भी पैदा होती है, अपने अतीत की भूलों को निडर होकर स्वीकार करना कोई साधारण काम नहीं है। अब साहित्य की ओर देखें, एक जमाने में 'समाजवादी यथार्थवाद' वहाँ की सरकारी सौंदर्य-शास्त्रीय जरूरत था। कुछ लोग हिंदी में भी उसकी लीक पीट रहे थे। आज भी पीट रहे हैं। जब उस दौर में सोवियत लेखकों से पूछा जाता था, तो वे हँसते थे और कहते थे कि 'क्या आप सचमुच इस विषय को बातचीत के लायक समझते हैं ? बताइए वसीली शुक्सिन··· मिखाइल बुल्गाकोव जैसे लेखक जिस भाषा में रहे हों, जो 'समाजवादी यथार्थवाद' के शिकंजे के बाहर थे··· आज ऐसे लेखकों, नाटककारों को पहचाना जा रहा है। हम लोग तो सिर्फ बोज़्नेसेंस्की और येव्तुशेंको जैसे एक-दो कवियों का नाम लेकर रुक जाते थे। लेकिन यह तो आइसबर्ग का सिर्फ एक 'टिप' था। बहरहाल, इस बीच जो चीजें सामने आ रही हैं, उनसे लगता है कि साहित्यिक सृजनशीलता के रास्ते में जो अवरोध अब तक पड़ा हुआ था, वह हट गया है। तारकोव्स्की का ही उदाहरण लीजिए। उसी देश का इतना महान फिल्मकार जो विदेश जाकर मरा, आज सोवियत समाज में उसी तारकोव्स्की को लेकर एक गहरा पछतावा और सम्मान है। वैसे यह भी नहीं है कि इन रचनाकारों की रचनाओं को सार्वजनिक रूप से सुलभ करके वे सिर्फ उनका गुणगान ही कर रहे हैं, बल्कि वे इन रचनाकारों के प्रति एक गहरी आलोचनात्मक दृष्टि भी प्रकट कर रहे हैं। सिर्फ 'वाह-वाह' का मामला नहीं है।

प्रश्न : लेकिन इस ग्लासनोस्त और पेरोस्त्रोइका के साथ सबसे बड़ी समस्या यह है कि इसका संबंध सिर्फ सोवियत संघ के अंदरूनी बदलावों से ही नहीं है, इसकी अंतर्राष्ट्रीय परिणतियां भी हैं, साम्राज्यवाद और समाजवाद के बीच के अंतर्विरोध बुनियादी अंतर्विरोध भी रहे हैं। इसी अंतर्विरोध के चलते सोवियत संघ ने अंगोला, मोजांबीक, विएतनाम, क्यूबा, निकारागुआ जैसे देशों में वहाँ की साम्राज्यवाद-विरोधी शक्तियों को सहायता दी। क्या बिना समाजवाद की मदद से विएतनाम जैसा छोटा-सा देश 15 साल तक अमेरिका के खिलाफ लड़कर अंत

में विजयी हो सकता था। पर आज इस ग्लासनोस्त के दौर में साम्राज्यवाद और समाजवाद के बुनियादी अंतर्विरोधों पर ही पानी नहीं डाला जाने लगा है ? अफगानिस्तान से रूस हटा। अंगोला से क्यूबा हट रहा है। कल निकारागुआ को मदद बंद की जा सकती है। आप क्या सोचते हैं ?

नामवर सिंह : देखिए, मैं एक बात कहूँगा कि जो सोच का यह तरीका है, उसे बदलने की जरूरत है। हमारी जो पिटी-पिटायी धारणाएँ हैं, हम अगर उनकी ऐतिहासिक सीमाओं को नजरअंदाज करके उन्हीं के जरिये सारी नयी स्थितियों की व्याख्या करने लगेंगे तो क्या होगा ? उदाहरण के लिए हमारे कई मार्क्सवादी आलोचक जब हमारे देश की आज की स्थितियों की व्याख्या करने लगते हैं कि आज भी तो हमारा मुख्य संघर्ष साम्राज्यवाद विरोध और सामंतवाद विरोध है। यानी एक नुस्खा बना हुआ है, जो पिछले 100 साल से चल रहा है। सन् 1857 में यही था। 1957 में यही था, 1987 में भी यही था। भगवान जाने यह नुस्खा कब तक चलेगा। इसी नुस्खे से प्रेमचंद को भी ये आलोचक जाँचते हैं और इसी नुस्खे से उदयप्रकाश को भी जाँचते हैं। हमें ऐसे सुविधाजनक नुस्खे छोड़ने पड़ेंगे। देखिए गोर्बाचौफ ने एक महत्त्वपूर्ण बात कही है कि नयी प्रविधि के बाद, यानी 'थर्ड टेक्नोलॉजिकल रिवाल्यूशन' के बाद वे सारे राजनैतिक पद, जो 19वीं शताब्दी में बने थे, उनमें संशोधन की जरूरत है। यानी आज साम्राज्यवाद वही साम्राज्यवाद नहीं है, जो तीसरी प्राविधिक क्रांति के पहले था। कुछ लोगों ने इस परिवर्तित साम्राज्यवाद को परिभाषित करने के लिए उसके पहले 'न्यू' या 'नियो' प्रत्यय लगा दिया। लेकिन इससे कोई बात बनती नहीं है। इसीलिए तीसरी तकनीकी क्रांति के बाद, जब एक तरफ स्टारवार को खतरा है और दूसरी तरफ तमाम पूँजीवादी देशों में भी शांति आंदोलन चल रहे हैं—ऐसे में हमारी विश्व प्रणाली वही नहीं रह गयी है, जो पहले थी। 'ग्लोसनोस्त' इसी बदली हुई विश्व प्रणाली की एक जरूरत है।

(सारिका, अक्टूबर, 1988)

तीसरी किस्त

प्रश्न : पिछले कुछ सालों से सरकार संस्कृति और कलाओं की ओर कुछ ज्यादा ही ध्यान दे रही है। अपना उत्सव, विदेशों में भारत महोत्सव, क्षेत्रीय सांस्कृतिक केंद्रों का निर्माण—इसके उदाहरण हैं। प्रख्यात समाजशास्त्री पी. सी. जोशी का कहना है कि राजनीतिक स्तर पर आज देश बिखराव और अंतर्विरोधों के दौर से गुजर रहा है और इसे सुलझाने का कोई रास्ता सत्ताधारी वर्ग के पास है नहीं, इसीलिए

उसे संस्कृति की शरण लेनी पड़ रही है। वहीं उसे अखंड भारत, विविधताओं के बावजूद एकीकृत भारत की छवि दिखायी देती है। आप क्या सोचते हैं, ?

नामवर सिंह : यह सही है कि स्वाधीन भारत में पिछले चालीस वर्षों से सरकारी स्तर पर संस्कृति के क्षेत्र में जो काम हुए हैं, उन्हें देखा जाये तो दिलचस्प बातें सामने आयेंगी। जवाहरलाल नेहरू ने तीन केंद्रीय अकादमियां स्थापित करके यह सोचा था कि इनके द्वारा सांस्कृतिक पुनर्निर्माण की दिशा में कुछ काम किया जा सकता है। अब उन अकादमियों के लिए जो योजना बनायी गयी और जो काम उन्होंने वास्तव में किया, उन दोनों को एक साथ सामने रखें तो एक स्थिति सामने आयेगी। नेहरू के बाद इंदिरा गांधी के जमाने में भी संस्कृति के क्षेत्र में काम हुए। अपने अंतिम दिनों में उन्होंने एक 'आर्ट कौंसिल' भी बनायी थी, जो बहुत सक्रिय नहीं हो पायी। श्रीमती गांधी के कुछ सांस्कृतिक सलाहकार भी थे। केंद्र के स्तर पर न सही, राज्यों के स्तर पर—उदाहरण के लिए भोपाल में उन्होंने 'भारत भवन' का उद्‌घाटन किया और भोपाल को देश की सांस्कृतिक राजधानी का दर्जा दिया। परोक्षतः यह श्रीमती गांधी के शासनकाल की एक महत्त्वपूर्ण सांस्कृतिक घटना थी। तीसरा दौर राजीव गांधी के जमाने का है। इस दौर में विभिन्न क्षेत्रों में पाँच या छह क्षेत्रीय सांस्कृतिक केंद्र स्थापित किये गये। इसी दौर में अमरीका, रूस, जापान, फ्रांस में 'भारत महोत्सव' बड़े पैमाने पर मनाये गये। यह एक नयी घटना थी, जो न पं. नेहरू की जमाने में हुई थी, न श्रीमती गांधी के। इन सारी बातों को जोड़कर इनका तुलनात्मक विश्लेषण करें तो कुछ स्पष्ट चीजें उभरकर हमारे सामने आयेंगी। एक सबसे स्पष्ट बात तो यह है कि इन सबके पीछे सरकार की संस्कृति-नीति का मूल ढाँचा लगभग एक जैसा दिखायी देता है। देखने की बात यह है कि यह सारे सरकारी प्रयत्न अपनी सांस्कृतिक विरासत को कितना सुरक्षित रखते हैं, संचार माध्यमों समेत अपने अन्य कार्यक्रमों के द्वारा किस हद तक आम जनता को उसे सुलभ करा पाते हैं और इस सबके पीछे मूल दृष्टि क्या है ? मुझे बार-बार लगता है कि इस उपक्रम के पीछे भद्र-वर्गीय दृष्टि है—अंग्रेजी में जिसे 'एलीटिस्ट' कहते हैं, स्वाधीन भारत की अपेक्षाओं के बरक्स यह दृष्टि गलत मालूम पड़ती है। स्वाधीनता आंदोलन के दौरान सांस्कृतिक स्तर पर दो दृष्टियाँ साथ-साथ थीं—एक गांधी की, दूसरी नेहरू की। गांधी की नजर गाँव पर थी। गांधी के लिए संस्कृति भारतीय साधारण जन की संपूर्ण जीवन पद्धति थी। इसमें नैतिक मूल्यों से लेकर संगीत-नाटक सब कुछ शामिल था और उसे वे साधारण जनता की संपूर्ण जीवन पद्धति के रूप में देखते थे। पं. नेहरू की उदारवादी, मानववादी और बुर्जुवा दृष्टि में संस्कृति के संदर्भ में आदर्श रवींद्रनाथ टैगोर थे। आकस्मिक नहीं है कि उन्होंने जो अकादमियाँ कायम कीं, वे रवींद्र भवन में स्थित हुईं। नहीं भूलना चाहिए कि सन् 1924 में संस्कृति के प्रति दृष्टि

को लेकर टैगोर और गांधी में विवाद हो चुका था। नेहरू को शायद गांधी की दृष्टि में संस्कृति दिखायी ही नहीं पड़ती थी। इसीलिए उन्होंने उस गांधीवादी जनसाधारणवादी संस्कृति नीति का विकास नहीं किया। नेहरू की दृष्टि में संस्कृति एक 'एलीटिस्ट' अवधारणा थी और उन्होंने रवींद्रनाथ की परंपरा में ही भद्रवर्गोचित अकादमियों की स्थापना की।

प्रश्न : समाजवादी रुझानों के बावजूद नेहरूकाल में ही पश्चिमी सभ्यता और टैक्नोलॉजी का प्रभाव सबसे ज्यादा देश पर पड़ा। अब राजीव गांधी के सत्तासीन होने की घटना को बहुत से समाजविद् देश के नव अभिजनवर्ग का सत्तासीन होना मानते हैं। देश का यह वर्ग तो पहले से ही पश्चिमीकृत है। भले ही वह भारतीयता की बात करे। इस वर्ग के एक प्रवक्ता आशीष नंदी ने तो घोषित ही कर दिया है कि भारत एक 'पश्चिमी समाज' इन चुका है। यह चीन और जापान आदि की तरह 'ओरिएंटल सोसायटी' है ही नहीं।

नामवर सिंह : ठीक ही कह रहे होंगे ये लोग। आप नेहरू और राजीव गांधी के शासनकाल की सांस्कृतिक दृष्टि की तुलना करें तो एक बुनियादी अंतर दिखायी पड़ेगा। अगर नेहरू की संस्कृति के मूल में 'आक्सफोर्ड' और 'कैंब्रिज' था तो इनकी संस्कृति के मूल में 'दून स्कूल' है। यह आक्सफोर्ड, कैंब्रिज से ज्यादा बुरा इस मायने में है कि यह एक उपनिवेशवादी दृष्टि है। औपनिवेशिक दासता के युग से पब्लिक स्कूलों और कानवेंटों की जो विरासत भारत ने पायी, उसका नतीजा है यह दृष्टि। आक्सफोर्ड, कैंब्रिज की परंपराओं में तो रेडिकल परंपराएं भी थीं। लेकिन दह परंपरा तो दून स्कूल वालों में आयी नहीं। पश्चिम के अभिजन वर्ग की नकल करने में यह 'दून स्कूलवादी' वर्ग और भी घटिया और नकलची साबित हुआ। पं. नेहरू की शिक्षा-दीक्षा भले ही आक्सफोर्ड में हुई हो, लेकिन स्वाधीनता आंदोलन के दौरान वे भारतीय जनता के निकट आये। उसके प्रति उनके मन में सच्चा लगाव और प्रेम पैदा हुआ। इसलिए सिर्फ अंग्रेजी शिक्षा को ही दोषी नहीं ठहराया जा सकता। उन्नीसवीं शताब्दी के पुनर्जागरण में तो अंग्रेजी पढ़े-लिखे समाज सुधारकों की भूमिका थी ही। बंकिमचंद्र भी अंग्रेजी पढ़े-लिखे लोगों में से थे। बीसवीं सदी में पढ़े-लिखे लोगों में से एक मुंशी प्रेमचंद भी थे। निराला भी अंग्रेजी जानते थे। इसीलिए सिर्फ अंग्रेजी शिक्षा के कारण ही कोई अपनी जड़ों से नहीं कट जाता। लेकिन यह जो 'दून स्कूल दृष्टि' पनपी है, इसकी जड़ें न तो अपनी संस्कृति में हैं, न परंपरा में हैं, न जनता में हैं, न चिंतन में हैं। यही नहीं, बल्कि पश्चिम का भी जो सबसे सतही और सबसे उच्छिष्ट कचरा है, यह उसकी भी तीसरे दर्जे की भद्दी नकल है। यह जड़-मूल से उखड़े-कटे लोगों की सांस्कृतिक समझ का दौर है। वे समझते हैं, संस्कृति का मतलब है–टेक्नोलॉजी या उपभोक्तावाद, ऐसे व्यक्तियों से किसी नयी सांस्कृतिक नीति की तो उम्मीद

की ही नहीं जा सकती। आप देखिए, जो क्षेत्रीय सांस्कृतिक केंद्र इस बीच बने हैं, वे सरकारी नौकरशाहों के हाथ मे हैं, वे दूसरे सरकारी दफ्तरों की तरह इन केंद्रों को भी चला रहे हैं। और ये सारे केंद्र सरकार के 'सूचना प्रकाशन विभाग' या 'सांग एंड ड्रामा डिवीजन' की तरह काम कर रहे हैं। इसी बीच तथाकथित 'महोत्सव संस्कृति' का भी विकास हुआ है। जिस निर्यात तंत्र के तहत संस्कृति निर्यात हो रही है। हमारी संस्कृति और हमारी प्राचीन कलाओं को मेलों और प्रदर्शनियों की चीज बनाकर पेश किया जा रहा है। खुद सोचिए कि बीसवीं शताब्दी के इन ढलते वर्षों में, आजादी के इकतालीस सालों के बाद, भला भारत को यह बताने की क्या जरूरत है कि हम एक सुसंस्कृत और कला संपन्न देश हैं। मैं उत्सवों का विरोधी नहीं हूँ। उत्सव तो पारंपरिक भारतीय जीवन के अभिन्न अंग रहे हैं। तीज-त्यौहार और उत्सव तो वर्ष भर हमारे यहाँ चलते हैं। होली, दशहरा, जन्माष्टमी, ईद, मुहर्रम यहाँ के विविध धर्मों के सामुदायिक जीवन के अंग हैं। हमारे सामुदायिक जीवन में चलने वाले उत्सवों के पीछे हमारे लोक जीवन और साधारण जनता की जो आत्मा और दृष्टि है, उसे सांस्कृतिक स्तर पर ऊपर उठाना एक बात है और उसे मेले या प्रदर्शनी में माल की तरह प्रदर्शित करना बिल्कुल दूसरी बात है। यह संस्कृति के क्षेत्र में नव उपभोक्तावादी रुझान का उदाहरण है।

प्रश्न : यह माना जाता है कि कला और संस्कृति हमारे सामुदायिक जीवन का एक अभिन्न अंग रही हैं और उनमें उत्पादक और उपभोक्ता या कलाकार और दर्शक जैसा विभाजन नहीं रहा है। हर व्यक्ति उस संस्कृति का हिस्सेदार रहा है। क्या आपको नहीं लगता कि अब ऐसे लोक कलाकारों को एक पेशेवर वर्ग के रूप में बदलकर उन्हें अलग से दूरदर्शन और उत्सवों में प्रस्तुत करके शेष समुदाय को अपनी ही संस्कृति के दर्शक के रूप में विभाजित किया जा रहा है ?

नामवर सिंह : ऐसा है कि संस्कृति और कला के क्षेत्र में 'प्रोफेशनलाइजेशन' तो होगा ही। यह अनिवार्य है, क्योंकि जब उत्पादन की पद्धति में श्रम विभाजन है तो संस्कृति के क्षेत्र में यह 'पेशेवरीकरण' तो होगा ही। स्वयं लोककलाओं में भी 'प्रोफेशनलाइजेशन' है, लेकिन वह अपने सामुदायिक जीवन से पूरी तरह जुड़ा हुआ है। लोक कलाकार 'प्रोफेशनल' होते हैं। कुछ कलाएँ तो कुछ जातियों के पेशे में ही सीमित रह जाती हैं। वह पुश्तैनी धंधा बन जाती हैं। लेकिन वे इसका विकास भी करते रहते हैं, किसी हुनर की तरह। वह हुनर उस पूरे लोक समाज का एक हिस्सा हुआ करता था। लेकिन अब तो उस हुनर को उसकी जमीन और उसके परिवेश से उखाड़कर उसे एक उपभोक्ता माल की तरह प्रस्तुत किया जा रहा है। यानी सवाल 'अप्रोच' का है। सरकारी स्तर पर जो तमाम संस्थान बने,

उनकी भूमिका इस संस्कृति और इन कलाओं के विकास में अब तक क्या रही ? उनकी दिशा क्या रही ? क्या उन्होंने कोई 'आवांगार्द' भूमिका निभायी ? जांच इसकी की जानी चाहिए। मोटेतौर पर पिछले कुछ दशकों में उन्होंने चित्रकला, नृत्य, संगीत और साहित्य की विविध विधाओं, जैसे–कविता, कहानी, उपन्यास में किन प्रवृत्तियों और कलाकारों की पहचान की है और उनके विकास के लिए क्या कदम उठाये हैं ? देखें तो घोर निराशा होती है। मैं तो यहाँ तक कहूँगा कि इन कलाओं में बहुत से नये प्रयास तो इन संस्थानों के विरुद्ध संघर्ष करके उभरे हैं, उनसे सहयोग पाकर नहीं। इन कलाओं में जो कुछ भी सर्वश्रेष्ठ है, वह इन संस्थाओं के बावजूद है, उनकी वजह से नहीं।

प्रश्न : अभी एक नाटककार से बात हो रही थी। उनका कहना था कि पिछले कुछ सालों से संस्कृति के प्रति जो सरकारी नीति अपनायी गयी है, उसके चलते अब स्थिति यह पैदा हो गयी है कि देश के जो समकालीन आधुनिक कला रूप हैं, उनको बचाने और उन्हें उनके संरक्षण की ज्यादा जरूरत पैदा हो गयी है। दिल्ली के मंडी हाउस में या दूरदर्शन और महोत्सवों में तो यक्षगान, भरतनाट्यम, कथकलि या करमा, भाँगड़ा और रामलीला को बार-बार सरकारी समर्थन और सहयोग दिया जा रहा हैं यानी एक तरफ क्लासिक कला रूपों को सहायता, दूसरी तरफ 'फोक' को समर्थन, लेकिन जो समकालीन आधुनिक लेखक-कलाकार हैं उनको तो कोई नहीं पूछता··· आज समकालीन हिंदी रंगमंच की क्या हालत है, पंडवानी और यक्षगान के सामने ?

नामवर सिंह : बिल्कुल सही कहना है उस नाटककार का। आज तो नव धनाढ्य भद्रवर्ग सरकार और उसकी संस्कृति का मुख्य नियंता है, जरा उसकी ओर गौर से देखिए। उसकी रुचि और अभिरुचि, उसकी जीवन पद्धति की ओर ध्यान दें। आधुनिक टेक्नालॉजी के विलासिता के उपकरणों से उनका और उनके परिवार का जीवन लदा-फँदा है। लेकिन वे अपने-आपको भारतीय संस्कृति से संपन्न व्यक्ति दिखाने के लिए हजार-दो हजार रुपयों का टिकट खरीदकर पंडित भीमसेन जोशी का गाना सुनने जरूर पहुँच जायेंगे, समझ में आये या न आये। दूसरी ओर कोई 'लोकनृत्य' हो रहा हो, तो वहाँ भी वे पहुँच जायेंगे। आप दिल्ली के सबसे आधुनिक बाजार कनाट प्लेस के जनपथ में देखिए, वहाँ तिब्बतियों की भी दुकानें हैं। अब इस नव धनाढ्य वर्ग की लड़कियों को देखिए। एक तरफ पेरिस का सबसे नया और ताजा विदेशी 'परफ्यूम' और दूसरी तरफ तिब्बती कंगन। इसके बाद फिर भीमसेन जोशी या कुमार गंधर्व का गायन। इस सबके पीछे कौन-सी-दृष्टि है ? जाहिर है इस दृष्टि के सामने जो समकालीन कला है, वह तो विध्वंसकारी है। क्योंकि उसमें आज के समाज का यथार्थ है। चाहे वह कविता हो, कहानी हो या चित्रकला हो। अभी मैंने 'विवान सुंदरम' के चित्र देखे। अगर

ये नवधनाढ्य भद्र वर्ग के लोग विवान के चित्रों में से उभरते आज के पंजाब के यथार्थ को देखेंगे, तो उनकी तो सारी अभिरुचि ही नष्ट हो जायेगी। वे लोग तो 'क्लासिक' और 'फोक' के बीच रमने वाले फैशनपरस्त लोग हैं।

स्थिति यह है कि संस्कृति और साहित्य के क्षेत्र में जो कुछ कभी नया हुआ है वह सरकार और संस्थाओं द्वारा नहीं, सर्जकों द्वारा हुआ है। इसका एक महान उदाहरण है शेक्सपियर। उसने अपने नाटकों में क्लासिकी विरासत और नितांत लोकतत्त्व को मिलाकर एक नयी रचना प्रस्तुत की। ऐसा ही तुलसीदास ने किया। रामचरित मानस में संस्कृत की क्लासिकी विरासत और अवध की ठेठ लोक परंपरा को ऐसे रूप में उन्होंने ढाला कि एक महान कलाकृति की रचना संभव हुई। आधुनिक काल में कविता के क्षेत्र में यही काम निराला ने किया। सर्जक और सरकार, व्यापारी या फैशनपरस्त वर्ग की दृष्टि में यही अंतर है।

प्रश्न : अब सरकारी संस्थाओं और सांस्कृतिक केंद्रों की बात हो रही है तो श्रीमती गांधी की सांस्कृतिक राजधानी भोपाल के भारत भवन में पिछले कुछ वर्षों से कला और साहित्य का प्रस्तुतीकरण ही नहीं, उनकी एक खास तरह की व्याख्या की भी चेष्टा हो रही है। एक भ्रदवर्गीय सरकारी सौंदर्यशास्त्र वहाँ रचा जा रहा है। पिछले दिनों अशोक वाजपेयी के संपादन में निकलने वाली पत्रिका 'पूर्वग्रह' और उसकी अनुषंग पुस्तिका के जरिये ऐसी कविता और ऐसे साहित्य को स्थापित करने की कोशिश हो रही है जिसमें समाज और इस देश के जीवन के यथार्थ का निषेध हो। बल्कि भारत भवन से प्रकाशित एक किताब में तो कविता को अर्थ और यथार्थ से काटकर उसे एक ध्वन्यात्मक 'वर्बल आर्ट' में बदलने की खासी कसरत की गयी है। क्या आपको नहीं लगता कि साहित्य को भी नृत्य और सितारवादन की तरह किसी 'प्रदर्शनकारी कला' में तब्दील करने के पीछे वही नवधनाढ्य वर्गीय भद्र दृष्टि है, जो सुंदरम् के चित्रों में पंजाब को देखकर बिगड़ उठती है ?

नामवर सिंह : मैंने अभी जिस सरकारी सांस्कृतिक ढर्रे और ढाँचे का जिक्र किया, भारत भवन उसी का एक अंग है। अपेक्षाकृत अधिक चतुराई से किया जाने वाला वैसा ही सांस्कृतिक प्रयत्न है। आपको स्मरण होगा, बहुत पहले स्वर्गीय मलयज ने आचार्य शुक्ल पर लिखे अपने लेख 'मिथ में बदलता आदमी' में इस तरफ इशारा किया था। मलयज ने कहा था कि यह एक 'भोगवादी' या 'उपभोगवादी' दृष्टि है। भारत भवन दिखाना तो यह चाहता है जैसे वह कोई 'अवांगार्द' की भूमिका निभा रहा है, लेकिन सच्चाई यह है कि उसके पीछे भोगवादी ('हेडोनिस्ट' के अर्थ में) दृष्टि काम कर रही है। इस दृष्टि की आलोचना बहुत पहले मलयज ने की थी। कुछ लोग बहुत दिनों तक इस रुझान को 'रूपवादी' या 'कलावादी' कहते-समझते रहे। लेकिन मुझे लगता है कि इसे रूपवादी या कलावादी कहना,

इसे ज्यादा गौरवान्वित करना हो जायेगा। यह तो वह भी नहीं है। 'रूपवाद' और 'फार्मलिज्म' भी बहुत उच्च स्तर का होता है। हिंदी की प्रयोगवादी कविता में उसका एक रूप दिखायी देता है। लेकिन यह तो वह भी नहीं है। अगर कोई यह समझ रहा हो कि 'पूर्वग्रह' या 'भारत भवन' कविता और कला का कोई शास्त्र रच रहे हैं, तो यह भी मुग़ालता ही है। जरा इस 'शास्त्र' की अंतर्वस्तु की ओर देखें। जिस तरह धर्म के भीतर कई अंधविश्वास भी शामिल रहते हैं, उसी तरह कला या कविता की व्याख्या के लिए 'पूर्वग्रह' कुछ अमूर्त अंधविश्वासों, नये तरह के रहस्यवादों को जोड़ रहा है, और इसका सबसे बड़ा प्रमाण है 'पूर्वग्रह' की भाषा। 'पूर्वग्रह' के अंकों में आपको एक ऐसी 'कूट भाषा' दिखायी देगी, जिसकी जड़ें ही हिंदी में नहीं हैं। नकली किसिम के साधू-तांत्रिक एक ऐसी कूट भाषा बोलते हैं, जिसकी सार्थकता ही इस बात पर निर्भर रहती है कि वह किसी की समझ में न आये। एक अद्‌भुत किस्म का छद्म रहस्यवाद आपको वहाँ कविता की व्याख्या में भी दिखायी देगा। महर्षि रमण का जिक्र आपको समकालीन कविता की चर्चा के सिलसिले में मिल जायेगा। गांधी की भी वे बात करेंगे तो गांधीवाद का जो क्रांतिकारी चरित्र है, जो उनकी हरिजनों के प्रति, गरीबों के प्रति, दीनों के प्रति और साम्राज्यवादी औपनिवेशिकता के प्रति दृष्टि है, वह उन्हें नहीं दिखायी देगी। हद तो यह है कि संस्कृत जैसी गंभीर और महान भाषा को बोलने-समझने के लिए जिनके पास न्यूनतम तमीज नहीं है, वे संस्कृत में शास्त्र रचते दिखायी पड़ेंगे। वेद, उपनिषद से न जाने क्या-क्या गलत-सलत उद्‌धृत करते हुए वे तमाम 'आब्स्क्योर' चीजें पेश करते दिखायी पड़ेंगे। यानी एक 'कूट कला' और 'कूट संस्कृति' के निर्माण की कोशिश हो रही है। कुमार गंधर्व, नागार्जुन जैसी विभूतियों को पुरस्कार और सम्मान देकर वे यह दिखाने की कोशिश कर रहे हैं कि इस देश में जो कुछ भी महिमामय है, हम उसका सम्मान करते हैं, लेकिन वे हाथी के दिखाने के दाँत हैं। इन सारे प्रयत्नों के पीछे जो असली 'खाने वाले दाँत' हैं, हमारा ध्यान उनकी ओर जाना चाहिए।

प्रश्न : अभी नागार्जुन को 'मैथिलीशरण गुप्त पुरस्कार' देना भी क्या इसी उपक्रम की एक कड़ी है ?

नामवर सिंह : बिल्कुल ! नागार्जुन को पुरस्कार इन्होंने बाध्य होकर दिया। एक दिन आप देखेंगे कि पुरस्कार देने के लिए भी इनके पास कोई नहीं बचेगा। शमशेर, नागार्जुन और त्रिलोचन जैसी विभूतियों की उपेक्षा तो की नहीं जा सकती। इसलिए ऐसे लोगों का सम्मान करके वे अपने असली चरित्र को ढकना चाहते हैं। मेरा कहना है कि इस सांस्कृतिक भोगवाद के पीछे के तानाशाह को पहचानना चाहिए। वाल्टर बेन्यामिन ने कहा था कि जर्मन नात्सीवाद के पीछे जो सबसे खतरनाक पक्ष था वह था–राजनीति का सौंदर्यीकरण–'एस्थिटिसाइजेशन ऑफ

पॉलिटिक्स'। ये लोग सौंदर्य-सौंदर्य', कला-कला पर इतना बल देकर मनुष्य विरोधी राजनीति का सौंदर्यीकरण कर रहे हैं। लेकिन धीरे-धीरे इनके समारोहों, उत्सवों और आयोजनों में इस संस्थान का असली चेहरा उद्घाटित होता जा रहा है। मैं तो खैर एक मामूली आदमी हूँ। लेकिन उनके असली चेहरे को जब मैंने देखा तो मैंने घोषित रूप से अपने संबंध विच्छेद कर लिये।

(सारिका, नवम्बर, 1988)

चौथी किस्त

प्रश्न : भारत भवन के साथ आपके पुराने संबंध रहे हैं। अचानक संबंध तोड़ने का फैसला आपने क्यों किया ?

नामवर सिंह : जनवरी, 87 में 'आलोचना समवाय' के अवसर पर विशेषतः 'आलोचना और राजनीति' शीर्षक गोष्ठी के बाद, जिसमें अशोक वाजपेयी की 'राजनीति' का असली चेहरा प्रकट हुआ, निश्चय ही मुखौटा लगाकर। मुझे मुक्तिबोध का प्रसिद्ध वाक्य दुहराना पड़ा था, 'पार्टनर तुम्हारी पालिटिक्स क्या है ?' जवाब तो खैर क्या आता ! और संवाद खत्म हो गया।

प्रश्न : लेकिन भारत भवन के समारोहों में पहले आप लगातार जाते रहे हैं। 'पूर्वग्रह' के आयोजनों में आपने भाषण भी दिये हैं। तब आपने इसका विरोध क्यों नहीं क्या ? इतनी देर से विरोध का कारण ?

नामवर सिंह : बहिष्कार बेशक अब किया है, लेकिन 'पूर्वग्रह' से असहमति और विरोध का रिश्ता पहले से ही रहा है। तभी से जब भारत भवन का अस्तित्व भी न था। जब 'पूर्वग्रह' मध्य प्रदेश कला परिषद की पत्रिका थी। 'आलोचना और पूर्वग्रह' की नोकझोंक तो एक अर्से से चली आ रही है। अभी 'पूर्वग्रह' की दसवीं वर्षगाँठ पर सितंबर, 84 में 'जनतंत्र और आलोचना' पर जो संगोष्ठी हुई थी उसमें भी मैंने 'पूर्वग्रह' के सांस्थानिक आधार की स्पष्ट घोषणा की माँग करते हुए उसकी लोकतांत्रिक चिंता की असलियत को उद्घाटित करने का प्रयास किया था। इसके बाद 'आलोचना समवाय' में भी मैंने जो कुछ कहा, वह सबका सब 'पूर्वग्रह' में यद्यपि प्रकाशित नहीं हुआ है, फिर भी प्रकाशित गोष्ठी विवरण से मेरे पक्ष का बहुत कुछ आभास मिल जाता है। इसलिए विलंब विरोध में नहीं, बहिष्कार में हुआ और इस विलंब का एक निश्चित कारण है।

भारत भवन की स्थापना से पहले मध्य प्रदेश कला परिषद् के तत्त्वावधान में जो सांस्कृतिक कार्यक्रम चल रहे थे उनकी प्रकृति काफी भिन्न थी। संप्रदायवादी शक्तियाँ सस्ते गीतकारों के साथ मिलकर 'कला परिषद्', 'पूर्वग्रह' और अशोक

वाजपेयी पर उन दिनों जिस तरह हमले कर रही थीं, उससे 'पूर्वग्रह' की साहित्यिक-सांस्कृतिक दृष्टि का अंदाजा सहज ही लगाया जा सकता है। उदयप्रकाश तो वहाँ काम भी कर चुके हैं। ये स्वयं गवाही दे सकते हैं। मंगलेश डबराल भी कुछ दिन वहाँ रह चुके हैं। आप चाहें तो उनसे भी पूछ सकते हैं। वह समय था जब 'पूर्वग्रह' मुक्तिबोध का झंडा उठाये फिरता था और धर्मवीर भारती के 'धर्मयुग' का कोपभाजन था। अज्ञेय की ओर न उसने रुख किया, न अज्ञेय ने उसकी ओर। हरिशंकर परसाई, ज्ञानरंजन तथा मध्य प्रदेश के अन्य प्रगतिशील लेखक इस दौर में कुछ मुद्दों पर मतभेद के बावजूद सामान्य रूप से अशोक वाजपेयी के उस सांस्कृतिक अभियान में सहयोग कर रहे थे। स्वभावतः इस दौर के अन्य प्रगतिशील और जनवादी लेखकों की तरह हमने भी अपना सहयोग दिया और इसके लिए हमें आज कोई पछतावा भी नहीं है।

आगे चलकर जब पूर्वग्रह की दृष्टि बदली तो हमें भी स्वभावतः अपना रुख बदलना पड़ा। स्पष्ट हो गया कि अब संवाद संभव नहीं। संवाद तब संभव था क्योंकि असहमति के साथ सहमति का भी एक आधार था।

प्रश्न : भारत भवन और 'पूर्वग्रह' में जो यह बदलाव आया है, क्या आप यह ठीक-ठीक कह सकते हैं कि वह कब से आया है ? वैसे मुझे ध्यान आता है कि 'पूर्वग्रह' का एक अंक 1983-84 में 'काल और सृजन' पर केंद्रित था। उसमें ऐसे ही विचारकों और चिंतकों को बुलाया गया था, जिन्होंने पुनरुत्थानवादी किस्म की भारतीयता की बात की थी। इस मामले में वह अंक एक विभाजक अंक है। काल की भारतीय अवधारणा का रोग भी 'पूर्वग्रह' को तभी से लगा था। 'इतिहास' और 'यथार्थ' का विरोध और निषेध भी इसी अंक से स्पष्ट रूप से शुरू हुआ।

नामवर सिंह : हो सकता है। मैंने इस पर कोई रिसर्च नहीं की है। 'पूर्वग्रह' के 'काल और सृजन' विषयक अंक की याद जरूर है। वह 1983 के शुरू के महीनों का ही अंक होगा। जहाँ तक मुझे याद है उन दिनों 'पूर्वग्रह' कला परिषद से ही निकलता था। भारत भवन अस्तित्व में आ चुका था। लेकिन यह पत्रिका उसके दायरे में नहीं थी। 'पूर्वग्रह' भारत भवन के अधीन संभवतः 1985 के मध्य में किसी समय आया। जो हो, यह तो औपचारिकता की बात हुई। संपादक तो वही थे। रही 'काल और सृजन' विषय पर गोष्ठी की बात। तो आपके ध्यान में यह भी होगा कि उस गोष्ठी के सूत्रधार निर्मल वर्मा थे जो उन दिनों भोपाल में 'निराला सृजनपीठ' पर आसीन थे। सृजन के सन्दर्भ में 'काल' पर चर्चा करने में कोई हर्ज नहीं है। देखना यह है कि वह चर्चा सृजन कर्म को किस दिशा की ओर ले जाती है। आपका यह कथन सच मालूम होता है कि वह काल चर्चा इतिहास और यथार्थ के निषेध की ओर उन्मुख थी, इस संदर्भ में इस तथ्य को

याद दिलाना जरूरी है कि अज्ञेय भी कुछ समय पहले से काल चिंता में लगे हुए थे जिसका फल 'संवत्सर' के रूप में कुछ ही समय पहले आ चुका था। कालातीत लोगों की यह काल-चिंता हिंदी के औसत पाठकों के लिए काफी आतंककारी है।

जो हो, मेरी दृष्टि से 'पूर्वग्रह' के उस विशेष अंक की अपेक्षा 1984 का वर्ष विशेष महत्त्वपूर्ण है जब भोपाल की संस्कृति में परिवर्तन या अपसरण हुआ। इस परिवर्तन का संबंध मेरी दृष्टि में भारत भवन की स्थापना से जुड़ता है। भारत भवन के कारण भोपाल भारत की सांस्कृतिक राजधानी कहा गया। इस तरह संस्कृति एक 'सत्ता' बनी। सत्ता ने मद को जन्म दिया, और मद विनाश का मार्ग है।

प्रश्न : क्या यह कहना ज्यादा ठीक न होगा कि जबसे भारत भवन को फोर्ड फाउंडेशन की आर्थिक सहायता मिली, तबसे अशोक वाजपेयी की संस्कृति संबंधी नीतियों और कार्यकलापों में परिवर्तन आया ?

नामवर सिंह : मुझे ठीक-ठीक नहीं मालूम कि भारत भवन को फोर्ड फाउंडेशन की मदद कब मिली और मैं निश्चयपूर्वक यह भी नहीं कह सकता कि यहाँ प्रत्यक्ष कारण-कार्य संबंध है, किंतु 'फोर्ड फाउंडेशन' की ओर से भारत के बौद्धिक और सांस्कृतिक क्षेत्रों में अब तक जिस तरह के हस्तक्षेप होते रहे हैं उससे भारत भवन की सांस्कृतिक गतिविधियों के बारे में संदेह तो पैदा होता ही है। कुछ दिन पहले मैंने जार्ज रोज़ेन की पुस्तक 'वेस्टर्न एकॉनामिस्ट्स एंड ईस्टर्न सोसायटीज (पश्चिमी अर्थशास्त्री और पूर्वी समाज) नामक पुस्तक पढ़ी थी। यह पुस्तक अमरीका से ही प्रकशित हुई है। इसमें 'फोर्ड फाउंडेशन' की गतिविधियों का कच्चा चिट्ठा दिया गया है। 'फोर्ड फाउंडेशन' ने भारत के आर्थिक विकास को विशेष दिशा में मोड़ने के लिए कितना जोड़-तोड़ किया, यह बात इस पुस्तक से खुलकर सामने आ जाती है। इसी तरह अभी हाल में मैंने अमरीका से ही प्रकाशित होने वाली प्रसिद्ध पत्रिका 'डेडलस' के एक अंक में 'फोर्ड फाउंडेशन' की सांस्कृतिक गतिविधियों का विवरण पढ़ा। यह फाउंडेशन स्वाधीनता के बाद से ही भारत की सांस्कृतिक गतिविधियों में हस्तक्षेप करता आ रहा है। आरंभ के दो दशकों में अमरीकी 'शीत युद्ध की नीति के तहत वह भारत की उन साहित्यिक और सांस्कृतिक संस्थाओं को आर्थिक मदद देता रहा जो मार्क्सवाद और साम्यवाद के खिलाफ थी। वियतनाम युद्ध के बाद शीत युद्ध की विचारधारा के निस्सार साबित हो जाने के बाद अब 'फोर्ड फाउंडेशन' अन्य पूर्वी देशों के साथ-साथ भारत में भी 'सांस्कृतिक सापेक्षतावाद' की नीति को बढ़ावा देने में दिलचस्पी ले रहा है। इस नीति के तहत वह भाषाई अस्मिता, क्षेत्रीय अस्मिता, अल्पसंख्यकों की धार्मिक अस्मिता आदि बातों पर बल देने वाली संस्थाओं को मदद देना अपना कर्तव्य समझता है। इस दौर में फोर्ड फाउंडेशन का बल आधुनिकता और आधुनिकीकरण से अधिक 'प्राचीन परंपरा'

की रक्षा पर है। इसके लिए यह ऐसे संग्रहालयों को विशेष रूप से अनुदान दे रहा है जो अपनी प्राचीन सांस्कृतिक निधि तथा विविध जनजातियों की कलाकृतियों को सुरक्षित रखने का प्रयास कर रहे हैं।

भारत भवन इस 'परंपरावाद' की रक्षा में फोर्ड फाउंडेशन की नीति का अनुपालन कितनी दूर तक कर रहा है इसका निर्णय विचक्षण जन ही कर सकते हैं। किंतु भारत भवन जो एक अतिरिक्त कार्य कर रहा है वह है साम्यवाद-विरोध। वह भूलता है कि साहित्य में कम्युनिस्टों को मिटाने की कोशिश में इलाहाबाद का 'परिमल' स्वयं मिट गया। वैसे, भारत भवन के सारे कारनामों के लिए सिर्फ फोर्ड फाउंडेशन को दोष देना ठीक नहीं। भारत भवन फोर्ड फाउंडेशन का मोहताज नहीं। इस मदद के बिना भी वह वही करता जो कर रहा है।

प्रश्न : जब आपको 'फोर्ड फाउंडेशन' की बात मालूम थी तो भी आप भारत भवन के आयोजनों में भाग लेने क्यों जाते थे ?

नामवर सिंह : हो सकता है कि मेरा यह भ्रम हो, लेकिन मेरी यह धारणा है कि 'फोर्ड फाउंडेशन' या ऐसी ही किसी अन्य अमरीकी एजेंसी की आर्थिक सहायता मात्र किसी संस्था के बहिष्कार के लिए पर्याप्त कारण नहीं है। हमारे देश में न जाने कितने सरकारी, गैरसरकारी क्षेत्रों में अमरीकी सहायता मिल रही है—क्या हमें उन सबका पूरा पता है ? किसका-किसका बहिष्कार करेंगे ? बहिष्कार से एक नैतिक अहंकार की तुष्टि अवश्य होती है, लेकिन कर्तव्य की इतिश्री नहीं होती। असली काम तो संघर्ष का है। अवसर मिले और जब तक मिले तो अंदर से भी संघर्ष करें और यह संघर्ष कोई अनैतिक कार्य नहीं है। विचारों की दुनिया में तर्क का जवाब तर्क है, आरोप-प्रत्यारोप नहीं। 'फोर्ड फाउंडेशन' की मदद का आरोप लगाकर किसी संस्था को लांछित तो किया जा सकता है किंतु उसके विचारों का खंडन अपने आप नहीं हो जाता। विचार तो बेहतर विचार से कटते हैं। एक जमाने में इलाहाबाद की साहित्यिक संस्था 'परिमल' को 'कांग्रेस फार कल्चरल फ्रीडम' जैसी सी. आई. ए. द्वारा स्थापित बदनाम संस्था का मंच कहा गया, किंतु इस आरोप के बावजूद हिंदी में लगभग एक दशक तक परिमलियों के साहित्यिक मत का असर रहा।

प्रश्न : पर आप 'पूर्वग्रह' के उस अंक की याद कीजिए जिसमें उन्होंने अपने आयोजन 'आलोचना समवाय' में भाग लेने के इच्छुक मूर्धन्य वामपंथी आलोचकों द्वारा अशोक बाजपेयी को लिखी चिट्ठियाँ छापी हैं। ये सारे आलोचक न सिर्फ वामपंथी, प्रगतिशील या मार्क्सवादी आलोचक हैं वरन् कई वामपंथी लेखक संगठनों से जुड़े हुए हैं। उसी अंक में छपे अपने पत्र में डॉ. रामविलास शर्मा ने बिल्कुल स्पष्ट रूप से 'फोर्ड फाउंडेशन' और भारत भवन के संबंधों का सवाल उठाते हुए वहाँ आने से इनकार किया है। अब कैसे हो सकता है कि डॉ. रामविलास शर्मा

को तो 'फोर्ड फाउंडेशन' के साथ भारत भावन के रिश्तों की बात मालूम रही हो और बाकी आलोचकों को न मालूम रही हो ?

नामवर सिंह : सवाल मालूम होने और न मालूम होने का नहीं, बल्कि फोर्ड फाउंडेशन की मदद को अहमियत देने का है। फिर भी, बेहतर है आप यह सवाल, उन वामपंथी आलोचकों से ही पूछें। रहे रामविलास जी, तो वे अपने नैतिक बोध में शुद्ध ब्रह्म हैं–किसी गोष्ठी में जाते ही नहीं। उसमें भी नहीं जिसे 'फोर्ड फाउंडेशन' की मदद नहीं मिलती। ऐसी हालत में 'फोर्ड फाउंडेशन' के विशेष कारण का जिक्र कर देने से गाँठ का क्या जाता है ? उल्टे लाभ यह हुआ कि तुरंत 'पूर्वग्रह' ने रामविलास जी पर केंद्रित एक विशेषांक निकालने की घोषणा कर दी।

प्रश्न : वैसे, 'पूर्वग्रह' ने आप पर भी केंद्रित एक अंक प्रकाशित किया था, लगभग पाँच वर्ष पूर्व, आपके बहाने समूची प्रगतिशील चिंतनधारा के प्रति न सिर्फ विनम्रता, बल्कि अपनी सहमति भी प्रकट की थी। आपके सागर-प्रवास का जिक्र करते हुए लगभग आपके शिष्यत्व की बात भी उन्होंने मानी थी। अब अचानक उसी 'पूर्वग्रह' और उन्हीं अशोक वाजपेयी द्वारा आपका विरोध कुछ आकस्मिक-सा लगता है–आकस्मिक ही नहीं, नाटकीय भी।

नामवर सिंह : पूर्वग्रह' का नामवर सिंह पर केंद्रित अंक जरूर निकला है, लेकिन जहाँ तक मुझे याद है संपादकीय में वे बातें नहीं है जिनका जिक्र आपने किया है। यानी समूची प्रगतिशील चिंतनधारा के प्रति विनम्रता और सहमति आदि। सागर प्रवास और शिष्यत्व आदि की भी चर्चा संभवतः नहीं है। विनम्रता और सहमति से अशोक वाजपेयी वैसे भी परे हैं।

अच्छा हुआ जो आपने उस अंक का जिक्र कर दिया। उदयप्रकाश जी तो उस अंक के सहायक संपादक थे। साक्षात्कारों का संयोजन तथा अन्य सामग्रियों को जुटाने में उन्होंने काफी मेहनत की थी। बहुत-सी बातें मुझसे बेहतर वही जानते होंगे। फिर भी जाने कैसे उन्हें भ्रम हो गया कि मैंने अशोक वाजपेयी को रेमंड विलियम्स की परंपरा का आलोचक कहा था। यह बात उन्होंने इतने विश्वास से कही कि मुझे भी थोड़ी देर के लिए संदेह हो गया। बहरहाल मैंने उस अंक में प्रकाशित बातचीत को दुबारा देखा तो पाया कि अशोक वाजपेयी को प्रारंभिक दिनों के रेमंड विलियम्स जैसा आलोचक स्वयं उदयप्रकाश जी ने कहा था। मैंने तो अपनी दृढ़ असहमति व्यक्त करते हुए कहा था कि 'यदि तुलनीय नाम देना ही हो तो तत्काल एक नाम मेरी जुबान पर आ रहा है–ए, अल्वारेज़। यह बात रेकार्ड दुरुस्त रखने के लिए।'

जहाँ तक 'पूर्वग्रह' के बदले हुए रुख का ताल्लुक है। वह न आकस्मिक है और न नाटकीय ही। जानने वाले जानते हैं कि हमले चार-पाँच साल से हो रहे हैं, ज्यादातर परदे के पीछे से। फर्क है तो यह कि अशोक वाजपेयी स्वयं

अब सामने आये हैं। ध्यान देने की बात यह है कि उन्होंने मुख्य आधार अज्ञेय को बनाया। वही अज्ञेय जिनके बारे में अशोक बाजपेयी ने कभी लिखा था : "बूढ़ा गिद्ध क्यों पंख फैलाये ?" उन्हीं की शिकायत है कि मैंने उन्हें 'चिंपैंजी' क्यों कहा, वह भी मृत्यु के ठीक बाद। अब तो वह रिकार्ड भी ठीक कर दिया गया है और इस आरोप की दोनों बातें निराधार हैं। बहरहाल, इस पूरे प्रसंग में यदि नाटकीयता है तो अज्ञेय का अवतरण। जिस 'आलोचना समवाय' में मैंने भारत भवन के बहिष्कार की घोषणा की थी उसी में अज्ञेय पहली बार भारत भवन आये थे, संयोग से। अब इसका आप जो भी अर्थ लगायें।

प्रसंगवश, अज्ञेय की 'वत्सलनिधि' को भी इसी बीच 'फोर्ड फाउंडेशन' की मदद मिली। 'पोएट्री एशिया' की योजना 'आलोचना समवाय' के ही समय बनी। जिसके पुरोधा अज्ञेय होने वाले थे। दुर्भाग्य से यह सुयोग घटित न हो पाया, लेकिन 'घृत-मधु' के दुर्लभ संयोग से कोई आँखें कैसे मूँद ले ? मेरा अपराध इतना ही है कि मैंने बंबई के अंग्रेजी साप्ताहिक 'आब्जर्वर' के दिल्ली प्रतिनिधि से बातचीत करते हुए इस सच्चाई का जिक्र कर दिया।

मेरे लिए यह घटना इसलिए महत्त्वपूर्ण है कि सन् पचास के दशक में इलाहाबाद के युवा कवियों के 'परिमल' के साथ अज्ञेय के संयोग ने प्रगतिशील चेतना वाली नयी कविता को जनविमुख किया था और दो दशकों के अंतराल के बाद एक बार फिर उसी इतिहास की आवृत्ति होती दिखायी पड़ रही थी—अशोक वाजपेयी के 'भारत भवन' के साथ अज्ञेय का पुनः संयोग और एक बार फिर राजनीतिक-चेतना संपन्न आज की जीवंत कविता को जीवन की चुनौतियों से दूर ठेलने का खतरा ! आज का मोर्चा यह है। दाँव पर भविष्य है, अतीत नहीं।

प्रश्न : 'एशिया कविता' की चर्चा से याद आया कि अब तो 'भारत भवन' आगामी वर्ष विश्व कविता का आयोजन करने जा रहा है, जिसमें पश्चिमी देशों के विश्वविख्यात कवियों के अलावा समाजवादी देशों के भी बड़े-बड़े कवि आ रहे हैं और अफ्रीका-लैटिन अमरीका के भी क्रांतिकारी कवियों के भाग लेने की संभावना है। इस ऐतिहासिक पहल के लिए क्या भारत भवन प्रशंसा का अधिकारी नहीं ?

नामवर सिंह : आपको श्रीकांत वर्मा की कविता की वह पंक्ति याद होंगी—'कोसल में विचारों की कमी है। कोसल अधिक दिन टिक नहीं सकता।' जहाँ विचारों की कमी होती है वहाँ जोर उत्सवों पर होता है। जब कोई संस्था एक के बाद एक महोत्सव करने लगे तो समझ लीजिए कि विचारों की पूँजी चुक गयी है और इस कमी को उत्सवों से ढकने की कोशिश हो रही है। उत्सव की भी राजनीति होती है। इससे एक फायदा यह भी है कि लोग राग-रंग में भूले रहेंगे। हमारी सरकार भी कुछ दिनों से विदेशों में एक के बाद एक उत्सव किये

जा रही है। पहले अमरीका में, फिर फ्रांस में, इसके बाद रूस में और साथ-साथ जापान में। भारत भवन एक अर्से से उत्सवों पर जी रहा है। जब स्थानीय उत्सवों से काम न चला तो क्षेत्र विस्तार किया गया। जिसकी परिणति है विश्व कविता ! लेकिन विश्व कविता तो क्या ब्रह्मांड कविता का आयोजन भी भारत भवन को नहीं बचा सकता। कोई संस्थान अमरबेल की तरह बहुत दिनों तक नहीं जी सकता।

आपको याद होगा, कुछ महीने पहले एम. एन. बुच ने 'टाइम्स आफ इंडिया' में भारत भवन की सबसे बड़ी कमजोरी यह बतायी थी कि उसकी जड़ें स्वयं उस शहर भोपाल में नहीं है जहाँ वह स्थित है और आम लोग उससे एकदम उदासीन हैं। श्री बुच बड़े अनुभव संपन्न और प्रबुद्ध सिविल सर्वेंट हैं, साथ ही अशोक वाजपेयी के प्रशंसक तथा समर्थक भी। श्री बुच के अनुसार अशोक वाजपेयी भारत भवन की इस कमी को स्वयं भी स्वीकार करते हैं। लेकिन कौन जाने यह सोचकर गर्व भी करते हों कि 'हम नदी के द्वीप हैं' और 'यह अपनी नियति है'।

सच्चाई तो यह है कि स्वयं हिंदी साहित्य से भारत भवन की जड़ें उखड़ती जा रही हैं। उसकी जड़ें हिंदी में हैं ही नहीं। इस अभाव की पूर्ति अन्य भारतीय भाषाओं के कवियों और विचारकों को बुलाकर की जा रही हैं। लेकिन कवियों-लेखकों की सूची देखिए तो अखिल भारतीय के नाम पर वही आधे दर्जन लोग हैं जो हर तीन महीने बाद भोपाल में दिखायी पड़ते हैं। विश्व कविता का महोत्सव इसी अभाव की पूर्ति का एक और प्रयास है। इस प्रयास के बावजूद यह नया 'आनंदमठ' जल्द ही बिखरेगा, शुरुआत हो चुकी है।

लेकिन एक अन्य कोण से देखें तो यह उत्सव-आयोजन एक नयी तरह का सांस्कृतिक 'आतंकवाद' है।ये विराट आयोजन हिंदी कवियों को आतंकित करने के लिए हैं। अशोक वाजपेयी गोया यह बताना चाहते हैं कि जब एव्तुशेंकों, गिंसबर्ग, होलुब आदि कवि भारत भवन आ रहे हैं तो ऐ हिंदी के टुच्चे कवियों, तुम आओ न आओ क्या फर्क पड़ता है। लेकिन हर तानाशाही का यही चरित्र होता है। स्थानीय आधार नहीं होता, किंतु बाहरी तामझाम से वह अपनी जनता पर रौब डालकर वश में करना चाहता है। तानाशाह सारे विश्व का हो सकता है, लेकिन अपने घर का नहीं होता। मूलतः हर तानाशाह एक 'लघुमानव' होता है।

भारत भवन के संकुचित आधार का एक प्रमाण तो यही है कि साहित्य में वह कविता तक ही सीमित है। बीसवीं सदी में यदि कोई सांस्कृतिक संस्था गद्य से एकदम मुँह मोड़ ले और फिर भी बात करे पूरी संस्कृति की तो उसकी 'संस्कृति' में शक होना स्वाभाविक है। यह गद्य की उपेक्षा नहीं, गद्य से भय है। 'कौन है जो गद्य से डरता है ?' लोग यह पूछने के लिए विवश हो रहे हैं।

प्रश्न : अच्छा डाक्टर साहब, भारत भवन के बहिष्कार के प्रति आपके इस

'स्टैंड' के पीछे कहीं अशोक वाजपेयी के साथ आपके व्यक्तिगत संबंधों में बिगाड़ की तो कोई भूमिका नहीं है ?

नामवर सिंह : क्या मेरे स्वर से आपको ऐसा लगता है ? अशोक से मेरे कम-से-कम पचीस साल के संबंध हैं ? काफी निकट के, घरेलू भी। कम ही लोगों से ऐसे संबंध हैं। ऐसे संबंध जीवन की निधि होते हैं। मैं हर सूरत में उन्हें बचाकर रखने में विश्वास करता हूँ। अशोक के लिए आज भी मेरे मन में वही स्नेह है और स्पष्ट कर दूँ कि व्यक्तिगत रूप से उन्होंने मुझे कोई चोट नहीं पहुँचायी है–कम-से-कम मैं ऐसा ही महसूस करता हूँ।

(सारिका, दिसम्बर, 1988)

11

दूसरी परंपरा का प्रश्न

सुधीर रंजन सिंह के साथ बातचीत

सुधीर रंजन सिंह : बहुत दिनों से मैं आपसे, अपने ढंग से, इन्टरव्यू की आवश्यकता अनुभव कर रहा था। पिछले पाँच-सात वर्षों में आपके अनेक साक्षात्कारों को पढ़ने का अवसर मुझे मिला। इस सम्बन्ध में मैं ज्यादा तो कुछ नहीं कह सकता, लेकिन मुझे अक्सर लगता रहा है कि उनमें से कई साक्षात्कारों में प्रश्नकर्ता का एक मुख्य प्रयास यह रहा है कि आपको दो-ढाई दशक पीछे ले जा करके देखा जाए—'नई कविता' के युग में या 'नई कहानी' में। मैं इसकी सार्थकता से इनकार नहीं करता। लेकिन, आपसे साक्षात्कार की यह एक प्रक्रिया रही है और पाठक भी उसे इस रूप में लेते रहे हैं मानो नामवर सिंह का 'कन्फेशन' छपा हो। यहाँ मेरी कोशिश दूसरी होगी। मैंने बातचीत का विषय आपके वर्तमान आलोचना-कर्म और चिन्तन को बनाया है। मेरा आपसे प्रथम निवेदन है कि बातचीत ऐसी होनी चाहिए जिसमें कम ही प्रश्नों का उत्तर हो, लेकिन आप जो भी कहना चाहते हों, उसे पूरे विस्तार से कहें—अपनी मान्यताओं को पूरी तरह स्पष्ट करते हुए।

नामवर सिंह : इन्टरव्यू के बारे में जो मेरी धारणा है उसे स्पष्ट कर देना चाहता हूँ। जो अखबारों की ओर से, पत्र-पत्रिकाओं की ओर से इन्टरव्यू दिए हैं मैंने लोगों को—उन्होंने सवाल पूछे, मैंने जवाब दिए—उनमें प्रायः हर इन्टरव्यू के बाद कुछ असंतोष का भाव मन में बना रहा। आमतौर से इन्टरव्यू में कुछ बने-बनाए सवाल होते हैं, उन सवालों के द्वारा लोग कुछ मत, अभिमत या कुछ लोगों के बारे में सम्मतियाँ उगलवा लेना चाहते हैं, और समझते हैं कि उन सम्मतियों को अखबार की सुर्खी बना करके, उनको रेखांकित करके प्रस्तुत करेंगे जिससे पता चलेगा कि किस पुस्तक के बारे में मेरी क्या राय है ! शायद इनकी कोई उपयोगिता होती हो लेकिन मेरे लिए उसकी बहुत सार्थकता नहीं है। सही स्थिति तो ये है कि उत्तर वहीं से दिया जाना चाहिए जहाँ से सवाल वास्तव में उठते हों। यानी सोचने-विचारने का काम जो आदमी करता है, आमतौर से अपने ही

अन्दर से उठे हुए सवालों का जवाब ढूँढ़ता है—प्रश्न, प्रतिप्रश्न और उसके बाद उत्तर और उत्तर देने की दिशा की कोशिश मालूम होती है। जैसे, मुक्तिबोध की 'एक साहित्यिक की डायरी' है। कभी मैंने उस पुस्तक पर एक लम्बा लेख लिखा था। उसमें जो आत्मसंलाप है या अपने आप से बातचीत है, उसकी सार्थकता, महत्त्व को तब मैंने रेखांकित किया था। एक तरह से अधिकांश लेखन ऐसे ही प्रश्नोत्तर के रूप में हुआ करता है। दूसरा रूप भी है, और वो यह कि जो सहचिंतक हों उनसे बातचीत की जाए, विचारों का आदान-प्रदान हो; जिन समस्याओं में हम उलझे हुए हैं शायद दूसरों के पास उनका जवाब हो। ये भी एक सार्थक बातचीत होती है। कभी-कभी ऐसी बातों में मुझे बहुत रस मिला है और बहुत कुछ मैंने पाया है। होता यह है कि वे चीजें आमतौर से रेकार्ड नहीं की जातीं, खो जाती हैं; लेकिन ऐसी बहसों को, ऐसी बातों को रेकार्ड किया जाए जो दो, तीन या चार लेखकों के बीच अनौपचारिक रूप से हुआ करती हैं, वह ज्यादा महत्त्वपूर्ण होती हैं। कम लोगों का ध्यान उन चीजों के संग्रह की ओर जाता है; लेकिन वो बहुत महत्त्वपूर्ण होती हैं जो अनौपचारिक होती हैं, अनियत होती हैं। स्वतः स्फूर्त ढंग से ऐसी सार्थक बातें हो जाया करती हैं। ये जो बड़ा औपचारिक-सा बातचीत का क्रम और साक्षात्कार का सिलसिला चला है, राजनीति में तो इसका उपयोग है, शायद महत्त्व भी हो; लेकिन साहित्य अभी हमारे यहाँ खबर बनने की स्थिति में नहीं पहुँचा है। धीरे-धीरे साहित्यकारों से भी साक्षात्कार होने लगा है, अब तो जन-संचार के साधनों पर भी इसका प्रदर्शन होने लगा है। तो है इसकी उपयोगिता। पर मुझे उम्मीद है कि आज हम लोग जो बातचीत करेंगे वह इस चालू किस्म के साक्षात्कार और बातचीत से भिन्न होगी। शायद उन दोनों का मिला-जुला रूप हो, जिसमें अपने आप से ही बातचीत न हो बल्कि किसी दूसरे से, जो आप जैसे निकट के लोग हैं और थोड़ा-बहुत मुझे जानते भी हैं, विचारों का आदान-प्रदान भी हो। इस प्रक्रिया से मुझे अपने आपको भी जानने-समझने में मदद मिलेगी।

सुधीर रंजन सिंह : हमारी कोशिश तो वही होगी। अनौपचारिक और आम बातचीत का महत्त्व असंदिग्ध है। लेखकों और चिन्तकों की बात ही दीगर है। हम अक्सर अनुभव करते हैं कि आम बातचीत में कभी-कभी सामान्य आदमी भी बहुत बड़ी बात कह बैठता है। जहाँ तक सुर्खियों में होनेवाली बातचीत का सवाल है तो इस सम्बन्ध में मैं यही कहूँगा कि इसके लिए आपसे इन्टरव्यू की कोई खास आवश्यकता नहीं; बगैर उसके भी आप सुर्खियों में होते रहे हैं। और अगर मुक्तिबोध के आत्मसंलाप की प्रक्रिया हमारे इन्टरव्यू के माध्यम से आ पाती है तो यह इसकी बहुत बड़ी सार्थकता होगी। हम कोशिश करते हैं।

हाल के वर्षों में आपने जो कुछ लिखा है उससे 'दूसरी परम्परा' की अवधारणा

उभरकर आती है। हमारी समझ से आपकी इस अवधारणा का प्रथम और मुख्य आधार आचार्य हजारीप्रसाद द्विवेदी के आलोचनात्मक कार्य हैं, आपके शब्दों में 'खोज'। पिछले साल से आप स्वतंत्र रूप से भी इस दिशा में सक्रिय दिखाई पड़ रहे हैं। 'आलोचना' अंक–83 में आपका एक लेख 'कविता की दूसरी परम्परा' सम्पादकीय के रूप में छपा है, जिसमें संस्कृत कविता की दूसरी परम्परा की खोज का संकल्प लक्षित होता है। इसमें परम्परा के प्रति समाजशास्त्रीय दृष्टि के कठमुल्लापन और प्रचलित मार्क्सवादी चिन्तन के इकहरेपन पर भी आपकी कलम उठी है। इसकी आवश्यकता अलग-अलग ढंग से दुनिया भर के और हमारे यहाँ के भी मार्क्सवादी महसूस करते रहे हैं। यहाँ हम आपसे जानना यह चाहेंगे कि 'दूसरी परम्परा' की इस अवधारणा के पीछे मुख्य प्रेरणा क्या रही है ?

नामवर सिंह : आप जानते हैं कि हिन्दी में अब तक परम्परा का प्रयोग प्रायः एकवचन के रूप में ही किया जाता है–हमारी परम्परा, भारतीय परम्परा, हिन्दी साहित्य की परम्परा। इसमें मार्क्सवादी आलोचकों की ओर से एक नई बात जोड़ी गई, वह यह थी–भारतेन्दु की परम्परा, प्रेमचन्द की परम्परा, रामचन्द्र शुक्ल की परम्परा। किसी व्यक्ति का नाम लेकर और फिर उसके साथ उसकी परम्परा पर बल देना। यह परम्परा-सम्बन्धी चर्चा में एक दूसरा चरण था। इस क्रम में मुझे लगा कि वे लोग जो मार्क्सवादी आलोचक और विचारक हैं उनके सामने परम्परा-सम्बन्धी प्रश्न एक प्रभुत्वशाली निकष या प्रतिमान के रूप में, जिसे 'हेजेमोनिक' कहते हैं, प्रतिष्ठित है। जब तक कोई मार्क्सवादी आलोचक उस प्रभुत्वशाली निकष या प्रतिमान को, जहाँ तक साहित्य का सवाल है, चुनौती नहीं देता है, तब तक आलोचना का सारा कर्म और सारी प्रक्रियाएँ निष्फल हैं। इसके लिए आवश्यक है कि हम अपने इतिहास से ही इसका जवाब ढूँढ़ें और देखों कि परम्परा इकहरी चीज नहीं है, कभी नहीं रही है, बल्कि परम्पराएँ रही हैं। बहुवचन के रूप में परम्परा को लिया जाए और देखा जाए कि जो मूल्य, जो मान्यताएँ, जो प्रतिमान, जो निकष प्रभुत्वशाली रहे हैं, उनको अपने समय में भी चुनौतियाँ दी गई थीं। दर्शन के क्षेत्र में ऐसा नहीं है कि वेदान्त ही भारत का मुख्य दर्शन रहा हो; वेदान्त को चुनौती देने वाले दूसरे दार्शनिक-सिद्धान्त भी भारत में रहे हैं। सामाजिक मान्यताओं को लें तो वर्ण-व्यवस्था प्रभुत्वशाली भले रही हो, लेकिन इस वर्ण-व्यवस्था को और जाति-व्यवस्था को चुनौती देने वाली भी परम्परा रही है–ऐसी कई परम्पराएँ हैं। मुझे ऐसा लगा कि साहित्य के क्षेत्र में हम लोग, खासतौर से मार्क्सवादी आलोचक, परम्परा का एकवचन में प्रयोग लगातार करते जा रहे हैं, उसके प्रति उतने जागरूक नहीं हैं। हम प्रभुत्वशाली परम्परा को ही अपनी परम्परा कहते हैं, उसी की व्याख्या कुछ लोकोन्मुख बनाकर–अपने अनुकूल उसमें थोड़ा सुधार और परिष्कार करते हुए–उसे अपनी परम्परा कहते जा रहे हैं। इस

स्थिति में मुझे लगा कि दूसरी परम्परा का सवाल उठाना बहुत जरूरी है। 'दूसरी परम्परा' से मेरा तात्पर्य उस परम्परा से है जो प्रभुत्वशाली परम्परा को चुनौती देती हो। वह परम्परा स्वभावतः अतीत में हाशिए पर रही होगी। कहना चाहिए कि उसका दमन किया गया होगा। उदाहरण के लिए जो 'कविता की दूसरी परम्परा' लेख मैंने 'आलोचना' के 83वें अंक में लिखा है उसमें आप देखेंगे कि दो सुभाषित-संग्रहों से कविताएँ मैंने ली हैं, और उन में योगेश्वर और धर्मकीर्ति जैसे कवि हैं, जिनकी कविताएँ सुरक्षित नहीं रह सकीं। उस लेख में उन कविताओं को रेखांकित करना उतना महत्त्वपूर्ण नहीं है; वहाँ मैंने यह कहना चाहा है कि संस्कृत काव्यशास्त्र–प्रभुत्वशाली काव्यशास्त्र–के अनुसार जैसी कविता की अभिरुचि बनी और श्रेष्ठ कविता को जाँचने के जो मानदण्ड बने उनके कारण इस प्रकार की कविताएँ उपेक्षित रहीं। वे कविताएँ ऐसे सुभाषितों में ही संकलित हो सकीं जिनको माननेवाले भिन्न विचारधारा के लोग थे। यह एक उदाहरण है। लेकिन मुझे लगा कि संस्कृत का प्रभुत्वशाली काव्यशास्त्र आज भी कहीं-न-कहीं हमारे संस्कार में मौजूद है। आमतौर से जो लोग रस-सिद्धान्त को नहीं भी मानते वे लोग भी कविता में रस ढूँढ़ते हैं, कविता को आस्वाद की चीज समझते हैं। वे भले ही लक्षणा-व्यंजना का नाम न लें और अलंकारों का उतने ब्यौरे में जाकर के निरूपण न करें, लेकिन वह प्रभुत्वशाली काव्यशास्त्र किसी-न-किसी रूप में उनके संस्कार में मौजूद होता है।

सुधीन रंजन सिंह : रस सिद्धान्त आज भी प्रभुत्वशाली काव्यशास्त्र है ?

नामवर सिंह : निश्चित रूप से। भले ही उसका नाम हमेशा रस के रूप में न लिया जाए। और-तो-और, मैं कहना चाहूँगा कि स्वयं आचार्य रामचन्द्र शुक्ल के काव्य-सिद्धान्त का जब भी जिक्र किया जाता है तो यही तो कहा जाता है–शुक्ल जी ने रस की नई व्याख्या की है। आज जब अनेक मार्क्सवादी अपने को आचार्य शुक्ल की परम्परा से जोड़ते हैं तो वे भूल जाते हैं कि उन्होंने रस की जो नई व्याख्या की, मूलतः उसका आधार वही 'रस' है; इस तरह जो डेढ़-दो हजार साल की पुरानी काव्यशास्त्र की परम्परा चली आ रही थी, उसकी पृष्ठभूमि में है। यहाँ मैं सीधे-सीधे पूछना चाहूँगा कि कोई मार्क्सवादी प्रभुत्वशाली साहित्यिक विचारधारा को चुनौती देता है या उसमें संशोधन-परिवर्धन करके और उसको अपना बना करके कहना चाहता है कि हम उसी परम्परा के हैं ? इसलिए मुझे लगा कि इकहरे रूप में और एकवचन में परम्परा की बात करने का मतलब है कि हम उसी व्यवस्था के अन्तर्गत अन्तर्भुक्त हो जाना चाहते हैं, हम उसे चुनौती देना नहीं चाहते।

सुधीर रंजन सिह : लेकिन हमारी समझ से 'रस' अपने आप में तो कोई परम्परा है नहीं। भरतमुनि से लेकर अभिनवगुप्त और उनके आगे तक रस की

व्याख्याओं में कई परम्पराएँ दिखाई पड़ती हैं।

नामवर सिंह : हाँ, कई परम्पराएँ हैं। लेकिन, ये जो भिन्न परम्पराएँ दिखाई पड़ती हैं उन परम्पराओं का आकलन-मूल्यांकन करना चाहिए। मैं सिर्फ यह कहना चाहता हूँ कि नवीनतम और आधुनिकतम रस-सिद्धान्त जो हमारे पास पहुँचा है उसके ब्योरे में जाकर जाँच करेंगे तो पाएँगे कि उसकी पुनर्व्याख्या करके आप उस साहित्य को जिसे हम क्रांतिकारी साहित्य कहते हैं, उसके अन्तर्गत शामिल नहीं कर सकते। लेकिन, जैसा आपने कहा कि रस की अतीत काल से ही अनेक परम्पराएँ रही हैं, इस दृष्टि से इधर मैं लम्बे अर्से से प्राचीन भारतीय काव्यशास्त्र का अनुशीलन करता रहा हूँ। मैं उसके अन्तर्विरोधों का, उसमें पनपने वाली विभिन्न परम्पराओं का मूल्यांकन आवश्यक समझता हूँ। कौन-सी चीज है जिससे संघर्ष करना बहुत जरूरी है और कौन-सी चीज ली जा सकती है–*संग्रह-त्याग* दृष्टि से, मैं इस विषय पर सोचता रहा हूँ। लेकिन अन्तिम निष्कर्ष पर आज भी मैं पहुँचा हूँ, यह नहीं कह सकता। आपने देखा होगा कि 'कविता के नये प्रतिमान' में भी मैंने रस की चर्चा की है; बल्कि कुछ लोगों को तब लगा कि मैं अनावश्यक रूप से रस-सिद्धान्त से टकराने की कोशिश कर रहा हूँ, मानो इस सवाल का जवाब दिया जा चुका है और इसकी उपेक्षा करके भी काम चलाया जा सकता था। मेरा ख्याल है कि यह दृष्टि सतही और तात्कालिक हैं। ऐसी बात वही लोग कर सकते हैं जो समझते हैं कि इस देश में हमें कभी वेदान्त से टकराना ही नहीं पड़ेगा; उसी तरह से जैसे कोई कहे कि जाति-व्यवस्था से टकराने की कोई जरूरत नहीं है क्योंकि हम तो वर्ग-दृष्टि अपनाते हैं। वर्ग-दृष्टि अपनाने के कारण मामला उनको सरल और सुलझा हुआ दिखाई पड़ता है। हजारों साल से विचारधारा के दार्शनिक, धार्मिक, सामाजिक, सौन्दर्यशास्त्रीय और साहित्यिक जो विविध रूप हैं, और मेरी दृष्टि में जो सहजबोध बन गए हैं या जिसको अंग्रेजी में 'कामनसेंस' कहते हैं; उस 'कामनसेंस' के स्तर पर रचे-बसे उन विचारों से जब तक आप टकराएँगे नहीं तब तक जो भी आलोचना-कर्म होगा उससे जनता के साहित्यकारों की वास्तविक प्रतिष्ठा संभव नहीं होगी। उदाहरण के लिए मैं कहूँ कि आप नागार्जुन, त्रिलोचन, मुक्तिबोध और केदारनाथ अग्रवाल का मूल्यांकन करके किन्हीं आधारों पर साबित भी कर दें कि ये महत्त्वपूर्ण कवि हैं, तब भी कुल मिलाकर ये समूची परम्परा के तारतमिक श्रेणीकरण में कहीं एक स्थान पाकर रह जाएँगे। हमारे देश में विरोधों को भी अन्तर्भुक्त करने की अद्‌भुत क्षमता रही है। तैंतीस करोड़ देवता एक दिन में नहीं बन गए होंगे। देवताओं की संख्या कम थी। कुछ देवता कुछ जातियों के, कुछ सामाजिक समुदायों के अपने थे; कुछ आयातित थे और उनको भी उस देवमंडली में स्थान दे दिया गया–वैसे ही जैसे बाहर से आनेवाली जातियों और यहाँ के आदिवासियों को अपने सामाजिक ढाँचे में एक जाति बना करके हमने

स्थान दे दिया और वे पड़े हुए हैं। मेरी मुख्य चिन्ता यह है कि जब तक उस प्रभुत्वशाली विचारधारा को हम चुनौती नहीं देते तब तक जनता के कवि–क्रांतिकारी कवि–एक देवता के रूप में, कहीं-न-कहीं उसी श्रेणी में निचले या दूसरे दर्जे पर स्थान पाकर रह जाएँगे।

सुधीर रंजन सिंह : कभी वे ऊपर भी हो सकते हैं, जैसा कि 'बुद्धिज्म' के साथ हुआ।

नामवर सिंह : बौद्धमत में ऐसा हुआ होगा, लेकिन हिन्दी साहित्य में ऐसी स्थिति नहीं है। इतने संघर्षों के बाद भी, जो तारतमिक श्रेणीकरण हुआ है उसमें कबीर वह स्थान नहीं पा सके हैं। छायावाद के बाद जो तथाकथित 'नई कविता' चली है उसमें मुक्तिबोध के स्थान के लिए जो संघर्ष हुआ उसका भी यही अर्थ निकला कि विश्वविद्यालयों के पाठ्यक्रमों में अज्ञेय भी हैं और मुक्तिबोध भी हैं। कुछ और संघर्ष चला तो नागार्जुन को भी शामिल कर लिया गया; अब कुछ जगहों पर शमशेर भी हैं, कहीं केदारनाथ अग्रवाल को भी स्थान दे दिया गया है। आप कहेंगे कि इन कवियों को अन्तर्भुक्त कर लिया गया है। लेकिन परीक्षा के पर्चों में उनका वही स्थान और वही महत्त्व नहीं है जो पाठ्यक्रम निर्धारण करनेवाले उनको देते हैं। इसलिए साहित्य के क्षेत्र में मेरी मुख्य चिन्ता है कि प्रभुत्वशाली निकष को चुनौती दें। यह चुनौती ऐतिहासिक स्तर पर भी दी जानी चाहिए; लेकिन उनकी पूरी सार्थकता आज के संघर्ष में ही संभव होगी। इसलिए मैंने दूसरी परम्परा का सवाल उठाया था, जिसका नक्शा पूरा नहीं हुआ है।

सुधीर रंजन सिंह : अभी आपने पाठ्यक्रमों में जिस तालमेल की चर्चा की उससे लगता है कि जो मूलतः जनता के साहित्यकार नहीं है, शिक्षा-जगत् में उन्हीं का वर्चस्व है। लेकिन, विश्वविद्यालयों के पाठ्यक्रमों में जिन आधुनिकों की प्रभुत्वशाली स्थिति बन पाती है उनमें निराला, प्रसाद, पंत और प्रेमचन्द दिखाई पड़ते हैं। इससे पाठ्यक्रमों की कौन-सी छवि सामने आती है ?

नामवर सिंह : इस बारे में हम अधिक यथार्थवादी हैं। आमतौर से होता यह है कि प्रत्येक मान्यता या नई मान्यता के पीछे के संघर्ष को हम भूल जाते हैं और मान्यता को स्वीकार कर लेते हैं। उन संघर्षों के भूलने का जो दुष्परिणाम होता है उसे हम नहीं जानते। यदि उन संघर्षों को छोड़ दिया जाए तो प्रभुत्वशाली वर्ग की उदारता सहिष्णुता और सदाशयता पर एक आस्था जमती है। दुष्परिणाम यह होता है। आपने प्रेमचन्द का नाम लिया। प्रेमचन्द की उपेक्षा नहीं की जा सकती, क्योंकि उपन्यास का जिक्र जब भी आएगा, प्रेमचन्द का नाम तो रहेगा ही। लेकिन आप समग्रता में साहित्य के पाठ्यक्रम को देखें तो वह कविता-प्रधान पाठ्यक्रम है। उपन्यास का स्वतंत्र प्रश्न-पत्र और कोर्स बहुत कम जगहों पर है। उपन्यास, कहानी, नाटक आदि को एक ही पर्चे में रख दिया जाता है और कुछ

गिने-चुने उपन्यासों में से किसी को जैसे प्रेमचन्द के किसी उपन्यास को रख दिया जाता है। लेकिन आप देखें तो अनेक जगहों पर प्रेमचन्द को रख तो दिया गया है, मगर उन पर काम उतना नहीं हुआ है जितना उनसे कम महत्त्व वाले साहित्यकारों पर काम हुआ है। प्रेमचन्द के ऐतिहासिक महत्त्व को स्वीकार कर लेना एक बात है; लेकिन प्रेमचन्द की जीवन्त शक्ति को स्वीकार करना बिल्कुल दूसरी बात है। आज भी अपने समकालीनों में प्रेमचन्द से कहीं ज्यादा महत्त्वपूर्ण जयशंकर प्रसाद हैं। उसका एक कारण, जिसे मैं प्रभुत्वशाली विचारधारा का ही अंग मानता हूँ, कथा-साहित्य को काव्य से कम महत्त्वपूर्ण मानना है। साहित्य के औसत अध्यापकों की यह एक आम धारणा है। रहे निराला, तो निराला को आज जो स्थान प्राप्त है उसके पीछे इस साहित्य जगत् में एक संघर्ष है। लेकिन इस प्रतिष्ठा में कितने वर्ष लगे ? इतना होने के बाद भी, रामविलास शर्मा के प्रयासों के बावजूद, निराला के गद्य को आज भी वह स्थान नहीं मिला है जो स्थान मिलना चाहिए। इसलिए आप देखेंगे कि एक दुनिया संस्थानों और प्रतिष्ठानों की है–हिन्दी साहित्य के संस्थान और प्रतिष्ठान; दूसरी दुनिया हिन्दी के साहित्यकारों की है, पत्र-पत्रिकाओं की है। इस दूसरी दुनिया में भी कई संसार हैं। एक अपेक्षाकृत मूलगामी या विद्रोही-क्रांतिकारी लेखकों का संसार है; उसके बीच भी ऐसे लोग हैं, जो सौष्ठववादी-सौन्दर्यवादी हैं उनके महत्त्व को हमें कम करके नहीं आँकना चाहिए, और साहित्य में उनका प्रभुत्व बहुत क्षीण नहीं हुआ है। इन तमाम चीजों के बीच आप पाएँगे कि संघर्ष समाप्त नहीं हुआ है।

सुधीर रंजन सिंह : प्रसाद का महत्त्व कविता में ही नहीं, गद्य में भी है। आपके लेखन में भी तो प्रेमचन्द से ज्यादा छायावाद के कवियों को स्थान मिला है !

नामवर सिंह : यह सही है कि प्रेमचन्द पर मैंने कोई पुस्तक नहीं लिखी है, लेकिन मेरी आकांक्षाओं में से एक है कि मुझे प्रेमचन्द पर लिखना है। अनेक लेखक हैं जिनके बारे में मैं समय-समय पर नोट्स लेता रहा हूँ और उन पर मुझे लिखना है। प्रेमचन्द पर मेरे कई लेख प्रकाशित भी हुए हैं, प्रेमचन्द जन्मशती वर्ष में और उसके बाद भी। शायद एक लेख पर आपकी दृष्टि न गई हो, भारतीय उपन्यास के सन्दर्भ में निर्मल जी ने प्रेमचन्द की कड़ी आलोचना की थी और उन्हें पुराने यथार्थवाद का अंग कहा था; उस क्रम में मैंने लिखा था कि भारतीय उपन्यास के उदय का इतिहास कैसे योरप के इतिहास से भिन्न है। उस स्थापना के अन्तर्गत मैंने प्रेमचन्द पर लिखा था। वह एक ढाँचा था, लेकिन प्रेमचन्द पर अलग से भी लिखने की मेरी योजना है।

यहाँ मेरा कहना है कि उस अवधारणा या सिद्धान्त की जाँच की जानी चाहिए जिसमें काव्य को साहित्य का पर्याय समझा जाता है। इतने समर्थ गद्य

के बाद भी आज हिन्दी में कविता को सर्वश्रेष्ठ विधा माना जाता है। गद्य का स्थान—उपन्यास और कहानी का स्थान दूसरे नम्बर पर है और बहुत नीचे है। यह एक औसत धारणा है। परिमल वाले 'नई कहानी' के जमाने से कहते रहे हैं, और आज भी अपने विचारों को उन्होंने नहीं बदला है, कि कहानी एक लोकप्रिय विधा है जिसमें कोई सार्थक बात न कही गई है और न कही जा सकती है। उपन्यासों के बारे में भी लोगों की धारणा है कि हिन्दी उपन्यास कविता की परम्परा से बहुत घटिया है। उपन्यास और कहानी को एक 'पापुलर' ढंग का 'लिटरेचर' मान लिया गया है, सार्थक महत्त्वपूर्ण साहित्य इसे वे नहीं मानते।

सुधीर रंजन सिंह : इसका मतलब यह हुआ कि 19वीं शताब्दी में योरप में उपन्यासों के प्रति जो सोच थी आज भी वह हमारे यहाँ बरकरार है ?

नामवर सिंह : निश्चय ही, इतने दिनों के बाद भी हिन्दी में वह सोच बरकरार है। इसका गहरा सम्बन्ध परम्परागत निकष या प्रतिमान से है, जिसमें साहित्य की एक विशेष अवधारणा है। इसलिए जब मैं उस प्रभुत्वशाली निकष को चुनौती देने की बात करता हूँ तो उसका एक अर्थ यह है कि साहित्य की परिभाषा को बदलना पड़ेगा। साहित्य की परिभाषा भी, मार्क्सवादी शब्दावली में कहूँ तो एक निश्चित 'विचार-प्रणाली' है। उस 'विचार-प्रणाली' को चुनौती देना पड़ेगा जिसका एक निश्चित सामाजिक आधार—एक वर्ग आधार है। इसलिए आज का आलोचक यह प्रश्न नहीं पूछेगा या मैं यह नहीं पूछना चाहूँगा—साहित्य क्या है ? मैं कहना चाहूँगा कि 'हमारा' साहित्य क्या है। इसका अर्थ यह है कि जो 'साहित्य क्या है' सवाल करते हैं या जो जवाब देते हैं वह उनका साहित्य है, हमारा साहित्य नहीं है। इसलिए जब मैं 'दूसरी परम्परा' की बात करता हूँ तो उसमें निहित है 'हमारा'—यानी जनता का या उत्पादक वर्ग का। उस उत्पादक वर्ग का अपना साहित्य क्या है और उस साहित्य का अपना शास्त्र क्या है ? क्या यह वही है जो प्रभुत्वशाली वर्ग के साहित्य की परिभाषा में है ? प्रश्न है कि दोनों में कहाँ भिन्नता है, और किस हद तक उत्पादक वर्ग के साहित्य में प्रभुत्वशाली परम्परा से चीजें ली जा सकती हैं और कौन-सी चीजें बिल्कुल त्यागी जा सकती हैं ?

साहित्य की अवधारणा भी 'आइडियोलॉजिकल' है, इसे हमें नहीं भूलना चाहिए। जब तक हम इस बात पर ध्यान नहीं देंगे तब तक छिटपुट कवियों के महत्त्व को प्रतिष्ठित करते रहेंगे, जबकि वास्तविक आवश्यकता निकष बदलने की है।

सुधीर रंजन सिंह : आपने जो 'हमारा साहित्य' पर जोर दिया, उसमें यह निहित है कि कोई विशेष विधा हमारे लिए महत्त्वपूर्ण नहीं होगी। इस 'हमारा' के भीतर कविता, कहानी, नाटक सभी समान, रूप से आते हैं, यह नहीं कि कौन ज्यादा महत्त्वपूर्ण है विधा-रूप में। साहित्य के मूल्यांकन का कोई विधापरक निकष

भी नहीं होना चाहिए ?

नामवर सिंह : उसमें मैं एक बात और कहना चाहूँगा। मैंने यह कहा कि हमारा साहित्य व्यापक है, लेकिन उसमें इतिहास के क्रम में तारतमिक महत्त्व विधाओं का भी होता है। मैं जिस दृष्टि को मानता हूँ वह ऐतिहासिक दृष्टि है। अवधारणाओं को, परिभाषाओं को या विधा को बराबर 'हिस्टोरिसाइज' करने की जरूरत होती है। ऐसा भी हुआ है कि कोई विधा जो किसी समय में प्रतिनिधि और प्रधान विधा रही है, सामाजिक विकास के क्रम में उसका महत्त्व घटा, कुछ विधाएँ नष्ट ही हो गईं। उदाहरण के लिए, जिसे हम अंग्रेजी में 'एपिक' कहते हैं–'इलियड' और 'ओडेसी', हिन्दी में या भारतीय परम्परा में हम उसे इतिहास कहते हैं, जैसे–'महाभारत'। एक निश्चित युग, समाज-व्यवस्था और इतिहास के क्रम में इस तरह के 'एपिक' लिखे गए; आकार-प्रकार में उतने मोटे 'एपिक' आज भी लिखे जा रहे हैं, लेकिन वे 'महाभारत' और 'रामायण' नहीं बन सके या इलियड-ओडेसी नहीं बन सके। स्वयं संस्कृत में जो क्लासिकी संस्कृत साहित्य है–'रघुवंश', 'किरातार्जुनीय', 'शिशुपाल वध', ये दूसरे ढंग के अलंकृत महाकाव्य हैं; इनको 'एपिक' नहीं कहा जाता। आगे चल कर हिन्दी में 'रामचरितमानस' या 'पद्मावत' लिखा गया। वह ठीक-ठीक रामायण-महाभारत की परम्परा का नहीं है, लेकिन संस्कृत की 'किरातार्जुनीय' वाली परम्परा का भी नहीं है। इसे हम लोग प्रबन्ध-काव्य या आख्यानक कहेंगे। बीसवीं शताब्दी में उस तरह के प्रबन्ध-काव्य की परम्परा लगभग समाप्त हो गई। मैथिलीशरण गुप्त ने 'साकेत' लिखा, लेकिन वह प्रबन्ध-काव्य नहीं है, महाकाव्य तो निश्चित रूप से नहीं है; 'कामायनी' को लोग महाकाव्य भले ही कहें, लेकिन वह एक लम्बा 'लिरिक' ही है।

इसलिए विधाओं को भी जब हम इतिहास के क्रम में देखेंगे तो विभिन्न समाज-व्यवस्था के अनुसार न केवल विधाओं का रूप बदलता रहा है, बल्कि विधाओं का महत्त्व भी घटता-बढ़ता रहा है। अब जिसे हम उपन्यास कहते हैं, योरप के इतिहास में भी और भारत के इतिहास में भी, एक निश्चित युग की–आधुनिक युग की देन है। हिन्दी में अभी तक उपन्यास का कोई साहित्यशास्त्र नहीं बना है। हमारा साहित्य-सिद्धान्त मुख्यतः काव्य पर आधारित है और उस ढाँचे में उपन्यास आता नहीं है। इसलिए भी उस निकष को चुनौती देने की जरूरत है, जिस दृष्टि से अभी मैंने कहा।

नाटक को ही लें। एक जमाना था जब संस्कृत में नाटकों का बहुत जोर था। वह युग भास, कालिदास और भवभूति के साथ ही लगभग समाप्त हो गया। एक लम्बा दौर है जब नाटक लिखे ही नहीं गए। भारतेन्दु के साथ हिन्दी में एक नया उत्थान नाटकों का शुरू हुआ। इन सबका कुछ तो सामाजिक कारण होना चाहिए; जयशंकर प्रसाद ने भी नाटक लिखे, लेकिन जैसे वे पाठ्य थे। नाटक

जन-साहित्य की एक महत्त्वपूर्ण विधा है; और आप देखें तो इसका फिर से आरम्भ प्रगतिशील आन्दोलन के साथ हुआ–'इप्टा' से हुआ। और आज आप देख रहे हैं कि अनेक सार्थक महत्त्वपूर्ण नाटक नुक्कड़ नाटकों के रूप में लिखे जा रहे हैं, वह एक नई विधा के रूप में शुरू हो रहा है। इस बीच में फिल्म का एक ऐसा महत्त्वपूर्ण माध्यम शुरू हुआ है जो पहले संभव नहीं था। इसलिए विधाओं के इतिहास में भी जाने की जरूरत है और जब हमने कहा कि 'हमारा साहित्य' या 'हमारी कला', तो उसमें हमें देखना पड़ेगा कि जनता के संघर्षों के दौरान नई-नई विधाएं जन्म लेती हैं, और विधाओं का तारतमिक महत्त्व हुआ करता है।

सुधीर रंजन सिंह : लेकिन आज जो बगैर जनता के संघर्षों के एक नई विधा आई है–'मीडिया' ... यहाँ मैं यह नहीं कह रहा कि सम्पूर्ण 'मीडिया' के विकास और प्रसार में जनता के संघर्षों की कोई भूमिका नहीं रही होगी; लेकिन आप ही की शब्दावली में जो प्रभुत्वशाली है, और बहुत ही कम समय में सबसे अधिक लोकप्रिय हो सकता है–टेलीविजन तथा दूरदर्शन। इसका वर्तमान स्वरूप संस्कृति के क्षेत्र में कमोबेश सबके लिए चिन्ता का विषय बना है; आप स्वयं इस विषय पर एक आलेख पढ़ चुके हैं। हम स्पष्ट अनुभव कर रहे हैं कि इसकी प्रसार-क्षमता किसी दूसरी विधा अथवा माध्यम की तुलना में अधिक है...।

नामवर सिंह : सिर्फ इसीलिए इस मीडिया-मात्र का विरोध नहीं करना है, बल्कि मीडिया पर प्रभुत्व कायम करने की कोशिश करनी है। आज मीडिया के जनतंत्रीकरण के लिए दबाव डाला जा रहा है। चूँकि हमारे यहाँ साक्षरता का प्रसार उतना नहीं हुआ है, ऐसे वातावरण में श्रव्य मीडिया की सार्थक भूमिका हो सकती है। जो हमारी वाचिक परम्परा रही है और जिसका गहरा सम्बन्ध हमारे जन-संघर्षों से रहा है, मीडिया के सहयोग से उसकी दृश्य परम्परा बढ़ेगी। यदि पहले के कम्युनिस्ट आन्दोलन को देखें तो उसमें जो नाटक था वह बहुत महत्त्वपूर्ण हथियार था। नाटक के लिए लिखित टेक्स्ट हो, यह जरूरी नहीं है। भरतमुनि के 'नाट्यशास्त्र' को देखें तो जो पहला नाटक 'इन्द्रध्वज' खेला गया था, उसका कोई 'टेक्स्ट' नहीं था। वह टेक्स्ट 'इम्प्रोवाइज' किया गया होगा, थियेटर से पैदा हुआ होगा; इप्टा के भी बहुत-से नाटक थियेटर से पैदा हुए। मीडिया का जहाँ तक सवाल आपने उठाया है, यह मीडिया ज्यादा सशक्त होगा। इस सम्बन्ध में दो उदाहरण देना चाहता हूँ। सोवियत संघ में जो तीन-चार वर्षों के भीतर 'ग्लासनोस्त' और 'पेरेस्त्रोइका' का अभियान चला है, इन अभियानों में शात्रोव के नाटकों ने अहम भूमिका अदा की है, और नाटक ज्यादा महत्त्वपूर्ण हथियार बना है उसका। यही नहीं; इधर कुछ फिल्में ज्यादा महत्त्वपूर्ण बनी हैं। कविता का क्रम, इसके बावजूद कि बहुत अच्छे कवि हैं और वे परिवर्तन भी चाहते हैं, इन दोनों विधाओं के बाद आता है; उपन्यास और कहानियों का क्रम भी उसके बाद ही आता है।

इसलिए मैंने 'हमारी कला' और 'हमारा साहित्य' की बात की और कहा कि उसका एक नया शास्त्र हो। दूसरी परम्परा की खोज की सार्थकता इसी सन्दर्भ में है। केवल दिखाने के लिए एक और परम्परा दिखा देना एक तरह का जड़शास्त्रवाद है–वह एक चमत्कारवाद होगा। इसमें मेरी कोई दिलचस्पी नहीं है। मैं आपसे यह भी निवेदन कर दूँ कि दूसरी परम्परा दिखाने में मेरी बहस कुछ नामों को ले करके नहीं है। कोई आदमी यह कहे कि हजारीप्रसाद द्विवेदी दूसरी परम्परा में नहीं हैं, उसी परम्परा में हैं–इस पर बहस हो सकती है। इसलिए किसी नाम को लेकर मेरी ऐसी अगाध श्रद्धा नहीं है जैसी कि कुछ पहली परम्परा वाले लोगों में रही है। 'आलोचना' –83 वाले लेख में मैंने योगेश्वर और धर्मकीर्ति का नाम लिया लेकिन यह भी स्पष्ट किया है कि धर्मकीर्ति ने योगेश्वर जैसी कविताएँ नहीं लिखी हैं। धर्मकीर्ति ने क्लासिकी परम्परा की कविताएँ लिखीं–प्रेम की, सौन्दर्य की, शृंगार की, कुछ और भी कविताएँ लिखी होंगी। दो-एक कविताओं का उदाहरण भी मैंने दिया है। इसलिए बहस नामों पर नहीं है। हो सकता है कि दूसरी परम्परा के लोगों में भी अन्तर्विरोध हों। स्वाभाविक है, संभव है वे प्रभुत्वशाली परम्परा के अन्तर्गत ही लिख रहे हों। मार्क्स का यह कथन सही है कि शासक वर्ग की विचारधारा पूरे समाज की विचारधारा बन जाती है। प्रभुत्वशाली परम्परा का प्रताप इतना तो है ही कि विरोधियों में भी वह पाई जाती है–वह हजारीप्रसाद द्विवेदी में भी हो सकती है, नागार्जुन में भी हो सकती है, मुक्तिबोध में हो सकती है। मैं जिसे चुनौती देने की बात कर रहा हूँ वह एक संघर्ष है तो मुक्तिबोध के शब्द लूँ, आत्मसंघर्ष भी है-आत्मसंघर्ष और बाहरी संघर्ष दोनों है। वह विचारधारा मेरे अन्दर भी तो एक संस्कार के रूप में बहुत दिनों से पनपती रही है, आज भी मौजूद होगी। इसलिए उस प्रभुत्वशाली विचारधारा और कलात्मक निकष या साहित्यिक-निकष के विरुद्ध संघर्ष एक गहरे आत्मसंघर्ष की माँग करता है।

सुधीर रंजन सिंह : 'प्रभुत्वशाली विचारधारा' के लिए हजारीप्रसाद द्विवेदी के यहाँ, नागार्जुन के यहाँ, मुक्तिबोध के यहाँ अभी आपने ये जो 'होगी' का संकेत किया, 'है' –इसकी परीक्षा आपने कभी की है ?

नामवर सिंह : 'होगी' इसलिए कहा कि ब्योरेवार छानबीन तो अभी की नहीं मैंने, कहीं-कहीं जो दिखाई पड़ा है कुछ उसके संकेत दिए हैं। लेकिन व्यवस्थित रूप से बहुत ब्योरे में जाकर देखने की आवश्यकता तो है ही।

सुधीर रंजन सिंह : लेकिन अगर लगातार रामविलास शर्मा मुक्तिबोध और हजारीप्रसाद द्विवेदी के बारे में यह कह रहे हों कि इनके यहाँ ज्यादा यही है, तो इस दिशा में सोचने की आवश्यकता तो रह जाती है।

नामवर सिंह : हाँ, लेकिन एक बात मैं स्पष्ट कर दूँ कि जब मैंने कहा कि यह मेरे अन्दर हो सकती है तो रामविलास शर्मा के अन्दर भी तो हो सकती

है, जिसकी वे जाँच कभी नहीं करते। हजारीप्रसाद द्विवेदी और मुक्तिबोध में तो वह है, लेकिन रामविलास शर्मा के अन्तर्गत है ही नहीं, इसकी ओर उनका ध्यान नहीं जाता, जबकि एक सच्चे मार्क्सवादी के नाते इस ओर उनका भी ध्यान जाना चाहिए। मार्क्स हेगल से संघर्ष करते हुए और उससे मुक्त होने का प्रयास करते हुए 'जर्मन आइडियोलॉजी' से लेकर एक ऐसा 'क्रिटिक' लगातार करते रहे हैं। यही नहीं, पूँजीवाद के या मानव समाज के विकास का इतिहास जब उन्होंने एक मॉडल-रूप में प्रस्तुत किया तो बाद में उन्हें लगा कि यह योरप-केन्द्रित हो गया है और दुनिया के बहुत से ऐसे देश हैं, कुछ पूर्वी देश हैं–भारत है, चीन है, उनके लिए यह मॉडल फिट नहीं बैठता, तो उन्होंने एक दूसरा मॉडल खोजने की कोशिश की। इसलिए मैं यह कहता हूँ कि दूसरी परम्परा के अन्तर्गत उल्लेखित लोगों में कबीर से चल करके हजारीप्रसाद द्विवेदी में, मुक्तिबोध में, नागार्जुन में, त्रिलोचन में अन्तर्विरोध के नाम पर कुछ दिखा देना बहुत आसान है। लेकिन हमारी समझ से, देखना यह चाहिए कि जो दूसरी परम्परा के अन्तर्गत आने वाले साहित्यकार हैं उनका प्रधान स्वर क्या है, और उसमें संस्कार के रूप में खुद अपने ही देश की प्रभुत्वशाली विचारधारा के, जिसे कभी-कभी हम मोटे तौर पर सामंती विचारधारा कहते हैं, अंश कितने हैं और उसके विरुद्ध संघर्ष कितना है ! इसलिए रामविलास जी का जब आपने जिक्र किया तो मैं इस सन्दर्भ में सिर्फ यह निवेदन करना चाहूँगा कि स्वयं अपने उन संस्कारों का वे जिक्र नहीं करते; करते तो ज्यादा अच्छा होता।

यहाँ मैं एक दूसरा उदाहरण रखना चाहूँगा। आपने देखा होगा कि 'आलोचना' 83 के 'कविता की दूसरी परम्परा' शीर्षक लेख में डी. डी. कोसाम्बी के सन्दर्भ में मैंने उस विडम्बना की ओर संकेत किया है जहाँ डी. डी. कोसाम्बी को 'सुभाषितरत्नकोष' के सम्पादन और उसके उपेक्षित कवियों को ढूँढ़ निकालने का श्रेय है वहीं दूसरी ओर मूल्यांकन में उस पूरी कविता को वे ह्रास युग की कविता कहते हैं। इतिहास के बारे में कोसाम्बी की धारणा है कि आठवीं शताब्दी के बाद भारतीय इतिहास ह्रास और पतन का युग है क्योंकि सामन्तवाद ह्रास और पतन के दौर से गुजर रहा था। इसमें एक ऐतिहासिक समझ निहित है, वह यह कि जब हम ह्रास कहते हैं तो ऐसा समझते हैं कि समग्र ह्रास है–अर्थव्यवस्था में, राजनीति तंत्र में, समाज-व्यवस्था में, और संस्कृति के विभिन्न रूपों में जिनमें दर्शन भी है, धर्म भी है, साहित्य और कला भी। यह एक ऐसी समझ है जिसको पुराने लोग भौंड़ा समाजशास्त्र कहा करते थे। डी. डी. कोसाम्बी यहाँ उसी के शिकार हैं। यही कारण है कि उन्होंने अपने ही खोजे हुए कवियों की प्रतिभा का सही मूल्यांकन नहीं किया। एक ऐसा आदमी, जो गैर-मार्क्सवादी है डैनियल इंगल्स, उसे कहना पड़ा कि यह प्लेखानोव के विचारों से प्रभावित अपनाई गई वर्ग-दृष्टि

का परिणाम है। देखा जाए तो कोसाम्बी का इसमें कोई दोष नहीं है, बल्कि उस समय जो स्तालिनवादी मार्क्सवाद था, जो वस्तुतः मार्क्सवाद से बहुत दूर था, उसके परिणामस्वरूप इतिहास के बारे में एक इकहरी धारणा बनी—यानी सामन्त युग का साहित्य सामन्ती होता है और पूँजीवादी युग का साहित्य पूँजीवादी। यानी ये मानते ही नहीं कि उस दौर में भी अन्तर्विरोध रहे होंगे, और वे अन्तर्विरोध थे। यह जरूरी नहीं कि आर्थिक ह्रास के समानान्तर ही राजनीतिक ह्रास हो, राजनीतिक ह्रास के समानान्तर ही सामाजिक ह्रास हो, और इन तमाम चीजों के साथ ही सांस्कृतिक ह्रास भी हुआ हो। आठवीं शताब्दी के बाद के भारतीय इतिहास को हम देखें तो दर्शन, न्याय और तर्कशास्त्र का विकास इसी दौर में हुआ है। यह वह दौर है जिसमें भारतीय वास्तुकला और मूर्तिकला का विकास हुआ। साहित्य के क्षेत्र में देखें तो यह वही काल है जब तमिलनाडु में आलवारों का भक्ति-साहित्य सामने आया था, कुछ जगहों पर शैव-साहित्य सामने आया, और यही वह काल है जब उत्तर भारत में भी आगे चलकर के भक्ति का उदय हुआ था। अगर यह ह्रास का काल है तो हम कैसे व्याख्या करेंगे विद्यापति के गीतों की ? अगर यह पूरा ह्रास का काल है तो विद्यापति कैसे पैदा हुए ? इसलिए हम लोगों ने जो समाज-व्यवस्थाओं के उत्थान-पतन के साथ साहित्य के उत्कर्ष और पतन की अवधारणा बनाई है, उसका मार्क्सवाद से कोई लेना-देना नहीं है।

सुधीर रंजन सिंह : यह ठीक है कि इतिहास की यह जड़-सूत्रवादी अवधारणा स्तालिनवादी सोच का परिणाम है। लेकिन प्रश्न है कि क्या स्वयं स्तालिन का हर जगह ऐसा ही दृष्टिकोण रहा है ? जैसे भाषा के ही प्रश्न को लीजिए। स्तालिन के भाषा-सम्बन्धी चिन्तन को अब भी कुछ लोग काफी महत्त्व देते हैं ...।

नामवर सिंह : देखिए, स्तालिन के भाषा-सम्बन्धी चिन्तन के बारे में, ब्योरे में बात करने की जरूरत है। मार्क्सवाद के अन्तर्गत भाषा पर कम विचार हुआ है। खुद मार्क्स ने इस विषय पर बहुत कम लिखा है। 'जर्मन आइडियोलॉजी' से कुछ उदाहरण दे दिए जाते हैं। स्तालिन ने भाषा के बारे में जो कुछ कहा है वह इस दृष्टि से कि भाषा का स्थान कहाँ है—आधार में या अधिरचना में। इस ढाँचे के अन्तर्गत, मार्क्सवाद की सीमा में, स्तालिन ने कहा कि भाषा अधिरचना का अंग नहीं है, लेकिन वह आधार भी नहीं है। यह समस्या का समाधान नहीं है। वह लेख इस मामले में अधूरा है। और यह बात तो बुर्ज्वा भाषावैज्ञानिक बहुत पहले से कहते चले आ रहे हैं। इसलिए यह कोई बहुत नई मौलिक और मार्क्सवादी बात तो थी नहीं। भाषा न आधार है, न भाषा अधिरचना है—इससे कोई बात नहीं बनती। भाषा के कई रूप हैं, जिसमें से यह भी एक है। स्तालिन सरलीकरण के मास्टर थे। यह बात उनके अन्य विचारों की तरह भाषा पर भी लागू होती है। मेरी अपनी जो समझ बनी है अंशतः वह यह है कि भाषा के

अनेक तत्त्व हैं जो अधिरचना के भी अंग होते हैं। विचारधारा का भाषा पर बहुत गहरा प्रभाव पड़ता है। इस सम्बन्ध में मैं भारत के भाषा के इतिहास से कुछ उदाहरण देना चाहता हूँ। उर्दू बहुत दिनों तक दरबारों से जुड़ी रही : नतीजा यह हुआ कि उर्दू में दरबारीपन के, शिष्टाचार के, जितने शब्द हैं उतने शब्द आपको खड़ीबोली हिन्दी में नहीं मिलेंगे। यह जो शब्दावली आई है उसका कुछ तो सम्बन्ध अधिरचना से होना चाहिए ! संस्कृत बहुत दिनों तक पुरोहितों की भाषा रही, उस वातावरण में पली; उसमें एक विशेष धर्म के ज्यादा शब्द मिलेंगे। उस अधिरचना से, विचारधारा से, प्रभावित हुए बिना वह रह ही नहीं सकती थी। इसलिए भाषा का एक स्तर ऐसा है जो गहरे रूप से अधिरचना से जुड़ा हुआ है। जहाँ तक आधार का सम्बन्ध है, मैं सिर्फ यह जानना चाहता हूँ कि यह कैसे संभव हुआ कि विकास के क्रम में वैदिक संस्कृत से 'लौकिक' संस्कृत बनी, और साहित्यिक भाषा के रूप में आगे चल कर प्राकृतें, अपभ्रंश और फिर आधुनिक भाषाओं में हिन्दी, बँगला, गुजराती, मराठी आदि भाषाएँ आईं ? यह जो परिवर्तन हुआ है, आधार में परिवर्तन होने के साथ-साथ कहीं-न-कहीं इसका प्रभाव पड़ा है कि नहीं पड़ा है—एक भाषा की जगह बिल्कुल दूसरी भाषा ? संसार भाषाओं का म्यूजियम है। लैटिन, संस्कृत, प्राचीन ग्रीक और यहाँ तक कि प्राचीन फारसी, और दूसरे शब्दों में कहें तो मृत भाषा बनकर रह गईं; ये बोलचाल की भाषा नहीं रहीं। यह परिवर्तन जो भाषाओं में हुआ है अपने आप हुआ है या इसका सम्बन्ध किसी-न-किसी रूप में आधार में होने वाले परिवर्तन से जुड़ा हुआ है ? इसलिए जब मैंने आप से कहा कि स्तालिन का यह सूत्र कि भाषा न आधार है, न अधिरचना है, बहुत दूर तक हमारी सहायता नहीं करता, क्योंकि इनके परिवर्तनों का प्रभाव भाषा के विभिन्न स्तरों और रूपों पर पड़ा है।

मुख्य प्रश्न हमारा भाषा का नहीं था, साहित्य का था। जब मैंने 'स्तालिन कालीन मार्क्सवाद' कहा तो उसका अर्थ स्पष्ट होना चाहिए कि उस सारे मार्क्सवाद को स्तालिन ने जन्म नहीं दिया था, बल्कि स्तालिन के काल में एक ऐसा इकहरा मार्क्सवाद विकसित हुआ जिसके प्रभाव में सोवियत संघ से बाहर के मार्क्सवादी भी रहे, हमारे देश के भी रहे; उसका प्रभाव साहित्य-चिन्तन पर भी पड़ा है। उसकी संकीर्णताओं से क्रमशः लोग मुक्त होते रहे हैं और मुक्त होने का प्रयास कर रहे हैं।

सुधीर रंजन सिंह : त्रोत्स्की का भी मार्क्सवाद स्तालिनकालीन ही है। इधर यह खबर छपी है कि एक लम्बे अर्से के बाद त्रोत्स्की को रूस में पुनर्प्रतिष्ठित किया जा रहा है।

नामवर सिंह : मेरी जानकारी में त्रोत्स्की के मार्क्सवाद की पुनःप्रतिष्ठा सोवियत संघ में नहीं हो रही है। मैं त्रोत्स्की का विशेषज्ञ नहीं हूँ; मैंने उसका विशेष अध्ययन

नहीं किया है। इसलिए बहुत ब्योरे में जाकर त्रोत्स्की के बारे में मैं कोई बात प्रामाणिक रूप से नहीं कह सकता, लेकिन जो मेरे मन पर एक असर है वह इतना ही है कि एक ही द्वन्द्व न्याय से जितने इकहरे स्तालिन हैं और स्तालिनवाद है, उसकी प्रतिक्रिया में बनने और पनपने वाला त्रोत्स्की भी उतना ही इकहरा है और उतने ही सरलीकरण से भरा हुआ है। दोनों में से किसी एक को चुनने का प्रश्न नहीं है यह मेरी धारणा है। बाकी चीजों को छोड़ भी दें तो राजनीतिक स्थापनाओं में यह कहना कि एक देश में समाजवाद, और दूसरी ओर यह कहना कि सारी दुनिया में क्रांति हो जाए तभी यहाँ समाजवाद कायम रह सकेगा–ये दोनों एकांगी हैं। लेनिन ने जब कहा था, 'एक देश में समाजवाद' तो उसका मतलब यह नहीं था कि विश्व की बाकी क्रांति से उनका कोई सम्बन्ध नहीं है। लेनिन के कथन में ऐसी बात नहीं थी, लेकिन स्तालिन और त्रोत्स्की, दोनों दो छोर पर पहुँचे। यह राजनीतिक स्थापनाओं का एकांगी रूप है। साहित्यिक मान्यताओं में, कुछ लोग समझते हैं, त्रोत्स्की ज्यादा संवेदनशील था। नीति के तहत उसने भी 'प्रोलितकुल्त' का विरोध किया था। रूस में उस दौर के तथाकथित जो 'फार्मलिस्ट' या रूपवादी कहे जाते थे, उनके विरुद्ध त्रोत्स्की भी था। इसलिए लोग मानते हैं कि साहित्य-कला के बारे में उसके विचार मार्क्सवादी हैं। यही नहीं, कुछ लोगों की धारणा है कि नए प्रयोगों के प्रति वह ज्यादा संवेदनशील था। मुझे ऐसा कुछ नहीं दिखाई पड़ता। यह एक तरह का अवसरवाद भी हो सकता है। लुनाचार्स्की में भी अन्तर्विरोध मिलेगा, लेकिन कला और साहित्य के क्षेत्र में होने वाले नए प्रयोगों के प्रति वे अपेक्षाकृत इन दोनों से संवेदनशील थे।

सुधीर रंजन सिंह : और गोर्की ? स्तालिनकालीन मार्क्सवाद का प्रभाव गोर्की पर था या नहीं ?

नामवर सिंह : बिल्कुल नहीं था। गोर्की के साहित्य-सम्बन्धी विचार पर स्तालिन काल का प्रभाव नहीं था। लेकिन एक बात जरूर कहूँगा कि गोर्की ने एक रचनाकार की हैसियत से, जीवन जगत् की अपनी समझ के अनुसार, जो साहित्य-सम्बन्धी विचार दिए हैं, उसको मार्क्सवाद के पर्याय या प्रमाण के रूप में नहीं मानना चाहिए। एक उदाहरण मैं रखना चाहूँगा। गोर्की तोलोस्तोय के साहित्य के प्रशंसक थे, दोस्तोयेव्स्की के घोर विरोधी थे। शायद लेनिन का दृष्टिकोण भी लगभग ऐसा ही था। लेनिन और गोर्की के प्रति पूरी श्रद्धा रखते हुए भी मुझे यह बात उनकी व्यक्तिगत रुचि की प्रतीत होती है; साहित्य की पूरी समझ और मार्क्सवादी समझ की, यह पर्याय नहीं बन सकती। गरज कि बड़ों में भी कुछ 'ब्लाइंड स्पॉट' होते हैं–लेनिन में भी थे, गोर्की में भी हो सकते हैं।

सुधीर रंजन सिंह : क्या यही बात रामविलास जी पर लागू नहीं होती है ? रामविलास जी निराला के प्रशंसक हैं और मुक्तिबोध के विरोधी, जैसे गोर्की

और लेनिन तोलस्तोय के प्रशंसक थे और दोस्तोयेव्स्की के विरोधी !

नामवर सिंह : हो सकता है। लेकिन एक कठिनाई है। गोर्की साहित्य के आलोचक नहीं थे; लेनिन साहित्य के आलोचक नहीं थे। लेनिन और गोर्की यह दावा भी नहीं करते थे। उन्होंने कहीं दावा नहीं किया कि मेरे विचार बिल्कुल मार्क्सवादी साहित्य-सिद्धान्त के रूप में निरूपित हुए हैं और उसके ढाँचे के अन्तर्गत आते हैं। इसलिए उनकी त्रुटि दूसरे प्रकार की है। रामविलास शर्मा एक आलोचक की हैसियत से और इन लोगों के अनुभवों से सीखते हुए जब कुछ कहते हैं तो वह एक सिद्धान्त के तहत है। यह केवल उनकी व्यक्तिगत रुचि का सवाल होता तो इस पर बहस नहीं की जा सकती थी। लेकिन साहित्य का समालोचक यदि किसी एक लेखक की यथार्थवाद के आधार पर आलोचना करता है, और रामविलास जी मुख्य रूप से यथार्थवाद को ही साहित्य सिद्धान्त मानते हैं, तब वहाँ बहस की गुंजाइश बनती है।

सुधीर रंजन सिंह : रामविलास जी यथार्थवाद को बहुत ज्यादा महत्त्व देते हैं–साहित्य ही में नहीं दर्शन में भी। मैंने जो उनसे इन्टरव्यू किया है उसमें उन्होंने उल्लेख किया है कि वे अभी भारतीय दर्शन की भूमिका लिख रहे हैं और उसमें मुख्य विषय यथार्थवाद होगा। रामविलास जी के अनुसार भौतिकवाद संकुचित शब्द है, यथार्थ व्यापक। क्योंकि यथार्थवाद के अन्तर्गत गैर-भौतिकवाद भी आ सकता है, भाववादी दर्शन में भी यथार्थवादी प्रवृत्तियाँ हो सकती हैं। मतलब यह हुआ कि यथार्थवाद किसी-न-किसी रूप में या कि दर्शन में बहुत पहले से मौजूद रहा है; जबकि हम आमतौर पर ऐतिहासिक अवधारणा के रूप में यथार्थवाद का विकास बहुत बाद के युगों में लक्षित करते हैं। वैसे तो जार्ज लुकाच ने भी प्रवृत्ति रूप में यथार्थवाद को ग्रीक दर्शन और कला में लक्षित किया है। और 'दूसरी परम्परा' के सन्दर्भ में अभी हम आपके जिस लेख 'कविता की दूसरी परम्परा' की चर्चा करते चले आ रहे हैं उसमें आपने योगेश्वर की कविता में 'नया यथार्थवाद' देखा है। इसका मतलब ये हुआ कि 9वीं शती के आसपास के इस नए यथार्थवाद के पहले भी कोई पुराना यथार्थवाद रहा होगा–वह कालिदास में होगा, भवभूति में होगा, या फिर 'रामायण' और 'महाभारत' में होगा। इससे तो यही निष्कर्ष निकला कि आपके यहाँ भी यथार्थवाद कोई नई और आधुनिक अवधारणा नहीं है, बल्कि वह पहले भी नए और पुराने रूप में मौजूद था ?

नामवर सिंह : जहाँ तक आपने बताया कि रामविलास जी 'भौतिकवाद' की जगह 'यथार्थवाद' शब्द को दर्शन के विवेचन में अधिक उपयुक्त समझते हैं, तो अपनी समस्या का समाधान वे अपने ढंग से ढूँढ़ रहे होंगे। शायद उन्हें 'भौतिकवाद' शब्द उतना उपयुक्त नहीं लगता और 'यथार्थवाद' ज्यादा उपयुक्त लगता है। मैं दर्शन का वैसा विद्यार्थी तो नहीं हूँ, लेकिन मुझे लगता है कि 'भौतिकवाद' की

जगह 'यथार्थवाद' रख देने से समस्या नहीं सुलझेगी, बल्कि और उलझेगी। बीसवीं शताब्दी का एक दार्शनिक सम्प्रदाय है, जो भाषिक विश्लेषणवादी दार्शनिक मत कहलाता है, उसमें से कुछ अपने को 'रियलिस्ट' कहते हैं और ये लोग अपने को लॉक और ह्यूम की प्रत्यक्षवादी या अनुभववादी परम्परा–'इम्पिरिसिस्ट' परम्परा से जोड़ते हैं। यह 'यथार्थवाद' कहने को यथार्थवाद है, वास्तव में यह 'विज्ञानवाद' है। भारतीय दर्शन में भी कुछ लोगों ने 'रियलिस्ट' परम्परा ढूँढ़ी है, वे भी कहीं-न-कहीं भाववाद के अन्तर्गत आते हैं। इसलिए शब्द बदल देने से समस्या नहीं बदलती। मुख्य बात है कि साहित्य में 'रियलिज्म' का अर्थ बिल्कुल दूसरा है और दर्शन में 'रियलिज्म' का अर्थ बिल्कुल दूसरा। योरपीय दर्शन की परम्परा में, और योरपीय दर्शन की शब्दावली लेकर भारतीय दर्शन के सन्दर्भ में भी लोग 'नेचुलिज्म' और 'रियलिज्म' शब्द का इस्तेमाल साहित्य से भिन्न अर्थ में करते हैं। इसलिए दर्शन और साहित्य में इन दोनों शब्दों के अलग-अलग अर्थ रहे हैं, अर्थ शब्दों ने प्रयोग में ग्रहण किए हैं।

अब मार्क्सवादी आलोचना-सिद्धान्त की बात आती है। मार्क्स-एंगेल्स ने 'रियलिज्म' पर बहुत बल दिया था और साहित्य के लिए इसे एक मूल्य माना था; आगे चल कर उसी परम्परा में जार्ज लुकाच ने यथार्थवाद को श्रेष्ठ साहित्य का पर्याय माना; और उसी क्रम में सोवियत संघ में समाजवादी यथार्थवाद का विकास हुआ। यथार्थवाद को जिस रूप में परिभाषित किया जाता रहा है, कठिनाई उसके साथ है। इस यथार्थवाद को विशेषण लगा-लगा करके परिभाषित किया गया, खासतौर से लुकाच ने जिस रूप में परिभाषित किया है। उन्होंने दो शब्द लिये–एक को आलोचनात्मक यथार्थवाद कहा, दूसरे को समाजवादी यथार्थवाद मैक्सिम गोर्की ने उसे एक 'रोमांटिक रिर्यालज्म' शब्द चलाया, 'हीरोइक रियलिज्म कहा और एक दूसरे प्रकार के साहित्य को भी, जिसमें भविष्य के लिए आशाएँ हों, बहुत महत्त्व दिया। इन चीजों से एक बात बहुत साफ मालूम होती है वि मोटा-मोटी यथार्थवाद तो ठीक है, लेकिन इस एक शब्द से काम नहीं चलने वाल है। यथार्थवाद को विशेषणों की जरूरत पड़ती रही है। मूल बात तो यह है वि जो वास्तविकता है उसका चित्रण कोई लेखक किस हद तक करता है, कैसे करता है। इसे लेकर लम्बी बहस है कि यथार्थ है क्या और यथार्थ के चित्रण की क्या कोई एक पद्धति है ! उस चित्रण की पद्धति का सम्बन्ध साहित्यकार की अपनी समझ, अपनी दृष्टि, अपनी विचारधारा से कितनी दूर तक है ? अगर इसे हम समझने का प्रयत्न नहीं करेंगे तो 'रिडक्शनिज्म' के शिकार हो जाएँगे, जो कि जार्ज लुकाच हुए। लुकाच ने जब सौन्दर्यशास्त्र पर अपनी विराट् पुस्तक लिखी तो उसमें उपन्यासों की आलोचना के क्षेत्र में विकसित जो यथार्थवाद की अवधारणा थी उसका विस्तार उन्होंने समस्त कलाओं के लिए किया और वे उस बिन्दु पर

पहुँचे जहाँ से अरस्तू ने शुरू किया था–'माइमेसिस' या अनुकरण का सिद्धान्त। लुकाच ने विस्तार से दिखाने की चेष्टा की कि जितनी कलाएँ हैं सभी अनुकरण हैं। साहित्य और चित्रकला में तो इससे दिक्कत नहीं हुई लेकिन संगीत कला कैसे अनुकरण है, इसमें उनको काफी कठिनाई हुई; वास्तुकला के सन्दर्भ में भी कठिनाई हुई। मैंने एक कार्टून कहीं देखा था जिसमें अरस्तू को मार्क्स की दाढ़ी पहना करके लुकाच के रूप में उपस्थित किया गया था, जिसका अर्थ था कि मार्क्सवादी जार्ज लुकाच जब कला-सिद्धान्त खोजने निकले तो अरस्तू के पास पहुँचे। यह एक विद्रूप हो सकता है लुकाच के विचारों का; लेकिन मैं कहना चाहता हूँ कि जब आप 'रियलिज्म' पर बल देते हैं तो इसी तरह का 'रिडक्शनिज्म' होता है। उसका परिणाम व्यवहार में क्या होता है, और क्या हुआ ? यथार्थवादी जार्ज लुकाच ने आधुनिकतावाद के नाम पर या उस दायरे में रचे हुए समूचे साहित्य और समूची कला को पतनशील पूँजीवादी व्यवस्था के साथ जोड़ा, और उसमें उन्होंने काफ्का को खारिज किया, पिकासो की भी बहुत सारी कला-कृतियों को व्यर्थ समझा, ब्रेष्ट को भी खारिज किया। यही रामविलास जी में भी आपको दिखाई पड़ेगा। रामविलास जी को सीधी-सरल-सपाट नई कविता तो ग्राह्य हो जाएगी, लेकिन जटिलता अग्राह्य। केदारनाथ अग्रवाल उनको सबसे बड़े कवि मालूम होते हैं। नागार्जुन की कुछ ही कविताएँ उनको पसंद आती होंगी। विस्तार से नागार्जुन पर उन्होंने लिखा नहीं, इसलिए मुझे पूरा मालूम नहीं है। उन्होंने नागार्जुन के कुछ व्यंग्यों की प्रशंसा की है, कुछ और चीजों की भी प्रशंसा की है। लेकिन अगर वे और विस्तार से लिखें तो पता चले कि केदारनाथ अग्रवाल के बाद अगर वे नागार्जुन को महत्त्व देते हैं तो किस नागार्जुन को ? नागार्जुन के कई रूप हैं, कई कविताएँ हैं। जाहिर है कि मुक्तिबोध की कविताएँ उतने सरल, सपाट, सीधे रूप में नहीं आतीं तो इसलिए उनकी फैण्टेसी और उनकी लम्बी कविताएँ नहीं पसंद आतीं, वे कविता ही नहीं लगतीं उन्हें। मैं तो इतनी दूर तक कहता हूँ कि निराला की कविताओं में भी जिन कविताओं को–'नये पत्ते' की कविताओं को कुछ लोग काफी महत्त्व देते हैं रामविलास जी उन्हें उच्चकोटि की कविता नहीं मानते, ऐसा उनके विवेचन से मालूम होता है।

इसलिए यथार्थवाद के सम्बन्ध में जो बात आपने उठाई उस पर मैं दो बातें कहना चाहता हूँ। एक तो यह कि यथार्थवाद-सम्बन्धी अवधारणा मुख्यतः उपन्यास के क्षेत्र में विकसित हुई; उसका विस्तार कविता के क्षेत्र में करना रामविलास जी का मौलिक योगदान है। कविता में यथार्थवाद को मानदण्ड मार्क्सवादी आलोचकों ने भी कभी नहीं माना है। उसको मानदण्ड कॉडवेल ने नहीं माना है, ब्रेष्ट ने नहीं माना है। ब्रेष्ट तो बुनियादी रूप में ही नहीं मानते थे इसको। मायकोव्स्की भी कविताओं के सिलसिले में यथार्थवाद को नहीं मानते थे। दूसरी बात यह है

कि स्वयं उपन्यास के क्षेत्र में भी, वास्तविकता के चित्रण का जहाँ तक सवाल है, यथार्थवाद सभी प्रकार की कृतियों के विश्लेषण में सक्षम मुझे नहीं दिखाई पड़ता। उदाहरण के लिए, गार्सिया मार्क्वेस का जब 'वन हंड्रेड इयर्स ऑफ सॉलिट्यूड' नाम का उपन्यास आया, और यथार्थ का वह भी एक रूप है; उसके सन्दर्भ में एक नया शब्द अंग्रेजी में चलाया गया 'मैजिक रियलिज्म'–यानी 'जादुई यथार्थवाद'। अब आप देखें कि 'रियलिज्म' काफी नहीं हुआ। इसका मतलब है कि कई तरह के 'रियलिज्म' हैं। अब आँख मूँद करके केवल 'यथार्थवाद' शब्द को ही हम अपनाते चलेंगे तो उपन्यास के ही क्षेत्र में कई तरह के यथार्थ का चित्रण करने वाली रचनाएँ दुर्घटनाग्रस्त होंगी, जैसा कि काफ्का के मूल्यांकन में दिखाई पड़ता है। काफ्का को एकदम शीतयुद्ध के दौरान लोगों ने प्रतिक्रियावादी व्याख्याकारों के हवाले कर दिया। यही बात नाटक के क्षेत्र में हुई, चित्रकला के क्षेत्र में हुई। अगर इतिहास को देखें तो जो 'सररियलिस्ट' थे, जिन्हें हम हिन्दी में अतियथार्थवादी कहते हैं, वे भी अपने को क्रांतिकारी कहते थे और इस बुर्ज्वा समाज-व्यवस्था को तोड़ना और बदलना चाहते थे। 'दादा' का आन्दोलन भी इसी तरह का था। उन्होंने इस यथार्थवाद के सिलसिले में एक सवाल उठाया था, उनकी एक सही आपत्ति थी, कि आज के जमाने में यथार्थवादी होने का अर्थ है व्यवस्था द्वारा स्वीकृत और मान्य यथार्थ का चित्रण। यदि व्यवस्था द्वारा मान्य यथार्थ को तोड़ना है और उसके चित्र को दूसरा रूप देना है तो हमको इस 'रियलिटी' के जो 'फ्रैगमेंटेड' रूप हैं उनका चित्रण करना है; और 'कोलाज' के रूप में उन्होंने चित्रण किए। यह भी एक धारणा है। इसलिए मैं कहना चाहता हूँ कि स्वयं उपन्यास के क्षेत्र में भी यथार्थवाद शब्द पर्याप्त नहीं है; अनेक दूसरी अवधारणाओं की सहायता से ही यथार्थ का चित्रण करने वाली रचनाओं को समझा जा सकता है।

इस सिलसिले में हम लोगों को एक बहुत बुनियादी सवाल की ओर जाना होगा, वह बुनियादी सवाल है–भाषा और वास्तविकता का सम्बन्ध। बड़ी पुरानी अवधारणा रही है कुछ लोगों की कि शब्द वस्तु का चित्र हुआ करता है अथवा शब्द किसी वस्तु का नाम हुआ करता है। चूँकि साहित्य का सारा कारोबार भाषा से ही होता है, इससे यदि यह समझ बने कि शब्द वस्तुओं का नाम होता है या शब्द वस्तुओं का चित्र होता है और इसी से यह समझ लेना कि भाषा में जो कुछ चित्रित किया जाता है वह यथार्थ का चित्रण हुआ करता है–यह धारणा शब्दार्थ-सम्बन्ध के बारे में बड़ी मोटी और भौंड़ी समझ का सूचक है। शब्द अर्थ का सम्बन्ध यही नहीं होता; कहना यह चाहिए कि इनमें कोई सम्बन्ध नहीं है। वाच्य-वाचक सम्बन्ध पर हमारे यहाँ प्राचीन व्याकरण-दर्शन में बहुत गंभीर विचार हुआ है; विचार न्याय में भी हुआ है; लेकिन संप्रति व्याकरण-दर्शन को ही मानें जो कि साहित्य का आधार है। यथार्थवाद पर विचार करते समय जब तक बहुत

गहराई से इस पर विचार नहीं किया जाएगा कि शब्द और अर्थ, दूसरे शब्दों में भाषा और वास्तविकता के सम्बन्ध कैसे बनते हैं और इन सम्बन्धों का असर हमारे साहित्यिक चित्रण पर कैसे पड़ता है, तब तक यथार्थवाद की सीमा और उसकी शक्ति का पता नहीं चलेगा। इधर कुछ अध्ययन करते हुए मुझे लगा कि हमारा पुराना व्याकरण-दर्शन इस बारे में हमें बहुत दूर तक सहायता कर सकता है।

दूसरी बात, उपन्यास भी एक कहानी ही है। उपन्यास जो कहानी कहता है वह चरित्रों के माध्यम से, घटनाओं के माध्यम से : अंग्रेजी में जिसके लिए कहा जाता है कि उपन्यास एक तरह का 'नैरेटिव' –आख्यान है। इस आख्यान की प्रकृति को समझना आवश्यक है। इतिहास भी उपन्यास की तरह की कहानी–'नैरेटिव' है; और यह 'नैरेटिव' हर इतिहासकार या इतिहास-लेखक की अपनी गढ़ी हुई कहानी है। इतिहास में सचमुच जो घटित हुआ है या जीवन में जो कुछ भी घटित हुआ है उसको एक उपन्यासकार एक कहानी का रूप देता है, दूसरा उपन्यासकार दूसरी कहानी का रूप दे सकता है; और इतिहासकार भी यही करता है। इसलिए मैं कहना चाहता हूँ कि यथार्थवाद पर विचार करते समय हम लोग यह भूल जाते हैं कि यथार्थवादी उपन्यास एक 'नैरेटिव' है और इस 'नैरेटिव' के अपने नियम हैं। उन नियमों के अनुसार जो गढ़ी हुई स्टोरी है वह एक 'कंस्ट्रक्शन' है और यह 'कंस्ट्रक्शन' एक हद तक आत्मनिष्ठ है। एक वस्तुनिष्ठ वास्तविकता की जो आत्मनिष्ठ संरचना कथानक के रूप में आती है वह जितनी भी यथार्थवादी हो, यथार्थ हो नहीं सकती। इसलिए जार्ज लुकाच ने जो 'टाइप' के माध्यम से यथार्थवाद की व्याख्या का रास्ता निकाला, उसमें मुझे बहुत बड़ा दोष दिखाई पड़ता है। आमतौर से इतिहास की घटनाओं का निरूपण 'टाइप' के माध्यम से नहीं होता, बल्कि जो 'टाइप' नहीं होते हैं, जो हाशिए पर होते हैं, वे कभी-कभी इतिहास की ज्यादा सही व्याख्या करते हैं। उदाहरण के लिए राजनीति को लें। राजनीति के इतिहासकारों ने 19वीं-20वीं सदी के स्वाधीनता संग्राम का जो इतिहास लिखा है उसमें छिटपुट होने वाले बहुत से किसान विद्रोह और आदिवासियों के विद्रोह का जिक्र आपको नहीं मिलेगा। मैं यहाँ यह नहीं कह रहा कि वह युग विद्रोहों और क्रांतियों का था, लेकिन जो 'अनटिपिकल' है वह उस इतिहास के बारे में कभी-कभी ज्यादा गहरी समझ देता है; उसके माध्यम से उस युग के इतिहास को या उस युग की ऐतिहासिक प्रकृति को समझने में मदद मिलती है। यही बात साहित्य पर भी लागू होती है। आमतौर से यथार्थ चरित्र वे हुआ करते हैं जो 'टिपिकल' नहीं होते। प्रेमचन्द की सबसे प्रसिद्ध कहानी 'कफन' के घीसू और माधो लुकाच के वर्गीकरण के अनुसार 'टाइप कैरेक्टर' नहीं हैं, 'मारजिनल कैरेक्टर' हैं; और यह सबसे यथार्थवादी कहानी है। इसलिए मैं यह कहना चाहता

हूँ कि यथार्थवाद की व्याख्या लुकाच ने केवल 'टाइप' के अनुसार की, जो अपर्याप्त है।

लुकाच ने एक बहुत अच्छा लेख लिखा है, जो अन्तर्दृष्टि देता है—'टू नैरेट एंड टू डिस्क्राइब'। वर्णन और आख्यान दो चीजें होती हैं। इन दोनों के आपसी रिश्ने को समझने की जरूरत है। यह हो सकता है कि वर्णन कहीं यथार्थ का हो, लेकिन पूरे आख्यान में जाकर वह वर्णन एकदम आख्यान के विपरीत हो जाए, अयथार्थ हो जाए; और यह भी हो सकता है कि आख्यान सही हो और वर्णन ही गलत हो, जैसा कि आमतौर से फैण्टेसी में हुआ करता है। इसलिए मुझे लगता है कि यथार्थवाद पर विचार के लिए 'नैरेटिव' के स्वरूप और उसकी प्रकृति पर और गहराई से सैद्धान्तिक विचार की आवश्यकता है। भाषा की प्रकृति और उसकी भूमिका क्या होती है, इसे भी देखना बहुत जरूरी होगा।

एक बात और है। यथार्थवादी कला की यह बड़ी भारी सीमा दिखाई पड़ती है कि हम लोग मूर्त, सजीव, जीवन्त बिम्बों को समझते हैं कि वे वास्तविक हैं, और जो अमूर्त होता है उसे यथार्थ से दूर मान लेते हैं। इस दृष्टि से हम सारी अमूर्त कलाओं को खारिज कर देते हैं, जो कि मुझे गलत मालूम होता है। भाषा की प्रकृति में ही मूर्तन और अमूर्तन दोनों तत्त्व छिपे हुए हैं। विज्ञान में अमूर्तन बहुत बड़ी शक्ति होती है। आइंस्टाइन का सापेक्षतावाद का सूत्र, एक अमूर्त फार्मूला ही तो है! कहीं मैंने वाइटहेड का एक वाक्य पढ़ा था, "पावर लाइज एन ऐबसट्रैक्शन।" यह बात विज्ञान के बारे में ही सही नहीं है, कभी-कभी शब्द की कलाओं के बारे में भी सही होती है। अमूर्तन में कहीं ज्यादा शक्ति होती है। प्रचार माध्यमों में भी देखें, बहुत-से नारे अमूर्त होते हैं, और उनमें बहुत बड़ी शक्ति होती है। मैंने 'कविता के नये प्रतिमान' में भी लिखा है कि ऐसा समझ लिया गया है कि कविता में बिम्ब ही सब कुछ है, जबकि बिम्बेतर श्रेष्ठ कविताएँ भी लिखी गई हैं। तुलसीदास बिम्बों के कवि नहीं हैं; बिम्बों से इतर कथनों के, वाक्यों के कवि हैं। यथार्थवाद की यह दूसरी बड़ी सीमा है कि हम लोग मूर्त कला पर ज्यादा बल देते हैं और जो अमूर्तन की कला हुआ करती है उसकी ओर कम ध्यान देते हैं। किसी चरित्र का नाम ऐसा रखा जाए जो भरा-पूरा एक नाम हो जिसको हम जात-पाँत से, धर्म से, समाज के किसी वर्ग से पहचान सकें; लेकिन काफ्का ने अपने चरित्र का नाम 'k' लिख दिया और वह अमूर्त हैं पर सारे अमूर्तन के बावजूद वह ज्यादा मूर्त और जीवन्त दिखाई पड़ता है। इसलिए अमूर्तन-मात्र से कोई कला अयथार्थ नहीं हो जाती।

यथार्थवाद को एक जमाने में मानदण्ड बनाकर हम लोगों ने अनेक रचनाओं के साथ अन्याय किया है। वह सिर्फ सिद्धान्त के स्तर की बात होती तब भी आपत्ति होती लेकिन ज्यादा खतरनाक हुआ कि इस सिद्धान्त के चलते रचनाओं

पर बुरा असर पड़ा। इस सिद्धान्त के कारण या आलोचकों की इस मान्यता के कारण जो क्रांतिकारी लेखक हैं, जनता के लेखक हैं, अगर उन्होंने यथार्थ के चित्रण में नए काव्य-रूपों का प्रयोग किया तो उनका मूल्यांकन उचित नहीं हुआ। इसके कारण नए प्रयोगों और नए रूपों की खोज की प्रवृत्ति कुंठित हुई और सर्जनात्मकता में भी बाधा पड़ी। और मुझे बहुत दुख के साथ कहना पड़ता है कि रामविलास जी की आलोचनाओं ने इस दृष्टि से बहुत ज्यादा धक्का पहुँचाया है। भला हुआ कि निराला जी ने उनकी बातें नहीं सुनी, अगर सुनी होती तो निराला में जो रूप की इतनी विविधता दिखाई पड़ती है, वह नहीं मिलती। केदारनाथ अग्रवाल को रामविलास जी आज का सबसे बड़ा कवि मानते हैं, जबकि आप देखेंगे कि केदारनाथ अग्रवाल नागार्जुन की तुलना में अधिक एकरस और एकरूप हैं। त्रिलोचन की तुलना में भी वे एकरूप और एकरस हैं। शमशेर को लें तो उनकी कविताएँ भी वास्तविकता से दूर नहीं हैं। शमशेर कहीं, मुक्तिबोध के शब्दों में 'इम्प्रेशनिस्ट' कला-दृष्टि के आधार पर कविताएँ लिखते हैं : कहीं वे 'सुररियलिस्ट' होते हैं। शमशेर कहीं उस हद तक और उस रूप में यथार्थवादी चित्रण नहीं करते, फिर भी वे आज के मनुष्य की हालत और स्थितियों से दूर नहीं हैं।

इसलिए, मेरा कहना है कि यथार्थवाद पर और गहराई में जाकर विचार करने की आवश्यकता है। उपन्यासों और कहानियों के क्षेत्र में तो निश्चित रूप से इसकी जरूरत है; नाटकों के क्षेत्र में और भी विस्तार से विचार करना पड़ेगा। आज थियेटर की दुनिया में जो भी सार्थक हो रहा है अनुकरणवादी-यथार्थवादी नहीं है, वह 'नॉन रेप्रिजेन्टेशनल' है। आज जो सार्थक थियेटर है उसमें आप पृथ्वीराज कपूर के थियेटर की तरह रंगमंच की भारी-भरकम साज-सज्जा, कई तरह के पर्दे और दृश्य-विधान आदि नहीं देखेंगे; केवल अभिनय के माध्यम से बहुत सीधे-सादे पर्दे पर ज्यादा सार्थक रंगमंच आज के नाटकों में प्रस्तुत किया जाता है...।

सुधीर रंजन सिंह : थियेटर बहुत ज्यादा एब्सट्रैक्शन में चला गया है...।

नामवर सिंह : बहुत ज्यादा एब्स्ट्रैक्शन में चला गया है थियेटर ? यही बात फिल्मों के बारे में भी देखेंगे। यथार्थवादी फिल्में दरअसल बम्बइया फिल्में हैं, जो बाजारू फिल्में हैं; यथार्थवाद-विरोधी वे फिल्में हैं जिनको हम 'नई लहर' की फिल्म कहते हैं। ये फिल्में भौंड़े यथार्थवाद का अनुसरण नहीं करतीं।

सुधीर रंजन सिंह : लेकिन उनमें भी, विशेष करके पश्चिमी योरप की फिल्मों में बहुत ज्यादा एब्सट्रैक्शन है, जिसका प्रभाव कुछ भारतीय फिल्मकारों पर भी पड़ा है। कला दुर्बोध हो, यह तो समझ में आता है लेकिन उसका अबूझ होना ...।

नामवर सिंह : मेरे कहने का यह अर्थ नहीं है कि मैं अमूर्तन को एकमात्र यथार्थवाद मानता हूँ, या केवल 'मैजिक रियलिज्म' को ही मैं मानता हूँ। मैं सिर्फ

यह कहना चाहता हूँ कि यह इस पर निर्भर है कि यथार्थ का कौन-सा रूप आप उपस्थित करना चाहते हैं और उससे पाठक को किस दिशा में प्रेरित करना चाहते हैं। क्योंकि मेरी समझ में कोई भी कृति रचनाकार के द्वारा यथार्थ में हस्तक्षेप है। जैसे कि आप यथार्थ में हस्तक्षेप करते हैं तो उसका रूप बदलने लगता है।

सुधीर रंजन सिंह : तो इससे हम ये कहेंगे कि साहित्य में 'रियलिटी' से ज्यादा महत्त्वपूर्ण लेखक की 'सेंस ऑफ रियलिटी' है।

नामवर सिंह : बिल्कुल सही कहा आपने।

सुधीर रंजन सिंह : मुक्तिबोध ने 'कामायनी : एक पुनर्विचार' में साहित्य की इस समझ को मूल्यवान माना है। 'कामायनी' में प्रसाद ने जो चित्रण किया है, हो सकता है कि उसका वास्तविकता से उतना गहरा सरोकार न रहा हो; लेकिन उसमें, उस फैण्टेसीपरक प्रस्तुति में जो कवि की सामाजिक चेतना सक्रिय रही है और उसकी वैयक्तिकता भी जिस रूप में उपस्थित हुई है या कहें कि उसके अवचेतन मन की जो भूमिका रही है, वह सब मुक्तिबोध की व्याख्या में सहयोगी बने। रामविलास जी ने इसे महत्त्व नहीं दिया है, हालाँकि उन्होंने 'कामायनी' की प्रशंसा की है। वहाँ भी उन्होंने सरलीकृत यथार्थवाद के धरातल पर व्याख्या की है...।

नामवर सिंह : मुक्तिबोध बार-बार यह कहा करते थे कि यथार्थवाद नितान्त वस्तुगत चीज नहीं है–'सब्जेक्ट' 'आब्जेक्ट' की 'डायलेक्टिक्स' है। जो रचनाकार है उसकी चेतना, उसकी समझ और स्वयं वास्तविकता, इन दोनों के द्वन्द्वात्मक समझ से जो कृति बनती है वही मूल्यवान है।

सुधीर रंजन सिंह : लेकिन एक बात, जैसा कि आपने थोड़ी देर पहले कहा कि हिन्दी में रामविलास शर्मा ने कविता की यथार्थवादी व्याख्या की नींव डाली है। योगेश्वर कवि हैं, और आप उनमें नया यथार्थवाद देखते हैं। इस दृष्टि से आप भी रामविलासजी के ऋणी हुए...।

नामवर सिंह : रामविलासजी के ऋणी हम बहुत-सी बातों में हैं। उनकी हर चीज गलत है–ऐसा मैंने न तब कहा है और न आज कहता हूँ। लेकिन, जब मैंने कहा कि कविता की आलोचना में यथार्थवाद उनकी मौलिक अवधारणा है तो इस कथन में एक विडम्बना का भाव भी छिपा हुआ है...

सुधीर रंजन सिंह : कि कविता की यथार्थवादी व्याख्या हो सकती है या नहीं !

नामवर सिंह : हाँ, इस पर विचार करना बहुत जरूरी है। यथार्थवाद की अवधारणा उपन्यास की आलोचना से उत्पन्न होने के बावजूद स्वयं उपन्यास की आलोचना के लिए ही पर्याप्त नहीं है तो कविता की आलोचना के लिए और व्याख्या के लिए तो निश्चित रूप से अपर्याप्त है।

उपन्यास और कहानी के लिए अंग्रेजी में एक शब्द चलता है–'फिक्शन', उससे बनता है–'फिक्शैनेलिटी'। हभ लोग उसका अनुवाद 'कथा-साहित्य' करते हैं; लेकिन 'फिक्शन' का जो दार्शनिक अर्थ है वह हमारे 'कथा-साहित्य' वाले शब्द में नहीं आता है।

सुधीर रंजन सिंह : जो 'फेक', 'फिक्टिशस' वगैरह शब्द हैं...।

नामवर सिंह : जी हाँ, उनसे बना हुआ है, जिसका पुराना नाम हमारे यहाँ 'गल्प' है और जिसे द्विवेदी जी 'कल्प' कहते थे। उपन्यास, कहानी, कविता, नाटक कुल मिला करके एक कल्प-सृष्टि ही है। मनुष्य की वे अपनी निर्मिति हैं, इस दृष्टि से वह कल्प हैं। पुराने संस्कृत के लोग आमतौर से कहा करते थे, "अपारे काव्यसंसारे कविरेकः प्रजापतिः।" इस अपार काव्य-संसार का प्रजापति कवि है। विधाता ने एक सृष्टि बनाई है, कवि भी एक सृष्टि बनाता है। उसमें एक 'फिक्शन' वाला भाव निहित है। अभिनवगुप्त ने 'ध्वन्यालोक' की 'लोचन' नाम की टीका के मंगलाचरण में ही कविता की इस विशेषता की ओर संकेत करते हुए कहा है, "अपूर्वं यद्वस्तु प्रथयति बिना कारणकलाम्।"। काव्यलोक को 'अपूर्व' कहने का अर्थ ही यह है कि वह कल्पसृष्टि है–ऐसी सृष्टि जो पहले न थी और जिसके विधि-विधान भी अपने हैं।

'फिक्शन' के मूल में जो यह धारणा है कि कवि की कृति या काव्यकृति, जैसे कालिदास ने 'शकुन्तला' लिखा या 'रघुवंश' लिखा, अपूर्व कृति थी, थी नहीं पहले। इसी अर्थ में हम लोग कहते हैं कि यह कवि की सृष्टि है, कवि की रचना है–यह कल्प-सृष्टि है। 'यथार्थवाद' शब्द कहते हुए हम लोग प्रायः यह मान कर चलते हैं कि काव्यकृति यथार्थ या जो बाहरी दुनिया है उसका अनुकरण है। जी नहीं, वह उसकी प्रतिसृष्टि रचना है और बड़ा कवि वह होता है जो ऐसी सृष्टि रचे कि वह संसार के लिए चुनौती बन जाए। यह दुनिया तो व्यवस्था है, और देखिए तो यह व्यवस्था ही यथार्थ है। इस व्यवस्था को कवि अपनी सृष्टि के द्वारा चुनौती देता है। 'यथार्थवाद' शब्द में यह धारणा निहित नहीं है। इसलिए, जैसा कि मैंने शुरू में कहा कि यथार्थवाद के सन्दर्भ में 'नैरेटिव' के स्वरूप पर विचार करने की जरूरत है; उसके साथ ही, 'फिक्शन'–कल्प-सृष्टि क्या है, इस पर भी विचार करने की जरूरत है। दूसरे देशों में जहाँ मार्क्सवादी चिन्तन अधिक विकसित है, वहाँ के मार्क्सवादी आलोचक क्रमशः इस प्रश्न पर विचार कर रहे हैं। हिन्दी में अजीब बात है कि हम लोगों ने मुक्तिबोध के कारण 'फैण्टेसी फैण्टेसी' जरूर कहा, लेकिन साहित्य के धर्म में निहित जो कल्प-तत्त्व है उसके ऊपर विचार नहीं किया। बड़ी आसानी से हम लोग किसी को यथार्थवाद-विरोधी और गैर-यथार्थवादी कह डालते हैं। प्रेमचन्द को भी हम लोग उसी यथार्थवाद की एक ऐसी ही स्थूल परम्परा में डाल देते हैं, जिससे उनके 'यथार्थवाद' के साथ भी न्याय

नहीं हो पाता।

सुधीर रंजन सिंह : हमारी बातचीत 'दूसरी परम्परा' से शुरू होकर के यथार्थवाद तक पहुँची है। हमारी समझ से अभी तक जितनी बातें हुई हैं वे आपकी दूसरी परम्परा की चिन्ता के ही अंग हैं। अब हम फिर से पहले प्रश्न की ओर लौटना चाहेंगे। आपके यहाँ 'दूसरी परम्परा' के साथ एक प्रत्यय 'लोकधर्म' जुड़ा हुआ है। 'कविता की दूसरी परम्परा' का पहला ही वाक्य है–"कविता की दूसरी परम्परा वह है जो लोकधर्मी है।" यह जो 'लोकधर्म' है शुक्ल जी के यहाँ भी है; हजारी प्रसाद द्विवेदी के यहाँ भी है; रामविलास जी के यहाँ भी ऐतिहासिक अवधारणा के रूप में 'लोकजागरण' है। आप लोकधर्म को किस रूप में परिभाषित करते हैं ?

नामवर सिंह : 'लोक' शब्द बहुत पुराना है। लोक और वेद–एक जमाने में साथ-साथ प्रयोग किया जाता था जैसे तुलसीदास करते हैं। पतंजलि के 'महाभाष्य' में देखें तो वे बार-बार शब्द-प्रयोग का आधार और प्रमाण 'लोक' को मानते हैं। इसलिए 'लोक' का मतलब कभी-कभी तो पूरा संसार होता है; कभी-कभी 'लोक' का मतलब अंग्रेजी में जिसको 'पीपुल' कहते हैं, उस रूप में होता है; इसका इस्तेमाल 'जन' के अर्थ में भी किया जाता है। इसका ढीला-ढाला प्रयोग तो होता रहा है, जो कभी व्यापक भी रहा है और कुछ लोग इसे सीमित कर देते हैं। जैसे जब हम 'लोक साहित्य' कहते हैं तो 'शिष्ट' से अलग अर्थ में लिया जाता है, 'फोक' के अर्थ में। कुछ लोग 'लोक' से 'जन' को अलग करते हैं। इसलिए इसकी अर्थ मीमांसा के ब्योरे में न भी जाएँ तो सामान्यतः शुक्ल जी के प्रयोग, हजारीप्रसाद द्विवेदी के प्रयोग और रामविलासजी के प्रयोग में एक कड़ी तो जरूर दिखाई पड़ेगी, लेकिन सभी के प्रयोग पर्याय नहीं हैं। मैंने अन्तर भी दिखाया है, खासतौर से आचार्य शुक्ल के प्रयोग और द्विवेदी जी के प्रयोग में। 'लोक' का प्रयोग शुक्ल जी कहीं बहुत व्यापक अर्थ में करते हैं; ध्यान देना चाहिए कि 'समाज' का प्रयोग वे बहुत सीमित अर्थ में करते हैं। 'संसार' के अर्थ में भी शुक्लजी ने 'लोक' का प्रयोग किया है। हम लोग सामान्यतः 'लोक' का प्रयोग 'पीपुल' के अर्थ में करते हैं, और यह वह श्रेणी हैं, मार्क्सवादी शब्दावली में, जो वर्ग से भिन्न हैं। केवल उत्पादक वर्ग या केवल मेहनत करने वाला वर्ग ही 'लोक' में नहीं आता; 'लोक' अधिक व्यापक है। उस वर्ग को जिसे हम शिष्ट कहते हैं, उसके सन्दर्भ में यह परिभाषित होता है। वह शिष्ट-समुदाय इसकी सीमा में नहीं आता। खासतौर से कहें कि जो परजीवी है वह कायदे से 'पीपुल' के अन्तर्गत नहीं आता है। उसका साहित्य, उसकी संस्कृति, उसकी विचारधारा भिन्न हुआ करती है। इसलिए हम मानकर चलते हैं कि एक राष्ट्र के अन्तर्गत एक 'लोक' होता है, दूसरा लोक से इतर है। इसी अर्थ में हमने 'लोक' और 'लोकधर्म' शब्द का प्रयोग किया है।

सुधीर रंजन सिंह : इस लोकधर्म की परम्परा में अभी तक आपने जितने लोगों का नाम लिया है, इस इन्टरव्यू में नहीं लेखन में, उनमें योगेश्वर हैं, कबीर हैं, त्रिलोचन और नागार्जुन भी हैं। प्रश्न है कि इस लोकधर्म अथवा दूसरी परम्परा के सिद्धान्त से सूर, तुलसी, जायसी और आधुनिक कवियों में निराला, प्रसाद, पंत और केदारनाथ अग्रवाल का या मुक्तिबोध का ही, कहां स्थान है ?

नामवर सिंह : सारे भक्त कवि इसी परंपरा के अन्तर्गत आते हैं।

सुधीर रंजन सिंह : तब इसका अर्थ यह हुआ कि तुलसी और कबीर दो परम्पराओं के कवि नहीं, एक ही परम्परा के हैं ?

नामवर सिंह : सामान्य रूप से बहुत-कुछ एक ही परम्परा के कवि हैं। सभी भक्त कवि, चाहे वे निर्गुण हों या सगुण हों, लोकधर्मी परम्परा के हैं। इस परम्परा में रीतिकालीन कवि नहीं आते; कुछ रीति-मुक्त कवि आ सकते हैं। हो सकता है कि लोकधर्म का कुछ तत्त्व रीतिकालीन कवियों में भी मिले, लेकिन सवाल प्रधानता का है। लोकधर्मी परम्परा जिसे मैं कहता हूँ इसका निर्णायक शब्द वह 'धर्म' है। प्रधानता के आधार पर हो सकता है कि कबीर में लोकधर्म के तत्त्व अधिक मात्रा में मिलें और दूसरे तत्त्व उनमें गौण हों। हो सकता है कि इसमें से कुछ तत्त्व तुलसी में अधिक हों या लोकधर्म के दूसरे आयाम उनमें व्यक्त होते हों, जो कबीर में छूट गए हों। यह संभव है कि कुछ कबीर में हों और तुलसी में न हों। इसलिए लोकधर्मी परम्परा के अन्तर्गत आने वाले लोगों में अन्तर्विरोध नहीं होगा ऐसा न मैंने कहा है न मानता हूँ।

सुधीर रंजन सिंह : आपने 'कविता की दूसरी परम्परा' में जिन दो संकलनों का उल्लेख किया है 'सुभाषितरत्नकोष' और 'सदुक्तिकर्णामृत' उनमें योगेश्वर हैं तो कालिदास और भवभूति भी हैं। स्पष्ट है कि इन सुभाषितों के संकलनकर्ताओं ने कोई भेद नहीं बरता है; और कोई भी व्यक्ति कालिदास को दोनों में से किसी भी परम्परा का कवि कहकर टाल नहीं सकता; लेकिन अगर इस तरह का विभाजन आवश्यक ही हो जाए तो कालिदास निश्चित रूप से पहली परम्परा के कवि ठहरेंगे...।

नामवर सिंह : निश्चित ही, लेकिन यह एक बड़ा सवाल है। मैंने इसे उस लेख में उठाया नहीं है। यह एक अलग लेख का विषय हो सकता है कि जो श्रेष्ठ साहित्य है हमारा, अतीत का या वर्तमान का, उसके मूल्यांकन में देखना चाहिए कि उस साहित्य का विचारधारा से क्या सम्बन्ध होता है। विचारधारा या विचारप्रणाली जब मैं कहता हूँ तो उसका आशय होता है युग-विशेष की प्रभुत्वशाली विचारधारा। उस विचारधारा से साहित्य-श्रेष्ठ साहित्य कितनी दूर तक मुक्त होने का प्रयास करता है और कहाँ मुक्त होने के प्रयास में वह पूर्णतः मुक्त नहीं हो पाता। आप जानते हैं कि मार्क्सवाद के अन्तर्गत एक लम्बी बहस है

कि साहित्य विचारधारा का अंग है कि नहीं। रामविलास जी पहले आदमी हैं जिन्होंने बड़े विश्वास से कहा कि साहित्य को विचारधारा के अन्तर्गत मानना ठीक नहीं है, मार्क्स ने भी अगर माना था तो गलत माना था। इधर के अनेक नव-मार्क्सवादियों ने ऐसा ही कहा है। अल्थूसेर ने यही कहा। लेकिन उससे एक बात तो प्रकट होती है कि जो श्रेष्ठ साहित्यिक कृतियाँ हैं या जो कालजयी साहित्यिक कृतियाँ हैं, उनकी श्रेष्ठता का कारण यह नहीं है कि वे अपने युग की प्रभुत्वशाली विचारधारा को अभिव्यक्त करती हैं, उनका समर्थन करती हैं और उनका प्रचार करती हैं। प्रायः यह दिखाई पड़ेगा कि इन श्रेष्ठ कवियों की मूल आत्मा उस विचारधारा की आलोचना करती हैं, उससे मुक्त होने का प्रयास करती हैं अथवा उसको इस रूप में चित्रित करती हैं कि आम पाठक उससे अपने को मुक्त रखे और उससे दूर रहे। उदाहरण के लिए, आपने कालिदास का नाम लिया। कालिदास कालजयी हुए तो इसलिए नहीं कि उन्होंने रघुवंश का या राजाओं का गुणगान किया। कालिदास की कृतियों में अनेक लोगों ने दिखाया है, और जो मार्क्सवादी नहीं हैं उन्होंने भी दिखाया है कि 'रघुवंश' रघुवंश के पतन की कहानी है। रघुवंश का आरम्भ जहाँ से हुआ उसमें दिलीप जैसा राजा हुआ, रघु जैसा राजा हुआ, जिसमें आगे चलकर के राम हुए, उसी में अग्निवर्ण नाम का राजा हुआ जो क्षय से मरा, वह इतना विलास-ग्रस्त था। अब कालिदास रघुवंश की गाथा लिखते हुए यदि चाहते और वे राजाओं के समर्थक होते तो राजाओं के पतन की कहानी न लिखते। इससे यह स्पष्ट होता है कि उस विचारधारा से वे अपने को अलग करते हैं। 'अभिज्ञान शाकुन्तल' में दुष्यंत ने शकुन्तला के साथ जो व्यवहार किया वह किसी राजा के लिए प्रशंसात्मक नहीं है। कालिदास के यहाँ एक ओर नगर, राजधानी, राजसत्ता और दूसरी ओर आश्रमों का वैभव, उनकी पवित्रता, उनकी नैसर्गिकता और उस आश्रम-जीवन की स्वच्छन्दता, सहज-स्नेह और मानवीयता का चित्रण है। इन दो के बीच का तनाव और संघर्ष दिखाई पड़ता है। कालिदास जो आश्रमों का युग बीत गया था उसके 'नास्टेल्जिया' के द्वारा दूसरे समाज की और शिष्ट वर्ग की कड़ी आलोचना उपस्थित करते हैं। यही नहीं, 'विक्रमोर्वशीय' में पुरुरवा अपने विरह के गीत संस्कृत में नहीं गाता है, बल्कि अपभ्रंश में और लोक-काव्य में अपनी वेदना व्यक्त करता है। ये सारी चीजें बताती हैं कि कालिदास की अपने युग के अभिजात वर्ग की विचारधारा के प्रति, आलोचनात्मक दृष्टि थी। लेकिन दूसरी ओर कालिदास में नैतिक मानदण्ड, धर्म, स्मृतियों का समर्थन जैसे तत्त्व भी मिलेंगे। उनके यहां बराबर राजधर्म के रूप में, स्मार्त धर्म के रूप में, स्मृतियों द्वारा समर्थित उस धर्म का अनुकथन भी आपको यहाँ से वहाँ तक मिलेगा। उनके यहाँ ये दोनों चीजें मिलेंगी। सच पूछिए तो 'शकुन्तला' में द्वन्द्व ही है–स्वच्छन्द प्रेम और राजधर्म अथवा स्मृति-समर्थित राजधर्म की नैतिकता का तनाव है। वहाँ

दोनों चीजें मिलेंगी। इसलिए कृतियाँ कालजयी हैं तो बहुत कुछ लोकधर्म के कारण और उसके प्रति संवेदनशील होने के कारण, अभिजात वर्ग की विचारधारा से मुक्त होने और उसकी आलोचना करने के कारण। कुछ ऐसे कवि थे जो उस विचारधारा से विचार के स्तर पर मुक्त थे और सर्वथा मुक्त होकर उन्होंने लोकधर्म का निर्वाह किया है। दूसरी तरफ, लोकधर्म के कवियों में भी आपको अन्तर्विरोध मिल जाएंगे।

सुधीर रंजन सिंह : इसका अर्थ यही हुआ कि दो परम्परा का सिद्धान्त सभी जगहों पर लागू नहीं होता, खास करके श्रेष्ठ अथवा कालजयी कृतियों के सन्दर्भ में।

नामवर सिंह : नहीं, ऐसा नहीं है। परम्पराएँ दो तो हैं ही। एक ही कवि के अन्दर भी ये दोनों प्रवाहित हो सकती हैं और यह भी हो सकता है कि वे भिन्न-भिन्न कवियों में भी मिलें। लेकिन यह कहना कि साहित्य की सम्पूर्ण परम्परा एकदम लोकधर्मी है, तथ्य नहीं है। माघ, श्रीहर्ष, भारवि और अमरुक जैसे मुक्तक लिखने वाले बहुत से कवि हुए हैं, जिनके बारे में आप यह बात नहीं कह सकते हैं। कुछ कवि ऐसे थे जिन पर अभिजात वर्ग की विचारधारा की छाप बहुत गहरी थी; लोक-जीवन और लोक के प्रति उनके मन में वितृष्णा का भाव मिलेगा और विरोध का भाव भी मिलेगा। किसी-किसी कवि के अन्दर दोनों परम्पराएँ हो सकती हैं; लेकिन ऐसे भी कवि हुए हैं जिनमें लोकधर्म वाली परम्परा अपने अनाविल रूप में और मुक्त रूप में अधिक व्यक्त हुई है।

सुधीर रंजन सिंह : अन्त में मैं पूछना चाहूँगा कि यह जो आपकी दूसरी परम्परा की अवधारणा है, जिसमें प्रभुत्वशाली संस्कृति और परम्परा का विरोध है, क्या इसे ग्राम्शी के 'हिजेमनी थ्योरी' से 'इंसपायर्ड' नहीं मानना चाहिए ?

नामवर सिंह : मान सकते हैं। ग्राम्शी के 'हिजेमनी थ्योरी' से मुझे प्रेरणा निश्चित रूप से मिली है। मैंने आरम्भ में ही कहा था कि मुख्य लक्ष्य हमारा होना चाहिए कि उस प्रभुत्व को तोड़कर, जो 'कॉमनसेंस' के रूप में व्याप्त हो गया हो, हमें स्वयं 'लोक' या 'जन' का प्रभुत्व स्थापित करना चाहिए। इस चिन्तन प्रक्रिया में निश्चित रूप से हमें ग्राम्शी से प्रेरणा मिली है।

(साँचा, दिसम्बर, 1988 में प्रकाशित)

12

... की जिससे बात उसने शिकायत जरूर की

भगवान सिंह के साथ बातचीत

नामवर सिंह से सहमत होना कठिन है, असहमत होना खतरनाक और उन पर लिखने की कोशिश एक ऐसे तिलिस्म में प्रवेश की चेष्टा जो इतना खुला हो कि उसकी दीवारें भी दरवाजों का भ्रम पैदा करें और निकट पहुँचने पर दरवाजे तक दीवारों में बदल जायें। उनमें एक ऐसी सरलता है कि वह अपने पाठकों—श्रोताओं को बिल्कुल पारदर्शी लगते हैं और इसके बावजूद कुछ ऐसा बचा रहता है जो पकड़ में नहीं आता। उनके सन्दर्भ में सरलता वक्रता का ओर वक्रता सरलता का पर्याय बन जाती है। जहाँ उनकी पारदर्शिता चरम पर होती है वहीं गहराई इतनी अधिक कि असावधान रहने पर डूबने का खतरा पैदा हो जाये। अतः यदि आप सचमुच नामवर जी को समझना चाहते हैं तो आपके सामने अनेक ऐसी कठिनाइयाँ पेश आयेंगी जिनकी ओर पहले आपने ध्यान ही न दिया हो। उनके विषय में कही-सुनी और लिखी बातों में से अधिकांश उनको समझने में सहायता देने के स्थान पर अवरोध पैदा करेंगी। श्रद्धावश लोग उनमें ऐसे गुणों या विशेषताओं की खोज कर लेंगे जो यदि सचमुच हों तो उन्हें गुण के स्थान पर दोष ही माना जाना चाहिए। शिकायत करने वाले अपनी खीझ में ऐसी 'कमजोरियों' की ओर इशारा करेंगे जिन्हें किसी व्यक्ति की ताकत माना जाना चाहिए। सबसे अधिक परेशानी स्वयं नामवर जी की ओर से पेश की जायेगी जिनका कहा और लिखा सुन-पढ़कर वाल्ट ह्विटमैन याद आते हैं :

डू आइ कांट्रेडिक्ट माइसेल्फ ?
वेरी वेल, देन, आइ कांट्रेडिक्ट माइसेल्फ ;
(आइ एम लार्जआइ कंटेन मल्टीच्यूड्स)

—सांग ऑफ माइसेल्फ

उनके अध्ययन, चिंतन और व्यक्तिगत संबंधों में वह लार्जनेस पायी जाती है जिसके होने पर कोई अपने भीतर भूमा को समाहित कर सके और जिसके भीतरी टकरावों

से तालमेल बैठाने के क्रम में कोई अपने को भी काटता प्रतीत हो।

नामवर जी को समझने में एक और बाधा उनकी कुशाग्रता है। उनकी प्रतिपादन शैली पाठकों को अपने साथ बहा ले जाती है। व्याख्यान सुनते समय हम अर्धसम्मोहन की अवस्था में आ जाते हैं। हम एक ऐसी ग्रहणशीलता अपना लेते हैं जिसमें तर्क-वितर्क कुछ समय के लिए स्थगित हो जाता है। वक्तव्य समाप्त होने के साथ धीरे-धीरे यह सम्मोहन छँटता है और हम सतर्क होने लगते हैं। हमारे मन में ऐसे अनेक सवाल उठने लगते हैं जो उनके द्वारा जानबूझकर छोड़ या टाल दिये गये लगते हैं और फिर हमें इनके पीछे कोई गहरी चाल दिखाई देने लगती है। उनकी प्रतिभा का आतंक कुछ ऐसा है कि हम यह मानना ही नहीं चाहते कि कुछ बातें ऐसी भी हो सकती हैं जिनकी ओर उनका ध्यान ही न गया हो। इस तरह प्रतिभा और ज्ञान पर विश्वास नीयत पर सन्देह का रूप ले लेता है।

यह एक विचित्र बात है कि नामवर सिंह को कोई सही नहीं मानता, यह नई वात भी नहीं है, और इसके बावजूद नामवर सिंह हिंदी आलोचना के पर्याय से बन गए हैं। इस मुद्दे पर विचार किया जाना चाहिए कि क्यों जिन सवालों पर उन्होंने नहीं लिखा उनका जिक्र आने पर उनकी अकर्मण्यता या उपेक्षा को जिम्मेदार ठहराया जाता है और जिन रचनाकारों पर उन्होंने नहीं लिखा वे क्यों महसूस करते हैं कि उन पर आलोचना लिखी ही नहीं गई ? क्यों आलोचकों और रचनाकारों को लगातार उनसे शिकायत रही और इसके बावजूद उन रचनाकारों की दृष्टि में भी जिन्हें उनसे ये शिकायतें थीं वह नई प्रवृत्तियों के सबसे बड़े पारखी माने जाते रहे ? ध्यान रहे, यह गौरव हिंदी आलोचना में शुक्ल जी के बाद किसी अन्य को क्यों नहीं मिला ? स्वयं नामवर जी के गुरुदेव को भी नहीं, बाजपेयी जी, नगेंद्र जी, साही जी, रामविलास जी किसी को भी नहीं। इसका रहस्य शायद यह है कि नामवर सिंह आलोचक के रूप में जहाँ भी रखे जाएँगे उनसे बड़ा साहित्य पारखी हिंदी ने शुक्ल जी के वाद पैदा नहीं किया। आलोचक के रूप में गलतियाँ शुक्ल जी ने भी बेशुमार की हैं, साहित्यपारखी के रूप में शायद ही कहीं गलत सिद्ध हुए हों।

इस दृष्टि से किसी तरह का हवाई सर्वेक्षण करने की अपेक्षा हमने उनसे बातचीत करके उनके विचारों को जानने का प्रयत्न किया जो यहाँ दिया जा रहा है। हमने अपनी जिज्ञासाओं को वहीं तक सीमित रखा है जहाँ तक उनके दृष्टिकोण को जानने के लिए जरूरी था और जिससे आगे बढ़ने पर चर्चा ऊबाऊ हो सकती थी। अतः किन्हीं प्रसंगों में नामवर जी के दृष्टिकोण के स्पष्ट हो जाने के बाद आगे कोई प्रश्न या टिप्पणी न करना इस बात का प्रमाण नहीं कि लेखक नामवर जी के दृष्टिकोण से पूरी तरह सहमत ही है। कहीं-कहीं हमारी अपनी चेष्टा के बावजूद संचारगत अंतराल के कारण उत्तर अधूरे या अपकेन्द्रित हो गए हैं, परन्तु पाठक मूल आशय को समझ लेंगे। पहले हमने बातचीत को शब्दशः रखने का प्रयत्न किया पर मौखिक बातचीत

में वाक्यों का अधूरा रह जाना, प्रसंग का बीच में ही बदल जाना और लंबे अंतराल के बाद वापस आना, एक ही बात को कई व्याजों से कहना और जब तक वाक्यों का उलझकर एक जंगली झाड़ी का-सा रूप ले लेना पढ़ते समय कुछ अटपटा लगा और इससे संचार में भी बाधा पड़ने का डर था अतः वाक्यों को दुरुस्त करने की सीमा तक कथन को बदलने की छूट ली गई है।

भगवान सिंह : नामवर जी, आपसे यह शिकायत है कि आप लिखने से यथासंभव बचते हैं। लिखते तभी हैं जब हर ओर से घिर जायें और बच निकलने का कोई रास्ता न रह जाय। इसका क्या कारण है ?

नामवर सिंह : कोई कारण मैं साफ समझ नहीं सका हूँ, न बता सकता हूँ। यह जरूर है कि जब किसी चीज का बहुत दबाव पड़े और, जिसे आप कह रहे हैं कि बच निकलने का कोई रास्ता न रहे, तभी मैं उसे कागज पर उतारता हूँ। बहुत-सी ऐसी समस्याएँ हैं जिन पर सोचता रहता हूँ। एक चिन्तक और लेखक के नाते इसे आप भी जानते ही होंगे। मार्क्स का एक सूत्र है, जिसे लिखकर कभी मैं अपने सामने रखता था : 'विदाउट हेस्ट; विदाउट रेस्ट।' सो मुझे जल्दी नहीं रहती। यह दोष भी हो सकता है, लेकिन कोई स्थापना करने से पहले तमाम सुलभ तथ्यों को जब तक इकट्ठा न कर लूँ। तब तक मैं कोई वक्तव्य देना या साधारणीकरण करना मैं कभी नहीं चाहता। अंतिम क्षण तक तथ्य संग्रह करता रहता हूँ। एक तो शायद यह कारण हो जिससे विलम्ब होता है और दूसरे तथ्य-संग्रह के क्रम में होता यह है कि आखिर में उसका ताप ही समाप्त हो जाता है। फिर वह उत्साह नहीं रहता। इसमें क्षति जरूर होती है। पर यह आदत बहुत दिनों से बनी हुई है कि अच्छी तरह सोच विचार करके ही कोई बात कही जाये जिसके लिए मैं उत्तरदायी भी हो सकूँ।

भगवान सिंह : इसका एक कारण संभवतः यह भी हो सकता है कि चूँकि आप बहुत अच्छे वक्ता हैं इसलिए वक्तव्य आपको सबसे सरल और सुकर माध्यम लगता है। बहुत-सी ऐसी बातें जिन्हें आप लिखना चाहते रहे हैं उनके इस तरह व्यक्त हो जाने के कारण आपको लगता है कि काम लगभग हो गया।

नामवर सिंह : नहीं, ऐसा नहीं है। कई लोगों ने ऐसा कहा है, परन्तु यह सच नहीं है। मैंने अपने भीतर भी टटोलकर देखा है और पाया है कि केवल यही कारण नहीं है। इसे स्पष्ट करने से पहले कह दूँ कि मान लीजिए मैं लिखने की तैयारी कर रहा हूँ और अचानक कोई अच्छी पुस्तक मिल जाये तो मैं लिखने को मुल्तवी कर दूँगा और पढ़ने लग जाऊँगा। यह दोष हो सकता है लेकिन अक्सर ऐसा होता है। पढ़ने के कारण लिखने का काम रुका है यह तो मैं साफ कह

सकता हूँ।

दूसरा, बोलने के बारे में एक बात यह बता दूँ कि जिस विषय पर बोलना हो उस पर सोच कर, तैयार करके जाता हूँ। कुछ ऐसे भी व्याख्यान हुए हैं जिनमें अन्य लोगों के जो भाषण हुए हैं उन पर तत्काल स्वतःस्फूर्त रूप में कुछ अच्छी बातें भी निकल गई हैं। भाषण के दौरान भी चूँकि सोचने का क्रम चलता रहता है इसलिए कई बार कई बातें ठीक से नहीं कह पाता। ठीक से वे बाद में याद आती हैं। दूसरों के लिए भाषण वहीं समाप्त हो जाता है पर मेरे लिए सोचने का क्रम चलता रहता है। अक्सर सोचता हूँ कि इस बात को भी कहा जाना चाहिए था। भाषण देने से पहले के नोट्स और भाषण देने के बाद के नोट्स सैकड़ों की तादाद में होंगे। बहुत कुछ सुरक्षित हैं। कई बार सोचा कि उनको जोड़-बटोरकर लिख डालूँ, क्योंकि उस समय सब कुछ ताजा रहता है, पर व्यस्तताओं के कारण पूरा नहीं कर सका। इसलिए मैं नहीं मानता कि अभिव्यक्ति एक बार हो गई तो हो गई और लिखने की आवश्यकता फिर नहीं रह जाती। मैं उन चीजों पर सचमुच लिखना चाहता हूँ।

भगवान सिंह : लगता है, लिखने का आपका अपना मानदंड इतना ऊँचा है और उसकी तैयारी इतनी लंबी हो जाती है कि लिखने का समय आप टालते रहते हैं। उसी टालने का एक बहाना है किसी अच्छी पुस्तक का मिल जाना।

नामवर सिंह : शायद यही बात है।

भगवान सिंह : मुझको लगता है कि आप यह मान लेते हैं कि अमुक स्तर से नीचे किसी बात को कहने का कोई मतलब ही नहीं। फिर यह विलम्बित तो होगा ही और फिर यह स्थगित रह जाता है। इसलिए मेरा ख्याल है कि पहली ही बार के लेखन में पर्फेक्शन की बात ठीक नहीं, इसे बाद के लिए छोड़ा जा सकता है पहली बार जिस तरह आता है विचार, उस तरह लिखकर छोड़ दें फिर कुछ दिन बाद उसको उलट-पलटकर देख लें और विचारों में जो परिवर्तन आया है उसे हाशिये पर नोट कर लें। फिर एक बार पता चल जाने पर कि आपकी अमुक किताब चल रही थी, प्रकाशक आदि दबाव डालकर खुद उसे पूरा करा लेंगे। मुझे कुछ लिखना हो तो मैं टाइप मशीन पर सीधे बैठ जाता हूँ और लिखने लगता हूँ। इस क्रम में मुझे पहली बार पता चलता है कि मैं कह क्या सकता हूँ। इस तरह लिखने के क्रम में जो सोचना शुरू होता है तो फिर रास्ता चलते, उठते-बैठते सोचने का क्रम जारी रहता है और अक्सर पहले ड्राफ्ट की बहुत-सी बातें दूसरे ड्राफ्ट में कट जाती हैं और यह क्रम आगे भी चलता रहता है। तीन बार से पहले तो मेरा कोई लेख पूरा ही नहीं हो पाता। इसमें लिखने की मात्रा ज्यादा होती है, फाड़ने की उससे भी ज्यादा, पर आउटपुट कुल मिलाकर अधिक रहता है।

नामवर सिंह : संभव है आपका तरीका अधिक सही हो और सोचता हूँ एक बार यह तरीका भी अपनाकर देखूँ। मेरा अपना तरीका बिल्कुल दूसरा है। मैं यों करता हूँ कि जिस विषय पर लिखना है उस पर लिखना तब तक शुरू नहीं करता जब तक वह हस्तामलकवत मेरे सामने न हो जाय। सबसे अधिक समय मुझे शुरुआत में लगता है, शायद पहले वाक्य में। उसमें जितना भी समय लगे परन्तु जब तक वह सन्तोषप्रद नहीं होता तब तक आगे का काम रुका रहता है। लेकिन एक बार धागा जहाँ से जुड़ना चाहिए वहाँ से ठीक शुरुआत हो गई तो मेरा एक ही ड्राफ्ट होता है और मुझे फिर दुबारा उठाकर देखने की जरूरत नहीं होती। यह आदत शायद ठीक नहीं है। मुझे अक्सर लगता है कि मुझे ऐसा नहीं करना चाहिए, लेकिन आदत बन गई है। अब इस उम्र में आकर इसे कैसे छोड़ूँ या बदलूँ ? लेकिन आप जो कह रहे हैं वह रास्ता शायद ठीक है और उससे वो चीजें लिखी जा सकेंगी, क्योंकि यह सही है कि लिखने का जो ताप है वह बहुत महत्त्वपूर्ण है और उसका ड्राफ्ट तैयार हो जाना चाहिए। फिर जो चीजें रह जाती हैं बाद में जोड़ते रहें।

भगवान सिंह : और फिर तो पूरा ड्राफ्ट ही चेंज हो जाएगा।

नामवर सिंह : हाँ, मेरे साथ होता यह है कि यदि कुछ लिखूँ तो उसमें जोड़ता कम हूँ, काटता ही ज्यादा हूँ। यदि कुछ जोड़ना हुआ तो उसे नये सिरे से शुरू करूँगा और वह इतना बदला हुआ होगा कि...कभी-कभी यह भी होता है कि कम तैयारी या तथ्यों के अभाव में मैंने लिखना शुरू किया तो तीन बार लिखना पड़ेगा, चार बार लिखना पड़ेगा। इसलिए पूरी तैयारी करके ही शुरू करता हूँ कि चलो उतना सन्तोषप्रद नहीं तो कुछ तो हो जाएगा।

भगवान सिंह : यह बात मैंने इसलिए उठाई कि पहले मैं भी यही सोचता था और हर आदमी इसी तरह सोचता है कि अभी मूड नहीं है, अभी बात साफ नहीं हुई। फिर मैंने गौर किया कि चाहे हम कितनी भी गंभीरता से क्यों न सोचें केवल सोचने में अर्धनिर्मित विचार ही आते हैं और गुजर जाते हैं, अक्सर हम बहक जाते हैं। लिखते समय जब हम अपने इन सोचे हुए विचारों को 'कंक्रीटाइज' करते हैं तो बहुत-सी चीजें कटती चली जाती हैं, छँटती चली जाती हैं। अतः खाली बैठकर सोचने के स्थान पर लिखते हुए सोचना अधिक सही लगा और 'ड्राफ्ट' तो फिर, जैसा कहा, दूसरे, तीसरे होते ही जाएँगे। सबसे बड़ी बात यह कि इसमें मेहनत करने की, नियमित रूप से लिखने की एक आदत-सी पड़ जाती है। आप इतने घंटे बैठकर लिखेंगे नियमित रूप से। यदि 'मूड' के इंतजार में रहें तब तो गड़बड़ ही हो जाएगा। तो लेखन को रूटीन बनाने के लिए कि इतने घंटे बैठकर लिखूँगा ही और यदि नहीं पसन्द आया तो फाड़कर फेंक दूँगा, यह अधिक सही लगता है।

नामवर सिंह : हाँ, सही है।

भगवान सिंह : दूसरी बात यह कि आपका भाषण सुनने के बाद मैं अभिभूत हो जाता हूँ और फिर कुछ समय बाद उसमें बहुत-सी गलतियाँ नजर आने लगती हैं। मुझे लगता है कि यदि आपके भाषणों का कोई नियमित रेकार्ड रखा गया होता तो पता चलता कि अपनी अनेक स्थापनाओं को आपने खुद ही बदल दिया है। इसके मूल में मुझे दो बातें लगती हैं, एक तो आप बहुत पढ़ते हैं, पढ़ते ही रहते हैं, अतः दूसरों का कहा आपको इतना घिसा-पिटा लगता है या इतना हल्का लगता है कि उस पर 'रिएक्ट' करते हुए आप उनको 'रिजेक्ट' भी कर देते हैं और दूसरा एक भाव यह उभरता है कि इन लोगों को बताना चाहिए कि ये वास्तव में क्या हैं और इसमें आपकी भूमिका एक 'विक्टर' की अधिक और एक चिंतक की कम रह जाती है। ऐसा मुझको लगता है। कई बार।

नामवर सिंह : अब, यदि कोई ठोस उदाहरण होता तो शायद मैं उस पर अपनी बात सोच सकता। पर, हर स्थिति में ऐसा नहीं होता। कोई बहस हो और उसमें मैं यह मानकर चलूँ कि प्रतिपक्ष को या औरों को पराजित करना है, ऐसा हमेशा नहीं होता। एक बात मैं बराबर कहता आया हूँ कि प्रतिपक्ष के कमजोर बिंदु पर हमला करना मेरी आदत नहीं है। यह मुझे पसन्द नहीं आता। उसका जो मजबूत बिंदु है, जो सबसे अहम बिंदु है, उससे जब तक हम नहीं जूझेंगे तब तक विजय असली विजय नहीं है। हमारे जो वरिष्ठ आलोचक थे, परिमल वाले थे, वात्स्यायन जी थे, उनसे भी सिर्फ बहस के लिए बहस करें या उनके किसी कमजोर बिंदु को लेकर उस पर हमला करके ताली पिटवा लें, ऐसा मेरा कभी उद्देश्य नहीं रहा। उनके सबसे मजबूत मोर्चे से यदि हम लड़ें, जूझें उसका जवाब दे सकें तो दें और फिर कोई समानान्तर स्थापना कर सकें तो करें तब तो, मेरी समझ से, ठीक है। यही शुरू से मेरा दृढ़ विश्वास रहा है और आज भी है।

भगवान सिंह : नहीं, जो सवाल मैं पूछना चाहता था वह तो रह ही गया। जैसे, अनेक गोष्ठियों में मैंने देखा कि आपने विषय ही बदल दिया। आपको लगा होगा कि जो बहस चल रही है वह पूरी बहस ही बेकार है। मिसाल के लिए मुझे 'इमरजेंसी' के दौर की सप्रू हाउस में हुई एक गोष्ठी की याद आ रही है जिसमें, यदि आपको याद हो तो, श्रीकान्त वर्मा भी थे और उनकी कुछ खिंचाई भी हुई थी। ऐसा एक-आध और मौकों पर भी मैंने देखा कि आपने पूरे विषय को ही बदल दिया। मैं यह मानता रहा हूँ कि एक ऐसा व्यक्ति जिसका अध्ययन और आइ. क्यू. ऐसा हो कि दूसरों से उसका 'गैप' बहुत साफ हो उसे एक मार्क्सवादी चिन्तक के रूप में दूसरों को सबक सिखाने के स्थान पर उनकी गलतियों को बताते हुए, उनकी उँगली या हाथ पकड़कर आगे ले आना चाहिए। आपको शिक्षक के रूप को छिपाए हुए पर भूमिका वही अदा करते हुए एक वरिष्ठ सहयोगी

के रूप में 'कंस्ट्रक्टिव' ढंग से उन्हें सही रास्ते पर लाना चाहिए। इस बात का ध्यान आप नहीं रखते।

नामवर सिंह : ऐसा है कि मैं इस पर तत्काल कुछ कह नहीं सकता। अलग-अलग स्थितियों में, जैसा कि वातावरण भाषणों का रहा होगा...ठीक कुछ कह नहीं सकता।

भगवान सिंह : ऐसा मैं इसलिए कह रहा हूँ कि शायद अपनी ओर से ही अपने 'आइ. क्यू' या अपने अध्ययन के बारे में कोई राय बना लेना और इसके अनुरूप भूमिका की बात सोचना शायद आपको ठीक न लगता हो। लेकिन हम जानते हैं, कौन कितना पढ़ता है और इसलिए जानते हैं कि लोगों को मदद की जरूरत है...

नामवर सिंह : अच्छा, भगवान सिंह, एक क्षेत्र है। पता नहीं, उसमें यदि आपने भाग लिया होता तो पाते वहाँ मैं यही करता हूँ। विश्वविद्यालयों की दुनिया में। उनमें जो गोष्ठियाँ होती हैं और जो भाषण होते हैं उनमें अगर आप होते तो देखते कि उनमें मैं वही भूमिका अदा करता हूँ जिसकी आप अपेक्षा कर रहे हैं। कारण, उसमें विद्यार्थियों की और होनहार अध्यापकों की संख्या अधिक होती है। अभी दिल्ली विश्वविद्यालय के दक्षिण परिसर में, जामिया मिल्लिया में और हमारे जे. एन. यू. में ऐसी गोष्ठियाँ हुई थीं। इसलिए शिक्षा संस्थाओं में जो गोष्ठियाँ होती हैं उनमें वहाँ के श्रोताओं को ध्यान में रखते हुए मेरी कोशिश यह रहती है कि उनके प्रश्नों और शंकाओं को उनके स्तर पर जाकर उनको ऊपर लाने का प्रयत्न करूँ। मेरे जो परिचित हैं वे भी मानते हैं कि किताबों से ज्यादा शैक्षिक कार्य मैंने अपने इन व्याख्यानों के द्वारा किया है। लेकिन इनसे अलग उन साहित्यिक गोष्ठियों में जिनमें विभिन्न विचारों के साहित्यकार होते हैं वहाँ उस स्तर तक जाकर मैं उठाने की जरूरत नहीं समझता और वहाँ कुछ जगहों पर स्थिति 'पोलेमिकल' हो जाती है या हो जाती होगी, सर्वत्र नहीं। जैसा प्रसंग हो, जैसा अवसर हो उसके हिसाब से। कभी-कभी, जैसा कि आपने कहा, जिस विषय पर चर्चा हो रही है उसको मैंने छोड़ दिया है। मुझे लगा कि सवाल तो वह नहीं बल्कि यह है। आप जब कह रहे हैं तो एक अवसर याद आ रहा है। राजेन्द्र यादव ने पिछले दिनों एक गोष्ठी की थी। विषय कुछ इस प्रकार था कि आज जन संचार के युग में साहित्य अप्रासंगिक हो गया है। उसमें निर्मल वर्मा भी बोले थे। कुछ और वक्तव्य भी आये। शायद उस पर आपकी बात लागू हो कि सवाल को मैंने बदल दिया था, छोड़ दिया था। यानी यह कि जनसंचार पर मैंने कुछ नहीं कहा और मुझे लगा कि यह प्रश्न निरर्थक है। मैंने कहा, कुछ लोग 'राइटर' होते हैं और कुछ लोग 'मीडिया' के 'राइटर' जिन्हें हम 'मीडियाकर' कह सकते हैं। तो मुझे यह प्रासंगिक नहीं लगा। मैंने प्रासंगिकता की एक कसौटी बताई जिसे और लोग नहीं उठाते हैं। मैंने कहा, प्रासंगिकता का पता इस बात से चलता है कि कौन सत्ता

को चुनौती देता है और कौन नहीं। अब इस विषय में न तो राजेन्द्र यादव ने विषय रखते हुए सोचा था न ही निर्मल जी ने इसे उठाया था। मुझे लगा कि जिस स्तर से ये लोग बात कर रहे हैं वह ठीक नहीं। मेरी समझ से आज के भारतीय सन्दर्भ में यह ज्यादा जरूरी है कि सत्ता की बात उठायें और फिर उसकी चुनौती का सामना करें। उस विषय में यह नहीं था और मैंने इसे बदल दिया। ऐसा कभी-कभी हो जाता है क्योंकि विषय बहुत सुनिश्चित तो रखे जाते नहीं। सारी बहस को मीडिया पर ले जाना चाहते थे ये लोग, कि मीडिया महत्त्वपूर्ण है और लेखन महत्त्वपूर्ण नहीं, इसलिए हर आदमी को मीडिया के लिए लिखना चाहिए। इस पर आक्रमण करने का और इस मिथ को तोड़ने का एक ही तरीका मुझे लगा कि यह साफ कर दूँ कि टी. वी. के लिए लिखने का एक ही मतलब है, चाहे आप जिस भी तरह लिखें, आप राजसत्ता के पूरे ढाँचे का समर्थन करेंगे। और जितना ही ऐसा करेंगे उतना ही आपको प्रोत्साहन मिलेगा। मेरे सामने तो उस समय मेरे मित्र मनोहर श्याम जोशी थे जिन्होंने दो अच्छे उपन्यास लिखे हैं और कुछ अच्छी कहानियाँ भी लिखी हैं किसी जमाने में। मैंने उन्हें साहित्यिक विनाश के मार्ग पर जाते देखा था और इससे मुझे दुख हुआ था। तो कहीं-कहीं ऐसा तो होता है लेकिन शिक्षा संस्थाओं में ऐसा नहीं है। और दूसरी गोष्ठियों के भी असंख्य उदाहरण हैं।

और जो मेरी पढ़ने की आदत है उसे मैं एक लाचारी मानता हूँ। इसे मैं कोई गर्व की बात नहीं मानता। मैं उन लेखकों में हूँ जो इस बात का प्रदर्शन नहीं करते कि मैंने बहुत पढ़ा है। विदेशी नामों की संख्या गिनाना मुझे पसन्द नहीं। हमारे मित्र रमेश कुन्तल मेघ में इसकी भरमार मिलेगी। रमेशचन्द्र शाह भी नाम-जाप में पीछे नहीं हैं। हिन्दी में ऐसे लेखकों की कमी नहीं है जो यह दिखाना चाहते हैं कि अमुक-अमुक लेखकों को उन्होंने पढ़ रखा है। मुझे इस प्रदर्शन से परहेज है। केवल एक पुस्तक है मेरी जिस पर लोगों ने बहुत आरोप लगाया था, कविता के नये प्रतिमान, जिसमें नये-पुराने विदेशी लेखकों के बहुत से नाम हैं। लेकिन वे यह भूल जाते हैं कि इसमें संस्कृत के आचार्यों के भी नाम हैं। जो नाम मैंने दिये हैं, जो उद्धरण मैंने दिये हैं वे आमतौर से चालू उद्धरण नहीं हैं। और ये लेखक भी अक्सर उद्धृत नहीं होते। कुछ लोग बिल्कुल दूसरे ढंग की शिकायत करते हैं। एक बार निर्मल जी बोले कि नामवर जी, आप कितना पढ़ते हैं उसका तो कुछ अन्दाजा है मुझको, लेकिन आपके लेखन से इसका पता नहीं चलता। वह मेरी आलोचना करते हुए कह रहे थे कि पढ़ते इतना हो लेकिन उन चीजों का कोई असर नहीं पड़ता।

एक दूसरी गोष्ठी का हवाला दूँ। जनवादी लेखक संघ की ओर से कई साल पहले, मेरा ख्याल है, चार-पाँच साल पहले, विट्ठल भाई पटेल हाउस में

एक गोष्ठी हुई थी मार्क्सवादी सौन्दर्यशास्त्र पर। शायद आप भी उसमें थे।

भगवान सिंह : था। उसमें रमेशकुन्तल मेघ भी बोले थे।

नामवर सिंह : और उन्होंने मार्क्सवादी सौन्दर्यशास्त्र का एक खाका पेश किया था। मैं तो उसमें बोलने वाला नहीं था लेकिन लोगों ने आग्रह किया तो मैं भी बोला। मेरा कोई इरादा नहीं था, लेकिन उनका पूरा लेख सुनते हुए मेरी जो पहली प्रतिक्रिया हुई...। आपको याद होगा नीरस और ऊबाऊ तो था ही, जिस पर मैंने कहा था कि सौन्दर्यशास्त्र की चर्चा अक्सर असुन्दर होती है। उसमें मुख्य बात जो कहने लायक मुझे लगी थी, उसे मैंने कहा था और यह उन्हें उनकी औकात बताने के लिए नहीं, बल्कि यह मेरे अपने लिए भी था और दूसरों के लिए भी। मेरी चिन्ता यह थी कि मार्क्सवाद को शास्त्र नहीं बनाया जाना चाहिए। उसका 'क्रिटिकल रोल' रहा है। 'टेक्स्ट बुक' तो उसकी लिखी जाती है जो 'डाग्मा' बन चुकी होती हैं। यह कहना इसलिए जरूरी था कि हम लोग अपनी अबोधता में एक 'हैंडबुक' चाहते हैं। हर आदमी, हर लेखक सोचता है कि हिन्दी में मार्क्सवादी सौन्दर्यशास्त्र की एक 'हैंडबुक' होनी चाहिए। मैंने ग्राम्शी का हवाला देते हुए कहा था कि बुखारिन ने ऐसा ही किया था जिस पर ग्राम्शी को सख्त टिप्पणी करनी पड़ी थी। यह मार्क्सवाद को एक रूढ़ि बनाना है। यहाँ आप कह सकते हैं कि उसमें मैंने विषय बदल दिया।

भगवान सिंह : नहीं, उसे आपने बड़े धैर्य से सुना था और समझा था। वह निबन्ध तो ऐसा था कि लग रहा था कि दिमाग ने काम करना ही बन्द कर दिया है। एक खास तरह का ठसपन था। संस्कृत शब्दों से, लगता है, उन्हें कुछ विशेष ही प्रेम है।

नामवर सिंह : यह संस्कृत से प्रेम नहीं है। आज के जमाने में अधिक संस्कृताऊ भाषा उनकी होती है जो संस्कृत नहीं जानते। देखिए तो चन्द्रधर शर्मा 'गुलेरी' और पंडित हजारी प्रसाद द्विवेदी संस्कृत के इतने बड़े पंडित थे, लेकिन कितनी प्रसन्न भाषा लिखते थे।

भगवान सिंह : हाँ, वही मेरा भी आशय था।

नामवर सिंह : यह अच्छा लगा कि आपने जो अनुभव किया उसे साफ-साफ कह दिया। लेकिन आपको याद होगा कि भाषण देकर मैं तो चला आया था पर वहाँ जितने भी जनवादी थे सभी अपराह्न की गोष्ठी में मेरी कठोर आलोचना करते रहे और रमेशकुन्तल मेघ को सही सिद्ध करते रहे।

भगवान सिंह : जहाँ तक मुझे याद है उसके बाद उस पर कोई चर्चा नहीं हुई थी, शायद।

नामवर सिंह : नहीं, विषय था यथार्थवाद। लेकिन जोर मार्क्सवादी सौन्दर्यशास्त्र गढ़ने पर ही दिया गया।

भगवान सिंह : याद नहीं आ रहा है। उसके बाद शायद कविताओं का या कहानियों का पाठ था।

नामवर सिंह : मैं तो छपी हुई रिपोर्ट के आधार पर कह रहा हूँ। बार-बार मेरे प्रतिवाद के बावजूद, एक मार्क्सवादी सौन्दर्यशास्त्र होना ही चाहिए, यह सभी दुहराते चले जा रहे हैं। अब इस पर खीझ न हो तो क्या हो। इन लोगों को कैसे समझाया जाये कि यह मार्क्सवाद की मूल चेतना के विरुद्ध है।

भगवान सिंह : बात खिसककर मार्क्सवादी सौन्दर्यशास्त्र पर आ गई। खैर, मुझे ऐसा लगता रहा है कि सौन्दर्यशास्त्र के नाम पर केवल वही बच रहता है जिसे हम मार्क्सवादी सौन्दर्यशास्त्र कहना चाहते हैं। इसके अलावा जो कुछ है वह सौन्दर्य की गलत धारणाओं पर किये गये अटपटे प्रयोगों का इतिहास है जिससे छाँटकर कुछ सूत्र गढ़ लिये गए हैं। इसलिए मार्क्सवादी सौन्दर्यशास्त्र नहीं, सौन्दर्यशास्त्र पर जब भी सही दृष्टि से विचार होगा तो वह मार्क्सवादी सौन्दर्यशास्त्र ही होगा।

नामवर सिंह : आपके इस कथन से मैं सहमत हूँ। मार्क्सवाद की यह समझ है कि सौन्दर्यशास्त्र के आगे मार्क्सवादी विशेषण लगाने की आवश्यकता नहीं। आप जब भी सही ढंग से विचार करेंगे और सौन्दर्यशास्त्र को नया रूप देंगे तो...और यदि आप को याद हो तो मैंने उसमें यह भी कहा था कि प्रेमचन्द पर बात करते हुए हम यह कथन अक्सर दुहराते हैं कि हमें सौन्दर्य की परिभाषा बदलनी चाहिए। लेकिन मार्क्सवादी सौंदर्यशास्त्र की चर्चा के समय वे इसे भूल जाते हैं जबकि मैंने कहा था कि यह ज्यादा मार्क्सवादी वक्तव्य है। यह किसी शास्त्री का कथन नहीं, बल्कि एक रचनाकार की उक्ति है। इसी रोशनी में हमें आज सोचना चाहिए कि हम कैसे सौन्दर्य की परिभाषा बदलें। सौंदर्य का सम्बन्ध वर्गों से है। हम बराबर वर्गों की, वर्ग-संघर्ष की बात करते हैं, लेकिन यहाँ आकर हम यह भूल जाते हैं कि सौन्दर्य की कोई सामान्य धारणा नहीं होती। एक समुदाय की दृष्टि में, एक उपभोक्ता, एक परजीवी की दृष्टि में जो सुन्दर है वह एक ऐसे आदमी के लिए सुन्दर नहीं है जो मेहनत करता हो, कमाता हो, संघर्ष करता हो।..यह शायद दूसरी बहस थी जिसमें मुझे विषय को बदल देना पड़ा...

भगवान सिंह : नहीं, उसमें ऐसा नहीं लगा था। और अध्ययन की बात जो आप कर रहे थे, आपकी खासियत भी यही है कि अध्ययन का दिखावा आप नहीं करते। सच तो यह है कि जब आप रचना के रू-ब-रू होकर बात करते हैं तब आपकी आलोचना बहुत अच्छी होती हैं और जहाँ आपने दूसरे चिंतकों और आलोचकों का हवाला देते हुए कोई बात कही है वहीं आप कमजोर लगते हैं। मैं समझता हूँ कि हम जिन शब्दों और विचारों का प्रयोग करते हैं उनमें से कौन-सा किससे लिया गया है इसका न तो हम सदा ध्यान रख सकते हैं न ही

यह संभव है कि हम इसका कापीराइट उनको देते चलें। हम सभी उधार लिये हुए और अपनी परिस्थिति के अनुरूप पड़ने वाले औजारों का प्रयोग करते हैं। जब हमारे सामने समस्या ही प्रधान रूप से रहती है तो हम विविध स्रोतों से लिये गए ज्ञान का उसको सुलझाने में प्रयोग करते हैं। जब अन्य लेखकों के विचार गिनाने लगते हैं तो कुछ भटक जाते हैं और समस्या उलझ जाती है। मेरा मतलब यह नहीं है कि जहाँ हम किसी लेखक के विचारों को अक्षरशः उद्धृत कर रहे हैं, वहाँ भी उसका नाम न लें। उसकी तो बात ही अलग है। पर जब हम समस्या का सीधे सामना करते हैं तो हमारी व्याख्या अधिक सीधी और पैनी होती है।

इस प्रसंग में एक और बात। अक्सर हमारे अपने बारे में हमारी राय सबसे गलत होती है। चाहे जितने भी लोग तारीफ करें, स्वयं अपने महत्त्व को समझने में अनेक लोगों ने भूल की है। आप जिन लेखकों को उद्धृत करते हैं उनमें से अनेक उतने बड़े लेखक नहीं हैं जितना आप उन्हें मान लेते हैं। मिसाल के लिए आप ने जहाँ रचना के रू-ब-रू कोई बात कही है वहाँ गलत नहीं हुए हैं पर जहाँ आपने दूसरों के हवाले से बातें की हैं वहाँ तमाम सारे लेख और रचना-दृष्टियाँ 'आउट आफ डेट' हो गई हैं।

नामवर सिंह : संभव है। यदि आप चाहें तो...

भगवान सिंह : मैं इसलिए ऐसा कह रहा हूँ कि जहाँ आप रचना को सामने रख कर बात करते हैं वहाँ भी आपका सारा ज्ञान और अध्ययन और चिन्तन से अर्जित दृष्टि रहती है पर वह सीधे रचना पर केन्द्रित रहती है। यह बात अधिक महत्त्वपूर्ण है। जब आप किसी को उद्धृत करते हैं तो एक तरह का व्यवधान आ जाता है।

नामवर सिंह : हो सकता है। आप तो जानते ही हैं कि यद्यपि अब थोड़ा कम हो गया है, लेकिन कविताएँ, कहानियाँ और उपन्यास–जो सार्थक और महत्त्वपूर्ण हैं–ये सब मेरे पढ़ने का अभिन्न अंग रहे हैं। इन्हें मैं रस और रुचि लेकर पढ़ता हूँ, इसलिए नहीं कि इन पर कभी समीक्षा लिखूँगा। कुछ तो कालजयी कृतियाँ हैं, अपने यहाँ की और बाहर की भी। सच पूछिए तो जीवन और जगत के बारे में मैं अपने सवालों के जवाब विचारकों में ढूँढ़ने के साथ ही साथ साहित्यिक रचनाओं में भी ढूँढ़ता हूँ। तो आपका यह कहना शायद सही है कि सीधे रचना के रू-ब-रू जब कोई बात कही जाती है तो अधिक ठीक लगती होगी, प्रामाणिक लगती होगी।

मुझे याद नहीं आ रहा है कि आपकी मुराद किन लेखकों से है, लेकिन ऐसे विचारकों के उद्धरण दो तरह के हैं। पहली कोटि में स्वयं मार्क्स और मार्क्सवादी विचारक हैं। हम लोग जहाँ लिख रहे हैं, जिस स्थिति में हैं, वह बौद्धिक दृष्टि से भी एक विकासशील स्थिति में हैं और इसमें आपको ध्यान होगा कि प्रगतिशील लेखन में आप्त वाक्य और प्रमाण के रूप में मार्क्स, लेनिन, स्तालिन, गोर्की, इन

सबको उद्धृत करने की परम्परा रही है। उस परम्परा में अपनी बात पर वजन रखने के लिए, आप्त वाक्य उद्धृत करना पड़ जाता है। आप देखें तो हमारे अग्रजों में डा. रामविलास शर्मा में इसकी भरमार रही है। अब जाकर उन्होंने कुछ कम किया है। मुझे तो लोग संशोधनवादी लम्बे अरसे से कहते आ रहे हैं, अभी तक कहते हैं। मार्क्सवाद विरोधी भी कहते हैं। ऐसी स्थिति में अपनी उन मान्यताओं को जो सामान्य हैं, उनके लिए प्रमाण देने की जरूरत पड़ती है, यह याद दिलाने के लिए कि देखो मैं जो कह रहा हूँ वह वहाँ भी कही गई है। इसलिए सन्दर्भ इसका एक तो यह है और मैं मानता हूँ कि यह आवश्यक नहीं है। अगर वातावरण ऐसा न होता तो मैं ऐसा नहीं करता।

इसका एक दूसरा सन्दर्भ भी है; शैक्षिक दुनिया का। आप तो उस समय मौजूद थे। कलकत्ते की 'हिन्दी साहित्य के इतिहास पर पुनर्विचार' वाली गोष्ठी थी। भाषण के अन्त में मार्क्स का एक वाक्य मैंने उद्धृत किया था कि अंतिम लक्ष्य है इतिहास का अंत या इतिहास का अतिक्रमण। यह मार्क्सवाद की अवधारणा है। मैं ऐसे एकैडेमिक वातावरण का हवाला दे रहा हूँ जो मार्क्सवाद के नाम से ही चिढ़ता है। वहाँ मार्क्स का नाम ले आने का मतलब था उन लोगों को बताना और कुछ धक्का भी पहुँचाना कि हम जिस परम्परा से जुड़े हैं वह यह है।

गैरमार्क्सवादी आलोचकों और लेखकों को उद्धृत करने का जहाँ तक सवाल है, इसमें कुछ मामलों में तो ऋण स्वीकार का भाव है, जहाँ से उस विचार की प्रेरणा मिली है। मसलन अंग्रेजी के आलोचकों में मैंने एफ. आर. लीविस, रेमंड विलियम्स, इन दो के हवाले ज्यादा दिए हैं। लीविस तो मार्क्सवाद के विरोधी भी थे, लेकिन बावजूद इसके, मैंने कई बार कहा है, मुझे उनसे बहुत प्रेरणा मिली है। तो प्रमाणित करने के लिए नहीं, बल्कि इसलिए कि विचारोत्तेजना जिनसे मिली है बाकायदा उसका उल्लेख करते हुए अपनी बात कहनी चाहिए। यही बात रेमंड विलियम्स के बारे में भी सच है।

फिर तीसरा संदर्भ संस्कृत के आचार्यों का है।

भगवान सिंह : नहीं, मेरा इशारा उनकी ओर नहीं था।

नामवर सिंह : और एक बात यह भी कह दूँ कि कहीं-कहीं इतिहासदृष्टि के नाम पर, रेकार्ड दुरुस्त रखने के लिए, तथ्यों के प्रति समादर भाव से और यह दिखाने के लिए कि विचारों का विकासक्रम क्या रहा है, तथ्यों को लोगों का नाम लेते हुए देना जरूरी हो जाता है।

भगवान सिंह : वह सब तो ठीक है। जब हम कोट करते हैं तो ये सारे उद्देश्य और तकाजे तो होते ही हैं। लेकिन जब हम विचार की बात करते हैं तो उनकी इबारत को सामने रखना जरूरी नहीं लगता। और जहाँ तक मार्क्सवाद का प्रश्न है इसका मात्र भूमिका में ही उल्लेख कर देना जरूरी है। आपने यह

कहा भी है और बार-बार कहते आ रहे हैं कि एक भिन्न आर्थिक, सामाजिक और सांस्कृतिक परम्परा के सन्दर्भ में जो बात कही गयी है उसे यथातथ्य दूसरे पर लागू करना ठीक नहीं है। और मार्क्सवादी समझ तो स्वयं इसके खिलाफ है कि हम किसी को आप्तवाक्य की तरह कोट करते जायें और बदली हुई परिस्थितियों का ध्यान न रखें। इसलिए एक मार्क्सवादी को भी मार्क्सवाद की जो समझ है और उसके सन्दर्भ में अर्जित जो सामाजिक अन्तर्दृष्टि है उसके बल पर आत्मदीप होकर ही चलना होगा और उसी से भौतिक परिस्थितियों का विश्लेषण करना होगा। यहाँ तक कि मार्क्स को भी समझने के लिए मार्क्स के कथन का नहीं अपितु मार्क्सवादी दृष्टि का सहारा लेना होगा। इसी के बल पर बाद के चिन्तकों ने जहाँ मार्क्स को गलत पाया है वहाँ उन्हें बदला भी है।

नामवर सिंह : लेकिन, आप तो इतिहास के अध्येता होने के नाते जानते हैं कि यह समझ अब आई है। भारत के मार्क्सवादी लेखकों में यह प्रौढ़ समझ दो-ढाई दशक से ज्यादा पुरानी नहीं है।

भगवान सिंह : इसे तो सबसे पहले आपने ही दुहाराना शुरू किया था। मुझे याद है, कई भाषणों में आपने इस पर बल दिया था।

एक सवाल आज के सन्दर्भ में। आज के लेखन के सन्दर्भ में। अब, बातचीत में एकाएक इतने टेढ़े सवाल पर कोई स्थापना तो नहीं दी जा सकती परन्तु क्या आपको ऐसा नहीं लगता कि आज भी हमारे पास बहुत अच्छे कवि और कहानीकार हैं। स्थिति बहुत सन्तोषजनक तो नहीं है, परन्तु किसी दौर के आरंभ में स्थिति बहुत सन्तोषजनक नहीं हुआ करती। नई कविता के दौर में भी इससे अच्छे कवि नहीं थे शायद। फर्क यह है कि आज लोगों को सही आलोचना के अभाव में, सही आलोचनादृष्टि के अभाव में सही 'रिकाग्निशन' नहीं मिला है और उनका लेखन दबा रह गया है।

नामवर सिंह : देखिए, इस मामले में मेरी धारणा कुछ भिन्न है। इस बीच, पिछले दस साल के बीच शायद ही कोई नया से नया कवि हो और उसका प्रकाशित होने वाला पहला या दूसरा कविता संग्रह हो जिसकी चर्चा न हुई हो। समीक्षा के बिना कोई पुस्तक नहीं जा रही है। एक से अधिक समीक्षाएँ हो रही हैं और वह भी प्रशंसात्मक। इस दृष्टि से आज के कवि और आज के कहानीकार को जितना प्रचार-प्रसार मिल रहा है उतना पहले नहीं था। नयी कविता के दौर में भी ऐसा नहीं था। नई कहानी के दौर में भी नहीं। यह बात मैं सन सत्तर तक की स्थिति को ध्यान में रखकर कह रहा हूँ। आप 'जनसत्ता' को उठाकर देखिए। इस तरह के रविवारी संस्करण पहले नहीं निकलते थे दैनिक अखबारों के, जहाँ तुरंत समीक्षा प्रकाशित होती है। फिर एक जगह होती है तो चार जगह और होती है। 'साक्षात्कार' है, 'पूर्वग्रह' है। 'पूर्वग्रह' की दुनिया तो निराली है। लेकिन उनमें

भी अपने संप्रदाय की कृतियों पर तत्काल टिप्पणी की जाती है। इसलिए कोई कोताही नहीं है, बल्कि यह कहना ज्यादा सही है कि कोई पुस्तक समीक्षा से बचती नहीं। कमी यह है कि प्रायः सराहना ही होती है। कहानीकारों को बल्कि शिकायत है कि कवि लोग तो आपस में एक दूसरे की पीठ बहुत जल्दी ठोंक जेते हैं। लेकिन कहानी की भी पत्रिकाएँ हैं और उनकी भी चर्चा हो ही जाती है। कठिनाई यह है कि उस आलोचनात्मक विवेक के साथ–और उस विवेक में एक साहस की जरूरत है जहाँ एक कमजोर और खराब चीज को कमजोर और खराब कहा जाए–समीक्षाएँ नहीं की जातीं। इसमें एक बहुत बड़ी बाधा संगठनात्मक है। हर एक लेखक किसी न किसी संगठन से जुड़ा हुआ है। जनसंस्कृति मंच है, जनवादी लेखक संघ है, प्रगतिशील लेखक संघ है, ये तीन तो हैं ही। इनके अलावा इन तीनों से हटकर, भी गिरोह और गुट हैं उनकी भी अपनी पत्रिकाएँ हैं। लेकिन इस विवेक की, जो आलोचना के इस दौर में होनी चाहिए, कमी दिखती है। जहाँ अच्छी चीज और खराब चीज दोनों की एक ही तरह तारीफ की जाये तो दोनों का मूल्य समाप्त हो जाता है। इसे आप भी महसूस करते होंगे और मैं भी महसूस करता हूँ।

लम्बे अरसे से मैंने कविताओं पर नहीं लिखा, दूसरे कामों में लगे रहने के कारण। कामों से मतलब गैरसाहित्यिक नहीं, साहित्यिक ही। दूसरी चीजें पढ़ता रहा, और उन्हीं के बारे में लिखता रहा। लेकिन मैंने अब तय किया है कि इधर की कविताओं पर कुछ लिखूँगा, अपने विचारों को व्यवस्थित करने के बाद। लेकिन देखिए यह होता कब है ?...

(दिसम्बर, 1988, अप्रकाशित)

13

आधी सदी : आधा साहित्य

शानी, विश्वनाथ त्रिपाठी और काशीनाथ सिंह के साथ बातचीत

पहली किस्त : आजादी का पहला दशक

शानी : नामवर जी, आज हम आपके यहाँ एक खास उद्देश्य से इकट्ठे हुए हैं। यह संयोग ही है कि हमारे बीच कथाकार काशीनाथ सिंह भी हैं बावजूद कवि-आलोचक विश्वनाथ त्रिपाठी के। मैं समकालीन भारतीय साहित्य के अपने हिन्दी-अहिन्दी पाठकों के लिए चाहूँगा कि आपसे हिन्दी के समकालीन साहित्य पर चर्चा हो सके। मैं बावजूद इसके कि एक माध्यम मात्र हूँ, सीधे आपसे किसी प्रश्न की शुरुआत न करते हुए आप पर ही छोड़ता हूँ कि आप चर्चा आरम्भ करें।

नामवर सिंह : समकालीन हिन्दी साहित्य पर चर्चा करना जितना सुखद है उतना ही जोखिम भरा। यह साहित्य इतना अपने पास है कि इसे पूरा का पूरा देख पाना कठिन है। लेकिन उम्मीद है कि जो मुझसे छूट जाएगा उसे आप सब याद दिलाएँगे।

आजादी के साथ ही हममें से कई लोगों ने साहित्य में प्रवेश किया। हमने इस साहित्य को अपनी आँखों के सामने बनते हुए देखा है। अपने से बड़ों को देखा जो अपने साथ एक लम्बी परम्परा लेकर आए थे। फिर उभरती हुई उस नई पीढ़ी को देखा जो सृजन और संवेदना का नया उत्साह लेकर आई। आज आजाद भारत के साहित्य के प्रारम्भिक दशक को याद करते हुए मन में एक 'नास्टेल्जिया' का भाव जगता है।

आजादी के साथ देश के विभाजन की त्रासदी जुड़ी हुई है। फैज के शब्दों में यह 'दाग-दाग उजाला' था। इस अनुभव को लेकर कुछ बड़ी ही मार्मिक रचनाएँ लिखी गईं—कुछ तत्काल ही और कुछ दस-बारह साल बाद। गरज कि विभाजन की त्रासदी वर्षों तक लेखकों के दिमाग पर मड़राती रही।

किन्तु साहित्य-सृजन में इस दुःस्वप्न से उबरने की कोशिश भी हुई। आजादी ने देश की सर्जनात्मक ऊर्जा का उन्मोचन किया। इस दृष्टि से स्वाधीनता प्राप्ति

का पहला दशक बहुत महत्त्वपूर्ण है। इसका कुछ अन्दाजा इस बात से लग सकता है कि सन् सैंतालीस के बाद हिन्दी में अनेक नई पत्रिकाएँ निकलीं। जैसे 'कल्पना' और 'प्रतीक'।

'कल्पना' के बारे में विशेष रूप से उल्लेखनीय बात यह है कि वह एक अहिन्दी क्षेत्र से निकली, हैदराबाद से। मेरी दृष्टि में 'कल्पना' स्वाधीन भारत की 'सरस्वती' है। एक मुकम्मल पत्रिका। उसमें भाषा, साहित्य, संस्कृति के साथ कला का भी समावेश था। मकबूल फिदा हुसेन के अनेक चित्र 'कल्पना' में ही पहले-पहल छपे। और हिंदी भाषा के बारे में 'बेचारी हिंदी' वाला यह स्तम्भ आज भी याद आता है। हिंदी के प्रयोगों पर गंभीर विचार महावीर प्रसाद द्विवेदी की 'सरस्वती' के बाद 'कल्पना' में ही दिखाई पड़ा। इसका श्रेय निश्चय ही 'कल्पना' के प्रधान संपादक आर्येन्द्र शर्मा को है। 'कल्पना' इस काल के साहित्य की प्रतिनिधि पत्रिका थी। संपादकीय दृष्टि भी उदार थी। संकीर्णता से सर्वथा मुक्त।

'प्रतीक' पहले द्वैमासिक निकला, फिर मासिक हुआ। आरंभ में 'प्रतीक' की दृष्टि भी व्यापक थी, किंतु वह क्रमशः उसके सम्पादक सच्चिदानंद वात्स्यायन 'अज्ञेय' की विशिष्ट साहित्यिक अभिरुचि के अनुरूप नव लेखन की अगुवाई करने वाली पत्रिका बनकर रह गई और 'कल्पना' की तरह दीर्घजीवी न हो सकी।

इस क्रम में 'नया साहित्य' (बम्बई) और 'नयी कविता' (इलाहाबाद) जैसी अनियतकालीन पत्रिकाओं का योगदान भी उल्लेखनीय है। इनके साथ ही इलाहाबाद से प्रकाशित होने वाले तीन साहित्य-संचयन भी अविस्मरणीय एवं ऐतिहासिक महत्त्व के हैं : 'निकष', 'संकेत' तथा अर्धवार्षिक संकलन 'हंस'। ये सभी संकलन साहित्य की दृष्टि से प्रथम दशक की उपलब्धियाँ हैं। आगे चलकर इसी क्रम में दिल्ली से प्रकाशित होने वाली पत्रिका 'कृति' का भी नाम लेना समीचीन होगा, जिसके संपादन का श्रेय नरेश मेहता और श्रीकांत वर्मा को है। 'आलोचना' त्रैमासिक का प्रकाशन भी स्वातंत्र्योत्तर हिंदी साहित्य की उल्लेखनीय घटना है जिसका आरंभ शिवदान सिंह चौहान के संपादकत्व में हुआ।

इस दशक में कहानी की दुनिया में जो विशेष रूप से सक्रियता बढ़ी उसका सारा श्रेय 'कहानी' पत्रिका को है जिसे श्रीपत राय ने लगभग डेढ़ दशक के बाद फिर से प्रकाशित करना शुरू किया। भैरवप्रसाद गुप्त के संपादकीय सहयोग से 'कहानी' को नया जीवन मिला।

शानी : यह कहना बिल्कुल मुनासिब होगा कि 'कहानी' पत्रिका ने बहुत ऐतिहासिक रोल अदा किया और उस ऐतिहासिक दौर में भैरवप्रसाद गुप्त का रोल अहम था। यह हमें बिल्कुल नहीं भूलना चाहिए।

नामवर सिंह : इसमें कोई संदेह नहीं। लेकिन हमें पत्रिकाओं की भूमिका से आगे बढ़कर सन् 47 के आसपास की प्रकाशित कृतियों पर भी दृष्टिपात करना

चाहिए। खासतौर से उपन्यासों पर। जैनेन्द्र ने बारह बरस के बाद मौन भंग किया। एक के बाद एक ताबड़तोड़ उनके तीन उपन्यास आए–'सुखदा', 'विवर्त' और 'व्यतीत'। सभी बासी। अश्क के दो बड़े उपन्यास आए–'गिरती दीवारें' और 'गर्म राख'। यशपाल का 'मनुष्य के रूप'। भगवतीचरण वर्मा का 'आखिरी दाँव।' इसी क्रम में अज्ञेय के 'नदी के द्वीप' का भी उल्लेख किया जाना चाहिए। ये सभी प्रतिष्ठित उपन्यासकार थे। फिर भी इन कृतियों में ऐसा कुछ न था जो स्वाधीनता प्राप्ति के ठीक बाद के मिजाज के मेल में होता। आपको शायद याद हो, उन्हीं दिनों 'साहित्य में गतिरोध' का सवाल उठाया गया था। जिसे किसी ने 'मतिरोध' कहकर मजाक में उड़ा दिया। लेकिन उस सवाल में कुछ सच्चाई तो थी ही।

इन प्रतिष्ठित उपन्यासकारों की तुलना में अपेक्षाकृत कुछ नये लेखकों के भी उपन्यास उन्हीं दिनों आए, जिनमें ज्यादा ताजगी थी; जैसे कवि नागार्जुन का 'रतिनाथ की चाची' और 'बलचनमा'। 'रतिनाथ की चाची' की चर्चा कुछ कारणों से कम हुई। पर मेरी दृष्टि में आज भी वह नागार्जुन का सबसे अच्छा उपन्यास है। ज्यादा चर्चा उन दिनों हुई धर्मवीर भारती के छोटे से उपन्यास 'सूरज का सातवाँ घोड़ा' की –खासतौर से उसके शिल्पगत नये प्रयोग के कारण।

काशीनाथ सिंह : आपने 'कहानी' पत्रिका का जिक्र किया। लेकिन 1954 में जो उपन्यास आया था 'मैला आँचल' उसका जिक्र आपने नहीं किया। सन् 54 के आसपास जो अपने से पहले के लोगों से अलग ताजगी लिये हुए साहित्य सामने आया उसके बारे में भी जरा...

विश्वनाथ त्रिपाठी : देखिए, नामवर जी ने अभी ज्यादातर जो बात कही है वह है स्वाधीनता की प्राप्ति के बाद के साहित्यिक वातावरण की–विशेषतः पत्रिकाओं के माध्यम से साहित्य में उल्लास-स्फूर्ति कैसे हर जगह दिखलाई पड़ी। आगे अब जो बात आएगी उसमें शायद साहित्य में उभरने वाली उन नई प्रवृत्तियों का भी जिक्र होगा जो स्वाधीनता के बाद की परिस्थितियों के प्रभाव से उत्पन्न हुई।

नामवर सिंह : आपने ठीक समझा। मैं उसी प्रश्न पर आ रहा हूँ। काल-क्रम से चलते हुए अभी तक मैं 1952 तक ही पहुँचा था। 'मैला आँचल' का प्रकाशन 1954 में हुआ। प्रकाशन ऐसे अज्ञात स्थान से हुआ कि तत्काल लोगों की दृष्टि में न आया। संभवतः सबसे पहले उसकी चर्चा नलिन विलोचन शर्मा ने की। फिर तो वह कथा साहित्य की चर्चा के केन्द्र में आ गया, देखते-देखते। 'आंचलिक उपन्यास' के नाम से एक नई प्रवृत्ति–एक नई विधा ही खड़ी हो गई। लेकिन इसमें कोई शक नहीं कि 'मैला आँचल' हिंदी उपन्यास के इतिहास में घटना है। भाषा और रूप-विधान में नयापन तो है ही, आजादी के बाद के भारत के मिजाज

को व्यक्त करने वाला यह पहला उपन्यास है–आजादी के बाद बदलते हुए गाँवों की तस्वीर और इसके बीच गांधीवादी बावनदास की शहादत ध्यान देने योग्य है। इसी के साथ अमृतलाल नागर के 'बूँद और समुद्र' उपन्यास की भी चर्चा जरूरी है जिसमें लखनऊ के चौक के साथ ताई का चरित्र अविस्मरणीय है।

शानी : लेखक का एक कर्तव्य यह भी है कि दबे-छिपे चरित्रों को–ऐसे पात्रों को भी जो रोज के देखे-पहचाने हैं उनकी शिनाख्त और पहचान कराए। ताई को भूल सकना नामुमकिन है।

नामवर सिंह : 'मैला आँचल' और 'बूँद और समुद्र' असंदिग्ध रूप से स्वाधीन भारत के साहित्य की उपलब्धियाँ हैं। लेकिन सच्चाई यह है कि स्वाधीनता प्राप्ति के बाद के हिंदी साहित्य के केन्द्र में उपन्यास नहीं है। आजादी का पहला दशक हिंदी में मुख्य रूप से 'नयी कविता' और 'नयी कहानी' के लिए प्रसिद्ध हैं। 'नयी कहानी' की आवाज बाद में उठी, 'नयी कविता' पहले आई। लगभग आजादी के साथ। अज्ञेय की 'हरी घास पर क्षण भर' इस तरह का पहला काव्य-संकलन है और उन्हीं के द्वारा संपादित 'दूसरा सप्तक' जैसे उसकी सामूहिक अभिव्यक्ति है। शीत-युद्ध की अन्तर्राष्ट्रीय विचारधारा के प्रभाव के कारण 'नयी कविता' क्रमशः संकुचित हो गई। किंतु कविता में नई चेतना यहीं तक सीमित न रही। हमें न भूलना चाहिए कि इस बीच सप्तकों के बाहर के और कुछ भीतर के कवियों ने भी अपने काव्य-सृजन के नये कीर्तिमान इस दौर में स्थापित किए–जैसे नागार्जुन, त्रिलोचन, केदारनाथ अग्रवाल और उनके साथ मुक्तिबोध तथा शमशेर भी। मुक्तिबोध की 'चाँद का मुँह टेढ़ा है' की अधिकांश कविताएँ इसी दौर की लिखी हुई हैं। शमशेर की कविताओं का प्रथम संकलन 'कुछ कविताएँ' इसी दौर में प्रकाशित हुआ। नागार्जुन के तीन काव्य संकलन एक-एक कर छपे : 'युग धारा', 'सतरंगे पंखों वाली' और 'प्यासी पथराई आँखें'। त्रिलोचन के सानेटों का एक चयन 'दिगंत' भी निकला और केदारनाथ अग्रवाल की कविताओं का भी एक संकलन 'लोक-आलोक' प्रकाशित हुआ।

परंतु इस दशक की महत्त्वपूर्ण घटना है कहानी के क्षेत्र में नई सर्जना का प्रयास, क्योंकि 'नयी कविता' की नयी संवेदना और नये शिल्प का सूत्रपात बहुत कुछ आजादी के पहले के दशक में ही हो चुका था। मध्य दशक में 'कहानी' पत्रिका के माध्यम से कहानीकारों की एक नयी पीढ़ी ने बड़े उत्साह से साहित्य-सृजन के क्षेत्र में प्रवेश किया, जिसकी प्रथम कृतियों ने ही वरिष्ठ कथाकारों तक का ध्यान अपनी ओर खींचा। सूची लम्बी है और आज उन नामों से सभी लोग परिचित हैं, फिर भी भीष्म साहनी, फणीश्वरनाथ रेणु, अमरकांत, निर्मल वर्मा, शेखर जोशी, मार्कण्डेय, मोहन राकेश, राजेन्द्र यादव, कमलेश्वर, कृष्णा सोबती, मन्नू भंडारी के नाम निर्विवाद हैं।

काशीनाथ सिंह : क्या कारण है कि कहानी पत्रिका के माध्यम से ही इतने अधिक तादाद में लिखने वाले कहानीकार हुए। कहानी को गम्भीरता से लोगों ने लिया। आप आलोचक रहे हैं नई कहानी के इसलिए मैं आपसे जानना चाहता हूँ।

साहित्य में उस वक्त जो भी प्रवेश करना चाहता था वह कहानी का ही माध्यम चुनता था। जो ताजगी दिखाई पड़ती थी वह कहानी में ही दिखाई पड़ती थी जबकि कविताएँ भी लिखी जा रही थीं। पूरा-का-पूरा दशक, एक ऐसी विधा जिसे कभी महत्त्व नहीं दिया गया, जो हमेशा उपेक्षित रही, तमाम लिखने वाले उस विधा के हो गए, पूरा दशक उस विधा का हो गया। इसके पीछे कौन से सामाजिक कारण छिपे थे ?

नामवर सिंह : स्थिति तो यही है कि 1954-55 तक कविता के ही वर्ष थे। कुछ हिन्दी साहित्य की परम्परा भी यही रही है। हिन्दी आलोचना भी मुख्यतः कविता की आलोचना रही है। पहले भी बावजूद इसके कि प्रेमचंद छायावाद के ही दौर के थे, आलोचनाएँ ज्यादा लिखी गईं छायावाद पर। प्रेमचंद पर बहुत कम लिखी गईं। इसलिए शानी भाई ने जैसा कहा कि यह श्रेय जाता है 'कहानी' पत्रिका को। उस पत्रिका ने सामान्यतः प्रत्येक अंक के द्वारा और विशेषतः अपने वार्षिकांकों के द्वारा 1956 से लगातार नये कहानीकारों की श्रेष्ठ कहानियाँ प्रस्तुत कीं। कहानी सहसा कविता के बरअक्स 1955-56 में आई। स्वयं कहानीकार होते हुए भी वात्स्यायन जी कविता को मुख्य मानते थे कहानी को नहीं। नागार्जुन उपन्यास लिखते थे लेकिन अपने को कवि मानते थे। और तो और रघुवीर सहाय और श्रीकांत वर्मा भी इतनी अच्छी कहानियाँ लिखने के बाद भी कवि कहलाना ही पसंद करते थे।

शानी : श्रीकांत वर्मा ने बहुप्रचारित-बहुप्रसारित बहुत सारे लोगों से अच्छी कहानियाँ लिखीं, जैसे–'झाड़ी', 'ठंड', 'शवयात्रा'। लेकिन इतनी अच्छी और हर लिहाज से बेहतर कहानियाँ लिखने वाले कहानीकार ने कहानी को हमेशा दूसरे दर्जे की विधा ही माना। अपने आपको कवि ही मानते रहे।

नामवर सिंह : शानी भाई जोड़ दूँ, विडम्बना इसी को कहते हैं कि उसी दौर में मुक्तिबोध की भी कहानियाँ छपी थीं और वे भी यही समझते थे कि यह किसी पत्रिका में छपेगी तो पारिश्रमिक मिलेगा, कविता का तो पारिश्रमिक मिलता नहीं।

विश्वनाथ त्रिपाठी : जो कुछ आपने कहा उससे मैंने जो अर्थ लिया कि एक तो यह कविता कुछ कारणों से जीवन की उतनी व्यापक अभिव्यक्ति नहीं करती रही इस विशेष दौर में और कहानी की रचनात्मकता ने जैसे इसका फायदा उठाया। कहानी की आलोचना की कोई लम्बी परम्परा नहीं थी। आपकी विनम्रता

है कि इस दौर में नई कहानी ने आपके रूप में एक आलोचक पाया। और इसमें आपने, भैरवप्रसाद गुप्त ने और कई कहानीकारों ने जो एक-प्राण लोग रहे, योग दिया।

काशीनाथ सिंह : प्रायः यह प्रचारित है कि कहानी पत्रिका में भैरवप्रसाद गुप्त या कुछ लोगों के कारण आपने कहानी पर आलोचना लिखनी शुरू की। मैं यह जानना चाहता हूँ कि वस्तुतः नई कहानी में इस तरह की ताजगी, नयापन या ऊर्जा थी जिसने आपको कहानी पर आलोचना करने के लिए बाध्य किया या इसके पीछे कोई और दूसरे कारण थे।

नामवर सिंह : आत्मचर्चा मैं बिल्कुल नहीं करना चाहता। मेरे गुरुदेव आचार्य हजारीप्रसाद द्विवेदी ने लिखा है कि मैं शूद्र जाति का ब्राह्मण हूँ। उसकी व्याख्या उन्होंने यों की है कि दूसरों के कहने पर ही मैं लिखता रहा हूँ। आचार्य शुक्ल ने अपने सारे लेखन को 'फरमाइशी' कहा है। फिर मैं किस खेत की मूली हूँ। वैसे तो कहानी के बारे में मेरा भी सारा लेखन फरमाइशी ही है और अपने समकालीन कहानीकारों के सत्संग से उनकी रचना-प्रक्रिया को समझने में मदद मिली है जैसे कि कवियों के साहचर्य से। यह स्वीकार करने में मुझे कोई संकोच नहीं है। इससे कुछ रचनाकारों का अहंकार तुष्ट होता हो तो मुझे कोई मुजायका नहीं। उन दिनों मुझमें एक छटपटाहट-सी थी कि नई कविता में जो कुछ है वही तो समूचा हिन्दी साहित्य नहीं है। अन्य विधाओं में जो नया हो रहा है उसकी ओर भी ध्यान जाना चाहिए। इन कहानियों ने स्वतः आकृष्ट किया। कविता में सारे नये प्रयोगों के बावजूद अकेले 1955-56 की कहानियों को लें और कविताओं से तुलना करें तो साहित्य में स्वाधीन भारत की आकांक्षाओं, आशाओं की नई चेतना कहानी में कहीं ज्यादा व्यक्त हुई है।

शानी : आपने अमरकांत की कहानी और रघुवीर सहाय की कविता का उदाहरण देते हुए पिछली मर्तबा चर्चा में यह बात ज्यादा स्पष्ट की थी कि कैसे रघुवीर सहाय की कविता और अमरकांत की 'डिप्टी कलक्टरी' में बहुत जबर्दस्त अंतर है और एक जगह यथार्थ का वह निरूपण नहीं है जो अमरकांत की 'डिप्टी कलक्टरी' में है। मैं एक बात जानना चाहूँगा नामवर जी, कि नई कहानी पर चर्चा करते हुए आपको या दूसरे आलोचकों को स्वतंत्रता के बाद सामाजिक यथार्थ में यह अनुभव कैसे हुआ कि विभाजन के बाद के भारतीय मुसलमान और उसकी मर्मांतक पीड़ा को अनदेखा कर दिया गया। हिन्दी साहित्य कभी भी केवल हिन्दू साहित्य नहीं रहा। क्या इस कारण साहित्य हिन्दू संवेदना से सताया हुआ और निरपेक्ष तो नहीं है और अगर ऐसा नहीं है तो आपने मुस्लिम अनुभव को देखने-जानने और परखने की कोशिश क्यों नहीं की? क्या किसी भी देश का भौगोलिक, सांस्कृतिक और साहित्यिक मानचित्र 12-15 करोड़ मुसलमानों के वजूद को झुठलाकर पूरा

हो सकता है ? खासकर तब जब आधी आबादी ने देश के दो टुकड़े कर दिए हैं और इसकी सजा आज तक हम आप सारे के सारे लोग अभी तक भुगत रहे हैं और आगे आने वाली पीढ़ियाँ भी लगातार भुगतेंगी। आप ही हैं नामवर जी, कई वर्ष पहले आपने कहा था कि हिन्दी साहित्य से मुस्लिम पात्र गायब हो रहे हैं। मुस्लिम पात्र जब थे ही नहीं तो गायब कहाँ हो रहे हैं। प्रेमचंद में नहीं थे, यशपाल में आंशिक रूप से थे। अज्ञेय, नागर जी, जैनेन्द्र कुमार और दूसरे लेखकों में नहीं हैं। और तो और स्वतंत्रता के बाद से लेकर आज तक के कहानीकारों में कहीं नहीं हैं। हिन्दी में ही क्यों नहीं है जबकि तेलुगु में हैं, असमिया में हैं, बँगला में हैं। वह अलग बात है कि बंकिमचन्द्र में नहीं हैं। अलग बात है कि रवीन्द्रनाथ टैगोर में नहीं हैं या शरद बाबू में नहीं हैं लेकिन गौरकिशोर घोष के उपन्यास 'प्रेम नेई' में हैं। तेलुगु के विश्वनाथ रेड्डी जैसे कहानीकार आज भी 'पंजाखाना' जैसी कहानी लिखते हैं, इंसाइडर की तरह लिखते हैं। आज भी सारा अबूबकर जैसी लेखिका जो कन्नड़ भाषा में लिखती है, हिन्दीवालों से ज्यादा सच्ची और जिन्दगी से जुड़ी है। ऐसा क्यों है ? क्या हिन्दी भाषा का लेखक अपने आपमें इतना महदूद है या दूसरे शब्दों में क्या हिन्दी हिन्दू साहित्य की समानार्थी हो गई है। हमारी तो जो परम्परा है उसमें मलिक मोहम्मद जायसी हैं, रहीम हैं, अमीर खुसरो हैं। क्या यह सवाल आप अनदेखा कर सकते हैं नामवर जी ?

नामवर सिंह : शानी भाई, यह एक ऐसा सवाल है जो आईने के सामने अपने आपको रूबरू खड़ा करने वाला है। कठघरे में खड़ा करता है हम सबको। मुझे याद नहीं कि इससे पहले भी यह सवाल मुझसे किसी ने पूछा हो। हाँ, स्वयं मैंने ही यह सवाल कभी पूछा था कि क्यों हिन्दी साहित्य से मुस्लिम चरित्र गायब हो गए ? कहीं ऐसा तो नहीं कि हम लोग हिन्दू सम्प्रदाय के शिकार हो गए हैं ?

शानी : नामवर जी, मुझे खुशी है कि आप इसके प्रति पूरी तरह सजग और जागरूक हैं। आपको याद होगा कुछ ही अर्सा पहले दौलतराम कालेज में जहाँ एक संगोष्ठी थी और जिसमें आप चेयरमैन थे। दो-तीन लेखकों की तरह मैं भी वहाँ मौजूद था। वहाँ मैंने यही प्रश्न उठाया था प्रेमचंद के 'गोदान' से। आप कैसे एक इतनी बड़ी आबादी को अनदेखा कर देंगे ? जब आप अनदेखा कर देते हैं तो उसका नतीजा भी आपको सामने नजर आता है।

काशीनाथ सिंह : यह सवाल आलोचक से तो पूछा ही जा रहा है रचनाकारों से भी किया जाना चाहिए।

नामवर सिंह : मैं सिर्फ यह कहना चाहता हूँ कि आजादी के बाद हिन्दी में आने वाले लेखकों में और आजादी के पहले के लेखकों में इस विषय को लेकर एक अन्तर है। 1947 के पहले जो आजादी की लड़ाई से जुड़े हुए लेखक थे वो

एक जुड़े हुए हिन्दुस्तान से वाकिफ थे। इसलिए बँटवारे के बाद भी उसी हिन्दुस्तान का ख्वाब देखते थे और वह हिन्दुस्तान उनके अन्दर मौजूद भी था। प्रगतिशील आन्दोलन से जुड़े लेखकों में इस मिले-जुले हिन्दुस्तानी समाज की चेतना ज्यादा आज भी है। जैसे भीष्म साहनी में, अमरकांत में, हरिशंकर परसाई में।

शानी : उनकी कहानियों में भी नहीं हैं, कहीं नहीं है। यही तो मैं कहता हूँ कि बिल्कुल नहीं है। मैंने कहा था कि 'गोदान' जो लगभग क्लासिकी पर जा सकता है और हमारे भारतीय गाँव का जीवंत दस्तावेज है, उसमें गाँव का कोई मुसलमान पात्र क्यों नहीं है ? क्या अपने देश का कोई भी गाँव इनके बिना पूरा होता है ? प्रेमचंद फिर भी उदार हैं, जबकि यशपाल के 'झूठा सच' में नाममात्र के मुस्लिम पात्र नहीं हाड़-मांस के जीवंत लोग हैं। लेकिन उसके बाद ? अज्ञेय, जैनेन्द्र, नागर जी या उनकी पीढ़ी के दूसरे लेखकों में क्यों नहीं ? और उससे भी ज्यादा तकलीफदेह यह कि आजादी के बाद के मेरी पीढ़ी के कहानीकारों में और उसके बाद के कहानीकारों में भी नहीं है। यह सोचने की बात है कि क्यों नहीं है और यह भी सोचने की बात है कि प्रेमचंद और यशपाल में आए इक्के-दुक्के मुस्लिम पात्र हमारे सामाजिक जीवन में उतने अन्तर्गुम्फित लोग क्यों नहीं हैं जितने कि वे वास्तविक जीवन में हैं या होते हैं। कितनी बड़ी विडम्बना है कि कोई 65 वर्ष पहले अंग्रेजी उपन्यासकार ई. एम. फास्टर ने 'ए पैसेज टु इंडिया' में हमारे सामाजिक जीवन से अजीज जैसा जीवन्त और प्रासंगिक पात्र उठाया था, ऐसा पात्र जो आज तक किसी भारतीय लेखक के यहाँ नहीं है। नामवर जी, मुझे तो लगता है यह अन्दाज भी वही तरस खाने वाला और मालिकाना है, वही जिसे आप 'रिप्रेसिव टॉलरैंस' कहते हैं और जो हिंसा से कम मारक नहीं है। जब अमेरिका का 'ब्लैक एक्सपीरियंस' हो सकता है यूरोप का यहूदी अनुभव हो सकता है और हो सकता है वे आपको मार्मिक लग सकते हैं तो मुस्लिम अनुभव क्यों नहीं और वह भी विभाजन के बाद ? और आप उसे क्यों नहीं जानते ?

विश्वनाथ त्रिपाठी : जहाँ तक मैं समझ पाया हूँ यशपाल की 'पर्दा' कहानी की ये बड़ी तारीफ करते हैं। और यशपाल की 'पर्दा' कहानी को आदर्श के रूप में मानते हैं। ऐसी कहानियाँ अगर हिन्दी लेखकों ने लिखी होतीं तो इनको यह शिकायत नहीं रहती।

शानी : प्रेमचंद की 1925 की कहानियों में 'मंदिर-मस्जिद' नाम की कहानी है। ऐसा लगता है जैसे प्रेमचंद ने 65 वर्ष बाद भी आज ही लिखी हो। वो काशीनाथ सिंह ने नहीं लिखी, वो राजेन्द्र यादव या ज्ञानरंजन ने भी नहीं लिखी।

विश्वनाथ त्रिपाठी : हम मुसलमानों की जिन्दगी को शायद बहुत दूर तक जानते भी नहीं हैं और यह मुझे शानी की कहानियाँ पढ़कर लगा। जैसे तकियादार जिसका मतलब मैं पहले नहीं जानता था। फातिहा क्या होता है ? खुदा को रज्जाक

क्यों कहते हैं ? अब आप देखें कि गाँव में जो सबसे नीचे तबके का मुसलमान होता है वो तो एक-दूसरे की जिन्दगी में खास तरह का कल्चरल एका होता है। आजादी के बाद पॉलिटिक्स में जो अलगाव आया और उसको प्रतिबिम्बित करती जो कहानियाँ लिखी गईं उनसे अलग हिन्दी के दो कहानीकारों का नाम लिया जा रहा है जिनसे शानी संतुष्ट हैं यानी जिनको आदर्श के रूप में मानते हैं। एक प्रेमचंद हैं दूसरे यशपाल हैं।

नामवर सिंह : शानी साहब, मुस्लिम समाज के अन्दर की जानकारी सचमुच ही हमें बहुत कम है। आपका 'काला जल' उपन्यास पढ़ते समय अक्सर मुझे अपनी इस कमी का अहसास हुआ है।

शानी : नामवर जी, कहीं ऐसा तो नहीं है कि संवेदना की एक परिधि होती है और मुस्लिम अनुभव के अभाव में आप उस संवेदना की परिधि से बाहर रह जाते हैं। ऐसे में मुस्लिम अनुभव 'मुस्लिम साइकी' या उसकी परस्पर विरोधी तकलीफें आपको छू नहीं पा रहीं। जब भी ऐसे अनुभव कहानी या उपन्यास के जरिए आप तक पहुँचते हैं आप उन्हें रद्द करते चलते हैं जाने या अनजाने में। लिहाजा जाहिर है कि जो आपको छूता ही नहीं वह आपके अन्दरूनी अनुभव का हिस्सा कैसे बन सकता है ? एक और बात मुझे लगती है कि यह आकस्मिक नहीं है कि कई मरतबा बड़ी महत्त्वपूर्ण कहानियाँ या ऐसी कहानियाँ भी जो तत्कालीन लोगों की संवेदना परिधि या रुचियों-अभिरुचियों के आसपास नहीं पहुँचतीं, उन पर धूल पड़ती जाती है जैसे प्रेमचंद की 'मन्दिर-मस्जिद' और यशपाल की 'पर्दा'।

नामवर सिंह : शानी भाई एक प्रश्न–प्रेमचंद का मुस्लिम चरित्रों से परिचय शायद इसलिए भी था कि वे उर्दू में भी लिखते थे और उनका समाज इस तरह का था जहाँ एक-दूसरे से जुड़े हुए लोग थे। यशपाल भी सम्भवतः उर्दू जबान से परिचित थे। प्रेमचंद और यशपाल ये दोनों उर्दू भाषा जानने के कारण मुस्लिम चरित्रों को जानते थे, उनके बारे में लिखते थे। उनके संघर्ष, उनकी पीड़ाओं का चित्रण करते थे या उस समय बँटवारे के पहले का भारत ऐसा था कि हिन्दू और मुसलमान दोनों एक-दूसरे के ज्यादा निकट थे।

शानी : मैं नहीं समझता कि किसी जाति की भाषा को जानना उसके जीवन को जानना है। एक हद तक भाषा जाति की संस्कृति की पहचान करा देती है लेकिन जिन्दगी एक-दूसरे से दो-चार होने और एक-दूसरे के रूबरू टकराव से ही समझ में आती है या उसका अनुभव होता है। अगर ऐसा न होता तो राजेंद्र सिंह बेदी जैसे बड़े लेखक ने उर्दू के शिखर पर पहुँचकर भी मुस्लिम जीवन को कहीं नहीं छुआ। 'ए पैसेज टु इंडिया' में अजीज जैसा चरित्र निरूपित करने के लिए ई. एम. फास्टर को उर्दू जानने की जरूरत नहीं पड़ी और न उन्होंने सीखी। शायद उन्हें भारतीय जीवन की सामाजिक विसंगतियों में से ज्यादा तार्किकता और

गहराई के साथ देख सकने का गहरा माद्दा था बावजूद इसके कि वे एक बाहरी आदमी थे। रहा आपका दूसरा सवाल, मुझे लगता है कि बँटवारे के पहले का भारत आज से बहुत भिन्न था और उसका भी उदाहरण ई. ए. फास्टर का 'ए पैसेज टु इंडिया' है।

विश्वनाथ त्रिपाठी : मैं यह कह रहा था, जैसे आपने कहा, कहानी में तो इसकी ऊर्जा समाप्त-सी लगती है। जो पहले से लिख रहे हैं उनमें से वे लोग जो समीक्षात्मक दृष्टि से देखते रहे उनकी अलग बात है लेकिन ज्यादातर लोगों की ऊर्जा समाप्त हो गई। कहानी के क्षेत्र में नये कहानीकार आए, नए उपन्यासकार आए। रेणु जैसे लोग आए। कविता में कहने के लिए बहुत कवि आए जिनको सराहा-माना भी गया। लेकिन कविता के क्षेत्र में जो पहले से लिख रहे थे नागार्जुन, केदारनाथ अग्रवाल, त्रिलोचन, शमशेर ये सब आजादी से पहले लिख रहे थे। वो लोग, बल्कि जो बाद में आए उनसे ज्यादा नये मालूम पड़ रहे हैं।

नामवर सिंह : त्रिपाठी जी, यूँ देखें तो कविता में तो छाए हुए थे पंत, बच्चन, नरेन्द्र शर्मा, दिनकर मुख्य रूप से। पुराने प्रतिष्ठित लोग ये थे। थे निराला भी। इनकी तुलना में शमशेर, नागार्जुन, केदारनाथ अग्रवाल, अज्ञेय आदि युवा समझे जाते थे कविता में। पुराने लोगों की सृजनात्मक क्षमता जैसे कथा-साहित्य में क्षीण हुई वैसे ही कविता में भी क्षीण हुई। अकेले बचे रहे निराला, जैसे कथा-साहित्य में अकेले बचे रहे यशपाल। नये रचनाकारों के नये सृजन से इन्हें पुनर्नवता प्राप्त हुई।

विश्वनाथ त्रिपाठी : नामवर जी, मैं यह कहना चाहता हूँ, कि आजादी के बाद जैसे कहानी शुरू हुई, नये ढंग से नयी ऊर्जा के साथ, वैसे ही कविता के क्षेत्र में भी कुछ कवियों ने लिखना शुरू किया, नयी ऊर्जा के साथ आजादी के बाद। और तो और उसी में हमारे प्रिय मित्र केदारनाथ सिंह आते हैं। उसी में रघुवीर सहाय आते हैं। उसी में कुँवरनारायण आते हैं और आपने भी अभी इसके पहले बहस में सबका नाम गिनाया। तो जैसे कहानी के क्षेत्र में लोग आए नयी ऊर्जा के साथ, वैसे कविता के क्षेत्र में भी लोग आए नयी ऊर्जा के साथ और कहानी और कविता दोनों में आंचलिकता आई। शुरू में आजादी के बाद कुछ नये गीत लिखे गए। लेकिन ये कैसे हुआ कि कविता में जो आजादी के पहले से लिख रहे थे वे लगभग प्रतिष्ठित हो चुके थे। जो नयी पीढ़ी कविता में आजादी के बाद एक नई ऊर्जा से आई वो इतनी दूर तक क्यों नहीं चल पाई। और जो आजादी के पहले से लिख रहे थे वो आज भी नये लगते हैं।

काशीनाथ सिंह : मैं इसमें एक प्रश्न और जोड़ दूँ। लिख तो रहे हैं वे आज भी। जब उपन्यास की चर्चा होती है तो बात रेणु तक ही आकर रह जाती है। श्रीलाल शुक्ल भी हैं। ठीक है। लेकिन एक 'माइल स्टोन' की तरह 'मैला आँचल'

तक। यानी उपन्यास लिखे जा रहे हैं। कहानियाँ भी लिखी जा रही हैं। लेकिन हम जानना चाहते थे कि कौन-सी बातें हैं जिनके चलते देखने वालों की नजर पीछे की तरफ जा रही है अपने पास या सामने की तरफ नहीं आ रही।

विश्वनाथ त्रिपाठी : देखिए, उपन्यास में भी रेणु की ऊर्जा बहुत जल्दी समाप्त हो गई। खुद रेणु ने भी 'मैला आँचल' जैसा कोई उपन्यास नहीं लिखा।

शानी : हाँ, 'परती परिकथा', 'दीर्घतपा' कमतर उपन्यास थे।

विश्वनाथ त्रिपाठी : लेकिन साहब आप नागार्जुन और त्रिलोचन के बारे में वो बात नहीं कह सकते जो आप 'मैला आँचल' के रचनाकार के बारे में कह सकते हैं।

नामवर सिंह : इस बहस में एक महत्त्वपूर्ण विधा छूट ही गई और एक बड़ा लेखक भी छूट गया। हरिशंकर परसाई, जिनके बगैर स्वाधीन भारत के हिन्दी साहित्य की चर्चा अधूरी है। कहानियाँ तो कम लिखीं उन्होंने। 'रानी नागफनी की कहानी' नामक एक उपन्यास भी लिखा है लेकिन जाने जाते हैं वे मुख्यतः अपने तीखे व्यंग्य वाले निबंधों के लिए। उनके निबंध अनाहत रूप से बिना किसी भटकाव के सैकुलर मूल्यों के लिए संघर्ष करते हैं वह राजनीतिक विवेक जो हिन्दी लेखकों में कम ही पाया जाता है, परसाई जी उसकी मिसाल आप हैं। शानी भाई, यह हिन्दी की अपनी 19वीं सदी की परम्परा का विकास है। आज के समूचे भारतीय साहित्य में ऐसा विवेकवान व्यंग्यकार–निबंधकार शायद ही दूसरा मिले। आजादी के बाद बढ़ते हुए हिन्दू सम्प्रदायवाद के विरुद्ध संघर्ष में परसाई के गद्य ने जो भूमिका निभाई है वह बेजोड़ है। इसके अलावा उनके निबंधों ने हमारे सामाजिक-राजनीतिक जीवन के अन्य छद्मों का भी उद्घाटन किया है। जाने क्यों उन्हें हास्य-व्यंग्य का लेखक कहकर लोगों ने टाल देने की कोशिश की है। वह खाली हास्य-व्यंग्य नहीं है।

विश्वनाथ त्रिपाठी : ये नहीं है कि परसाई हास्य-व्यंग्य के रचनाकार नहीं हैं। परसाई हास्य-व्यंग्य के ऐसे विरले रचनाकार हैं जिनकी दृष्टि में अद्भुत व्याप्ति है। इतना ही नहीं मेरे ख्याल से परसाई सामाजिक चेतना में स्वातंत्र्योत्तर भारत की एक नैतिक आवाज हैं।

नामवर सिंह : मैं यहाँ यह बात और कह दूँ कि यह सही है कि आजादी के बाद देश का जब बँटवारा हुआ तो कहीं देश के दिल और दिमाग के भी दो टुकड़े हुए। इस त्रासदी का प्रभाव अगर साहित्य पर न पड़ा होता तो आश्चर्य होता। इस त्रासदी के कारण हिन्दी साहित्य भी अपनी परम्परा से टूटा है। फिर ऐसे दबाव भी पड़ते रहे हैं जिनके तहत हिन्दी साहित्य को हिन्दू साहित्य में बदल देने की कोशिशें होती रही हैं। ये कोशिशें पूरी तरह कामयाब न हुईं, यह और बात है। हिन्दुत्व के शिकार ज्यादातर रूपवादी साहित्यकार हुए हैं जिनके साहित्य

से मुसलमान एकदम बाहर हैं। जहाँ रूपवाद है हिन्दुत्व परोक्ष रूप से, अन्तर्निहित रूप से प्रवेश करता है। लेकिन हिन्दी में रूपवाद के विरुद्ध संघर्ष करने वाली एक व्यापक सामाजिक चेतना भी है। मैं उसको केवल प्रगतिशीलता या ज़नवाद तक सीमित नहीं रखना चाहता। इनमें अनेक गैर वामपंथी मानववादी भी हैं। उन लोगों में और कुछ नहीं तो कम-से-कम एक अपराधबोध बचा रह गया है। मैं इसे गनीमत मानता हूँ। मेरे जिस भाषण का आपने जिक्र किया है वह अपराधबोध का एक उदाहरण है। जिस 'रिप्रैसिव टालरैंस' की बात आप कर रहे हैं वह, क्षमा किया जाए, हमारे अत्यन्त श्रद्धेय नेता जवाहरलाल नेहरू के युग की देन है।

विश्वनाथ त्रिपाठी : मैं एक चीज कहना चाहता हूँ कि अगर एक अपराधबोध आज बचा हुआ है तो यह कम-से-कम जवाहरलाल नेहरू की वजह से है।

नामवर सिंह : देखिए विश्वनाथ जी, पण्डित जी की अपनी ईमानदारी में रत्ती भर संदेह मुझे कभी नहीं रहा और न है लेकिन जो हिन्दुस्तान उन्होंने बनाया और जिस तरह से बनाया उस हिन्दुस्तान में मुसलमान की औकात उन्होंने यही रखी कि उस पर दया, कृपा का भाव रखा जाए। जबकि सवाल अस्मिता का है—स्वाभिमान की जिन्दगी जीने का है। यह काम पण्डित जी कर सकते थे और अफसोस के साथ कहना पड़ता है कि न कर सके।

मैं यह कह रहा था कि आजाद हिन्दुस्तान का समूचा साहित्य किस उत्साह, उमंग, नई सृजनात्मक ऊर्जा के साथ शुरू हुआ था और वह आजादी का पहला दशक था। वह साहित्य-सृष्टि आज भी हमको प्रेरणा देती है। उसमें अनेक अन्तर्विरोध थे, खामियाँ भी थीं, जिनका कुछ ताल्लुक देश के बँटवारे से था, कुछ विकास के लिए अपनाए गए पूँजीवादी रास्ते से था, कुछ सामन्ती जीवन-पद्धति के अवशेषों के विरुद्ध संघर्ष करने में शिथिलता से था पर इन सबके बावजूद उस दशक का साहित्य अपनी उपलब्धियों में ठीक पहले के दशक से ही नहीं बल्कि ठीक बाद के दशक से भी कहीं अधिक समृद्ध और श्रेष्ठ प्रतीत होता है। इस दशक के साहित्य का सबसे शुभ पक्ष है उसका आलोचनात्मक स्वर। आजादी के प्रथम दशक में सबसे बड़ा प्रलोभन नई राजसत्ता और व्यवस्था के अंध-समर्थन का था। हिन्दी साहित्य ने उस प्रलोभन से अपने को बचाया और जनता के पक्ष से आलोचनात्मक यथार्थ के साहित्य का सृजन किया—यह हिन्दी लेखकों की दृढ़ प्रतिबद्धता का प्रमाण तो है ही, हिन्दी साहित्य की सदियों लम्बी गौरवशाली परम्परा के अनुरूप भी है।

साहित्य का यह दौर 1964 तक चला। इसके बाद दूसरे दौर की शुरुआत होती है, जिसकी चर्चा अलग से की जानी चाहिए।

(समकालीन भारतीय साहित्य, (41), जुलाई-सितम्बर 1990)

दूसरी किस्त : साठ के बाद

शानी : नामवर जी, आजादी के पहले दशक के साहित्य की चर्चा का समापन करते समय आपने कहा था कि 1964 के बाद दूसरे दौर की शुरुआत होती है, तो अब उस दूसरे दौर के साहित्य की चर्चा शुरू करें।

नामवर सिंह : साठोत्तरी कहानी और साठोत्तरी कविता जैसे प्रचलित पदों से स्पष्ट है कि हिन्दी में सन् 60 के दशक से साहित्य का एक नया दौर शुरू होता है। लेकिन सच्चाई यह है कि इस नए दौर के साहित्य के कुछ लक्षण 1958-59 के आसपास ही दिखायी पड़ने लगे थे। श्रीकांत वर्मा और नरेश मेहता द्वारा सम्पादित पत्रिका 'कृति' इस प्रवृत्ति की प्रमुख पत्रिका के रूप में प्रकट हुई थी। यह पत्रिका 1958 में शुरू हुई और शायद 1964 या 65 में बन्द हो गयी। किन्तु इसने निश्चित रूप से साहित्यिक परिवर्तन में ऐतिहासिक भूमिका अदा की थी। 'कृति' के माध्यम से स्वयं श्रीकांत वर्मा की अपनी कविताओं और कहानियों के साथ ही कवियों और कहानीकारों की समूची एक नयी प्रतिभाशाली पीढ़ी सामने आयी, जो साठ के दशक में ही नहीं बल्कि उसके बाद भी आकर्षण का केन्द्र रही।

आपको याद होगा कि 'कृति' के पहले अंक में शमशेर बहादुर सिंह को नयी कविता के प्रथम नागरिक के रूप में प्रस्तुत किया गया था और उन पर मेरे लेख के अलावा मुक्तिबोध का विशिष्ट लेख प्रकाशित हुआ था। फिर दूसरे अंक में विशिष्ट कवि के रूप में मुक्तिबोध पर दो लेख प्रकाशित हुए थे, जिसमें मेरे लेख के अलावा दूसरा लेख स्वयं श्रीकांत वर्मा का था। ये दोनों ही बातें कविता के क्षेत्र में उस विकल्प की ओर संकेत करती हैं जो अज्ञेय द्वारा स्थापित नयी कविता के समानान्तर प्रस्तुत किया गया।

साहित्यिक परिवर्तन में योग देने वाली तथा परिवर्तन को प्रतिबिम्बित करने वाली उस काल की अनेक लघु पत्रिकाएँ हैं। इनमें अजमेर से निकलने वाली 'लहर' विशेष रूप से उल्लेखनीय है। वैसे, भारतीय ज्ञानपीठ की पत्रिका 'ज्ञानोदय' से भी साठोत्तरी साहित्यिक गतिविधियों का अच्छा आभास मिलता है।

मोटे तौर से साठोत्तरी धारा अकविता, अकहानी जैसे निषेधात्मक आन्दोलनों के रूप में ज्यादा प्रचारित हुई। किन्तु यह दौर इन्हीं प्रवृत्तियों तक सीमित नहीं है। बेहतर सर्जनात्मक कृतियाँ इन आन्दोलनों से बाहर रची गयीं। अकविता की सर्वोत्तम देन राजकमल चौधरी और धूमिल हैं। श्रीकांत वर्मा की 'माया दर्पण' और 'दिनारम्भ' की कुछ कविताओं में भी अकविता का नकारवादी रुझान एक हद तक दिखायी पड़ता है। किंतु ऐसा लगता है कि जागरूक प्रतिभाएँ जल्द ही इस नकारवादी वृत्ति से मुक्त हो गयीं। इस मुक्ति का पहला दस्तावेज है रघुवीर सहाय

का काव्य-संग्रह 'आत्महत्या के विरुद्ध' जो 1967 में प्रकाशित हुआ।

इसी दौर के आरम्भ में अमरकान्त ने 'हत्यारे' जैसी कहानी लिखी और निर्मल वर्मा ने 'लंदन की एक रात'। इससे जाहिर होता है कि नयी कहानी के दौर के कहानीकार भी साठ के दशक के बाद रचना के स्तर पर नये यथार्थ के सन्दर्भ में बदलने लगे थे।

विश्वनाथ त्रिपाठी : नामवर जी, आपने पहले कहीं कहा है कि 1964 में नेहरू युग का अन्त हुआ और वह एक तरह से मोहभंग का सूचक है। मैं सिर्फ यह याद दिलाना चाहता हूँ कि सन् 64 के बाद साहित्य में जो परिवर्तन दिखायी पड़ता है, उसका कोई-न-कोई सम्बन्ध भारत-चीन सीमा संघर्ष से भी होगा और फिर राजनीति में कुछ वामपंथी शक्तियाँ आयीं, उनका भी साहित्य पर कुछ प्रभाव पड़ा होगा और इन सबको नेहरू युग के अन्त और मोहभंग से कहीं-न-कहीं जोड़ा जा सकता है।

नामवर सिंह : विश्वनाथ जी, आपने ठीक याद दिलाया। भारत-चीन सीमा-संघर्ष निश्चय ही महत्त्वपूर्ण घटना है। कुछ लोग तो उसे नेहरू जी की मृत्यु का कारण भी मानते हैं। इस घटना के बाद ही भारत की कम्युनिस्ट पार्टी पहले दो भागों में बँटी, फिर तीन भागों में। मार्क्सवादी कम्युनिस्ट पार्टी से जो धड़ा टूटकर अलग हुआ उसी ने आगे चलकर हत्या की वह राजनीति चलायी जिसे नक्सल विप्लव के रूप में याद किया जाता है। इसी दौर में पाकिस्तान के साथ भारत के दो-दो युद्ध हुए। राजनीति में गैर-कांग्रेसवाद की हवा चली और कुछ दिनों तक राममनोहर लोहिया तथा लोहियावाद का बोलबाला रहा। सत्ता में कांग्रेस का एकाधिकार खत्म हुआ। अनेक राज्यों में अल्पकालिक संविद सरकारें बनीं। एक तरह से यह राजनीतिक अस्थिरता का युग था। इस वातावरण से साहित्य का अप्रभावित रहना असम्भव था। इस दौर के साहित्य में जो अनेक नकारवादी तथा उच्छृंखल प्रवृत्तियाँ दिखायी देती हैं उनके स्रोत निश्चय ही कहीं-न-कहीं इस राजनीतिक वातावरण में भी हैं। लोहियावाद की छाप आप रघुवीर सहाय की 'आत्महत्या के विरुद्ध' पर स्पष्ट देख सकते हैं। इसी तरह धूमिल के काव्य-संग्रह 'संसद से सड़क' तक पर नक्सलवादी प्रभाव भी स्पष्ट हैं।

किन्तु मेरी दृष्टि में सबसे महत्त्वपूर्ण बात यह हुई कि साहित्य की भाषा बदल गयी। यही नहीं कि भाषा बोलचाल के बहुत नजदीक आयी बल्कि उसमें खास तरह का लड़ाकूपन आया। इसकी झलक सबसे पहले हमें धूमिल की कविताओं में दिखायी पड़ती है। एक तरह से साठोत्तरी कविता के पहले दशक को धूमिल का दशक कह सकते हैं।

वस्तुतः इस दौर में कविता के अन्दर राजनीति का पुनः प्रवेश हुआ। बहुत दिनों तक राजनीति को अछूत समझने वाली 'नयी कविता' के बाद यह परिवर्तन

सचमुच ही बहुत ताजगी भरा लगता है। शायद इस परिवर्तन में कहीं-न-कहा मुक्तिबोध की 'अँधेरे में', 'चम्बल की घाटी में' जैसी अंतिम कविताओं का महत्त्वपूर्ण स्थान है। ऐसा लगता है कि इस दौर में हिन्दी-साहित्य आधुनिकतावाद के रक्त-मांस-हीन छद्‌म नागरिक जीवन के दमघोंट वातावरण से निकलकर आम लोगों की जिन्दगी के बीच आया। एक तरह से हिन्दी-साहित्य का रुख एक बार फिर शहर से गाँव की ओर मुड़ गया।

शानी : नतीजा यह हुआ, नामवर जी, कि अकवियों और अकहानीकारों ने 'प्रोग्राम-राइटिंग' करनी शुरू की–बाकायदा। इसके असरात बहुत दूर तक देखे जा सकते हैं, अभी भी। जिनका गाँव की जिन्दगी से सीधे सरोकार नहीं है और जिन्होंने गाँव देखे ही नहीं, वे भी ऐसी कहानियाँ और कविताएँ लिखने लगे।

विश्वनाथ त्रिपाठी : रेणु ने अपने ढंग से ऐसे साहित्य को ग्रामोद्योगी माल कहा था।

नामवर सिंह : ऐसी प्रोग्राम-राइटिंग करने वाले छद्‌म लेखक हर दौर में होते हैं। हमें तो देखना यह है कि इस रुझान के बीच सार्थक लेखन कितना हुआ। बहरहाल उस छूटे हुए ऐतिहासिक सूत्र को और आगे बढ़ायें। 1975 में इमरजेन्सी लगी और इसके साथ अभिव्यक्ति की स्वतन्त्रता पर जो स्वाधीन भारत में पहली बार पाबन्दी लगी तो लेखकों को राजनीतिक संकट की गम्भीरता का अहसास हुआ। रघुवीर सहाय का काव्य-संग्रह 'हँसो हँसो जल्दी हँसो' उन्हीं दिनों प्रकाशित हुआ जो खतरे का पूर्वाभास देता है। इस संग्रह की 'रामदास' कविता असुरक्षा की अनुभूति का अनूठा दस्तावेज है। दुर्भाग्य से उसी वर्ष धूमिल का असामयिक निधन हुआ। इमरजेन्सी में लुके-छिपे प्रतिरोध का साहित्य काफी लिखा गया और बाद में वह प्रकाश में भी आया। लेकिन ऐतिहासिक दृष्टि से जो बात महत्त्वपूर्ण है वह यह कि साहित्य ने फिर एक नये दौर में प्रवेश किया जिसे मैं 'मोहभंग से मोहभंग का दौर' कहना चाहूँगा। नागार्जुन का काव्य-संग्रह 'खिचड़ी विप्लव देखा हमने' इस मनःस्थिति का ज्वलन्त दस्तावेज है जो इमरजेन्सी के ठीक बाद जनता राज के दिनों में प्रकाशित हुआ था। तब से शुरू होने वाले 80 के दशक के साहित्य को देखें तो उसका मिजाज साठोत्तरी दशक से कितना भिन्न है।

इस दौर में कविता, कहानी की दुनिया में जो नयी युवा प्रतिभाएँ सामने आयीं उनकी रचनाओं को देखें तो वे साठोत्तरी नकारवाद के भार से एकदम मुक्त दिखायी पड़ती हैं।

शानी : इस ऐतिहासिक सर्वेक्षण के बाद, नामवर जी यदि हम लोग कविता, कहानी, उपन्यास, आलोचना आदि एक-एक साहित्य विधा की उपलब्धियों की चर्चा करें तो अच्छा होगा। शुरुआत चाहे जिस विधा से करें।

नामवर सिंह : तो कविता को ही पहले लें, इसलिए भी कि मेरी दृष्टि में

कविता में ही हिन्दी की उपलब्धियाँ सबसे महत्त्वपूर्ण हैं। इस दौर की सबसे उल्लेखनीय घटना तो यह है कि शमशेर, नागार्जुन, केदारनाथ अग्रवाल, त्रिलोचन जैसे वरिष्ठ कवि जो अज्ञेय प्रवर्तित नयी कविता के चलते पृष्ठभूमि में चले गये थे प्रकाश में आये। यही नहीं कि उनकी पूर्व-रचित बहुत-सी कविताएँ संकलनों के रूप में प्रकाशित हुईं, बल्कि नये सिरे से उनकी सार्थकता और प्रासंगिकता का पुनराविष्कार हुआ। इस दृष्टि से त्रिलोचन की खोज सबसे उल्लेखनीय है।

मझली पीढ़ी के कवियों में रघुवीर सहाय तो सबसे महत्त्वपूर्ण कवि के रूप में उभरे ही, केदारनाथ सिंह बीस वर्षों की चुप्पी तोड़कर 'जमीन पक रही है' (1980) नामक काव्य-संग्रह के द्वारा अपनी नयी रचनाशीलता के साथ प्रकट हुए। सर्वेश्वर की पुरानी भावुकता 'जंगल का दर्द' में नये क्रांतिकारी तेवर के साथ व्यक्त हुई तो श्रीकांत वर्मा ने 'मगध' की कविताओं के द्वारा आज के मनुष्य की पीड़ा को इतिहास का अभिनव आयाम दिया। कुँवरनारायण 'आत्मजयी' की अस्तित्ववादी चिन्ता से छूटकर इतिहास के रूबरू हुए और 'अपने सामने' आये।

इस बीच एक बात यह भी हुई कि कविता की दुनिया में प्रयोगवाद, प्रगतिवाद, नयी कविता, अकविता आदि की बाड़े-बन्दी एकदम टूट गयी और इस तरह के सारे लेबल निरर्थक साबित हुए। नतीजा यह हुआ कि आज की कविता पर कोई लेबल चिपकाना सम्भव नहीं है—न विचारधारा का, न काव्य-शिल्प का।

हिन्दी कविता में इस समय कवियों की जो युवा पीढ़ी आयी है उसकी सर्जनात्मक संभावनाएँ आश्चर्यचकित करने वाली हैं। विनोद कुमार शुक्ल इस पीढ़ी के सबसे अग्रणी और समर्थ कवि हैं। इनकी कविताएँ सन् साठ के आसपास कृति में सबसे पहले प्रकाशित हुई थीं जिनसे एक उभरती हुई समर्थ प्रतिभा का आभास मिला था। इस युवा पीढ़ी के अन्य उल्लेखनीय कवि हैं—मंगलेश डबराल, आलोक धन्वा, अरुण कमल, राजेश जोशी, असद जैदी, उदय प्रकाश और देवी प्रसाद मिश्र। इधर एकान्त श्रीवास्तव, बोधिसत्व और बद्रीनारायण जैसे युवतर कवियों की जो छिट-पुट कविताएँ पत्रिकाओं में प्रकाशित हुई हैं वे अत्यधिक सम्भावनापूर्ण प्रतीत होती हैं। खास बात यह है कि इनमें से प्रत्येक कवि का अपना व्यक्तित्व है, अपनी अलग पहचान है वह किसी पूर्ववर्ती कवि के कदमों पर चलने की कोशिश नहीं कर रहा है—न रघुवीर सहाय के पीछे न केदारनाथ सिंह के।

शानी : नामवर जी, आपने इधर की युवा कविता के बारे में जो बात कही है उससे मैं सौ फीसदी सहमत हूँ। मैं खुद भी यह मानता और कहता रहा हूँ कि इधर की नई कविता बराबर यथार्थ के रूबरू नये-से-नये ढंग से चीजों का साक्षात्कार कर रही है। यह भी सही है कि वह किसी पूर्ववर्ती कवि के कदमों पर नहीं चल रही है। वैसे विमल कुमार जैसे एकाध कवि हैं जो लगभग रघुवीर सहाय के पदचिह्नों पर चल रहे हैं लेकिन आप एकान्त श्रीवास्तव को देखें या

बोधिसत्व को जो बिल्कुल युवतर कवि हैं, एक और कवि हैं विनोद श्रीवास्तव जिनकी बहुत थोड़ी-सी कविताएँ छपी हैं। ये सब संवेदना के आधार पर और उसी को केन्द्र में रखकर लिखने वाले कवि हैं। इनके आगे यह परम्परा जरूर है लेकिन उन्होंने पूरी परम्परा को आत्मसात् किया है किसी एक कवि को नहीं। भाषा और बिम्ब अपने ढंग से ग्रहण किये हैं।

नामवर सिंह : रघुवीर सहाय के चरण चिह्नों पर चलने वाले कवि और भी हैं। जैसे–विष्णु नागर और असद जैदी (खासतौर से अपने दूसरे संग्रह में)। लेकिन यह बात बहुत महत्त्वपूर्ण नहीं है। इससे इन कवियों का योगदान असिद्ध नहीं होता।

शानी : एक और कवि हैं ज्ञानेन्द्रपति जो अब चर्चा के केन्द्र में नहीं दिखते। वह कम लिखते हैं लेकिन जब-जब उन्होंने कविताएँ लिखीं, अच्छी कविताएँ लिखीं।

नामवर सिंह : ज्ञानेन्द्रपति की चर्चा एक समय हुई थी। खासतौर से पिछले दशक में यानी अकविता के ठीक बाद वाले दशक में। लेकिन इधर काफी दिनों से उनकी कोई कविता–अच्छी या कम अच्छी भी नहीं दिखायी देती। इसीलिए उनका नाम मुझसे छूट गया। आलोक धन्वा की चर्चा इसलिए की कि इधर वे नयी सर्जनात्मक ऊर्जा के साथ अर्से बाद फिर प्रकट हुए हैं। वैसे इनकी चर्चा भी नक्सली दौर की क्रांतिकारी कविताओं के सन्दर्भ में काफी हुई थी। जरूरी नहीं कि आप मुझसे सहमत हों लेकिन आलोक धन्वा मुझे ज्ञानेन्द्रपति से बेहतर लगते हैं।

शानी : समकालीन भारतीय साहित्य में उनकी कुछ कविताएँ छपी थीं जो अच्छी हैं। इस अंक में भी आपको उनकी अच्छी कविताएँ मिलेंगी। आलोक धन्वा में इधर एक तरह की सपाट बयानी आने लगी है। राजनीति का जो मारा हुआ मुखर कवि है वह उस रोग से बड़ी मुश्किल से मुक्त होता है। ज्ञानेन्द्रपति नहीं है। एक कवि और हैं विजेन्द्र जिनका नाम चर्चा में अक्सर रहा है।

नामवर सिंह : विजेन्द्र के साथ एक और नाम याद आता है ऋतुराज। विजेन्द्र ज्येष्ठ हैं लेकिन ऋतुराज का जो नया संग्रह 'सुरत-निरत' आया है उसकी कुछ कविताएँ मुझे काफी अच्छी लगीं। ऋतुराज में शक्ति अधिक है।

विश्वनाथ त्रिपाठी : क्या वजह है कि अभी तक कुल मिलाकर एक सीधी-सादी भाषा, सपाट भाषा, मतलब स्थितियों से भरी भाषा नहीं है। मुझे अभी भी इन सबसे ताजा स्थितियों की कविताएँ नागार्जुन की लगती हैं। इन कवियों में भी कुछ अच्छे हैं और मैं भी उनका प्रशंसक हूँ। लेकिन कुल मिलाकर एक स्वप्निल-सी स्थिति बनती है। इसका एक कारण है प्रतीकात्मकता। ये कविताएँ प्रतीकात्मकता से इतनी ज्यादा बोझिल हैं कि कविताएँ पढ़कर ही लगता है जैसे आप इस दुनिया को छोड़कर किसी और दुनिया में चले गये हैं। मुझे लगता है कि जो

आधुनिक जीवन की विषमता है उससे अलग हटकर ये कवि कुछ ताजगी की नयी स्थिति की या समानान्तर जीवन का जो उल्लास है उसकी ओर संकेत करते हैं। लेकिन ऐसा क्यों है कि कुल मिलाकर एक सीधी-सादी भाषा इन कवियों के पास नहीं है। उदाहरण के लिए मंगलेश डबराल की जो संवेदना है 'पहाड़ पर लालटेन' में उस संवेदना के उपयुक्त क्या उनकी भाषा भी है ? क्या वह भाषा एक खास तरह की कृत्रिम भाषा नहीं है ? जैसे नागार्जुन मिथिला पर लिखते हैं, त्रिलोचन शास्त्री अवध पर लिखते हैं उसी तरह मंगलेश डबराल पहाड़ पर क्यों नहीं लिखते ?

शानी : क्या आपका मतलब यह है कि उस अंचल विशेष के बारे में लिखें तो वहाँ की बोली और वहाँ की जमीन भी आनी चाहिए।

विश्वनाथ त्रिपाठी : जरूरी नहीं।

शानी : तो आपका मतलब क्या हुआ ?

विश्वनाथ त्रिपाठी : मेरा मतलब यह हुआ कि उस अंचल की भूमि तो नहीं आनी चाहिए लेकिन उस कथ्य का कुछ दबाव उस भाषा पर भी पड़ना चाहिए। खासतौर से जो वाक्य-विधान है उस पर। कुछ-न-कुछ किसी-न-किसी रूप में। दरअसल जिसको माइनारिटी कल्चर कहा जाता है, उसकी ही बात बनकर रह जाती है। वैसे कविता जेनुइन है लेकिन पहाड़ पर लिखी गयी एक ऐसे व्यक्ति की कविता है जो पहाड़ को जानता तो है लेकिन पहाड़ से दूर एक कन्फेशन में रहता है।

नामवर सिंह : विश्वनाथ जी, क्या आपके कथन में अन्तर्विरोध नहीं ? भाषा कृत्रिम है तो कविता जेनुइन कैसे हुई ? आप कोई ठोस उदाहरण देते तो शायद बात स्पष्ट होती। वैसे मेरी धारणा तो कुछ ऐसी बनी है कि युवतर पीढ़ी के कवियों की भाषा में अधिक सहजता एवं जीवंतता आयी है और वह प्रतीकात्मकता के चक्कर से भी काफी कुछ मुक्त हुई है।

शानी : युवा कवि बोधिसत्व इसके अच्छे उदाहरण है। गाँव के लोग शहर जा रहे हैं। लगता है कि एक गाँव का आदमी रोजी कमाने शहर जाने की अपनी वेदना का बखान कर रहा है। आपकी यह शिकायत है कि बोधिसत्व कविता की भाषा ज्यों-का-त्यों लेकर क्यों नहीं आता ?

विश्वनाथ त्रिपाठी : मैं दूसरी बात कह रहा हूँ। यह कह रहा हूँ कि आज की कविता पढ़ने वाले हिन्दी पाठक के पास एक संस्कार, एक संवेदना, एक परम्परा है। दोहा जैसा छंद जो तुलसीदास का है, बिहारी का है, रहीम का है, उसी दोहे को नागार्जुन अपनी स्थितियों से गुंफित करके आधुनिक बना देते हैं और आज ऐसा बिल्कुल पुरानी पीढ़ी के ही कवि करते हों ऐसी बात नहीं। गोरखपांडे ने भी ऐसी कविताएँ लिखी हैं। इसलिए मैं कोशिश कर रहा हूँ समझने की। क्या

ऐसी बात है कि इन कवियों की कविताएँ अगर अंग्रेजी में अनूदित कर दी जाएँ तो शायद ज्यादा संवेदना सम्प्रेषित करेंगी ?

नामवर सिंह : गोरखपांडे ही क्यों ? अन्य युवतर कवियों में भी छंदोबद्ध कविता लिखने का रुझान दिखता है। जैसे—देवीप्रसाद मिश्र, बोधिसत्व, कुमार अम्बुज आदि। इससे क्या निष्कर्ष निकला ?

विश्वनाथ त्रिपाठी : वे छंदों में कविता फैशन के तहत लिख रहे हैं।

नामवर सिंह : साबित करना मुश्किल होगा। क्या जेनुइन है और क्या फैशन ? मुझे तो ऐसा लगता है कि धीरे-धीरे छंदों से परहेज कम हो रहा है। गद्यात्मक कविता में भी लय भरने का प्रयास है। संवेदना के साथ ही भाषा में भी खुलापन आ रहा है। वाक्य-विन्यास पर अंग्रेजियत का दबाव पहले से कम हो रहा है। फिर भी यदि आज की कविता एकदम बोलचाल की भाषा में नहीं लिखी जा रही है तो यह कोई दोष नहीं। आखिर कविता की भाषा एक हद तक सँवार, सिंगार और संस्कार माँगती ही है और इस मामले में कहीं-न-कहीं स्वयं अपनी काव्य भाषा की परम्परा से अनुशासित भी होती है।

शानी : लेकिन ये बहस के मुद्दे हैं और इन पर बात करने के मौके और भी आयेंगे। कविता पर वैसे भी बातचीत काफी लम्बी हो गयी हैं इसलिए अब कहानी की चर्चा की जाय।

नामवर सिंह : कहानी पर चर्चा करने के अधिकारी तो शानी जी मुझसे ज्यादा आप हैं। कहानीकार के नाते और फिर 'समकालीन भारतीय सहित्य' में हिन्दी के साथ ही अन्य भारतीय भाषाओं की कहानियाँ प्रस्तुत करने के कारण भी। आपके सामने तो कहानी का अखिल भारतीय परिप्रेक्ष्य है। आपकी दृष्टि में आज की भारतीय कहानी में हिन्दी कहानी का क्या स्थान है ?

शानी : मुझे यह कहने में तनिक भी संकोच नहीं कि भारत की कई भाषाओं में आज हिन्दी से बेहतर कहानियाँ लिखी जा रही हैं।

नामवर सिंह : यही बात मैंने कुछ दिन पहले 'हंस' की एक गोष्ठी में कही थी तो हिन्दी के कुछ कहानीकार नाराज हो गये। नाराज तो मुझसे वे वैसे भी हैं। इसलिए आज की कहानी पर कुछ कहने का उत्साह नहीं होता। फिर भी यह दुःखद स्थिति है कि नयी कहानी के दौर के अधिकांश लेखक कहानी लेखन बन्द कर चुके हैं। जो छिट-पुट लिख रहे हैं उनमें से जो कभी छिट-पुट प्रकाशित करते हैं उनसे निराशा ही होती है। एक अर्से से अमरकांत की कोई अच्छी कहानी पढ़ने को नहीं मिली, शेखर जोशी में जरूर सृजन का नया जोश आया है। इधर उनके दो संग्रह भी प्रकाशित हुए हैं और कुछ कहानियाँ अच्छी भी बन पड़ी हैं। उसी पीढ़ी के कहानीकारों में भीष्म साहनी और निर्मल वर्मा दो ही ऐसे समर्थ लेखक हैं जिनके रचनाकर्म में कोई अवरोध नहीं आया। भीष्म जी ने तो इस

बीच 'अमृतसर आ गया है', वांगचू, प्रास, लीला नन्दलाल की जैसी कुछ बहुत ही अच्छी और अविस्मरणीय कहानियाँ लिखी हैं। सच तो यह है कि भीष्म जी की कहानी कला में क्रमशः निखार आया है। निर्मल वर्मा ने भी इस बीच एक दिन का मेहमान, दूसरी दुनिया और बीच बहस में जैसी अत्यधिक मार्मिक और कलापूर्ण कहानियाँ लिखीं। भीष्म साहनी और निर्मल वर्मा की ये कहानियाँ किसी भी भाषा के लिए गौरव हैं।

साठोत्तरी कहानी के दौर में उभरने वाले नये लेखकों में सबसे महत्त्वपूर्ण नाम ज्ञानरंजन का है। उनकी 'घंटा' और 'बहिर्गमन' शीर्षक कहानियाँ बहुत दिनों तक चर्चा के केन्द्र में रहीं। अफसोस की बात है कि पिछले दस-पन्द्रह वर्षों से वे 'पहल' के सम्पादन में इतने व्यस्त हैं कि कहानी लिखने के लिए समय ही नहीं निकाल पा रहे हैं। इसी दौर के सशक्त कहानीकार काशीनाथ सिंह भी हैं और वे अब भी लिख रहे हैं। लेकिन उनकी चर्चा करना मेरे लिए उचित नहीं। इस दौर के जिस उपेक्षित कहानीकार की चर्चा खासतौर से मैं करना चाहता हूँ वे हैं रामनारायण शुक्ल। किसी समय कृति में इनकी कहानियाँ प्रायः छपती थीं। निम्न मध्यवर्गीय जीवन की कुछ बहुत ही मार्मिक कहानियाँ इन्होंने लिखीं, कलाकारिता की परवाह किये बिना। विजय चौहान, प्रबोध कुमार और मनोहर श्याम जोशी साठ के दौर के अनूठे कहानीकार हैं जिन्होंने लिखा तो कम लेकिन जो भी लिखा उसकी अपनी अलग पहचान है।

पिछले दशक में कहानी के क्षेत्र में अनेक नयी प्रतिभाएँ सामने आयी हैं। महिला लेखिकाओं में मृणाल पाण्डे और राजी सेठ तथा युवतर लेखकों में स्वयं प्रकाश, उदयप्रकाश, सुरेश कांटक, संजीव, सृंजय आदि। इन लेखकों में मुझे सबसे समर्थ स्वयंप्रकाश लगे, अमरकांत और ज्ञानरंजन की प्रगतिशील परम्परा का अगला चरण।

अपने वर्ग की कमजोरियों की वही पैनी समझ, वैसी ही मुहावरेदार भाषा, वही सेकुलर दृष्टि बल्कि प्रखर वर्ग-दृष्टि।

विश्वनाथ त्रिपाठी : स्वयंप्रकाश की कहानियाँ मुझे भी बहुत पसन्द हैं। सन् 84 के सिक्ख विरोधी दंगों की पृष्ठभूमि में लिखी हुई कहानी क्या तुमने कोई सरदार भिखारी देखा है अब भी याद है। ऐसे ही मुस्लिम समाज की कुछ कहानियाँ सिर्फ शानी ने ही लिखी हैं। उनकी एक कहानी 'युद्ध' मुझे विशेष रूप से उल्लेखनीय लगती है।

नामवर सिंह : इस दौर में कुछ और भी मुस्लिम लेखक हिन्दी कहानी की दुनिया में आये जैसे असगर वजाहत, इब्राहीम शरीफ और अब्दुल बिस्मिल्लाह।

वैसे, कहानीकारों की गणना करने चलें तो फेहरिस्त का अंत नहीं, फिर भी वह मुकम्मिल न मानी जाएगी। इसलिए यह काम छोड़कर मैं हिन्दी कहानी

में यथार्थ को लेकर विकसित होने वाली एक नई दृष्टि का उल्लेख करना चाहूँगा। फैंटेसी की ओर झुकाव इस दौर की एक उल्लेखनीय प्रवृत्ति है। मुक्तिबोध कविता की तरह कहानी में भी फैंटेसी का सशक्त प्रयोग कर चुके थे। इधर विजयदान देथा ने इस शैली में कुछ बहुत ही मार्मिक कहानियाँ लिखी हैं। फैंटेसी के अलावा भी यथार्थ चित्रण में युवा लेखकों की दृष्टि बदली है जो पुराने यथार्थवाद से स्पष्टतः अलग है।

शानी : नामवर जी, इसी क्रम में अब उपन्यासों पर भी विचार कर लें तो अच्छा होगा।

नामवर सिंह : उपन्यासों की दृष्टि से हिन्दी की साठोत्तरी दुनिया कहानी से भी ज्यादा उजाड़ दिखायी पड़ती है। साठ के दशक का प्रतिनिधि-उपन्यास श्रीलाल शुक्ल का 'राग दरबारी' है जो उस दौर के नकारवादी रुझान का आईना है। तंज़ का इतना व्यापक इस्तेमाल शायद ही किसी उपन्यास में मिलता हो। वैसे, उसी दौर में राही मासूम रजा का 'आधा गाँव', शानी का 'काला जल', भीष्म साहनी का 'तमस' आदि उपन्यास भी प्रकाशित हुए। ये सभी उपन्यास उस दौर में उभरने वाले सम्प्रदायवाद के विरुद्ध संघर्ष के प्रतीक हैं। पुरानी पीढ़ी के लेखकों में हजारीप्रसाद द्विवेदी के 'पुनर्नवा' और 'अनामदास का पोथा' शीर्षक दो उपन्यास प्रकाशित हुए और अमृतलाल नागर ने 'अमृत और विष', 'मानस का हंस', 'नाच्यो बहुत गोपाल' आदि अनेक उपन्यासों की रचना की, किंतु मुझको यदि इस दौर के सबसे महत्त्वपूर्ण उपन्यास का नाम लेना हो तो मैं विनोद कुमार शुक्ल के 'नौकर की कमीज' शीर्षक उपन्यास का नाम लूँगा। वैसे, मनोहर श्याम जोशी का 'कसप' भी मुझे काफी महत्त्वपूर्ण उपन्यास लगता है।

विश्वनाथ त्रिपाठी : अगर कुछ ही उपन्यासों का नाम लेने को कहा जाय तो मैं इस दौर के उपन्यासों में 'राग दरबारी' का नाम न लूँगा। 'काला जल' का नाम लूँगा और फिर अनामदास का पोथा का। एक छोटे उपन्यास का भी जिक्र करूँगा जिसे मैंने अभी पढ़ा है–वह है ममता कालिया का 'बेघर'। यह उपन्यास मुझे बहुत अच्छा लगा। मुझे भीष्म साहनी का नया उपन्यास 'मय्यादास की माड़ी' भी अच्छा लगा और इसे मैं उनका श्रेष्ठ उपन्यास मानता हूँ। कृष्णा सोबती का 'जिन्दगीनामा' पढ़ने में मुझे दिक्कत हुई। भाषा बिम्बों से भरी हुई है और स्मृति सजीव हो उठती है। फिर भी दिक्कत तो होती ही है।

शानी : मैं एक और उपन्यास का जिक्र करना चाहूँगा 'धरती धन न अपना', जगदीशचन्द्र का। इसकी चर्चा बहुत कम हुई है लेकिन वह मुझे उनका एक मात्र अच्छा और महत्त्वपूर्ण उपन्यास लगता है। पंजाब के एक गाँव में हरिजनों पर होने वाले अत्याचारों का एक मार्मिक दस्तावेज।

नामवर सिंह : उपन्यास से ही मिलती-जुलती एक विधा है जीवनी जो इस

दौर में विशेष रूप से समृद्ध हुई। इस बीच हिन्दी में साहित्यकारों के जीवन को लेकर बड़े पैमाने पर लिखी हुई तीन जीवनियाँ ऐसी प्रकाशित हुई हैं जो हमारे इतिहास में अभूतपूर्व हैं। अमृतराय द्वारा लिखित 'कलम का सिपाही' शीर्षक प्रेमचन्द का जीवन-चरित, रामविलास शर्मा द्वारा लिखित 'निराला की साहित्य-साधना' का पहला भाग जिसमें निराला के जीवन-संघर्ष को उपन्यास की कलात्मकता के साथ प्रस्तुत किया गया और अन्त में शरतचन्द के जीवन को आधार बनाकर लिखी हुई 'आवारा मसीहा' नामक पुस्तक जो उपन्यास की तरह ही रोचक है। कहने की आवश्यकता नहीं कि ये जीवनियाँ किसी भी कथाकृति से अधिक सर्जनात्मक और कलात्मक हैं।

शानी : मैं समझता हूँ इसकी शुरुआत पाण्डेय बेचन शर्मा 'उग्र' की अपनी खबर से होती है। वह पहली और अंतिम आत्मकथात्मक रचना है।

शानी : नामवर जी अब आलोचना पर भी बात हो जाय तो मेरा ख्याल है कि साहित्य की लगभग सारी विधाओं पर चर्चा हो जाएगी। विश्वनाथ जी, क्या आप इस पर अपनी राय देना चाहेंगे ?

विश्वनाथ त्रिपाठी : समकालीन आलोचकों में डॉ. रामविलास शर्मा और डॉ. नामवर सिंह के बाद आलोचना का मैदान रिक्त है। डॉ. रामविलास शर्मा ने परम्परा का मूल्यांकन किया है और परम्परा का वह मूल्यांकन भी एक प्रकार से समकालीन आलोचना का ही रूप है। इसीलिए मैं इसको बड़ा महत्त्व देता हूँ। खुद नामवर जी भी यदा-कदा मतभेद के बावजूद रामविलास जी की प्रशंसा करते हैं और हम लोगों के बीच डॉ. रामविलास शर्मा का डॉ. नामवर सिंह से बढ़कर कोई प्रशंसक नहीं है। नामवर जी की मौजूदगी में उनके बारे में कुछ कहना मुनासिब नहीं। फिर भी उनकी आलोचना की बहुत बड़ी शक्ति यह रही है कि समकालीन रचनाधर्मिता में जो कुछ सम्भावनापूर्ण है उसकी पहचान उन्हें अचूक है--चाहे वह धूमिल हों चाहे निर्मल वर्मा। नामवर जी ने उनकी प्रतिभा को सबसे पहले पहचाना। नामवर जी को समकालीन हिन्दी रचना के लिए संदर्भवान माना जाता है तो इसलिए कि समकालीन रचना जगत में उनकी पहचान अक्सर अचूक साबित होती है। लेकिन इस समय जो लिखा जा रहा है उस पर नामवर जी अब कुछ कहते नहीं। नए लेखक अक्सर यह शिकायत करते हैं। कथा-समीक्षा के क्षेत्र में उनके बाद मेरा ध्यान सुरेन्द्र चौधरी की ओर जाता है। बहुत विश्वसनीय लगते हैं वह। कभी-कभी झोंक में बात करते हैं वह, लेकिन वह झोंक विचारणीय होती है।

नामवर सिंह : मैं शानी जी से कहूँगा कि विश्वनाथ जी ने स्नेहातिरेक वश जो बातें मेरी प्रशंसा में कही हैं उन्हें काट दें।

आजादी के बाद की हिन्दी आलोचना को पूरे भारतीय सन्दर्भ में देखता हूँ तो मुझे इसकी समृद्धि पर गर्व होता है। हिन्दी आलोचना की नींव आचार्य

रामचन्द्र शुक्ल जैसे समर्थ आलोचक ने डाली है जिनके समान आज भी भारतीय साहित्य में दूसरा आलोचक नहीं हुआ। समकालीन हिन्दी आलोचना ऐसी मजबूत नींव पर खड़ी है। आचार्य हजारीप्रसाद द्विवेदी और डॉ. रामविलास शर्मा, आचार्य शुक्ल की ही परम्परा के समर्थ सार्थवाह हैं। हजारीप्रसाद द्विवेदी ने अपनी सर्वश्रेष्ठ कृति 'हिन्दी साहित्य की भूमिका' वैसे तो आजादी के पहले लिखी लेकिन आजादी के बाद भी वे साहित्य-चिन्तन की दिशा में पर्याप्त सक्रिय रहे। 1952 में उन्होंने 'हिन्दी साहित्य का आदिकाल' नाम की जो पुस्तक लिखी उसे मैं साहित्य के इतिहास-चिन्तन की महत्त्वपूर्ण कृति मानता हूँ। इसके बाद कालिदास के माध्यम से उन्होंने जो लालित्य चिन्तन किया, उससे भारतीय सौन्दर्यशास्त्र के कुछ नितान्त नए पक्ष सामने आते हैं।

विश्वनाथ जी डॉ. रामविलास शर्मा के परम्परा-सम्बन्धी मूल्यांकन की चर्चा पहले ही कर चुके हैं। मैं सिर्फ इतना ही जोड़ना चाहूँगा कि इस बीच 'महावीर प्रसाद द्विवेदी और हिन्दी नवजागरण' के द्वारा डॉ. रामविलास शर्मा ने हिन्दी नवजागरण को देखने की एक नयी दृष्टि दी। इस क्रम में उन्होंने हिन्दी जाति के निर्माण की प्रक्रिया का जो विवेचन किया है वह इस दिशा में अपने ढंग का प्रथम प्रयास है। इसी प्रकार 'भारतीय साहित्य के इतिहास की समस्याएँ' नामक पुस्तक में भी भारतीय साहित्य के इतिहास-लेखन की दिशा में कुछ बुनियादी समस्याएँ उठाई हैं जो काफी मौलिक हैं।

ठेठ आलोचना की दृष्टि से निराला की साहित्य साधना के दूसरे भाग में निराला की कविताओं के स्थापत्य और भाषित तत्त्वों का विश्लेषण यांत्रिक होते हुए भी उनकी सूक्ष्म काव्य-दृष्टि का परिचायक है। 'आस्था और सौन्दर्य' शीर्षक पुस्तक के कुछ निबंधों में उन्होंने नए ढंग से मार्क्सवादी सौन्दर्यशास्त्र पर विचार किया है।

इस दौर के कवि-आलोचकों में सबसे महत्त्वपूर्ण नाम मुक्तिबोध का है। उनका सबसे महत्त्वपूर्ण योगदान है रचना-प्रक्रिया का आंतरिक-विश्लेषण, जिसका जीवन्त दस्तावेज है 'एक साहित्यिक की डायरी'। इसके अतिरिक्त 'कामायनी : पुनर्विचार' भी काव्य-विश्लेषण का मौलिक प्रयास है। मुक्तिबोध का आलोचनात्मक महत्त्व इस बात में भी है कि उन्होंने एक ओर अज्ञेय द्वारा प्रवर्तित जड़ीभूत सौन्दर्याभिरुचि को तोड़ने का काम किया तो दूसरी ओर मार्क्सवादी आलोचना की भौंड़ी समाजशास्त्रीयता का निराकरण किया।

अन्य कवि-आलोचकों में अज्ञेय और शमशेर का योगदान भी आलोचना के क्षेत्र में काफी महत्त्वपूर्ण है। अज्ञेय ने तीनों सप्तकों की भूमिकाओं के द्वारा आधुनिक काव्य-दृष्टि के विकास में योग दिया तो शमशेर ने नयी सौन्दर्य चेतना तथा कलाबोध जाग्रत किया। शमशेर के आलोचना-निबंधों का पूरा एक संग्रह

भी है। जिसका नाम है 'दोआब'। खेद है कि इससे बहुत कम लोग परिचित हैं। इसी पुस्तक में 'भारत-भारती' और 'मुसद्दस' की तुलना करते हुए भारतीय नवजागरण पर विचार किया गया है जो अपने ढंग का अनूठा और मौलिक प्रयास है। परवर्ती पीढ़ी के रचनाकार आलोचकों में सबसे महत्त्वपूर्ण आलोचक विजयदेव नारायण साही और निर्मल वर्मा हैं। साही के दो निबंध विशेष रूप से चर्चित रहे हैं–'लघु मानव के बहाने नयी कविता पर एक बहस' और 'शमशेर की काव्यानुभूति की बनावट।' अंतिम दिनों में उन्होंने जायसी पर एक छोटी-सी किन्तु सारगर्भ पुस्तक प्रस्तुत की। ये सभी निबंध शुद्ध कविता का सौंदर्यशास्त्र प्रस्तुत करते हैं। साही के विचारों की मौलिकता असंदिग्ध है। निर्मल वर्मा ने 'शब्द और स्मृति', 'कला का जोखिम' तथा 'ढलान से उतरते हुए' निबंध संग्रहों के द्वारा कलात्मक निबंध की शैली में कला, मिथक, भाषा तथा उपन्यास विधा पर अपने मौलिक और गम्भीर विचार प्रस्तुत किये हैं।

विश्वनाथ त्रिपाठी : साही तक तो ठीक है लेकिन निर्मल वर्मा को आलोचक के रूप में स्वीकार करना मेरे लिए कठिन है। अधिक से अधिक मैं उन्हें निबंधकार मान सकता हूँ।

नामवर सिंह : निबंधों के द्वारा भी आलोचना सम्भव है। जार्ज लुकाच की पहली पुस्तक 'आत्मा और रूप' निबंध की ही शैली से लिखी गयी है। फिर भी यदि आप इस मुद्दे पर मुझसे असहमत हैं तो मैं उस असहमति का सम्मान करता हूँ फिलहाल बहस न करूँगा।

समकालीन आलोचना का परिदृश्य पूरा करने के लिए मैं तीन-चार और आलोचकों की चर्चा करना चाहता हूँ। वे हैं–मलयज, रमेशचन्द्र शाह और गिरधर राठी। इनमें सबसे संवेदनशील और गम्भीर आलोचक हैं मलयज। उनकी पुस्तक 'कविता से साक्षात्कार' समकालीन कविता की आलोचना का सबसे संवेदनशील दस्तावेज है। शाह एक अच्छे आस्वादवादी आलोचक हैं और राठी में बौद्धिक विश्लेषण की पर्याप्त क्षमता है।

कथा-समीक्षा के क्षेत्र में मुझे विजयमोहन सिंह और रवीन्द्र वर्मा सबसे महत्त्वपूर्ण लगते हैं। ये स्वयं भी अच्छे कहानीकार हैं और इनमें कहानियों की सूक्ष्म पहचान भी हैं।

विश्वनाथ त्रिपाठी : नामवर जी आपने विष्णु खरे का नाम नहीं लिया। आप उन्हें अच्छा आलोचक घोषित कर चुके हैं।

नामवर सिंह : याद दिलाने के लिए धन्यवाद विश्वनाथ जी। विष्णु खरे को मैं अब भी अच्छा आलोचक मानता हूँ और कविता के बारे में उनकी समझ का कायल हूँ। वैसे, काफी दिनों से उनकी लिखी कोई समीक्षा देखने को नहीं मिली।

शानी : विष्णु खरे के कवि रूप को अक्सर उनके आलोचक से कमतर कर देखा जाता है। गिरधर राठी इसके दूसरे उदाहरण हैं। मैं नहीं समझता कि विष्णु खरे या गिरधर राठी के कवि रूप उनके आलोचक से कम महत्त्वपूर्ण हैं। उनकी पैनी दृष्टि सिर्फ कविता ही नहीं बल्कि कहानी और कथा-साहित्य में भी देखी जा सकती है। जैनेन्द्र पर 'समकालीन भारतीय साहित्य में' विष्णु खरे का जो लेख छपा है वह कथाकार जैनेन्द्र के बिल्कुल नये और क्रान्तिकारी रूप को पहली बार हिन्दी पाठक के सामने रखता है।

नामवर सिंह : कविता, कहानी, उपन्यास, आलोचना आदि साहित्यिक विधाओं की चर्चा काफी हो चुकी। पर हिन्दी वाङ्मय केवल इन्हीं विधाओं तक सीमित नहीं है। हिन्दी में स्वाधीनता के बाद कुछ ऐसे गौरव ग्रंथों की रचना हुई है जो उपर्युक्त विधाओं में से किसी में नहीं आते। फिर भी उनके कारण हिन्दी गौरवान्वित है। उदाहरण के लिए, डॉ. भगवतशरण उपाध्याय, डॉ. वासुदेवशरण अग्रवाल और डॉ. मोतीचन्द के शोधपरक एवं विद्वत्तापूर्ण ग्रंथ। ज्ञान का साहित्य कहने से इनके ग्रंथों का पूरा परिचय नहीं होता। ये विद्वान हिन्दी के समर्थ गद्यकार भी हैं, खासतौर से भगवतशरण उपाध्याय और वासुदेवशरण अग्रवाल। वासुदेवशरण जी ने 'हषचरित' और 'कादम्बरी' के जो सांस्कृतिक अध्ययन प्रस्तुत किए हैं वैसे ग्रंथ अंग्रेजी में भी नहीं हैं। इसी प्रकार डॉ. मोतीचन्द के 'सार्थवाह' और 'शृंगारहाट' शीर्षक ग्रंथ हिन्दी की अक्षय निधि हैं। इसी परम्परा में मैं डॉ. रामविलास शर्मा के भाषा सम्बन्धी दो ग्रंथों का भी उल्लेख करना आवश्यक समझता हूँ। एक, 'भाषा और समाज' तथा दूसरा, 'भारत के प्राचीन भाषा परिवार और हिन्दी' शीर्षक ग्रंथ की तीन जिल्दें/भाषा के अलावा डॉ. शर्मा ने इतिहास विषयक दो विशाल ग्रंथों की भी हिन्दी में रचना की है–'भारत में अंग्रेजी राज और मार्क्सवाद' तथा 'मार्क्स और पिछड़े हुए समाज'। इन ग्रंथों में ऐसा बहुत कुछ है जो मौलिक है और हिन्दी भाषी समाज को जाग्रत करने वाला है।

अभी हाल ही में दो खंडों में इतिहास और संस्कृति का एक और गम्भीर ग्रंथ आया है 'हड़प्पा सभ्यता और वैदिक साहित्य'। इसके लेखक हैं भगवान सिंह। जिनके नाम से ज्यादा लोग परिचित नहीं हैं। ग्रंथ का समुचित मूल्यांकन तो विषय के विशेषज्ञ ही करेंगे किन्तु मेरे जैसे सामान्य पाठक को यह अपने ढंग का अनूठा प्रयास लगा है।

बातचीत का उपसंहार करते हुए मैं एक बात और कहना चाहता हूँ। इस बीच विश्व साहित्य और भारतीय भाषाओं के साहित्य की श्रेष्ठ कृतियों को अनुवाद के द्वारा सुलभ कराने का काम बहुत बड़े पैमाने पर हुआ है। इस प्रयास का अधिकांश स्वैच्छिक और गैर-सरकारी है। यह निःसंकोच कहा जा सकता है कि जो सिर्फ हिन्दी जानते हैं वे भारतीय भाषाओं की तथा विश्व की अन्य प्रमुख भाषाओं की

श्रेष्ठ कविताओं, कहानियों, उपन्यासों, नाटकों आदि का बहुत कुछ परिचय सहज ही प्राप्त कर सकते हैं। इस दृष्टि से कविताओं के अनुवाद की दिशा में जो कार्य हुआ वह अत्यधिक सराहनीय है। विदेशी कविताओं के अनुवाद की तो एक पत्रिका ही है 'तनाव' जिसे वंशी माहेश्वरी मध्य प्रदेश के एक छोटे-से कस्बे से पन्द्रह-बीस वर्षों से निकाल रहे हैं।

इन हिन्दी अनुवादों की तुलना में अंग्रेजी तथा अन्य भारतीय भाषाओं में हिन्दी की साहित्यिक कृतियों का अनुवाद कम—बहुत कम ही हुआ है। वैसे यह प्रक्रिया शुरू हो चली है और आशा है इस तरह अन्य भाषा-भाषी साहित्य-प्रेमियों को हिन्दी की उपलब्धियों से परिचित होने का अवसर मिलेगा।

(समकालीन भारतीय साहित्य (42), अक्टूबर-दिसम्बर 1990)

14

आत्मस्वीकृतियाँ

कृपाशंकर चौबे के साथ बातचीत

कृपाशंकर चौबे : आपकी चारित्रिक विशेषता ?

नामवर सिंह : साहस

कृपाशंकर चौबे : आपका अभीष्ट गुण ?

नामवर सिंह : स्पष्टता

कृपाशंकर चौबे : आपके दुःख की परिकल्पना ?

नामवर सिंह : अकेलापन

कृपाशंकर चौबे : आपके सुख की परिकल्पना ?

नामवर सिंह : किसी अंतरंग मित्र की प्राप्ति

कृपाशंकर चौबे : आपके निकट क्षम्य दोष ?

नामवर सिंह : निंदा

कृपाशंकर चौबे : आपके ख्याल में घृणित करतूत ?

नामवर सिंह : बलात्कार

कृपाशंकर चौबे : आपके लिए असह्य ?

नामवर सिंह : विश्वासघात

कृपाशंकर चौबे : आपके काम ?

नामवर सिंह : बतरस

कृपाशंकर चौबे : आपका आदर्श वाक्य ?

नामवर सिंह : क्रिया केवलम् उत्तरम्

कृपाशंकर चौबे : आपकी प्रिय सूक्ति ?

नामवर सिंह : चढ़िए हाथी ज्ञान को, सहज दुलीचा डाल। श्वान रूप संसार है, भूंकन दे झकमार।

कृपाशंकर चौबे : आपके प्रिय कवि (जो इस समय जिंदा हैं) ?

नामवर सिंह : शमशेर बहादुर सिंह

कृपाशंकर चौबे : आपके प्रिय निबंधकार ?

नामवर सिंह : हरिशंकर परसाई

कृपाशंकर चौबे : आपके प्रिय कहानीकार ?

नामवर सिंह : स्वयंप्रकाश

कृपाशंकर चौबे : प्रिय उपन्यासकार ?

नामवर सिंह : मनोहरश्याम जोशी

कृपाशंकर चौबे : प्रिय नाटककार ?

नामवर सिंह : भीष्म साहनी

कृपाशंकर चौबे : आपके प्रिय पत्रकार ?

नामवर सिंह : राजकिशोर

कृपाशंकर चौबे : आपके प्रिय आलोचक ?

नामवर सिंह : कुँवर नारायण

कृपाशंकर चौबे : भाषण करना प्रिय है या लिखना ?

नामवर सिंह : भाषण

कृपाशंकर चौबे : डाक्टर साहब अब कुछ दूसरे तरह के सवाल ?

नामवर सिंह : पूछिए

कृपाशंकर चौबे : आप अरसे से विवाद व बहस के केंद्र में रहे हैं। विवादास्पद होना आलोचक के लिए जरूरी है क्या ?

नामवर सिंह : बहस के केंद्र में मैं शौक से नहीं हूँ। और बहुत-सी बहसों का मैं जवाब भी नहीं देता। लेकिन मेरी ये धारणा है कि आलोचना के विकास के लिए संवाद जरूरी है। आलोचक-आलोचक के बीच, आलोचक-रचनाकार के बीच। साहित्यिक वातावरण को विचारोत्तेजक बनाए रखने के लिए यह जरूरी है। सृजन और चिंतन दोनों इस प्रक्रिया में जीवंत बने रहते हैं।

कृपाशंकर चौबे : विवादों के केंद्र में रहना कितना हितकर होता है ?

नामवर सिंह : हितकर इस अर्थ में होता है कि अपने विचारों को लगातार जाँचने-परखने की चुनौतियाँ मिलती रहती हैं और कठमुल्लापन से बचा जा सकता है। इसके अलावा और कोई हित तो मैं नहीं देखता। स्वीकृति और सहमति अक्सर आलोचना में अच्छे नतीजे नहीं देती। इसके दुःखद उदाहरण अनेक हैं। हिंदी आलोचना को इस वजह से भी क्षति पहुँची है। जरूरत इस प्रवृत्ति को तोड़ने की है।

कृपाशंकर चौबे : आपने आलोचना धर्म का बखूबी निर्वाह किया है ? मेरा मतलब है, अपने आलोचना कर्म से आप संतुष्ट हैं ?

नामवर सिंह : मुझे अपने आलोचना कर्म से गहरा असंतोष है। लोगों को मुझसे जो अपेक्षाएँ हैं, उनकी तुलना में मैंने कम लिखा है और स्वयं योजनाओं को पूरा करने में तो और भी शिथिल रहा हूँ। कारणों का जिक्र किया जाएगा

तो बहानेबाजी मालूम होगी। इसलिए फिलहाल इतना ही कहना काफी समझता हूँ कि मुझे अपने आलोचना कर्म से घनघोर असंतोष है।

कृपाशंकर चौबे : समकालीन लेखकों की लंबी सूची है जो आरोप लगाते रहे हैं कि उनके मूल्यांकन के प्रति आपने अन्याय किया है ?

नामवर सिंह : ऐसा कहनेवाले मेरे साथ तो अन्याय करते ही हैं, स्वयं अपने साथ भी अन्याय करते हैं। क्योंकि साहित्य में कोई भी आलोचक न्यायाधीश की कुर्सी पर नहीं बैठा है। साहित्य में निर्णय का दायित्व विवेक संपन्न लोकमत पर है और इस लोकमत के विषय में भवभूति का वह अमर वचन चिरस्मरणीय होना चाहिए—'कालो हि निरवधिरयं विपुला च पृथ्वी।'

कृपाशंकर चौबे : यह भी बहुतों का कहना है कि आचार्य हजारीप्रसाद द्विवेदी के विवेचनाक्रम में आपने आचार्य शुक्ल के प्रति बड़ी ज्यादती की है ?

नामवर सिंह : मेरे लिए आचार्य शुक्ल उतने ही श्रद्धेय हैं जितने आचार्य द्विवेदी। इससे कोई फर्क नहीं पड़ता कि आचार्य शुक्ल के चरणों में बैठकर मुझे कुछ सीखने का मौका नहीं मिला, जबकि आचार्य द्विवेदी संयोग से मुझे गुरुदेव के रूप में सुलभ हो गए। आचार्य शुक्ल के असंकलित निबंधों को 'चिंतामणि भाग तीन' के नाम से संकलित करके मैंने उस पुस्तक में जो लंबी भूमिका लिखी है उससे आचार्य शुक्ल के प्रति मेरी श्रद्धा का कुछ आभास हो सकता है। इसके बाद भी यदि किसी को कोई संदेह है तो उसका निराकरण मेरी उस पुस्तक से हो जाएगा जो निकट भविष्य में आचार्य शुक्ल के संपूर्ण आलोचना कर्म पर आनेवाली है।

सच पूछिए तो अन्याय आचार्य द्विवेदी के साथ हुआ है और दुर्भाग्य से इस अन्याय के दोषी वे लोग हैं जो अपने आपको आचार्य शुक्ल का भक्त कहते हैं। दरअसल शुक्ल-द्विवेदी विवाद जानबूझकर द्विवेदी जी के विरोधियों ने खड़ा किया है और मुझे पूरा विश्वास है कि देर-सबेर यह भ्रमजाल ध्वस्त हो जाएगा।

हिंदी साहित्य का यह विवाद बहुत कुछ वैसा ही है जैसे भारतीय राजनीति में इधर नेहरू-विरोधियों ने गांधी-नेहरू विवाद खड़ा किया है और स्वयं जिन्हें गांधीजी से कोई लगाव नहीं था वे ही आज अचानक गांधी जी के अनन्य भक्त के रूप में प्रकट हुए हैं।

कृपाशंकर चौबे : क्या आज आलोचना के सामने सबसे बड़ी चुनौती स्वयं आलोचना ही नहीं है ?

नामवर सिंह : हां ! आलोचना के लिए आलोचना उसी तरह चुनौती है जैसे कविता के लिए स्वयं कविता चुनौती है।

कृपाशंकर चौबे : क्या आज कोई ऐसी रचना है जो आलोचना को चुनौती दे सके ?

नामवर सिंह : तत्काल दो रचनाओं के नाम याद आ रहे हैं। एक तो विनोद कुमार शुक्ल का नया कविता संग्रह 'सब कुछ होना बचा रहेगा' और दूसरी गद्य कृति का नाम कुछ संकोच के साथ ले रहा हूँ और इस संकोच का अंदाजा आप स्वयं लगा सकते हैं–काशीनाथ सिंह की 'याद हो कि न याद हो।' तत्काल ये ही दो नाम याद आ रहे हैं।

[जनसत्ता (कलकत्ता), 29 मार्च, 1992]

परिशिष्ट-1

आपातकाल की छाया में

कुमार संभव के साथ बातचीत

कुमार संभव : डॉक्टर साहब, हम आलोचना से ही बात शुरू करें। लेखक या रचनाकार आलोचना के मैदान में क्यों उतरे–सही आलोचकों की अनुपस्थिति या आलोचकों की उपेक्षा, आप क्या कारण मानेंगे ? लेखकों के आलोचनात्मक लेख आत्मप्रचार माने जायेंगे या मजबूरी ?

नामवर सिंह : रचनाकार का आलोचक होना या आलोचना लिखना बुरा नहीं है, इससे लेखक की विवेक बुद्धि का पता चलता है लेकिन रचनाकार द्वारा की गयी आलोचना के उद्देश्य और स्वरूप भी दूसरे होते हैं। रचनाकार आमतौर पर अपने लिए और अपनी रचना-प्रक्रिया के बारे में प्रकाश डालते हुए और विश्लेषण करते हुए लिखते हैं–जैसे मुक्तिबोध ने लिखा या कहानी-उपन्यास के बारे में प्रेमचन्द जी ने लिखा था। कहानियों के बारे में यशपाल ने भूमिकाएँ लिखीं। यह उपयोगी पक्ष था। लेकिन इससे आगे बढ़कर जब वह दूसरे लेखकों की आलोचना करता है या सैद्धान्तिक स्थापनाएँ करता है, या फिर, जैसा आपका आशय है, किसी को उठाता है और किसी को गिराता है, तो वह उस लेखक के आत्म-प्रचार का अंश बन जाती है या वह सेल्स एजेन्ट का काम करता है। यह चीज आलोचना नहीं है। इसलिए रचनाकार द्वारा की गयी आलोचना के उपयोगी पक्ष के महत्त्व को स्वीकार करते हुए मैं यह मानता हूँ कि सीमा से बाहर जाकर आलोचना करना रचनाकार की मर्यादा से च्युत होना है और फिर वह आलोचना की मर्यादा को छू भी नहीं पाता।

आप देखेंगे कि उपन्यासकारों ने आलोचना का काम कम किया। शुरुआत प्रगतिशील आन्दोलन और नयी कविता से हुई। इस दौर में हर नये कवि ने कविता की व्याख्या की, उसकी विशेषताएँ बतायीं, उसका विश्लेषण किया और इस दृष्टि से अपने पाठकों को सम्बोधित करते हुए नये प्रयोगों की नयी प्रवृत्तियों के लिए काफी लिखा...मैं उसे बहुत उपयोगी मानता हूँ। कहानी के क्षेत्र में कविता के बाद

और कवियों की देखादेखी यह बात शुरू हुई। आरम्भ में नये कहानीकारों ने नयी कहानी के सम्बन्ध में जो कुछ लिखा उसमें आमतौर पर आप देखेंगे कि कुछ तो उनकी उन आकांक्षाओं की, अभिलाषाओं की अभिव्यक्ति थी। जो कहानी में वे करना चाहते थे, कर नहीं पाते थे उसकी अभिव्यक्ति। धीरे-धीरे नये कहानीकार इस मार्ग से हटकर प्रायः प्रचार के लिए, आन्दोलन के नेता की हैसियत से वक्तव्य देने लगे और आप जानते हैं कि बयानबाजी आलोचना नहीं होती। राजनीति के क्षेत्र में तो बयानबाजी चल सकती है, चलती है। लेकिन वहाँ भी, आप जानते हैं कि कथनी को करनी से जाँचा जाता है। रचनाकार के लिए यह बहुत बड़ा खतरा है। राजनीतिक नेता तो अपनी कथनी के द्वारा कभी-कभी करनी का हवाला न देकर भी बच सकता है, मसलन, राजनीति में विरोधी दल का नेता केवल कथनी के सहारे बच निकलेगा क्योंकि वह सत्ता में नहीं है इसलिए उसे कर दिखाने का मौका नहीं मिला। लेकिन साहित्य के क्षेत्र में चाहे वह व्यवस्था का पक्षधर लेखक हो या व्यवस्था-विरोधी–उसके हर बयान को उसकी रचनाओं से जाँचा जायेगा। यदि रचनाओं में वह तत्त्व नहीं मिलेगा तो उसके सारे के सारे बयान फतवेबाजी बनकर रह जायेंगे। कहानी के क्षेत्र में सबसे ज्यादा यही हुआ–वह बयानबाजी थी, आलोचना नहीं।

कुमार संभव : पाश्चात्य सिद्धान्तों को ही मानकर आलोचना के जो मानदण्ड तैयार किये गये हैं, उनके आधार पर पुराने साहित्य की व्याख्या क्या संभव है ?

नामवर सिंह : पहली बात तो यह कि जहाँ तक आलोचना का सवाल है, मैं उसे मानदण्ड नहीं कहूँगा। बल्कि यह कहूँगा कि साहित्यिक विधाओं को जाँचने-परखने के लिए हम विचार की कुछ अवधारणाएँ या प्रत्यय (कन्सेप्ट) का निर्माण करते हैं और ये अवधारणाएँ या प्रत्यय भले ही किसी एक देश या भाषा-परम्परा में बनते हों लेकिन आलोचना की कुछ अवधारणाएँ लगभग अन्तर्राष्ट्रीय बन गयी हैं। उदाहरण के लिए यथार्थवाद या स्वच्छन्दतावाद। अब रियलिज्म और रोमेन्टेसिज्म, ये पश्चिमी अवधारणाएँ हैं लेकिन पश्चिम में एक देश से होते हुए दूसरे देशों में भी फैल गयीं और हम हिन्दी में भी जाँचने के लिए उन्हें इस्तेमाल करते हैं। यथार्थवाद, रोमेन्टेसिज्म आदि अवधारणाएँ अन्तर्राष्ट्रीय बन गयी हैं और इनसे समझने में मदद मिलती है। अपने साहित्य की व्याख्या के लिए यदि हम पश्चिम की अवधारणाएँ लेते हैं और उनका उपयोग करते हैं तो यह कोई बुराई नहीं है। कठिनाई तब होती है जब उन अवधारणाओं को हम अपने यहाँ की ठोस रचनात्मक स्थितियों के साथ मिलाकर नहीं देखते हैं, परिवर्तन नहीं करते हैं। जैसे रोमेन्टेसिज्म का उपयोग हम अपने यहाँ भी करते हैं लेकिन हमारे यहाँ का रोमेन्टिक आन्दोलन पश्चिमी रोमेन्टिक आन्दोलन से भिन्न था क्योंकि हमारे

यहाँ की राजनीतिक-सामाजिक परिस्थितियाँ अलग थीं। इसी तरह दुनिया के हर देश का रोमेन्टिक साहित्य अलग-अलग रहा है। यही बात रिअलिज्म के बारे में भी है।

कुमार संभव : हममें से कुछ अध्यापक हैं। वे पुराने कवियों–सूर, तुलसी को भी पढ़ाते हैं और नये लेखकों को भी। अब नये तरीके से सोचने वाला प्राध्यापक आलोचना के नये सिद्धान्तों को ही यदि कसौटी माने तो क्या वह पुराने साहित्य के साथ न्याय कर सकेगा ?

नामवर सिंह : उचित यही है कि सूर, तुलसी जैसे पुराने कवियों की आलोचना की पद्धति व उनका मूल्यांकन, उनकी रचनाओं के आधार पर निर्मित होना चाहिए और उसके सहारे उनके साहित्य की व्याख्या करनी चाहिए। लेकिन इसका मतलब यह नहीं कि प्राचीन साहित्य की व्याख्या के लिए हम प्राचीन अवधारणाएँ ही इस्तेमाल करें। मसलन, सूर, तुलसी की व्याख्या के लिए यदि हम अलंकार व रस का उपयोग करते हैं तो यह ध्यान रखना चाहिए कि अलंकारों के आधार पर भक्ति साहित्य नहीं लिखा गया था। यह दूसरी बात है कि अलंकार भक्ति साहित्य में भी मिलेंगे लेकिन वे नियामक व निर्णायक तत्त्व नहीं हैं। दूसरी बात यह कि स्वयं संस्कृत का जो क्लासिकल रस सिद्धान्त है वह रस सिद्धान्त तो संस्कृत साहित्य पर ही लागू नहीं होता। भक्ति साहित्य पर तो वह लागू ही नहीं हो सकता। इसीलिए भक्ति साहित्य को रस में समेटने के लिए लोगों ने भक्ति रस की कल्पना की, जो कायदे से रस के शास्त्रीय रूप के अन्तर्गत आता ही नहीं। ऐसा मालूम होता है कि हिन्दी का सारा का सारा भक्ति साहित्य अपने संस्कृत काव्य शास्त्र की पुरानी परिभाषाओं की सीमा को तोड़ता है और यही उसकी महानता है कि हिन्दी का भक्ति साहित्य संस्कृत के रस और अलंकार की सीमाओं में नहीं अँटता। यह भक्ति साहित्य की महानता का सूचक है, इससे यह तिरस्कृत या अछूत नहीं बनता। लेकिन भक्ति साहित्य में, मान लीजिए, आप सामाजिक चेतना देखना चाहते हैं या फिर वर्ग-चेतना देखना चाहते हैं तो ये आधुनिक मान्यताएँ हैं, आधुनिक अवधारणाएँ हैं। प्राचीन साहित्य को आधुनिक पाठकों तक पहुँचाने के लिए जरूरी है कि आधुनिक भाषा में इसे समझा व पढ़ा जाये। तभी हम उसका नया अर्थ लगा सकते हैं। 'रामचरित मानस' कोई व्यक्ति–आज का पाठक-पढ़ता है तो 'मानस' को केवल भगवान की भक्ति के लिए नहीं बल्कि वह 'मानस' को सांसारिक, लौकिक भूमिका में देखना व समझना चाहेगा।

इस तरह की कोशिश पं. रामचन्द्र शुक्ल ने की। तुलसीदास के 'रामचरित मानस' में पं. रामचन्द्र शुक्ल ने 'शील निरूपण' का विचार किया। यह 'शील-निरूपण' प्राचीन काव्य-शास्त्र का विचार तो है नहीं, यह तो शुद्ध पश्चिमी साहित्य से लिया हुआ 'चरित्र-चित्रण' का दूसरा नाम है। 'रामचरित मानस' में चरित्र-चित्रण देखना

एक नयी चीज है। इसीलिए प्राचीन साहित्य की व्याख्या के लिए आधुनिक संकल्पनाएँ, आधुनिक अवधारणाएँ निर्मित की जानी चाहिए। इसी से प्राचीन साहित्य नया भी बनेगा और हमारे लिए ग्राह्य भी।

कुमार संभव : अगला सवाल कथा के बारे में है। प्रेमचन्द के बाद एकबारगी व्यक्तिवादी लेखन का दौर चला। अब फिर लेखक प्रेमचन्द की ओर लौट रहे हैं। इसके आप क्या कारण मानते हैं ?

नामवर सिंह : पहली बात यह कि प्रेमचन्द के बाद सम्पूर्ण हिन्दी कथा साहित्य व्यक्तिवादी दिशा में मुड़ गया हो, ऐसा नहीं लगता। प्रेमचन्द के समय में भी समाजोन्मुखी व व्यक्तिवादी प्रवृत्तियाँ मौजूद थीं और प्रेमचन्द के बाद भी ये दोनों प्रवृत्तियाँ रहीं। हमें साहित्य के विकास को इकहरे रूप में नहीं देखना चाहिए। अन्तर्विरोध जब समाज में हैं, तो साहित्य में भी होंगे और साहित्य में व्यक्तिवादी व समाजोन्मुखी दोनों प्रवृत्तियाँ प्रेमचन्द के बाद मौजूद हैं। एक ओर आप देखेंगे जैनेन्द्र व अज्ञेय जैसे लेखक हैं जो व्यक्तिवादी दिशा की ओर उन्मुख हैं तो दूसरी ओर यशपाल जैसे समाजोन्मुख लेखक भी हैं।

प्रेमचन्द के ठीक बाद, उन्हीं की परम्परा का विकास करता हुआ प्रगतिशील लेखन का आन्दोलन चला जो घोषित रूप से समाज में वर्ग-विषमता का चित्रण करने तथा साधारण जनता को ही साहित्य का विषय बनाने की ओर उन्मुख हुआ। इसलिए हम नहीं मानते कि प्रेमचन्द के बाद केवल व्यक्तिवादी धारा चली। वैसे व्यक्तिवादी धारा में भी बड़े प्रसिद्ध लेखक थे। एक हद तक आप यह भी कह सकते हैं कि अपेक्षाकृत वह प्रबल व प्रमुख हो गयी थी लेकिन उससे टक्कर लेने वाली साहित्यिक प्रवृत्ति भी मौजूद थी क्योंकि स्वयं हमारे समाज में, वह चेतना मौजूद थी।

यदि हम स्वाधीनता संघर्ष का इतिहास देखें तो सन् '36 के बाद समाजवादी विचारों का ही प्रचार नहीं हुआ बल्कि मजदूर संगठन, किसान संगठन बने, प्रबल हुए और भारतीय राजनीति में उनकी भूमिका भी प्रबल थी। इसीलिए दोनों प्रकार की प्रवृत्तियाँ रही हैं, उनमें संघर्ष रहा है।

कुमार संभव : सवाल इस बात का भी था कि वे किस हद तक जनवादी रही हैं ? क्या उतनी ही जितनी प्रेमचन्द के लेखन में रही हैं ?

नामवर सिंह : मैं प्रतिप्रश्न करना चाहूँगा कि वे कौन ? क्योंकि एक भरा-पूरा प्रगतिशील आन्दोलन प्रेमचन्द के बाद है जिसके अन्तर्गत लिखे हुए साहित्य को हम प्रेमचन्द की ही परम्परा का विकास मानते हैं–सन् 36 से लेकर कम-से-कम 53-54 तक का–इस दौर का प्रगतिशील लेखन अधिक वर्ग-चेतन था, खासतौर पर अधिक लड़ाकू था, जुझारू था और किसानों की सामाजिक भूमिका को लेकर लिखा गया था।

कुमार संभव : सन् 1961 से 1967 तक के तथा 1967 से परवर्ती लेखन के बीच आप कैसा अन्तर मानते हैं ? बंगाल से जो नव-जन-चेतना नक्सलवादी आन्दोलन के रूप में आयी, उसका क्या प्रभाव आप हिन्दी लेखन पर मानते हैं ?

नामवर सिंह : देखिए, नाप-तौल कर तो इन तारीखों को निर्धारित नहीं किया जा सकता...फिर भी, हम देखते हैं कि 1962 में भारत-चीन सीमा संघर्ष हुआ और 1964 में जवाहरलाल नेहरू की मृत्यु हुई। उसके बाद की घटनाओं को बहुत विस्तार से बताने की जरूरत नहीं है–केवल 1965 में हुए भारत-पाकिस्तान युद्ध का जिक्र काफी है। तो, 1962 से लेकर 1967 के समय में कांग्रेस की सत्ता को गहरा धक्का लगा था–आम चुनाव हुआ था, संविद सरकारें बनी थीं और गैर-कांग्रेसवाद की हवा थी।

इस संक्रमण काल को राजनीति में हम अच्छी तरह पहचानते हैं, जानते हैं। इस दौरान एक गहरा असंतोष, विरोध, विद्रोह का माहौल बना था–मोटे तौर पर जिसे व्यवस्था-विद्रोह जैसा अमूर्त और गोल-मोल नाम दिया गया था। इस जीच असंतोष या आक्रोश का या अराजकतावादी-सा साहित्य लिखा गया। यह वह दौर है जिसमें अकहानी और अकविता का आन्दोलन प्रबल था...जिसके प्रतीक आप राजकमल चौधरी को समझ सकते हैं। यह असन्तोष-विद्रोह-आक्रोश लगभग दिशाहीन, निहलिस्ट ढंग का था और मुख्यतः यह आन्दोलन निम्न मध्यवर्गीय विरोध का आन्दोलन था। मैं इसे पेट्टी-बुर्जुआ असन्तोष और विरोध का आन्दोलन मानता हूँ...

कुमार संभव : एक मिनट, किस तरह के आन्दोलन को आप पेट्टी-बुर्जुआ आन्दोलन मानते हैं ?

नामवर सिंह : अकविता और अकहानी वाला आन्दोलन। यह वही दौर था जिसमें 'जीभ और जाँघ के चालू भूगोल', 'देह की राजनीति' वाली कविताएँ लिखी गयीं। ज्यादातर यह शहराती निम्न मध्यवर्गीय लोगों के असंतोष, आक्रोष, कुण्ठा की अभिव्यक्ति थी जिसमें राजनीति बहुत धूमिल थी और इसका जनता की आशाओं और आकांक्षाओं से कोई सम्बन्ध न था।

सन् '67 के बाद, यह सही है कि एक महत्त्वपूर्ण परिवर्तन हुआ और आक्रोश को एक स्पष्ट राजनीतिक दिशा मिली जिसका सम्बन्ध नक्सलवादी आन्दोलन से है। उस आन्दोलन की राजनीतिक स्थिति जो भी हो और राजनीति के स्तर पर उसका मूल्यांकन जिस भी रूप में किया जाये, इस पर मतभेद हो सकता है। मेरी उसके बारे में एक निश्चित राय है। किन्तु साहित्य में उससे एक जो बहुत अच्छी बात हुई वह यह कि दिशाहीन व्यवस्था-विरोध का अन्त हो गया और स्पष्ट राजनीतिक चेतना आयी। दूसरे यह कि उस आन्दोलन के दौरान नगरोन्मुख हिन्दी

साहित्य ग्रामोन्मुख किया गया, जो बहुत बड़ी देन है। हिन्दी साहित्य में जो भी महत्त्वपूर्ण हुआ है, वह कृषि जीवन से जुड़े हुए सामाजिक सन्दर्भों और ग्रामीण जीवन से जुड़ा है। चाहे कबीर हों, सूर हों, तुलसी हों, या फिर भारतेन्दु हों, प्रेमचन्द हों, निराला हों—इनकी परम्परा से हिन्दी साहित्य हटता जा रहा था। अतः, सन् 67-68 के बाद यह काम तो कम-से-कम हुआ ही कि ऐसे, क्षुब्ध, जीवन्त और जागरूक लेखकों को अपनी जमीन, अपने ग्रामीण समाज की याद आई और यहीं से साहित्य निश्चित रूप से एक नया मोड़ लेता नजर आता है।

ये दोनों उसके विधेयात्मक पक्ष हैं लेकिन मैं कहूँगा कि इस आन्दोलन का एक दूसरा रूप भी था। चूँकि अधिकांश लेखक वही पेट्टी-बुर्जुआ लेखक थे, निम्न मध्यवर्गीय लेखक थे, इसलिए उन निम्न-मध्यमवर्गीय लेखकों में इन दो दृष्टियों के साथ यथार्थबोध कम और रोमेन्टिक विद्रोह ज्यादा था। इसलिए इस बीच राजनीतिक चेतना से युक्त जो साहित्य लिखा गया, उसमें मुझे यथार्थ के तत्त्व कम और रोमेन्टिक तत्त्व ज्यादा दिखायी देते हैं।

हुआ यह कि नक्सलवादी आन्दोलन बहुत थोड़े काल का था...इसका दमन भी बहुत अधिक हुआ। इसलिए इस आन्दोलन के साथ लेखकों को दूर तक जुड़ने का मौका नहीं मिला। इस आन्दोलन ने मानसिकता को बदला...लेकिन आन्दोलन के बीच साहित्यकार पैदा हों, इसके लिए कम-से-कम 25 वर्ष का समय चाहिए था जोकि इस आन्दोलन के लिए सम्भव नहीं हो पाया। इसलिए इस आन्दोलन का मानसिक, बौद्धिक स्तर पर तो प्रभाव पड़ा लेकिन उस ग्रामीण जीवन से निकलने वाले लोगों पर असर नहीं पड़ा।

कुमार संभव : अभी आपने रोमेन्टिक विद्रोह की बात की थी...इसी कैटेगरी में आप धूमिल को भी तो रख सकते हैं।

नामवर सिंह : बिल्कुल सही नाम लिया आपने ! धूमिल, राजकमल चौधरी से चलकर नक्सलवादी आन्दोलन की दिशा को उन्मुख हुए थे। धूमिल की कविताओं में आपको ये दोनों प्रवृत्तियाँ दिखायी देंगी। उन्होंने राजकमल चौधरी की प्रशंसा में उनकी मृत्यु पर कविता लिखी, उनकी कविताओं में बीटनिक कविता और अकविता के बहुत से तत्त्व मौजूद हैं—'जीभ और जाँघ का चालू भूगोल' उन्हीं की कविता के शब्द हैं। एक ओर ये तत्त्व हैं और दूसरी ओर धूमिल की कविताओं में इस आन्दोलन का प्रभाव था, वह चेतना भी आयी जहाँ ग्रामीण शब्दावली ही नहीं, बल्कि मोचीराम जैसा चरित्र भी आया। वैसे मोचीराम का चरित्र भी शहर से उठाया हुआ है।

तो, धूमिल की कविता उस दिशा को उन्मुख हुई बेशक, लेकिन मैं आपको याद दिलाना चाहूँगा कि इसी तरह का क्रान्तिकारी साहित्य तेलंगाना आन्दोलन से भी जुड़ा था। तेलंगाना की किसान क्रांति 5-6 वर्ष तक चली और उस किसान

आन्दोलन के साथ साहित्यकार, पत्रकार आदि भी थे। वे किसानों के कन्धे से कन्धा मिलाकर संघर्ष में शामिल हुए थे। इस दौरान जो साहित्य पैदा हुआ, उस तरह का साहित्य नक्सलवादी आन्दोलन के दौर में नहीं जन्मा--कम-से-कम हिन्दी में, दूसरी भाषाओं के बारे में नहीं कह सकता।

नक्सलवादी आन्दोलन से हमारे लेखक मानसिक रूप से तो जुड़े, बौद्धिक रूप से जुड़े, प्रेरणा भी ली किन्तु मुझे नहीं मालूम कि किसी लेखक ने इस आन्दोलन में सक्रिय भाग लेकर, बीच से गुजर कर लिखा।

कुमार संभव : क्षमा कीजिएगा, कोई आपको बताने थोड़े ही आयेगा कि वह वैयक्तिक रूप से भाग ले रहा है या नहीं ! वैसे, काशीनाथ सिंह की कहानी 'सूचना' और 'एक मिनिस्टर के नाम पत्र' आपके ध्यान में अगर हों तो एक जगह का जिक्र किया जा सकता है जहाँ वह कहते हैं, "यह सूचना आपके लिए भी है--मक्खियाँ उड़ाने की हिम्मत न करें, वे भूखी हैं।" तो क्या इस लेखन में वह तत्त्व नहीं है जिससे लेखक के उस आन्दोलन से जुड़े होने की प्रतीति हो ?

नामवर सिंह : नहीं, उस लेखन से तो नहीं लगता। मैं व्यक्तिगत रूप से तो नहीं लेकिन यह जानता हूँ कि लेखन से ही बात स्पष्ट हो जाती है। ऐसे लेखन को मैं महत्त्वहीन नहीं मानता। ऐसी रचनाओं में भी एक तरह का 'रिवोल्यूशनरी' रोमान्टिसिज्म होता है। ये रचनाएँ पहले की अपेक्षा पुष्ट हैं, स्वस्थ हैं, जनवादी हैं किन्तु मैं उन्हें यथार्थवादी रचना नहीं कहूँगा। यथार्थवाद की कुछ दूसरी शर्तें हैं। उसका स्वरूप दूसरा होता है। काशीनाथ जी ने जो चित्रण किया है वह उस जनता का चित्र नहीं है जो ग्रामीण ज़ीवन की विसंगतियों से जूझती है अपितु यह चित्रण एक मध्यमवर्गीय व्यक्ति के उत्साह का विस्फोट है।

कुमार संभव : पूँजीवादी प्रतिष्ठानों में घुसकर क्रान्ति की बातें करने वाले लेखकों सहित हिन्दी के नये रचनाकारों में आप किसको रेखांकित करना चाहेंगे जिसकी समझदारी आगे बढ़ी हो तथा क्या आप विभाजन का कोई ऐसा मानदण्ड बता सकते हैं जिससे जनता के सही शत्रु व मित्र की पहचान हो सके ?

नामवर सिंह : सच्चे क्रान्तिकारी और एजेन्ट 'प्रोवोकेटियर' (भड़काने वाले दलाल) में अंतर होता है जो पहले नहीं मालूम होता। संघर्ष में दोनों का अंतर स्पष्ट हो जाता है, दोनों की भूमिकाएँ स्पष्ट हो जाती हैं। राजनीतिक संघर्ष में तो यह अंतर शीघ्र ही स्पष्ट हो जाता है किन्तु साहित्य में जरा देर से होता है क्योंकि यह शब्दों की दुनिया है, कर्म का क्षेत्र नहीं है। लेकिन यदि लेखक की विषयवस्तु व उसकी भाषा का सूक्ष्म विश्लेषण किया जाय तो उसकी लफ्फाजी ही साफ कर देती है कि वह कितना ईमानदार और किस हद तक आम जनता से जुड़ा हुआ है।

कुमार संभव : क्या कारण है कि हिन्दी लेखन में मुसलमान उपेक्षित रहे हैं ?

नामवर सिंह : बहुत पहले एकाध जगह अपने भाषणों में भी मैंने यह कहा था कि आजादी के बाद जब देश का बँटवारा हुआ तो एक तरह से हिन्दी लेखकों में भी बँटवारा हो गया। और नहीं तो कम-से-कम दिमागी स्तर पर हिन्दू लेखकों ने मान लिया कि उनके सम्बोधन का क्षेत्र दूसरा है। प्रगतिशील लेखकों की परम्परा में कुछ प्रगतिशील लेखक जरूर हैं जिन्होंने अपनी रचनाओं में हिन्दू-मुसलमान दोनों पात्रों को लिया है। कुल मिलाकर यह तो हुआ ही। आप इसे विभाजन का दुर्भाग्य पूर्ण प्रभाव मान सकते हैं। कदाचित् यह भी है कि सामाजिक जीवन में भी वह घुलावट नहीं रही जो पहले की जिन्दगी में थी। यह एक अजीब बात है कि गाँव की जिन्दगी को लेकर जिन लोगों ने लिखा उनमें तो कहीं-कहीं दोनों तरह के चरित्र आते हैं परन्तु शहरी जीवन को लेकर जो कहानियाँ लिखी गईं, उनमें आधुनिकता की ऐसी बीमारी चली, ऐसा अस्तित्ववादी प्रभाव आया कि उनके लेखकों को अपने आपसे फुरसत नहीं थी कि वे अपने पड़ोसी या अपने दोस्त के बारे में लिखें। वे अपने ही व्यापक समाज से कटे हुए थे। और उनके लेखे मुसलमान तो पता नहीं दुनिया के किस छोर पर जा गिरे।

कुमार संभव : वर्ग संघर्ष के नाम पर, जाति के आधार पर जो चित्रण किये गये क्या आप मानते हैं कि इससे वर्ग संघर्ष की धार भोथरी होती है और संघर्ष कमजोर होता है ?

नामवर सिंह : भारतीय समाज में जाति व वर्ग ये दोनों अवधारणाएँ कहीं एक दूसरे को काटती हैं और कहीं एक दूसरे के समान्तर भी होती हैं। हकीकत दोनों हैं। जाति भी उतनी ही बड़ी सच्चाई है जितनी बड़ी सच्चाई वर्ग है। हमारे यहाँ जाति के आधार पर भी शोषण होता है। जाति को भी वर्ग को ढाँचे में समझना एक अधिक कठिन और अधिक वर्ग चेतन दृष्टि की माँग करता है। जिसकी दृष्टि जितनी वैज्ञानिक होगी वह उसी हद तक वर्गों के ढाँचे में जातियों को अलग-अलग रख करके चित्रण कर सकता है। हिन्दी लेखकों के सन्दर्भ में मैं यह कहना चाहूँगा कि आजादी के बाद एक-डेढ़ दशक तक वर्ग चेतन दृष्टि कुछ मन्द पड़ी, कुछ धुँधली पड़ी। इसके कारण कुछ राजनैतिक भी हैं। हमारे राजनैतिक जीवन में भी जातिवाद उभरकर एक नये रूप में आया। हमें यह नहीं भूलना चाहिए कि हमारी सामाजिक व्यवस्था अर्ध-पूँजीवादी व अर्ध-सामन्ती है।

कुमार संभव : तो आप इसे स्वीकारते हैं कि यहाँ की सामाजिक व्यवस्था अर्ध-पूँजीवादी अर्ध-सामन्ती है ?

नामवर सिंह : जी हाँ, और यह आज की हकीकत है और पूँजीवाद कभी-कभी सामन्ती मूल्यों की रक्षा भी करता है। हमेशा पूँजीवाद सामन्तवाद को समाप्त नहीं

करता। पूँजीवाद सामन्तवाद का सहारा लेता है। इसी सहारे वह शोषण करता है। इसीलिए इस बीच पूँजीवादी वर्ग ने जातिवाद की रक्षा ही नहीं की बल्कि उसे बढ़ाया भी। बढ़ाकर वर्ग चेतना को कुण्ठित किया। इस भ्रम के लेखक भी शिकार हुए हैं। हिन्दी में इसका असर पड़ा है। सखेद कहना पड़ रहा है कि जिस क्रान्तिकारी लेखक का नाम आपने लिया है उसकी कहानियों में भी जातिवाद का प्रभाव है। अगर वह वर्ग चेतन लेखक है तो ऐसा उसमें नहीं होना चाहिए (काशीनाथ सिंह और उनकी कहानी 'चोट')।

कुमार संभव : इन दिनों अन्य भारतीय भाषाओं के साथ हिन्दी की प्रथम मौलिक कहानी की खोज का सिलसिला आरम्भ हुआ है। क्या आप इसे सामयिक आवश्यकता मानते हैं ?

नामवर सिंह : इस खोज की व्यर्थता इसी से सिद्ध होती है कि इस खोज में अभी तक कुछ नहीं मिला। यह एक अखबारी जरूरत है कि कुछ चटपटापन और नई खोज के नाम दस-बीस लेख निकल जायें। यदि हिन्दी की प्रथम मौलिक कहानी का पता चल भी गया तो इससे क्या हिन्दी साहित्य का इतिहास बदल जायेगा ? मैं इसे अखबारी दिलचस्पी की एक चीज मानता हूँ।

कुमार संभव : हिन्दी कहानी में नाटक के तत्त्वों को परवर्ती आलोचकों द्वारा लगातार नकारने को आप क्या मानते हैं ?

नामवर सिंह : मुझे यह नहीं मालूम कि कौन लेखक हैं जो सातवें दशक की कहानी में नाटक के प्रभाव को नकारते हैं। शायद ही कोई लेखक हो जो इस तथ्य से इनकार करे कि प्रसिद्ध मार्क्सवादी नाटककार ब्रेष्ट का असर उस पर नहीं पड़ा है। मैं यह कहना चाहूँगा कि सातवें दशक में बहुत बड़े पैमाने पर चाहे कविता हो, कहानी हो, नाटक हो, सबको ब्रेष्ट की कृतियों ने प्रभावित किया है।

कुमार संभव : नयी कहानी की भूमिका में कमलेश्वर ने नकारा है तथा इस बात पर दुःख प्रकट किया है कि आज भी लोग कहानी में नाटक के तत्त्व खोजने की कोशिश करते हैं।

नामवर सिंह : नाटक के तत्त्व केवल संवाद नहीं हैं। यदि हम कहते हैं कि अमुक कहानी में नाटकीयता है तो हमारा आशय मात्र संवाद नहीं होता बल्कि कहानी का नाटकीय अंत होता है। जिन लेखकों ने नकार दिया है मैं नहीं जानता कि उन्होंने किस सन्दर्भ में ऐसा कहा है। मैं सिर्फ यह कहना चाहता हूँ कि सातवें दशक के बाद हिन्दी लेखकों को प्रेरणा देने वाला जो पश्चिमी साहित्य आया उसने चेतना को बदला। उसमें भी पश्चिम से आने वाले जनवादी नाटकों का विशेष हाथ है। पश्चिम के उपन्यासों ने उतना प्रभावित नहीं किया है जितना नाटकों ने। चाहे वे सार्त्र, कामू, आइनेस्को के हों या सबसे बड़े लेखक ब्रेष्ट के हों। मेरा

ख्याल है कि एक हद तक इन नाटकों ने कहानी के शिल्प को भी प्रभावित किया है। काशीनाथ की कहानियों में नाटक का असर स्पष्ट है। नाटक की ही भाँति उनकी कहानियों के कथानक का सूत्र झीना है जिससे सारी कहानी बातचीत के माध्यम से हो जाती है, लेखक को अपनी ओर से कुछ नहीं कहना पड़ता। नाटकीयता का अर्थ केवल संवाद नहीं बल्कि नाटकीयता का मतलब है बिना अपनी राय दिये, बिना टिप्पणी दिये, अपनी ओर से बिना कोई बात जोड़े, शमशेर की काव्य-पंक्तियों में कहें तो जहाँ कहानी में 'बात बोलेगी हम नहीं' वाला रुख लेखक अपनाता है। क्रान्तिकारी लेखक की यह बहुत बड़ी सफलता है कि वह न बोले उसकी कहानी बोले। लफ्फाजी वाले कथाकार इसे नहीं समझ सकते हैं। उनकी सारी कहानी लफ्फाजी पर आधारित होती है। वे लेक्चर देते रहते हैं। उनका कोई-न-कोई कैरेक्टर खड़ा होगा और सारी क्रान्तिकारी बातें कह जायेगा। इसीलिए ऐसा लफ्फाजी वाला, वक्तव्य देने वाला लेखक, नाटकीयता की कला को समझ ही नहीं सकता।

कुमार संभव : आज के हिन्दी साहित्य के युवा लेखन की प्रवृत्ति और सामर्थ्य के बारे में आपकी राय जानना चाहेंगे।

नामवर सिंह : युवा लेखन पंचमेल या सतरंगा है। इसमें तरह-तरह के लोग हैं। एक तो समान्तर वर्ग के लोग हैं। समान्तर में न जाने कितने प्रकार के लिखने वाले लोग हैं, इसका पता ही नहीं चलता। कुछ लोग हैं जो प्रतिबद्ध हैं और जनवादी साहित्य लिख रहे हैं।

कुमार संभव : आप उनके नाम बताना चाहेंगे ?

नामवर सिंह : मैं नाम लेकर न आपको खतरे में डालना चाहता हूँ, न खुद को और न उन लेखकों को। क्योंकि ऐसा लगेगा कि इस बहाने मैं कुछ लेखकों को प्रतिष्ठित करना चाहता हूँ। युवा लेखन में अनेक तरह की विचारधाराओं के लेखक हैं, अनेक प्रवृत्तियों के लोग हैं, उनके अपने विरोध हैं, अपनी विसंगतियाँ हैं। जैसा आज के युवा वर्ग में है, वैसा ही युवा लेखन में भी। ऐसे थोड़े से लेखक हैं जिन्हें प्रचार-प्रसार की सुविधा प्राप्त नहीं है वे बहुत ही सतर्क, जागरूक और समर्थ हैं।

कुमार संभव : उन्हें सुविधा प्राप्त नहीं है या लेना नहीं चाहते ?

नामवर सिंह : दोनों चीजें हैं। कुछ लोग तो पाते ही नहीं। कुछ लोगों को सुविधा देकर खरीदा जाता है–कुछ लोगों ने उसे ठुकराया भी है।

कुमार संभव : युवा लेखन की प्रवृत्तियों को आप रेखांकित करेंगे ?

नामवर सिंह : प्रवृत्तियों को रेखांकित करने का काम अभी शुरू नहीं हुआ है क्योंकि प्रवृत्तियों को रेखांकित करने के लिए आवश्यक है कि इस तरह का साहित्य अधिक मात्रा में हो और उसे सूचीबद्ध, श्रेणीबद्ध करके देखें। उदाहरण

के लिए एक पहचान है कि इस तरह के लेखकों में विसंगति का, व्यंग्य का बोध अधिक दिखाई देगा। कुछ के पात्र बहुत क्रान्तिकारी, जुझारू नहीं दिखाई देते। इसके अतिरिक्त इसमें कुछ ऐसे भी चरित्र हैं जो दृढ़ संकल्प हैं, बोलते नहीं, बल्कि कुछ कर गुजरेंगे। काशी की कहानी 'सुधीर घोषाल' में एक चुप्पा-सा पात्र जो रसोइए का काम करता है बहुत कुछ कर देता है। वह कहीं भाषण नहीं देता, बोलता नहीं। जिन्दगी में ऐसे चरित्रों को उभारकर लाना है जो भाषण नहीं देते पर वो काम कर जाते हैं जो बाकी लोग नहीं कर सकते। जिन्दगी की कसौटी पर निचली सतहों के चरित्रों को, पात्रों को और उभारना है।

कुमार संभव : प्रतिबद्धता के बारे में लेखकों ने समय-समय पर प्रश्न उठाया है। आपके विचार में रचनाकार की प्रतिबद्धता किसके प्रति होनी चाहिए और किस प्रकार ?

नामवर सिंह : जब से प्रतिबद्धता की हवा बही है तब से स्थिति यह है कि यह ढूँढ़ना कठिन हो गया है कि कौन प्रतिबद्ध नहीं है ! हिन्दी में हर लेखक प्रतिबद्ध हो गया है और जब प्रतिबद्ध है तो लेखक समाजवादी भी हो गया है। सब जनता से प्रतिबद्ध हैं। भारतीय समाज में जो दुर्गति समाजवाद की है साहित्य में वही प्रतिबद्धता की !

कुमार संभव : कमलेश्वर भी तो अपने को जनता से प्रतिबद्ध कहते हैं, क्या इसे मान लिया जाय ?

नामवर सिंह : जब वे कहते हैं तो हम कैसे मान लें कि वे नहीं हैं। लेकिन ऐसे मामले में बहुत पहले डी. एच. लारेन्स ने कहा था कि कहानी का विश्वास तो करो, कहानीकार का नहीं। इसलिए लेखक की रचना क्या बोलती है वह देखिए, स्वयं लेखक क्या कहता है इसे नहीं। लेखक की प्रतिबद्धता उसकी उद्घोषणा से नहीं, उसकी रचना से प्रकट होनी चाहिए। इस मामले में मैं पुराने सन्तों के नाम पर कि भगवान का सच्चा भक्त वह होता है जो अपनी जुबान पर अपने ईश्वर का नाम नहीं लाता, यह कहना चाहूँगा कि सच्चे प्रतिबद्ध लेखक वे हैं जिन्हें कहने की जरूरत नहीं होगी, उनकी रचना खुद बोलेगी। पहले लोग जनता से प्रतिबद्ध थे फिर 20 सूत्रीय व 5 सूत्रीय कार्यक्रमों से प्रतिबद्ध हो गये। मुझे भय है कि यदि अब कभी स्थितियाँ बदलीं तो इन लोगों की सारी प्रतिबद्धता किसी और के प्रति हो जायेगी !

कुमार संभव : निराला से धूमिल तक की कविता का जनता तक न पहुँचने के क्या कारण आप मानते हैं ?

नामवर सिंह : यह सवाल इतना जटिल और पेचीदा है कि इस सवाल के उत्तर तक पहुँचने में कई और सवालों का सामना करना पड़ेगा। कबीर और तुलसी जनता तक पहुँचे, किन्तु उन्हें कितना समय लगा। आप जानते हैं कि कार्ल मार्क्स

का कम्युनिस्ट मेनिफेस्टो जनता तक पहुँचा किन्तु 'कैपिटल' को जनता तक पहुँचने में आज भी कठिनाई है। इसलिए यदि हिन्दी कविता का क्रान्तिकारी तत्त्व जनता तक नहीं पहुँचा तो इसका दोष उन कवियों पर ही नहीं बहुत कुछ जनता पर भी है जो उस हद तक क्रान्तिकारी नहीं हुई है, वर्ग चेतन नहीं हुई है।

उन कविताओं में सारी संभावनाएँ हैं जिन्हें जनता अपना सकती है और जब देश में समाजवाद होगा, जनता की शिक्षा का स्तर ऊँचा उठेगा तब ये रचनाएँ कबीर, तुलसी की रचनाओं के समान जनता तक पहुँच जायेंगी। जनता जब 'कैपिटल' समझने लायक हो जायेगी उसके पहले ही मुक्तिबोध और धूमिल को समझ जायेगी।

कुमार संभव : आपकी राय में तब तक प्रतीक्षा करनी चाहिए ?

नामवर सिंह : प्रतीक्षा नहीं अपितु प्रयत्न करें जिससे जनता और इन कवियों के बीच की दूरी कम हो सके। हम लोगों में से कुछ लोग शिक्षक हैं, शिक्षा संस्थाओं में नये छात्रों के बीच अगर वे इन कवियों को पहुँचा सकें तो यह भी कम नहीं। मैं तो यह भी कहूँगा कि यदि हिन्दुस्तानी कम्युनिस्ट पार्टी के ही सारे सदस्य निराला को समझ लें तो मैं संतोष कर लूँगा।

कुमार संभव : आप इस सम्बन्ध में क्या कर रहे हैं ?

नामवर सिंह : छोटे पैमाने पर जहाँ कहीं मुझे व्याख्यान देने का मौका मिलता है सभी वर्गों के बीच इन कवियों के बारे में कुछ-न-कुछ बोलता रहा हूँ। पढ़े-लिखे और आम जनता के बीच जब भी मुझे अवसर मिला है किसी-न-किसी बहाने अपने प्रिय क्रान्तिकारी कवियों की रचनाओं के कुछ उद्धरण देकर अपनी बात स्पष्ट करता रहा हूँ और इन्हें जनता तक पहुँचाता रहा हूँ।

कुमार संभव : आप अपनी आलोचनाओं का प्रत्युत्तर देना आवश्यक क्यों नहीं समझते ?

नामवर सिंह : इस मामले में मैं एकदम बनारसी हूँ। बनारस के तीन साहित्यकार शुक्ल, प्रेमचन्द तथा प्रसाद, इन लोगों ने कभी अपने ऊपर लगाये गये आरोपों का जवाब नहीं दिया। वे सारे आरोप फाइलों में बन्द हैं। कोई शोधकर्ता ही शायद उनका पता लगाये वर्ना लोग भूल गये हैं। मैंने उन्हीं से यह सबक लिया है कि शक्ति का अपव्यय नहीं करूँगा।

कुमार संभव : 'बातचीत' पत्रिका में एक बार आरोप के ही सन्दर्भ में कहा गया था कि हाथी चला जाता है कुत्ते भूँकते रहते हैं ?

नामवर सिंह : ऐसा नहीं है। मैं अपने विरोधियों को उस जन्तु के रूप में याद नहीं करता।

कुमार संभव : हिन्दी में आपका प्रिय लेखक कौन है ?

नामवर सिंह : मैं इसे लिखकर ही स्पष्ट करूँगा। क्योंकि यह मान लिया गया है कि मेरे प्रिय लेखक निर्मल वर्मा हैं, इसलिए यदि किसी दूसरे का नाम

लेता हूँ तो लोग कहेंगे कि किसकी शामत आ गई ! निर्मल वर्मा के विषय में मैंने न लिखा होता तो संभवतः उनका इतना विरोध न होता। शायद मेरे विरोध के कारण ही निर्मल को लोगों ने बलि का बकरा बना लिया। इसलिए मैं नाम नहीं लेना चाहता।

कुमार संभव : विदेश के समाजवादी लेखकों में कौन आपको ज्यादा प्रिय है ?

नामवर सिंह : मेरे बहुत ही प्रिय लेखक ब्रेष्ट हैं। अंग्रेजी में, जो कुछ इनका लिखा मिला है मैंने उसे जरूर पढ़ा है। अब भी पढ़ता हूँ। हमारे यहाँ पश्चिमी साहित्य का बहुत प्रचार होता है किन्तु सस्ते पेपरबैक संस्करण में अच्छे लेखकों की किताबें यहाँ नहीं पहुँचतीं। चीनी साहित्य का प्रचार यहाँ बहुत ही कम है। मेरे बहुत प्रिय लेखक लू शुन हैं। उनकी कहानियाँ ही नहीं, उनके दिलचस्प व्यंग्य, विचारात्मक लेख बराबर मेरे पास रहे हैं और मैं पढ़ता रहा हूँ। वियतनाम में बहुत अच्छा साहित्य निकल रहा है लेकिन हमारे यहाँ के पुस्तक व्यवसाय का ढाँचा कुछ ऐसा है कि पश्चिमी दुनिया की अन्य किताबें तो बहुत आती हैं किन्तु जनवादी लेखकों की बहुत कम किताबें आती हैं।

(परिवेश, 1976 में प्रकाशित)

परिशिष्ट-2

धूमिल और उनकी कविता

सुरेश शर्मा के साथ बातचीत

'यह सन् 1960 की बात है जब मैं अपनी कविताओं की हद /फांद/ रहा था'' धूमिल ने अपनी एक कविता की इन पंक्तियों में अपनी कविता में आने वाले जिस बदलाव की चर्चा की है, वह तब सिर्फ धूमिल की कविता में आने वाला बदलाव नहीं था, बल्कि धूमिल की पूरी पीढ़ी इस बदलाव को साठोत्तरी दौर में अपनी रचनाओं में रेखांकित कर रही थी। सन् 63 में इस 'रेखांकन' का विश्लेषण जब डा. नामवर सिंह ने अपनी एक लेखमाला में किया तो पहली बार उन्होंने 'काशी के एक नितांत नये कवि धूमिल' की कविता की चर्चा की, जिसकी कविता में युग की विडम्बना के बीच वास्तविकता की पहचान की कोशिश थी। पहचान की यह कोशिश जितनी 'बेलौस और नंगी' थी उसे संभव कर पाना एक 'नैतिक साहस' का ही काम था। परिवेश से सीधे जुड़ाव के इस 'नैतिक साहस' ने धूमिल की कविताओं को वह ऊँचाई प्रदान की जिसे डा. नामवर सिंह ने बाद के दिनों में 'इस्पाती सघनता' कहा है। जाहिर है कि धूमिल की कविताओं में यह 'नैतिक साहस' और 'इस्पाती सघनता' एक जन सम्बद्ध वैज्ञानिक विचारधारा से जुड़ते चले जाने के कारण ही संभव हुई है। इस बार जब कि दिवंगत धूमिल को साहित्य अकादमी ने पुरस्कृत किया है, इस अवसर पर डा. नामवर सिंह से धूमिल के संदर्भ में साक्षात्कार का महत्त्व महज इसलिए नहीं है कि वे आरंभ से ही धूमिल के काव्य विकास के साक्षी रहे हैं बल्कि इसलिए भी है कि साठोत्तरी दौर की रचनाकारिता को परिभाषित करने में डा. नामवर सिंह की एक सार्थक भूमिका रही है, और इसीलिए यह बातचीत धूमिल पर केन्द्रित होते हुए भी प्रकारांतर से साठोत्तरी दौर की कविता पर भी है : क्योंकि धूमिल इस दौर के कुछ बहुत ही महत्त्वपूर्ण कवियों में हैं।

सुरेश शर्मा : धूमिल के अकादमी पुरस्कार मिलने पर आपकी क्या प्रतिक्रिया है ? क्या यह उस कविता की स्वीकृति नहीं है जो पिछले दस-बारह वर्षों में अपेक्षया

युवा कवियों द्वारा लिखी गई है ?

नामवर सिंह : धूमिल को अकादमी पुरस्कार मिलने पर मुझे परितोष हुआ। यदि उनके जीते जी यह पुरस्कार मिलता तो मुझे खुशी होती। यदि कोई इस पुरस्कार को पिछले दस-बारह वर्षों में युवाकवियों द्वारा लिखित कविता की स्वीकृति के रूप में ग्रहण करना चाहता है तो वह साहित्य अकादमी को आवश्यकता से अधिक महत्त्व दे रहा है। मेरी दृष्टि में यह केवल कवि धूमिल का महत्त्व-स्वीकार है और वह भी देर से। एक आशंका जरूर है कि यह पुरस्कार कुछ और समकालीनों को धूमिल के खिलाफ कर देगा।

सुरेश शर्मा : क्या आप उस ऐतिहासिक संदर्भ का जिक्र करेंगे जिसमें अन्य साठोत्तरी युवा कवियों के साथ ही धूमिल जैसे व्यवस्था-विरोधी कवियों का प्रादुर्भाव हुआ ?

नामवर सिंह : धूमिल उस सातवें दशक की उपज हैं जिसका आरंभ भारत-चीन सीमा संघर्ष से हुआ और जिसमें पाकिस्तान के साथ थोड़े से अंतराल पर दो-दो लड़ाइयाँ हुईं; सन् 67 का भयंकर देशव्यापी अकाल पड़ा; राजनैतिक अस्थिरता आई और नक्सली क्रांति का विस्फोट हुआ। इस आर्थिक, राजनैतिक संकट के दौर में अनेक प्रकार की निम्न मध्यवर्गीय अराजकतावादी प्रवृत्तियाँ प्रकट हुईं जिनमें से कुछ की अभिव्यक्ति कविता में भी हुई। धूमिल की कविता का सामाजिक संसार मोटेतौर से यही है; किंतु धूमिल की विशेषता यह है कि इस माहौल की उथल-पुथल की तस्वीर पेश करते हुए भी वे भीड़ का हिस्सा नहीं बने।

सुरेश शर्मा : इस साठोत्तरी दौर में 'नयी कविता' की विकृति तथा अकविता के विरुद्ध धूमिल ने निरंतर संघर्ष किया। क्या आप उस संघर्ष और उसकी उपलब्धि को विश्लेषित करेंगे ?

नामवर सिंह : 'कल सुनना मुझे' नामक काव्य संकलन में भूमिका के अंतर्गत धूमिल का एक गद्य-पद्य मिश्रित अंश दिया गया है। उसमें धूमिल ने यह लिखा है, "नयी कविता के कवि शब्दों को गोल कर रखते थे/ सन् साठ के बाद के कवि शब्दों को खोलकर रखते हैं।" इन पंक्तियों से 'नयी कविता' और साठोत्तरी कविता के भाषा-भेद को धूमिल ने बतलाने की कोशिश की है। इससे साफ मालूम होता है कि धूमिल 'नयी कविता' की गोल-मोल भाषा से असंतुष्ट थे और अपनी कविता के लिए वे किसी और भाषा की तलाश में लगे थे। अकविता का जिक्र उन्होंने नहीं किया है लेकिन यह तथ्य है कि अकविता सन् 60 के बाद की कविता का ही एक अंग है, जिसके समानान्तर कवि धूमिल का विकास हुआ। कुछ लोगों की राय में धूमिल भी कुछ समय तक अकविता आंदोलन से जुड़े थे, क्योंकि दिल्ली से प्रकाशित होने वाली 'अकविता' पत्रिका में उनकी एक कविता छपी थी। लेकिन लखनऊ से प्रकाशित होने वाली 'आरंभ' नामक लघुपत्रिका के सम्पादक विनोद

कुमार भारद्वाज को सन् 67 के एक पत्र में धूमिल ने स्पष्ट लिखा था, "अकविता में मेरी एक कविता 'शांति पाठ' छप गई है और तुम जानते हो कि अकविता मेरे लिए कोई आंदोलन नहीं सिर्फ एक छोटी पत्रिका है।" धूमिल के इस कथन से स्पष्ट हो जाना चाहिए कि अकविता आंदोलन से उनका कोई संबंध न था।

अकविता से धूमिल को सम्बद्ध करने का कारण शायद यह है कि उनकी आरंभिक कविताओं में कहीं-कहीं 'मासिक धर्म', 'गर्भपात', 'वीर्यपात', 'जाँघों का जंगल'-जैसे कुछ सुरुचि-भंजक शब्द मिल जाते हैं; किंतु मेरे ख्याल में धूमिल पर यह असर सीधे एलेन गिन्सवर्ग से आया था, जो इत्तफाक से सन् 62-63 के दिनों में बनारस में थे और धूमिल उनसे अक्सर मिलते रहे। शायद इसमें कुछ हाथ राजकमल चौधरी का भी है जिनकी मृत्यु पर धूमिल ने एक कविता भी लिखी थी। यहाँ एक बात ध्यान देने योग्य है कि सेक्स संबंधी वर्जित शब्दों का प्रयोग धूमिल ने अकविता के कवियों से भिन्न संदर्भ में और भिन्न ढंग से किया है। धूमिल की कविता में ऐसे शब्द कुछ इस तरह आते हैं जैसे गाँव के लोगों की सामान्य बातचीत के बीच अनायास या सहज भाव से। उदाहरण के लिए 1967 में लिखी 'अकाल दर्शन' कविता की ये अंतिम पंक्तियाँ-"क्रांति-यहाँ के असंग लोगों के लिए/किसी अबोध बच्चे के हाथों की जूँजी है।" इन पंक्तियों के ठीक पहले धूमिल ने लिखा है, "इस देश में/एकता युद्ध की और दया अकाल की पूँजी है।"

अंग विशेष के लिए भोजपुरी तद्भव शब्द का प्रयोग अकवितावादियों से धूमिल को किस तरह अलग कर देता है इस पर विस्तार से कहने की आवश्यकता नहीं है, अकाल का संदर्भ काफी है। पहले अबोध बच्चा और फिर क्रांति के विषय में असंगता पर दर्द से भरा हुआ व्यंग्य, उस शब्द की अश्लीलता को मार्जित कर देते हैं। धूमिल के यहाँ तथाकथित अश्लील शब्द प्रायः राजनीति के संदर्भ में आते हैं लेकिन वे 'देह की राजनीति' नहीं बनते जैसा कि राजकमल चौधरी के यहाँ होता था। इस प्रसंग में एक बात और उल्लेखनीय है कि 67-68 के बाद धूमिल ने ऐसे शब्दों को एकदम छोड़ दिया।

सुरेश शर्मा : यह तो उनके भाषा-संबंधी प्रयोगों की रचनात्मकता की बात हुई, लेकिन बुनियादी तौर पर धूमिल की संवेदना, अकविता की संवेदना से किस तरह भिन्न है ?

नामवर सिंह : अकवितावादियों की संवेदना मुख्यतः शहराती मध्यवर्ग की कही जाती है। गाँव या कस्बे से महानगर में आया हुआ एक कुंठाग्रस्त निम्नमध्यवर्गीय युवक अपनी मानसिक विकृतियों को जिस प्रकार शब्दबद्ध करने की कोशिश करता है उसका एक दस्तावेज अकविता आंदोलन है। कहने की आवश्यकता नहीं कि अकविता में बहुत कुछ महानगर का नितांत मनोगत आतंक व्यक्त हुआ है। इसके

विपरीत धूमिल को सामान्यतः गाँव-देहात की जिंदगी का कवि माना जाता है; किंतु फर्क इतना ही नहीं है, यह आधा सच है। धूमिल की कविता में भी शहर है, जैसे—'शहर में सूर्यास्त', 'शहर का व्याकरण' और 'शहर, शाम और एक बूढ़ा'—में। लेकिन यह शहर अकवितावादियों के शहर या महानगर से भिन्न है और इस शहर से धूमिल का रिश्ता भी भिन्न है। धूमिल के शहर में सिर्फ 'बेमानी भीड़', 'रतिक्रांति महिलाएँ' और 'काफी हाउस' ही नहीं है बल्कि उसमें 'मोचीराम' है, 'हल्लागाड़ी' है, 'बनिया सच्चाई' है तथा इसी तरह की और भी बहुत-सी चीजें हैं, जो अकविता-वादियों के अमूर्त महानगर के विपरीत ज्यादा भरा-पूरा, जाना-पहचाना संसार है, जिसमें कवि एक औसत नागरिक की तरह हिस्सा लेता है। धूमिल का यह शहर बहुत कुछ उनके गाँव जैसा ही है। 'नफरत' और 'साजिश' दोनों जगह है। धूमिल की कविताओं में इन दोनों में से किसी के बारे में कोई रोमेंटिक धारणा नहीं है।

सुरेश शर्मा : जैसा कि आपने कहा, धूमिल की कविताओं में शहर जिस तरह आया है वह वही शहर नहीं है जो उनके समकालीन दूसरे कवियों की कविताओं में है। क्या धूमिल की इस भिन्न कविदृष्टि के पीछे उनके द्वारा जिये हुए गाँव के यथार्थ अनुभवों की भूमिका मानी जा सकती है ?

नामवर सिंह : दरअसल कवि धूमिल की शक्ति का मूल उत्स ही है उनका गँवई अनुभव और किसानी संस्कार। वे दुनिया को किसान की नजर से ही देखते हैं। इसीलिए उनकी उपमाएँ, बिम्ब तथा मुहावरे आदि अनायास ही किसानी दुनिया से आते हैं। 'भाषा के तस्कर संकेत', 'बैलमुत्ती इबारतों' की तरह दिखते हैं, 'बीमार आदमी की जाँघों की हरकत', 'पाला लगी मटर' की तरह दिखती है और राजनीति 'सुविधापरस्त लोगों के ऊसर दिमाग में थूहर' की तरह उग आती है।

उल्लेखनीय बात यह है कि जिस दौर में हिंदी कविता आयातित विदेशी बिम्बों और प्रतीकों से सज रही थी और हर जगह कविता में सलीब लटकते हुए दिखलाई पड़ते थे, धूमिल ने ठेठ अपने आस-पास की दुनिया से बिम्ब आदि लिये हैं। एक तरह से उन्होंने एक लम्बे अर्से के बाद हिंदी-कविता को 'नये पत्ते' के निराला, 'धरती' के त्रिलोचन, 'युग की गंगा' के केदारनाथ अग्रवाल और 'युगधारा' के नागार्जुन की परंपरा से जोड़ने का सर्जनात्मक प्रयास किया, जो एक हद तक पहले से भी ज्यादा वास्तविक, यथार्थ और निर्मम है। यह बात उनकी 'खेवली' और 'गाँव में कीर्तन' कविता से और ज्यादा स्पष्ट हो जाती है, जहाँ 'नलकूपों की नालियाँ झरना हो गई हैं और उनमें अब लाठियाँ बहती हैं' तथा 'सोच में डूबे हुए चेहरों और दरकी हुई जमीन में कोई फर्क नहीं है।' इस गँवई दुनिया का कवि धूमिल 'ग्राम्या' के कवि पंत से कितना अलग और वास्तविक है इसका एहसास इससे हो सकता है, जब वह कहता है कि : 'मैं टूटते हुए परिवार में धनुष टंकार झेलते हुए जवान बछड़े-सा कराहता हूँ।'

धूमिल द्वारा हर चीज को शक की नजर से देखे जाने के पीछे भी संभवतः लगातार छले जाते हुए किसानों का नजरिया है और वहीं से ठेठ व्यावहारिकता का दृष्टिकोण भी आया जान पड़ता है। 'पटकथा' शीर्षक लम्बी कविता पें यह संदेहशीलता अपने चरमरूप में व्यक्त हुई है। बुद्धिजीवियों को इसीलिए धूमिल बराबर संदिग्ध मानते रहे हैं। उनकी राय में, "वे सब के सब तिजोरियों के / दुभाषिये हैं / वे वकील हैं। वैज्ञानिक हैं / अध्यापक हैं। नेता हैं / दार्शनिक हैं / लेखक हैं, कवि हैं, कलाकार हैं / यानी कि– / कानून की भाषा में बोलता हुआ / अपराधियों का एक संयुक्त परिवार है।"

इस किसानी दृष्टि का ही एक रूप है वस्तुओं के वर्णन में नितांत पार्थिवता। उदाहरण के लिए 'बकरे की ताजा और टभकती हुई रान की तरह आसमान की पट्टी पर झूलती हुई सुबह' या फिर क्योंकि 'असली अपराधी का / नाम लेने के लिए / कविता, सिर्फ उतनी ही देर सुरक्षित है / जितनी देर कीमा होने से पहले / कसाई के ठीहे और तनी हुई गँड़ास के बीच / बोटी सुरक्षित है।'

अकेलेपन पर वैसे तो बहुत-सी कविताएँ लिखी गई हैं लेकिन धूमिल जब कहते हैं, "हर बार वापस घर लौटकर / कमरे के अपने एकांत में / जूते से निकाले गए पाँव-सा महकता हूँ" तो वह अकेलापन अपनी पूरी पार्थिव गंध के साथ कहीं अधिक तीव्रता से महसूस होता है।

इसी किसानी दृष्टि के द्वारा धूमिल ने हिंदी-कविता को एक जीवंत नई भाषा दी : केवल शब्द नहीं बल्कि वाक्य विन्यास और बातचीत का लबो लहजा भी, जिसे 'मोचीराम' की बातचीत और 'कवि 1970' के कथोपकथन में साफ देखा जा सकता है।

सुरेश शर्मा : किंतु धूमिल का यह किसानी नजरिया कहीं सामंती दृष्टि का पर्याय तो नहीं है ? जैसा कि धूमिल की कविताओं में यत्र-तत्र स्त्री विषयक कविताओं से ध्वनित होता है।

नामवर सिंह : धूमिल के मन में कहीं स्त्री विषयक रोमेंटिक दृष्टि के विरुद्ध तीव्र प्रतिक्रिया का भाव था। 'गृहस्थी : चार आयाम' शीर्षक कविता में वे कहते हैं, '(औरत आंचल है, जैसा कि लोग कहते हैं–स्नेह है, / किंतु मुझे लगता है/ इन दोनों से बढ़कर / औरत एक देह है)' किंतु उल्लेखनीय है कि इसका संदर्भ गृहस्थी है। धूमिल की कविता में नारी परिवार-विहीन छायावादी प्रेमिका की तरह नहीं आती बल्कि गृहस्थिन की तरह आती है, जिसका बड़ा ही मार्मिक चित्र 'किस्सा जनतंत्र' शीर्षक कविता में खींचा गया है। इस कविता में रसोईघर के अंदर, "करछुल बटलोही से बतियाती है और चिमटा तवे से मचलता है / चूल्हा कुछ नहीं बोलता चुपचाप जलता है और जलता रहता है / औरत गँवे-गँवे उठती है..." इत्यादि। क्या यह नारी का यथार्थ रूप नहीं है ? और इस यथार्थ को देखने वाली

किसानी दृष्टि सिर्फ सामंती है ? वैसे धूमिल ने परिवार के बाहर भी नारी को देखा है : एक जगह उन्हें लेनिन का सिर "नीग्रो औरत के पुष्ट दूध भरे स्तन-सा" दिखाई पड़ता है और 'आतिश के अनार-सी वह लड़की' शीर्षक कविता भी धूमिल की ही है, जो खुद को आततायी के टैंक के नीचे बम के साथ फेंक देने वाली कुमारी रोशनआरा बेगम के लिए लिखी गई थी। निःसंदेह इस कविता में नारी के वीरत्व के प्रति एक रोमेंटिक भावना अधिक मुखर है, किंतु यथार्थ की मांसलता यहाँ भी मौजूद है। क्या इसके बाद भी आप नारी के प्रति धूमिल की दृष्टि को सामंती कहेंगे ?

सुरेश शर्मा : क्या आपको भी ऐसा लगता है कि धूमिल अपनी कविताओं में तात्कालिक परिवेश की विसंगतियों तथा भयानक स्थितियों को अभिव्यक्त करते हुए एक 'आम परिवर्तन' की बात तो करते हैं, लेकिन जिसे 'क्रांतिकारी परिवर्तन' कहते हैं, उसकी बेबाक समझ धूमिल की कविताओं से व्यक्त नहीं होती। इस 'विजन' के अभाव में धूमिल की जन-सम्बद्ध कविताएँ क्या सचमुच सीमित अर्थों में ही राजनैतिक कविताएँ हैं ?

नामवर सिंह : राजकमल चौधरी के बारे में लिखते हुए धूमिल ने एक जगह लिखा है, "इसके पहले कि वे उसे...किसी अपाहिज धारणा में बदल दें मैं उन तमाम चुनौतियों के लिए खुद को तैयार करना चाहता हूँ।" मुझे भी डर है कि धूमिल की कविता को किसी अपाहिज धारणा में न बदल दिया जाए। जैसा कि धूमिल ने स्वयं कहा है कि "उनकी कविता माँगती है समूचा आदमी खूराक के लिए।" यही नहीं बल्कि उनकी दृष्टि में 'कविता भाषा में आदमी होने की तमीज है'; इसलिए इस समूचे आदमी को ध्यान में रखकर धूमिल की जीवनदृष्टि को आँकना चाहिए। राजनीति के स्तर पर धूमिल को मौजूदा जनतंत्र में विश्वास न था। एक जगह उन्होंने लिखा है, "हवा में एक चमकदार गोल शब्द फेंक दिया है जनतंत्र / जिसकी सैकड़ों बार हत्या होती है और हर बार वह भेड़िये की जुबान पर जिंदा है।" एक दूसरी कविता में उन्होंने लिखा है, "अपने यहाँ जनतंत्र एक ऐसा तमाशा है / जिसकी जान मदारी की भाषा है ?" स्पष्ट है कि वे इस पूँजीवादी जनतंत्र से असंतुष्ट थे और उन्हें अपनी कविता के लिए 'दूसरे जनतंत्र' की तलाश थी। यह दूसरा जनतंत्र निश्चय ही जनता का वास्तविक जनतंत्र है। वे धीरे-धीरे परिवर्तन होने के प्रति आश्वस्त न थे जैसा कि एक कविता में उन्होंने लिखा है। 'एक पूँजीवादी दिमाग है, / जो परिवर्तन तो चाहता है / मगर आहिस्ता-आहिस्ता/ कुछ इस तरह कि चीजों की शालीनता बनी रहे / कुछ इस तरह कि काँख भी ढँकी रहे और विरोध में उठे हुए हाथ की / मुट्ठी भी तनी रहे।" कहने की आवश्यकता नहीं कि आहिस्ता-आहिस्ता परिवर्तन का विकल्प क्रांति ही हो सकती है। धूमिल की 'शब्द जहाँ सक्रिय है', 'खून के बारे में कविता' तथा 'कविता के

द्वारा हस्तक्षेप' जैसी बाद की कविताओं में ऐसी क्रांति का संकेत मिलता है जिसमें छापामार दस्ते सक्रिय हैं। किंतु इस क्रांति में भी धूमिल का ध्यान मुख्यतः कवि-कर्म और कविता की भूमिका पर है। मसलन वे कहते हैं, 'कविता हत्या नहीं करती' या फिर "कविता मारती नहीं, जानें बचाने की कोशिश में पहल करती है" और अंत में शस्त्र से कविता को अलग करते हुए वे कहते हैं कि "कविता में शब्दों के जरिये एक कवि अपने वर्ग के आदमी को समूह की साहसिकता से भरता है जबकि शस्त्र अपने वर्ग शत्रु को समूह से विच्छिन्न करता है।" इन कविताओं में धूमिल जिस क्रांतिकारी कविता का काव्यशास्त्र रचते हैं, वह कोई राजनैतिक घोषणापत्र नहीं है और न आवेशपूर्ण जनाह्वान बल्कि उनके शब्दों में, 'कविता वाणी की आँख है' और 'जिन्दगी के कई स्तरों पर खुद को पुनरीक्षण का अवसर देने वाली समझ है'। ऐसा लगता है कि धूमिल के शब्द क्रांति के इसी मोर्चे पर सक्रिय थे। इसीलिए उनकी कविता में 'अगिन-गीत' भी दर्दीले गले से फूटते हैं। मेरी दृष्टि में धूमिल के उस 'विजन' को ये पंक्तियाँ समूची अर्थवत्ता के साथ अच्छी तरह व्यक्त करती हैं "मैं सिर्फ इतना भर जानता हूँ कि शब्द / जहाँ सक्रिय है, भूख का सिलसिला / भाईचारे की जमीन पर / छापामार सीटियाँ बजाने लगा है / और तब ही से भाइयो ! मेरे पुरवासियो !! / मेरे पड़ोस की चुनमुन चिरैया/ अपना घोंसला लोहे की जालियों से / बुनने लगी है और मेरी छप्पर का / एक नन्हा तिनका / जंगल की शाख होने का सपना / देखने लगा है।"

सुरेश शर्मा : संरचना के लिहाज से 'पटकथा' धूमिल की सबसे लम्बी कविता है जैसे मुक्तिबोध की 'अँधेरे में'। आज लम्बी कविता को कविता की एक उपविधा के रूप में परिभाषित करने की कोशिश हो रही है और 'लक्षण' भी गिनाये जा रहे हैं। आपकी दृष्टि में धूमिल की कविता का मिजाज क्या कथित लम्बी कविताओं के मिजाज से मेल खाता है ?

नामवर सिंह : 'पटकथा' लम्बी कविता जरूर है, लेकिन मेरी दृष्टि में वह धूमिल की सबसे अच्छी कविता नहीं है। 'मोचीराम', 'मुनासिब कार्रवाई', 'शब्द जहाँ सक्रिय हैं', 'बारिश में भीगकर' जैसी छोटी कविताएँ मुझे ज्यादा सफल और अच्छी लगती हैं। आकार में छोटी होते हुए भी 'मोचीराम' का विन्यास बहुत कुछ लम्बी कविता वाला ही है। फिर भी मुझे ऐसा लगता है कि धूमिल लम्बी कविता के कवि नहीं थे, जिस तरह कि मुक्तिबोध थे। यदि अपनी बात स्पष्ट करने के लिए युद्ध के प्रकारों से सादृश्य लें तो धूमिल कविता में छापामार लड़ाई के कौशल में दक्ष थे, खुले मैदान का युद्ध उनके वश का न था, जिसके लिए बड़ी सेना और उसके उपयुक्त संगठन क्षमता की अपेक्षा होती है। छोटी कविताओं के अंदर चुस्त फिकरों और अनुभवों से निचोड़ी हुई विचारगर्भ सूक्तियों की मार में वे कहीं अधिक कुशल थे। मुक्तिबोध से वे इस बात में सर्वथा भिन्न हैं। यहीं निराला

का उल्लेख करना प्रासंगिक होगा क्योंकि वे दोनों प्रकार की कविताओं के सव्यसाची थे। जिंदगी धूमिल को यदि और समय देती तो शायद वे लम्बी कविताओं के लिए अपेक्षित साधन जुटा पाते, क्योंकि उनके पास सामग्री की कमी न थी और काव्यसृजन के लिए समर्पण भी अपने समकालीन कवियों में बहुतों से कहीं अधिक था। क्या यह कम आश्चर्य की बात है कि इतनी कम कविताएँ लिखकर भी धूमिल सातवें दशक की कविता के शिखर पर पहुँच गए और आधुनिक हिंदी कविता में उन्होंने अपनी विशिष्ट लीक बना ली, जिसका मूल्य नितांत समसामयिक नहीं है। समकालीन कवियों में शायद ही किसी कवि ने इतनी उद्धरणीय और अविस्मरणीय काव्य-पंक्तियाँ दी हों।

सुरेश शर्मा : बनारस में अपने काव्य लेखन के आरंभिक वर्षों से ही धूमिल आप से जुड़े थे। लम्बा साथ भी रहा। एक व्यक्ति के रूप में कवि धूमिल के बारे में आप क्या सोचते हैं ?

नामवर सिंह : यह प्रसंग इतना निजी और अंतरंग है कि इसके बारे में मेरा कुछ न कहना ही उचित है। मेरे परिचय-वृत्त में धूमिल 1962 के आस-पास भारत-चीन सीमा-संघर्ष के दौरान आए और गीतों की दुनिया को छोड़कर, जैसा कि उन्होंने स्वयं लिखा है, "वे अपनी कविताओं की हद फाँद रहे थे।" उन्हीं दिनों मैंने 'ज्ञानोदय' में प्रकाशित लेखमाला के एक लेख में उनकी एक कविता की कुछ पंक्तियाँ उद्धृत करते हुए एक समर्थ कवि के उदय की सूचना दी थी। उसके बाद तो 'जनयुग' और 'आलोचना' के द्वारा धूमिल की अनेक कविताएँ प्रकाश में आईं और साहित्यिकों को एक नयी काव्यात्मक ऊर्जा का एहसास हुआ। दूसरों से अक्सर सुनता रहा कि आपसी व्यवहार में धूमिल बहस करते-करते लड़ पड़ते थे और इस तरह उन्होंने बड़े-बड़ों की इज्जत उतार ली, लेकिन मुझे इसका कभी अनुभव नहीं हुआ; शायद इसलिए कि उनके लिए मैं 'मास्टर साहब' था। मुझे ऐसा लगता है कि धूमिल ने बहुत-सी बातों में निराला का व्यक्तित्व पाया था। शायद एक अर्थ में वे दूसरे निराला थे।

('आजकल', 1980)

□□